高职高专公共基础课系列教材

公共关系实务

（第2版）

张岩松　张言刚　主　编

清华大学出版社
北京

内 容 简 介

本书作为反映高职教育教学改革新理念的新型实用教材,是项目课程开发的有益尝试。其内容体系是根据企事业单位日常公共关系的"实际工作"而设定的,包括公共关系基础、公共关系调查、公共关系策划、公共关系实施、公共关系评估、公共关系专题活动、企业形象塑造、公共关系危机管理、网络公共关系九大"任务"。每个"任务"作为一个公共关系实务训练单元,由"任务目标""案例导入""案例分析""实训项目""课后练习"和"思政园地"组成。全书体例新颖,内容翔实,实训项目设计科学得当,公共关系案例新颖实用,让学生做中学,学中做,学做结合,提高其公共关系各项技能的应用能力。

本书可作为高职高专各专业学生公共关系相关课程的教材,也可作为各界人士提高公共关系能力的优秀读物及自我训练手册,它还是各企事业单位进行员工公共关系培训的创新型实用教材。

本书封面贴有清华大学出版社防伪标签,无标签者不得销售。
版权所有,侵权必究。举报:010-62782989,beiqinquan@tup.tsinghua.edu.cn。

图书在版编目(CIP)数据

公共关系实务/张岩松,张言刚主编. —2版. —北京:清华大学出版社,2022.6
高职高专公共基础课系列教材
ISBN 978-7-302-60873-8

Ⅰ.①公… Ⅱ.①张… ②张… Ⅲ.①公共关系—高等职业教育—教材 Ⅳ.①C912.31

中国版本图书馆 CIP 数据核字(2022)第 079710 号

责任编辑:张龙卿
封面设计:范春燕
责任校对:李 梅
责任印制:曹婉颖

出版发行:清华大学出版社
网　　址:http://www.tup.com.cn,http://www.wqbook.com
地　　址:北京清华大学学研大厦 A 座　　邮　编:100084
社 总 机:010-83470000　　邮　购:010-62786544
投稿与读者服务:010-62776969,c-service@tup.tsinghua.edu.cn
质量反馈:010-62772015,zhiliang@tup.tsinghua.edu.cn
课件下载:http://www.tup.com.cn,010-83470410

印 装 者:三河市君旺印务有限公司
经　　销:全国新华书店
开　　本:185mm×260mm　　印　张:18.5　　字　数:424 千字
版　　次:2012 年 7 月第 1 版　2022 年 6 月第 2 版　印　次:2022 年 6 月第 1 次印刷
定　　价:59.00 元

产品编号:095116-01

第2版前言

公共关系学是一门集知识与技能为一体的应用性学科,是一种理论性与实践性、系统性与实用性相结合的科学与艺术。同时,现代公共关系又是一项青春的事业、智慧的事业、富有的事业、未来的事业!

当今,公共关系已成为社会经济、政治、科学与文化发展中的重要组成部分。有人把公共关系等同于人才、资金、设备,将其视为现代企业的支柱;也有人把以现代公共关系为代表的科学管理效能,同以计算机为代表的科学技术水平以及以旅游为代表的富裕生活程度连在一起,统称为衡量一个国家或地区发达程度的标志。由此可见,公共关系已成为新时代竞争的焦点,成为组织发展的必备手段和个人走向成功的助推器。鉴于此,我们在2012年编写出版了《公共关系实务》,它一经出版即受到兄弟院校的普遍欢迎,印刷十余次,发行量万余册。此次在第1版的基础上进行了全面修订,与国内同类教材相比,本书的特色更加鲜明。

本书是反映高职教育教学改革新理念的新型实用教材,是具有工学结合、任务导向特色教材的有益尝试和创新。它是根据高职人才培养教学规律和教学改革需要而编写的,具有体系新颖简练、内容重点突出、读者适用面宽、案例新颖、训练题多样、可操作性强等特点,非常适合高职高专各专业学生使用。

本书由张岩松、张言刚担任主编,刘嫣茹担任副主编。张岩松编写任务1,张言刚编写任务2、任务3、任务4、任务5和任务9,刘嫣茹编写任务6、任务7和任务8并制作PPT等教学资源。全书由张言刚统稿。

本书编写过程中,参考了大量报刊文献以及相关网站的资料,吸收了国内学者最新的研究成果,在此向各位专家、学者表示衷心的感谢。

由于编者水平有限,对书中的疏漏之处,敬请广大读者提出宝贵的意见和建议,以便今后进一步修订完善。

编 者

2022年2月

第1版前言

公共关系学是一门集知识与技能为一体的应用性边缘学科,是一门理论性与实践性、系统性与实用性相结合的科学与艺术,同时,现代公共关系又是一项青春的事业、智慧的事业、富有的事业、未来的事业。

目前,中国已进入公共关系时代,公共关系已成为当今社会经济、政治、科学与文化发展中的重要组成部分。有人把公共关系等同于人才、资金、设备,将其视为现代企业的支柱;也有人把以现代公共关系为代表的科学管理效能,同以计算机为代表的科学技术水平以及以旅游为代表的富裕生活程度连在一起,统称为衡量一个国家或地区发达程度的标志。由此可见,公共关系已成为当今时代竞争的焦点,成为组织发展的必备手段和个人走向成功的助推器。世界经济与社会的发展必然呼唤大市场的拓展,而挺进中的大市场必然呼唤公共关系的出现。有鉴于此,我们编写了本书。

《公共关系实务》作为反映高职教育教学改革最新理念的新型实用教材,是项目课程开发的有益尝试。它是根据高职高专人才培养教学规律和教学改革需要而编写的,贴近高等职业教育实际,注重工学结合,并与公关员国家职业标准要求相衔接。

本书在体系和框架上独树一帜,注重紧密结合企业所涉及的日常公共关系的"实际工作",经过多年的总结和提炼,开拓出了较为全面、科学的内容体系,突出了实务操作性。全书包括公共关系基础、公共关系调查、公共关系策划、公共关系实施、公共关系评估、公共关系专题活动、企业形象塑造、公共关系危机管理、网络公共关系九大"任务"。每个"任务"作为一个公共关系实务训练单元,由"任务目标""案例导入""基本知识""拓展阅读""案例分析""实训项目"和"课后练习"组成。

"任务目标"部分指明了学习本"任务"之后学生能够掌握何种公共关系技能,让学生在每个学习任务一开始就做到学有重点、学有方向。

"案例导入"部分是与本章应掌握的核心技能相关的公关经典案例,通过这些案例引发学生思考,使之进一步明确本"任务"的学习目标和核心内容。

"基本知识"部分是学生为参加案例讨论和实施训练项目必须掌握的内容,如果不掌握基本理论要点,就不能很好地参与讨论和进行实践训练。

"拓展阅读"部分精选了公共关系美文,提供给学生作为课后自学的阅读材料,以使学生开阔视野,进一步加深对相关公共关系知识的了解和掌握。

"案例分析"部分精选了最新的典型、鲜活、实用的公共关系案例,通过对这些案例的分析讨论,学生发表自己的看法或与同学辩论,可以大大促进对公共关系任务的掌握和现代公共关系意识的确立,也有利于提高其逻辑思维能力和语言表达能力。

"实训项目"部分是教师课堂教学的主要内容。教师通过情境模拟、角色扮演等训练方式,让学生进行现场操作,互相纠错,教师讲评,使其在做中学、学中做、学做结合,实践操作能力自然而然地得到了提高。

"课后练习"部分是为了便于学生全面掌握每项公共关系工作任务的内容而精心选编的各类练习题,这并非简单的问答题,而是需要学生消化课堂所学内容后,再通过亲身实践,动手动脑才能完成的技能训练题,这些训练题可供学生在课后复习巩固时选做,以深化对公共关系实务的理解和掌握,真正实现课程的教学目标。

本书克服了传统公共关系教材重理论、轻实践,重普及、轻实训的缺点,是具有工学结合、任务导向特色教材的一次有益尝试和创新。本书可作为高职高专各专业学生的公共关系相关课程的教材,也可作为各界人士提高公共关系能力的优秀读物及自我训练手册,还可作为各企事业单位进行员工公共关系培训的创新型实用教材。

本书由大连职业技术学院张岩松教授和沈阳市委党校张国桐副教授任主编,张岩松和张旎负责编写任务1、任务6、任务7和任务8;张国桐编写任务2、任务3、任务4和任务5;张言刚编写任务9。包红君、周宏波、张淑琴、刘晓燕、王芳、李健、穆秀英、蔡颖颖、周瑜弘、李晓明、潘丽、陈百君、付强、马蕾、宫晓连、刘桂华、房红怡、郭沁荣、王艳洁、唐成人等进行了资料检索与文字录入工作。本书最后由张言刚统稿。

在本书编写过程中,参考了大量报刊文献以及相关网站,吸收了国内外学者最新的研究成果,在此向各位专家、学者表示衷心的感谢。本书的出版也得到了清华大学出版社的大力支持与帮助,在此一并致谢。

本书是尝试之作,加之作者学识有限,对书中的疏漏之处,敬请读者批评指正。

编　者

2012年4月

目 录

任务1 公共关系基础 ··· 1
  任务目标 ··· 2
  案例导入 ··· 2
  1.1 公共关系的基本概念 ··· 4
  1.2 公共关系的三要素 ·· 11
  1.3 公共关系的职能和工作程序 ····································· 27
  1.4 公共关系的基本观念与工作原则 ······························· 30
  1.5 公共关系人员的素质要求 ·· 35
  案例分析 ··· 42
  实训项目 ··· 44
  课后练习 ··· 46
  思政园地 ··· 51

任务2 公共关系调查 ··· 52
  任务目标 ··· 53
  案例导入 ··· 53
  2.1 公共关系调查的内容 ··· 53
  2.2 公共关系调查的程序 ··· 56
  2.3 公共关系调查的方法 ··· 61
  案例分析 ··· 71
  实训项目 ··· 73
  课后练习 ··· 75
  思政园地 ··· 78

任务3 公共关系策划 ··· 79
  任务目标 ··· 80
  案例导入 ··· 80
  3.1 公共关系策划概述 ·· 81
  3.2 公共关系策划会的组织 ·· 92
  3.3 公共关系策划的"金三角" ······································ 102
  案例分析 ··· 111

实训项目 ……………………………………………………………… 114
　　课后练习 ……………………………………………………………… 115
　　思政园地 ……………………………………………………………… 119

任务 4　公共关系实施 ………………………………………………… 120
　　任务目标 ……………………………………………………………… 121
　　案例导入 ……………………………………………………………… 121
　　4.1　公共关系实施的特点与原则 ……………………………………… 122
　　4.2　公共关系实施的方案设计 ………………………………………… 124
　　4.3　公共关系实施的障碍 ……………………………………………… 128
　　案例分析 ……………………………………………………………… 130
　　实训项目 ……………………………………………………………… 133
　　课后练习 ……………………………………………………………… 133
　　思政园地 ……………………………………………………………… 134

任务 5　公共关系评估 ………………………………………………… 135
　　任务目标 ……………………………………………………………… 136
　　案例导入 ……………………………………………………………… 136
　　5.1　公共关系评估概述 ………………………………………………… 138
　　5.2　公共关系评估的程序和方法 ……………………………………… 140
　　5.3　撰写公共关系评估报告 …………………………………………… 144
　　案例分析 ……………………………………………………………… 149
　　实训项目 ……………………………………………………………… 153
　　课后练习 ……………………………………………………………… 154
　　思政园地 ……………………………………………………………… 155

任务 6　公共关系专题活动 …………………………………………… 156
　　任务目标 ……………………………………………………………… 157
　　案例导入 ……………………………………………………………… 157
　　6.1　公共关系专题活动概述 …………………………………………… 158
　　6.2　公共关系专题活动的模式 ………………………………………… 160
　　6.3　常见公共关系专题活动的组织 …………………………………… 166
　　案例分析 ……………………………………………………………… 186
　　实训项目 ……………………………………………………………… 189
　　课后练习 ……………………………………………………………… 191
　　思政园地 ……………………………………………………………… 198

任务 7　企业形象塑造 ………………………………………………… 199
　　任务目标 ……………………………………………………………… 200
　　案例导入 ……………………………………………………………… 200
　　7.1　什么是企业形象 …………………………………………………… 201

7.2　企业形象的完善 ·· 203
　　7.3　CIS：企业形象塑造的利器 ·· 212
　　案例分析 ··· 221
　　实训项目 ··· 225
　　课后练习 ··· 225
　　思政园地 ··· 228

任务8　公共关系危机管理 ·· 229
　　任务目标 ··· 230
　　案例导入 ··· 230
　　8.1　公共关系危机概述 ·· 231
　　8.2　公共关系危机的成因 ··· 237
　　8.3　公共关系危机的预防 ··· 242
　　8.4　公共关系危机的处理 ··· 247
　　8.5　网络危机管理 ··· 258
　　案例分析 ··· 262
　　实训项目 ··· 264
　　课后练习 ··· 265
　　思政园地 ··· 270

任务9　网络公共关系 ·· 271
　　任务目标 ··· 272
　　案例导入 ··· 272
　　9.1　网络公共关系概述 ·· 273
　　9.2　网络公共关系的活动方式 ··· 276
　　案例分析 ··· 280
　　实训项目 ··· 283
　　课后练习 ··· 283
　　思政园地 ··· 285

参考文献 ··· 286

任务1 公共关系基础

> 公共关系是这样一种管理职能,它能建立和维持组织与公众之间互惠互利的关系,而一个组织的成功或失败取决于公众。
>
> ——[美] 斯科特·卡特里普

任务目标

- 深刻把握公共关系的本质含义。
- 明确公共关系的基本要素。
- 明确公共关系的职能和工作程序。
- 在公共关系工作中体现公共关系基本观念和工作原则。
- 按照公共关系人员的素质要求全面提高个人素质。

 案例导入

腾讯 & 人民网国庆 H5——《我的年代照》

在中华人民共和国成立 70 周年的重大庆典之际,腾讯联合中央级媒体向公众传达正能量,通过 H5 的创意形式来展现新中国成立 70 周年人们生活中的点滴变化,以不同年代"名叫建国的人的故事"为切入点,聚焦"40 后"至"10 后"的不同群体,为各个年龄段的用户提供极具代入感的年代照片场景,用心还原"亲历者"的时代记忆,弘扬爱国精神,打造了一场跨越代际、全民参与的回忆盛宴!

【项目背景】

在中华人民共和国成立 70 周年之际,人民群众的爱国热情和民族自豪感空前高涨,借此舆论氛围,引发全民参与,是传播品牌正能量的绝佳契机。一个独特的切入点,是打破圈层及调动全民参与的关键。在洞察到"每个人都是祖国发展的亲历者"这个个体与国家之间最紧密的联系之后,项目便以此为核心进行创意,以无数名叫"建国"的人为触动点,以普通人的故事为切入点,通过不同年代的场景和衣着照片,触动不同圈层、不同年代的用户。

【项目目标】

借助极具代入感的 H5,可以令多代人产生情感共鸣,引发全民参与,不断强化品牌正能量形象。

【策略】

(1) 高度:联合人民网传播品牌正能量。

(2) 情绪:以"每个人都是中华人民共和国伟大复兴的时代亲历者与见证者"为核心,在情感上与爱国氛围共振,引发一场从"怀旧"到"自豪"的集体情感共鸣。

(3) 技术:以腾讯云的 AI(artificial intelligence,人工智能)技术为内核,通过"怀旧视觉+人脸识别"的创意展现,增强大家的代入感,进一步刺激人们参与国庆活动的热情。

【创意】

(1) 宏大命题和生活真实的浪漫重合。在这场 H5 的创意策划中,公关人员将普通人的年代记忆与中华人民共和国成立 70 周年的时代变迁相结合,让用户以个人视角的回忆为入口,进入全民共同的记忆盛宴,从而拥抱那份真实而热烈的家国情怀。让宏大的命题落到用户身边时具有生活感和真实感是十分重要的经验。

（2）追求可执行性和还原度的完美统一。此次 H5 的内容核心是历史剧变在每代人普通生活中的日常表达，公关人员既要做到符合史实，更要做到还原生活。为此，对历史进行了认真回顾和反复打磨，而如何在现代场景中提高公关的执行效率和完成度则是重中之重，整个过程和它带来的经验都是十分宝贵的。

（3）大众的故事永远是最好的素材。在项目的收尾阶段，公关人员与微博 KOL（key opinion leader，关键意见领袖）合作进行了情感故事的征集，并输出了情感"安利"（网络用语，即"分享"）的稿件，充分利用好 UGC（user generated content，用户原创内容）资源。

【效果】

（1）H5 上线。人民网微博和微信首发，朋友圈广告和闪屏同步投放，涵盖北京、上海、重庆及天津等重点城市（总共 10 个城市）的重点区域。

（2）知名微博 KOL 实力推荐。微博 KOL 发布相关内容，针对 H5 进行扩散传播；同时，与微博知名博主"妥拉"合作，进行 7 天情感故事征集有奖活动，将大国情怀与小家温馨相联系，让每个人都有故事可说，引发了网友的互动热情，在评论区收到了大量优质的 UGC 内容。

（3）营销网站案例包装。输出优质营销稿件，被"广告门"网站和 SocialBeta 收录到案例库，并获得"案例"页面的位置推荐。

（4）微信自媒体扩散。一是与微信自媒体账号"病毒先生"合作，针对国庆 H5 进行盘点总结；二是与相关的新媒体公司合作，借助其微视频资源进行二次扩散和发酵；三是与知名科技自媒体公司合作，针对情感故事征集优质案例稿件。

（5）活动及 PR（public relations，公共关系）稿件传播。针对 H5 上线和下线进行稿件输出，全网铺设相关信息。

（6）H5 总数据。截至 2019 年 10 月 8 日 14 点，PV（page view，页面浏览量）总量为 40 384 157 次，UV（unique visitor，独立访客）总量为 26 006 047 个，接口调用总数为 101 282 958 次。以上数据均远远超过活动预期。

在微博平台中，微博主话题"我是亲历者"的阅读量为 1.6 亿人次，讨论为 2.4 万人次，在国庆期间荣登话题总榜第一名；次话题"我的年代照"的阅读量为 7 034.9 万人次，讨论为 1.4 万人次。效果非常不错。

第三方微博 KOL 共发布 13 条关键信息，"思想聚焦""清南师兄""噗嗤大叔"等众多知名大 V 都积极参与，总粉丝覆盖量高达 1.3 亿，总计阅读量 1 745 万人次。

"微信平台＋营销网站＋其他全平台"方面，从科技角度撰写并发布稿件 1 篇；与"科技唆麻"微信 KOL 合作并针对微视频活动共发布 18 个平台，涵盖多个主流渠道。累计阅读量为 9.7 万人次以上。

营销角度稿件报道合计 2 篇，分别投放于营销网站（"广告门"和 SocialBeta）和微信自媒体大 V 账号。前者获得"案例"页面位置推荐，后者同时扩散到今日头条、搜狐、百家等 28 个平台，累计阅读量 9 万人次以上。

情感故事稿件征集方面与微博 KOL"妥拉"合作，进行情感故事有奖征集活动，并将征集到的优质故事集结成文，阅读量 2 万人次。

"网媒+新闻客户端"方面的新闻稿报道共计45篇,其中自主投放20篇,转载25篇。客户端阅读量20万人次以上,总曝光量(推荐量)预计可达100万人次以上。

另外发布了数据盘点稿件,获得环球网、央广网、人民日报网等8家网媒以及今日头条、网易、腾讯、凤凰网4家客户端推荐。其中,客户端总阅读量达63.8万人次,推荐量达463.5万人次。

(资料来源:佚名. 腾讯&人民网国庆H5——《我的年代照》[EB/OL].[2019-10-08]. http://www.iaiad.com/en/award-case/2020/gold-award-20/2272.html.)

以上案例是成功的公共关系运作的典范。公共关系是一种科学的现代管理方法,是协调及处理现代社会组织与公众之间的各种关系,并保证事业成功的一门不可缺少的学问。国外学者将以计算机为代表的科学技术水平,以旅游业为代表的富裕生活程度,以公共关系为代表的经营管理效能,并列作为衡量一个国家发达程度的三大标志。公共关系作为一种管理职能、经营策略、传播行为和现代交往方式,被广泛地应用于整个社会的多个领域,在企业经营管理中更是得到了普遍的应用。公共关系具有特定的理论和实务操作程序。这里,我们在探讨现代公共关系活动之前,首先必须对公共关系最基本的理论知识有全面的把握,这样才能自觉开展各类公共关系活动,并为塑造良好的组织形象及实现组织的公共关系目标奠定基础。

1.1 公共关系的基本概念

一、公共关系的含义

1."公共关系"一词的来源

"公共关系"一词来自英语public relations,简称P.R.。由于它是由两个英文词汇组成的,所以包括两层含义:一层是public,另一层是relations。public以两种词性表现出来:一种是形容词,意为公众的、公共的、公众事务的,与private(私人)相对应,表明它是非私人的、非秘密性的;另一种是名词,意为公众、大众,表明它不是个体,而是集团、群体。relations为名词,意为关系、交往等。一般来说,简单的关系是以个体与个体的形式联系在一起并进行交往的,是一种简单的、直接的交往,我们把这种关系称为"人际关系"。由于relations以特定的形式出现,其内涵更丰富,意义更深远。

首先,这种关系被复数所限定,表明它只能是在复杂的交往中体现出的多种关系。这种关系可能是直接关系,也可能是间接关系;可能是单向关系,也可能是双向乃至多向关系。

其次,这种关系被英语public所限定,表明它只能是社会组织在复杂的社会交往中与其各类公众及公众群体之间所建立起来的非个体、非秘密、非私人的关系,这种关系具有公众性、公开性、群体性、社会性等特点。

综合英语词汇的内涵和特点进行分析,将public relations译为"公众关系"应该更为确切,因为这是站在一个固定的角度——社会组织来分析其所面临的各种关系。不同的社会组织,由于其业务特点、工作对象不同,因而会面临不同的公众对象,从而形成不同的公众关系。同一个社会组织，由于不同时期工作的重点不同，也会面临不同的公众，形成不同的公众关系。这说明"公众关系"并不具有"公共性"，它不可能像"公共电话""公共汽车""公共图书馆""公共浴室""公共厕所"那样具有普遍意义，但是因"公共关系"一词已经广为流传，所以本书选用该词，以便能被更多的读者所接受。

2. 公共关系的表现形式

关于对"公共关系"概念的理解，还可以从不同的角度去分析，使其表现出不同的形式。

（1）公共关系状态。从静态公共关系的角度来看，公共关系首先是一种社会状态，即一个组织所处的公众关系状态和社会舆论状态。社会组织的公共关系状态是无形的，但却是客观的，无论是有意、无意，任何社会组织都处在一定的公共关系状态之中，这种状态是与任何社会组织相伴的一种客观存在，是不以社会组织的意志为转移的。因此，就任何社会组织而言，都不存在有无公共关系状态的问题，而只有良好的或不良的、自觉的或自然的公共关系状态的区别。这种客观存在着的公共关系状态，形成社会组织有利的或不利的内外环境，对组织的生存和发展起着积极或消极的作用。

（2）公共关系活动。从动态公共关系的角度来看，公共关系又是一种活动或工作。当一个组织通过自己的努力来改善自身的公共关系状态时，就是在从事公共关系活动和开展公共关系工作，这是主观见诸客观的一种实践过程。其实，任何一个组织，为了生存和发展，为了实现自己的目标和责任，总要处理方方面面的关系，这实际上就是进行公共关系活动和开展公共关系工作。在这方面同样不存在有和无的差别，只是可以区分为自觉的或被动的、出色的或不力的、有效的或无效的、专门的或兼及的而已。当然，只有自觉地、有计划地、创造性地开展有效的公共关系活动，才能积极构建组织良好的公共关系状态。一个组织也只有自觉地、有计划地进行公共关系活动，才能出手不凡、有所创造、提高效率。因此，公共关系活动又被称为"公共关系艺术"。另外，随着公共关系活动专业化的需要，公共关系成就了一种相关职业，有其专门的组织、机构及人员。

（3）公共关系意识。公共关系也是一种意识、观念，它是现代组织及其人员对公共关系客观状态的自觉认识和理解，是对公共关系活动经验的能动反映和概括，例如，塑造形象意识、服务公众意识、传播沟通意识、诚信互惠意识、广结善缘意识、立足长远意识、创新审美意识、危机忧患意识等。公共关系意识来源于公共关系实践活动，因而对后者有明显的依赖性。公共关系意识一经形成，就具有相对的独立性和能动性，从而对公共关系实践活动具有指导意义。对任何组织来说，构建良好的公共关系状态，必须开展有效的公共关系活动，而这些活动又必然是在一定的公共关系意识指导下进行的。反之，没有正确的公共关系意识，就不可能自觉地进行公共关系活动，因而也不会形成良好的公共关系状态。可以说，公共关系意识是自觉构建良好的公共关系状态的思想基础和开展有效的公共关系活动的行动指南，是现代组织及其人员的必备素质。不同的社会组织及人员有无自觉的和正确的公共关系意识，有着天壤之别，工作的成果也大不一样。人们谈论公共关系，往往过于注重那些匠心独具的各种手段和技巧，而忽视其中包含的公共关系意识和思想。其实，公共关系本质上是一种思想及文化，也是一种战略，只有在正确的思想和战略的基础之上，公共关系才能进行精彩的运作。

（4）公共关系学。公共关系学是一门新兴的软管理学科，它以公共关系活动及其规律性为研究对象,既是一门多学科交叉并具有自己的概念、范畴及其系统的理论科学,又是一门具有明显的可操作特征的应用科学。这门学科在公共关系实践活动中受到社会重视,客观上需要在系统总结和理论升华的基础上建立和发展起来,同时又成为强化公共关系意识和推动公共关系实践的指南。学习和普及公共关系学,增加社会组织及其人员的公共关系意识,并且研究和运用公共关系学的基本理论指导企业和其他各类社会组织的公共关系工作,对企业经营管理水平的全面提高乃至整个社会的和谐与发展,都具有重要的意义。当今世界计算机技术的发展和在社会各个领域的广泛普及,已经极大地推进了整个社会物质和精神的文明与进步,公共关系学理论的发展和为各类社会组织的普遍应用,也同样会造就整个社会物质和精神的文明与进步。

上述公共关系的主要层次是既互相区别又互相联系的,这些层次是在认识和说明公共关系概念时应当弄清楚的。

3. 公共关系的内在含义

公共关系是社会关系的一种管理职能,反映的是事物之间的相互联系、相互作用的机制和状态。所谓公共关系,就是社会组织为了适应并改变环境,树立良好的社会形象,通过开展传播沟通活动,使与其相关的公众彼此真诚合作、互惠互利、相互适应的一种状态。公共关系的基本含义应从以下几个方面加以把握。

(1) 公共关系——塑造形象的艺术。形象就是某一事物或人在公众心目中的印象,或者说是公众对某一事物或人的总体评价。"形象"一词的内涵和外延都很大。从构成社会的主体来说,有国家形象、城市形象、地区形象、组织形象、个人形象;就一个具体的企业来说,有企业形象、产品形象、商标形象、环境形象、领导形象、员工形象等。形象有好、坏、优、劣之分。影响形象的因素纷繁复杂,一个不利的因素就可能导致形象不佳,而最佳形象的获得容不得任何不利的因素。因此,公共关系特别强调:组织必须时刻注意建立和维护良好的社会形象,否则将会直接影响到目标的实现。

在当今社会,形象已引起了人们的重视,我们常说"维护祖国尊严""珍视企业信誉""创建文明城市""给人留下美好的'第一印象'"等,都是要求人们注重形象。1959年和1968年,尼克松两次竞选美国总统,由不注重形象到注重形象,结果一败一胜。其经验与教训告诉我们:注重形象是十分重要的,这关系到组织的生存与发展,关系到事业的成败,关系到目标的实现。

(2) 公共关系——建立和谐友善的关系。关系是人和人之间或事物之间通过人的相互作用、相互影响而形成的具有某种联系的状态。公共关系的定义强调公共关系是组织与其相关公众相互适应的状态,这种相互适应的状态就是指要形成一种和谐友善的关系状态。

人类自诞生开始就与自然界产生了一定的联系,人与人进行交往就产生了关系。随着人类的增多,关系愈加复杂。人们由于共同目标的需要聚集在一起,形成一定的群体或组织时,因人的作用和影响,这个群体或组织之间也产生了关系,进而形成了邻里关系、组织与组织关系、社会关系、城乡关系、国际关系等。关系也具有双重特性:一方面,关系具有客观性;另一方面,关系又具有动态性。正是基于关系的双重特性,公共关系强调要利用传播沟通、相互协调、真诚合作、互惠互利等改善组织与公众之间的关系。公共关系界有一个信条:"公共关系不能树立敌人。"公共关系要广结善缘、广交朋友,只有与社会公众形成一种和谐友善的关系,组织才能与公众相互适应、协调发展。

(3) 公共关系——强调真情的沟通。所谓"沟通",是指社会组织、公众运用信息符号进行的思想、观念、情感或信息交流的过程。一个组织要想在公众中树立良好的形象,首先必须把组织的有关信息告诉公众,让公众了解组织,同时还必须了解公众的想法、意见、建议等。要做到这一点,组织必须进行沟通,否则就会出现信息阻塞,造成误解、偏见,出现矛盾,从而影响组织与公众之间建立良好的关系。

以生产炸药起家的杜邦公司曾经有过一次沟通方面的障碍。在生产炸药之初,由于皮埃尔·杜邦管理不善,多次发生爆炸事故。当时的公众对炸药比较陌生,不知其具体用途,所以希望更多地了解一些爆炸的原因和实情。但是,杜邦采取了封锁信息的做法,不许新闻记者采访。其结果是爆炸消息仍不胫而走,人们在猜测中无形夸大了爆炸的事实,谣言四起,乃至把杜邦跟"杀人"联系在一起,杜邦形象受损。为了摆脱这种不利的局面,他专门请教了一位在报界工作的老朋友。老朋友告诉杜邦:"流言止于智者。"公众之所以传说杜邦公司的流言,是由于他们不了解公司的内部情况。他建议杜邦:第一,实行"门户开放"政策,允许新闻记者采访,告诉大家真相;第二,请公众提出建议、意见或批评;第三,虚心接受公众的建议、意见或批评,努力改进工作。杜邦采纳了老朋友的建议,使杜邦公司与各界公众有了广泛的沟通,增进了相互了解。没过多久,谣言止住了,杜邦公司从此在公众中树立了可信赖的形象,杜邦公司的"化学工业使你的生活更美好"的口号也已深入人心。

这一事例告诉我们:真情的沟通能获得公众的理解、信任、支持与合作。在现实社会中解决国家之间冲突的方式有两种:要么战争,要么和平。当人们选择和平时,唯一的解决方法就是通过真情的沟通。公共关系强调运用真情的沟通改善组织的对内、对外关系,为组织创造一个友善和谐的生存与发展的环境。

(4) 公共关系——利用传播媒体开展有效的传播。西方学者强调公共关系是90%靠自己做得好,10%靠宣传。公共关系不仅要求社会组织自身要努力工作,还要善于宣传自己以及已有的成果。这一点似乎与中国传统的价值观念相悖,实际上这是个观念问题。中国的改革开放政策正是转变传统观念的结果。我国的各行各业,尤其是企业必须尽快转变观念,学会传播并善于推销自己,否则必然在竞争中被淘汰;同时,还要利用传播媒体探究传播技巧,进行有效的传播。只有积极主动地开展有效的传播,才是提升组织形象的重要手段。

(5) 公共关系——建立一流的信誉。信誉,通常指信用、名声。公共关系强调建立一流信誉,就是要为组织争取得到公众的信任、赞美和支持,提高组织的美誉度。组织良好信誉的建立,一方面需要组织所有员工在日常性公共关系活动中遵章守纪,讲究社会公德,说到做到,善待公众;另一方面需要组织在开展专门性公共关系活动中有意识地为组织树立一个可信任的形象,在出现突发事件、意外事故的情况下更要坚持组织的基本宗旨,这是对组织信誉的考验。信誉就是财富,信誉就是资源,建立一流信誉是公共关系追求的目标和努力的方向。

4. 公共关系形成的原因与条件

公共关系不是凭空产生的,它的形成需要有深刻的社会基础与必备条件。

(1) 公共关系产生的社会基础。当社会发展到一定阶段,过去那种组织程度比较低的初级社会群体已不能适应需要,形式多样的社会组织应运而生。一个社会必须从外界环境得到支持,才能生存和发展,社会组织有意识地与环境互动,同环境相互依赖、相互作用,公共关系就产生了。所以,社会组织的建立和分化,是公共关系产生的社会基础。

(2) 公共关系形成的内存机制。社会组织与公众之所以能建立关系,最根本的原因是相互之间在利益上能够互补。企业用产品或服务从消费者那里获取利润,消费者用货币从市场上得到企业提供的自己所需的产品和服务。如果没有各自利益的实现和满足,双方就不会建立良好的关系。各自利益需求的驱动,使社会组织与公众发生接触、形成协作、建立起关系。利益的互补、合作的需要是公共关系形成的内存机制。

(3) 公共关系产生的思想条件。在现代社会,良好的社会关系是一种资源,是生存和发展的必要条件,这已被人们深刻地认识到。从强调以个人为中心到提倡团队合作精神,从重视个人间的竞争到重视组织成员间的协作,从强调对抗斗争到注重和平与发展,这些都表明,人类开始增强相互帮助、相互合作的意识。在相互合作的思想指导下,人类相互关系越来越密切。人类协调、合作意识的增强是公共关系产生和发展的思想条件。

(4) 公共关系产生的经济条件。商品经济发展导致社会分工越来越细,竞争越来越激烈。分工越细越需要协作,竞争加剧的同时合作的要求也在增加。所以,商品经济的发展促使社会组织必须与公众加强联系和合作。

(5) 公共关系产生的政治条件。社会政治生活的民主化发展,是公共关系产生和发展的政治条件。公众被认可,公众权益被尊重,使公众在社会政治生活中的地位大大提高了。公众参与意识的增强、参与实践的增多,对社会组织产生了重要影响。公众的信任和支持,已成为社会组织生存和发展的重要条件。

(6) 公共关系产生的物质技术条件。传播媒体的发达和技术手段的现代化是公共关系产生和发展的重要的物质技术条件。尤其是计算机网络的发展,使我们当今的社会联系得更加紧密。社会组织的信息可以在瞬间通过计算机网络图文并茂地传送到世界各地,迅速而又广泛地影响着公众。物质技术条件的现代化使社会组织与公众相互作用的范围、程度和节奏等都发生了很大的变化。

二、公共关系概念辨析

公共关系这一概念的内涵极为丰富,人们对其理解自然也各种各样,有所不同,但是对于公共关系最基本的含义,人们已形成共识。公共关系作为一个新"事物",在传播过程中,一些人对这一概念产生异议,甚至陷入误区。比如把公共关系与"公关小姐"相提并论,把公共关系看成人际关系,把公共关系与推销术、广告相混淆,更有甚者视公共关系为"拉关系""走后门""以权谋私"的奇招妙计。澄清对公共关系的错误认识,走出误区,有助于公共关系事业的健康发展。

1. 公共关系与人际关系

人际关系是指人与人之间的关系。人际关系包括夫妻关系、父子(女)关系、母子(女)关系、朋友关系、同事关系等。人际关系是以个人为支点,研究个人与个人之间的线性关系。公共关系是指社会组织与公众之间的关系,它以社会组织为支点,研究社会组织与其相关公众之间的网状关系。公共关系以良好的人际关系为基础,但研究对象不是单一的个人,而是形成群体的社会公众。在公共关系学界,持此观点者占多数。持不同观点者认为:公共关系就是研究人的关系,公共关系的主体是社会组织中的个人。1994年由中国公共关系协会学术委员会组织编写的《中国公共关系教程》特别强调公共关系的主体是人。

公共关系和人际关系都从属于社会关系,一切社会关系归根结底都是研究人的关系。如果把公共关系的主体定格为"个人",那么,公共关系这一名称就无存在的必要,因为人际关系早已是家喻户晓了。

公共关系与人际关系确实存在着密切的关系,二者互相包容,互相交叉。作为公共关系的社会组织,在开展公共关系工作时,其执行者是人,工作对象也是人。必须强调的是,在公共关系实践中的"人"已不是代表自己,而是代表"社会组织",其行为实际上是组织行为。在实践中,作为组织的"人"在开展公共关系工作时,必须运用各种有效的人际交往手段。正如有人描述的:"公共关系是利用良好的人际关系来辅助事业的成功。"但这并不等于说公共关系就是人际关系。

此外,两者在运作内容、方式、方法上也互相包容、交叉。公共关系的内容比人际关系要广泛得多,但在运作的方式、方法上,公共关系时常要运用人际关系中的情感传播、态度传播、行为传播等方式。公共关系强调要利用人际传播、大众传播等手段进行信息的传播沟通,人际传播只是一种方式。而人际交往中,则主要利用语言、文字、表情、动作、书信、电话、电报等进行直接或间接的信息交流。目前有人利用大众传播媒体制作祝贺广告、致歉广告等,这实际上已超出了人际传播的范畴。总之,公共关系不等于人际关系。

2. 公共关系与庸俗关系

所谓庸俗关系指的是人们在交往中运用"拉关系""走后门""以权谋私"等手段,彼此互相利用而形成的关系。提起公共关系,有人自然而然地联想到"拉关系""走后门""以权谋私",不择手段地索取不正当的利益。这要么是对公共关系的亵渎、诽谤、诬陷,要么是对公共关系的无知。公共关系与庸俗关系存在本质的区别。

(1) 产生条件不同。公共关系是在商品经济高度发达,信息传播量迅速膨胀,现代经济活动空前复杂的社会条件下产生的。而庸俗关系则是在社会生产力水平低下,商品经济不发达,信息闭塞的社会条件下产生的。

(2) 使用手段不同。公共关系借助于人际传播、大众传播等手段,与公众进行真情的沟通,一切都是光明正大、公开地进行。而庸俗关系则是一种以人情、礼物、金钱等为筹码的利益交换,一切都是在暗地里偷偷摸摸地进行。

(3) 目的内容不同。公共关系的目的是为本组织树立良好形象的同时,兼顾公众利益和社会整体利益。其内容则是研究如何建立信誉、树立形象、传播沟通,如何与社会公众相互适应等。而庸俗关系则是为了谋取私利。其内容无非是通过地缘关系、亲缘关系、业缘关系等谋取一些在正常情况下不应得到的利益和实惠。

(4) 产生效果不同。公共关系产生的实际效果是优化了环境,提高了组织的知名度、美誉度,树立了良好的社会形象,组织、公众、社会共同获益,共同发展。而庸俗关系产生的实际效果是个别人中饱私囊,国家、社会、组织、公众的利益受到损害,污染社会风气,滋生社会矛盾,致使人际关系紧张,社会文明程度下降,影响社会稳定和经济发展等。

总之,公共关系不等于庸俗关系。公共关系实践表明,开展健康有益的公共关系活动,是遏制庸俗关系的有效途径,只有大力发展市场经济,加强物质文明和精神文明建设,才能从根本上杜绝庸俗关系。

3. 公共关系与推销、市场营销

一般意义的推销是指企业通过各种方式向消费者介绍产品。市场营销就是研究企业如何发现并满足消费者现实的和潜在的需求,从产品的最初酝酿、市场调研、原材料的采集、产品的生产,到产品的推销等一系列过程。推销只是市场营销过程的一个环节。

有人认为公共关系的最终目的就是要把企业的产品推销出去,或者说公共关系就是为了促进市场营销。这一观点混淆了公共关系与推销、公共关系与市场营销的关系。这两组概念有着本质区别,也存在一定的联系。

首先,公共关系的主体是社会组织,客体是广大的社会公众。推销、市场营销的主体是企业,客体是广大的消费者。

其次,公共关系是为了树立组织良好形象而开展的传播沟通活动。而推销只是针对企业的产品而展开的宣传。市场营销也是企业围绕着产品的开发、生产、销售而展开的一系列宣传推广活动。

最后,公共关系追求的是组织的长远利益和社会效益。推销、市场营销追求的是组织的近期利益和经济效益。

同时,公共关系与推销、市场营销也存在着一定的联系。其一,三者都遵循真诚求实、互惠互利的原则。其二,三者虽然具有不同的管理功能,但却互相补充、互相促进。公共关系可作为市场营销或推销的一种手段,市场营销也可作为公共关系活动的一种契机或载体。其实在企业中,公共关系、市场营销或推销活动常常是紧密结合在一起进行的,有时难以区分。但是,这并不意味着公共关系和市场营销、推销可以画等号。

4. 公共关系与广告

广告即广而告之。广告是指为了传播某一产品或事物而进行的宣传说服活动。广告最初起源于经济、商业活动领域,其后逐步扩展到社会生活的各个领域。通常情况下,人们一提起广告,多指商业性广告,即介绍或宣传某一产品性能、用途、特点等的广告。公共关系常常要借助广告的形式传播信息,因而产生了公共关系广告。公共关系与广告都具有传播信息的功能,但二者存在明显的差异。首先,通常情况下,广告以传播产品服务信息为主,而公共关系则以传播组织的形象信息为主。有人做了形象的比喻:"广告是要大家买我,而公共关系是要大家爱我。"其次,广告的使用范围大多局限于工商企业,而公共关系的使用范围相对较广,各类社会组织都要开展公共关系活动。再次,广告的商业色彩很浓,主要注重经济效益,而公共关系强调淡化商业色彩,注重的是组织社会效益。最后,广告的宣传手法通常具有夸张性,而公共关系则具有客观真实性。

总之,公共关系与广告既有联系又有区别,不能简单地将二者等同起来。

1.2 公共关系的三要素

公共关系是社会组织通过开展传播沟通活动协调和改善组织机构与其他相关公众的关系,是社会组织与公众真诚合作、互惠互利、彼此相互适应而形成的一种关系状态。由此,我们可以看出公共关系有三个构成要素:社会组织、公众、传播。社会组织是公共关系的主体要素,是公共关系工作的策动者、承担者、发起者;公众是公共关系的客体要素,是公共关系的对象和接受者;传播是公共关系的中介要素,是连接主体和客体的桥梁,也是开展公共关系工作的重要手段。

一、公共关系的主体——社会组织

社会组织是人们为了合理有度地达到自己的目标,有计划、有组织地建立起来的一种社会机构。这种机构有组织、有目的,成员间有明确的分工和职责,有规范的工作制度和目标。

1. 社会组织特征

(1) 整体性。社会组织的成员和部门都是组织的构成部分,与组织整体具有不可分离的密切关系。

(2) 目的性。社会组织的各成员和部门是在共同目标基础上结合起来的,社会组织的目标是构成组织和加强组织的核心要素。

(3) 适应性。社会组织的成员之间、部门之间、成员与部门之间、成员(部门)与整体之间必须相互适应,社会组织与外部环境也必须相互适应。

(4) 多样性。不同的社会组织,其性质、结构形态和职能均不同。

2. 社会组织的分类

(1) 互益性组织。主要包括各种党政团体、职业团体、群众社团组织、宗教组织等。该类组织由于非常重视内部成员的利益和共同目标,所以着重强调成员对组织本身的凝聚力和归属感,重视组织内部沟通。

(2) 营利性组织。主要包括工商企业、金融机构、旅游服务机构等以营利为目标的组织。该类组织以利益为目标,所以要与其利益关系者建立良好的关系。

(3) 服务性组织。主要包括学校、医院、社会福利机构等非营利性组织。该类组织以满足其特定服务对象的需要为目标,所以要与其投资者、协作者以及服务对象处理好关系。

(4) 公益性组织。主要包括政府部门、公共安全机构、消防机构等。该类组织以国家和社会整体利益为目标,所以要处理好与社会各界的关系。

3. 社会组织与环境

社会组织总是在一定环境中运行的,所以,社会组织必须适应变化复杂的环境。

(1) 环境的内容。社会组织面对的环境包括宏观环境和微观环境。

宏观环境包括:①政治法律环境。政治环境主要是指党和政府的有关路线、方针和政策等对社会组织产生的影响因素。法律环境指国家和政府颁布的法律法规等对社会组织产生的影响因素。②社会经济环境。社会经济环境是指国家经济发展水平、经济管理体制和经济发展趋势等对社会组织产生的影响因素。③社会文化环境。社会文化环境主要指社会风尚、风俗习惯、民族分布、宗教信仰、道德观念、文化教育等对社会组织产生的影响因素。④科学技术环境。科学技术环境主要指本行业科学技术的发展水平、相关行业科技发展水平、新技术、新材料、新工艺等对社会组织产生的影响因素。

微观环境包括：①自然环境。自然环境指地理位置、气候条件、交通状况、资源能源状况等。②关系环境。关系环境是指社会组织与消费者、政府、社区、新闻媒体、竞争对手、员工、股东等公众之间的关系状况。③意识环境。意识环境是指社会组织的思想意识因素，如本组织在公众心目中的形象和地位、员工的职业道德、价值观、公共关系意识和社会舆论等。

(2) 环境的特征。社会组织面对的环境具有以下特征：①不确定性。环境的不确定性是指社会组织对于环境感知的不确定性。对于决策者来说，感知环境的方式和能力无疑会影响其决策的成功与否。如果决策者获得的有关环境的信息是虚假的，或者不能及时地获得有关环境的信息，那么他的决策很可能是要出问题的。例如，麦当劳公司在莫斯科开设了一家连锁店。店里配有纸板做的盘子，当人们购买汉堡时，同时配给一个这种一次性盘子。麦当劳公司原先设想这些盘子在被使用后，就用机器对它们进行处理而不致污染环境。但莫斯科居民却把这些盘子全部拿回家了。处理盘子的机器根本用不上，白白浪费了很多钱。本例反映了麦当劳公司没有掌握环境的准确信息。②可变性。随着社会经济的发展，环境变化越来越快，社会组织面临的环境越来越复杂。社会组织的决策者要及时掌握环境的变化及其速度，能有效地预测环境变化的程度、速度和趋势，能迅速根据环境的变化来调整社会组织的经营手段和项目等。③复杂性。环境的复杂性主要指有关环境构成因素的多少和它们的差异程度。具体来说，如果环境的构成因素多，而且差异程度也比较高，那么这样的环境就比较复杂；反之，环境的复杂性就比较小。社会组织要能够考虑到环境中所有构成因素及其特征，做出适应环境的正确决策。

4. 社会组织目标与公共关系目标

(1) 社会组织目标。所谓社会组织目标是指社会组织的总体目标。任何社会组织目标的制定都建立在满足环境需求的基础上。

社会组织目标还必须考虑社会组织内部成员的需求。只有当社会组织目标与成员个人目标协调一致时，才能保证社会组织目标的实现。另外，社会组织自身还有不同于环境需求和内部成员需求的特殊需求，这种特殊需求保证了社会组织自身的生存、运转和发展。因此，社会组织目标的内容实际上涵盖了社会、组织、成员三方利益。

(2) 公共关系目标。具体来说，公共关系目标就是通过公共关系活动树立社会组织良好的形象。社会组织形象包括以下几方面：①产品形象，即产品的质量、功能、外形、商标以及包装等给公众的整体印象。②人员形象，即社会组织员工的素质、行为举止、精神风貌等给公众的整体印象。③建筑物形象，即建筑物的空间设计、外部景观、表面装饰、色彩、周围绿化状况等给公众的整体印象。④自我期望形象，即社会组织期望留给公众的整体形象。⑤实际社会形象，即社会组织实际留给公众的整体形象。⑥公共关系形象，即社会组织通过长期的、有计划的公共关系活动留给公众的整体形象。

(3) 社会组织目标与公共关系的关系。社会组织目标是社会组织得以生存的根本原因,因此,社会组织内部的所有部门及其各个成员的一切工作都必须围绕这个总目标展开,谁背离了社会组织目标,谁就在实际上脱离了这个社会组织。

社会组织在其运行过程中所发生的关系,属于公共关系,因此,公共关系必须服从和服务于社会组织目标,这就决定了公共关系的工作目标在其与社会组织目标的关系中处于从属地位,但这并不意味着公共关系是可有可无的。在现代社会中,一个没有公共关系的社会组织要想继续生存和发展下去,简直无法想象。在我国公共关系界有这样一种观点,认为公共关系只有服务于企业或社会组织才能谋求自身的发展,因而公共关系只能永远充当企业的配角。这种观点是不全面的,因为社会组织在完成其目标的运行过程中必然要与现实环境诸因素发生关系并引起关系的变化,关系的变化又必然引起社会组织自身形象的变化,而自身形象的变化又直接对社会组织的活动、社会组织目标的实现,甚至社会组织的生存产生影响。

因此,社会组织目标是公共关系的活动方向;公共关系是保证社会组织目标顺利实现的特殊管理手段。没有社会组织目标,公共关系活动就没有方向,而没有公共关系的积极活动,社会组织目标就会落空。

二、公共关系的客体——公众

1. 公众的含义

公共关系的客体——"公众"是一个特定的概念,它并非是指人们头脑中所想象的那些"广大人民群众""普通老百姓"等,而是具有特殊意义的"公众"。

首先,它是因面临某个共同问题而形成的社会群体。同生产企业发生往来关系的公众,有企业原材料的供应者,面临着向企业供应原材料的共同问题;有产品的购买者,面临着购买企业产品这一共同问题。同商业企业打交道的公众,有商品的供应者,面临着向商业企业提供商品的问题;高级宾馆同各种中外宾客打交道,面临着如何向他们提供满意服务的问题;医院同各类患者打交道,面临着如何医治他们病症的问题……

其次,这些公众有着共同的利益。当今的社会组织在生存与发展过程中面临着许许多多的社会问题。这使公共关系从性质上来看不仅要为组织的目标服务,还要照顾到公众的利益。组织必须在力所能及的范围内保证特定公众的利益得以实现,如企业满足服务用户和消费者的利益,宾馆饭店满足宾客的利益,政府机关满足民众某一方面的利益,医院满足患者的利益等。只有公众的利益得到满足,组织的利益才能得以实现。

最后,这些公众为某一特定组织的工作产生互动的效应。组织机构的各项方针、政策、行为影响着某些特定公众,而这些特定公众的需求也对组织产生重要的影响。比如,企业的方针、政策对职工、技术人员、领导干部有影响,可能激发也可能阻碍他们的积极性和创造性的发挥;反之,这些人员自身利益的要求和行为也影响着企业制定下一步的方针、政策和计划。企业采取不同的经营方针对顾客、原材料供应者及其他各类公众都有着重要的影响,而这些公众的态度及他们所采取的行为对企业也起着制约作用。这说明组织和公众时时刻刻都互相影响,从而产生一种互动效应。不能产生互动效应的社会群体就不能成为组织的特定公众。

综上所述,可将"公众"定义为:公众是任何因面临某个共同问题而形成的,有着某种共同利益并为某一特定组织的工作产生互动效应的社会群体。

2. 公众的特征

作为公共关系对象的公众,一般具有下述四个方面的明显特征。

(1) 整体性。公众不是单个人的任意组合,而是与特定组织运行有关的整体环境。任何组织的生存和发展都离不开一定的公众环境。所谓"公众环境",是指特定组织运行过程中必须面对的社会关系和社会舆论环境。这些社会关系和社会舆论环境的范围很广,涉及组织外部及社会的各个方面,而且相互关联,极其复杂。从一个经济组织来看,既有组织内部的员工公众、股东公众,又有组织外部的消费者、供应商、经销商、社区、政府、新闻界等有关的团体、组织或个人。公共关系工作不可厚此薄彼。组织面对任何一类公众或其中任何一部分乃至一个人时,都应视为面对着一个完整的公众整体,否则会导致整个公众环境的恶化。美国埃克森石油公司油轮触礁,造成原油泄漏,附近海域的生态环境遭到破坏。然而,该公司对事件无动于衷,对问题的解决采取消极的态度,轻视海域附近渔民及环境保护组织的合理要求,于是公众环境恶化,公共关系危机出现了。美国政府以及当地政府、新闻界、环境保护组织、社会各界公众纷纷谴责该公司无视公众的行为。该公司的业务范围遍布全世界,但由于该公司的企业形象受到破坏,新老客户纷纷抵制其产品,使该公司遭到巨大的经济损失。因此,我们认为应将组织面临的公众视作一个完整的环境,要用全面、系统的观点来分析和研究组织面临的公众。

(2) 同质性。公众是由共同的问题引起的利益群体,这些问题对公众成员产生了很大的影响,使得原本不属于某一社会群体和社会组织的若干人成为一个组织的公众。不同组织有不同的公众。一个组织可能有许多问题同时出现,从而涉及各种不同的公众,所以将形成若干类不同质的公众。这些不同质的公众是相对不同问题而言的,而由某一问题所引起的公众本身却是同质的。因此,没有这种同质的内在基础,便无所谓公众。

(3) 变化性。公众不是封闭僵化、一成不变的对象,而是一个开放的系统,处于不断变化和发展的过程中。任何组织的公众对象的性质、形式、数量、范围等均会随着主体条件、客观环境的变化而变化;有的关系产生了,有的关系消失了;有的关系不断扩大,有的关系可能缩小;有的关系越来越稳固,有的关系越来越动荡;有的关系甚至发生性质上的变化——竞争关系转化为协作关系,友好关系转变成敌对关系,如此等等。公众环境的变化,必将导致公共关系工作目标、方针、策略、手段的变化;反过来,组织自身的变化也会导致公众环境的变化,如组织的政策、行为、产品的变化使公众的意见、评价、态度或行为发生相应的变化,这种变化的结果又可能反过来对组织产生影响与制约作用。可见,必须以动态的、发展的眼光来认识公众对象。

(4) 多样性。公共关系的公众复杂多样。"公众"是个统称,可根据不同的角度、层次、标准将具体的公众划分为若干种类型。公众可以是个人,也可以是群体、团体或社会组织。例如一个企业的公众可包括内部员工、股东,也包括消费者、新闻界、政府、社会等公众。顾客还可分为国内消费者和国外消费者,国内消费者与国外消费者还可划分为若干种不同类别。日常公关工作对象包括各种不同类型的公众。即使是同一类型的公众对象也有不同的存在形式。由于公众对象的多样性决定了公共关系工作的复杂性、方式和方法的多样性,也为公关工作增加了难度。

3. 公众的分类

对复杂多样的公众进行必要的分类,把握其内在规律性是公共关系人员必须掌握的基本功。一个组织常面临复杂而又广泛的公众,可以根据不同的需要,用不同的标准进行分类。常见的公众分类方法如下。

(1) 内外关系分类法。按照公众与组织的内外关系可将组织的公众分为内部公众和外部公众。内部公众是指组织内部的各类公众,如企业内部的员工公众、领导、技术人员、股东、董事、离退休人员等公众;医院内部的医生、护士及各级行政人员等公众;学校的教师、学生及各级行政、后勤人员等公众。外部公众是指组织以外与组织在经济业务、外事往来等方面有密切联系的公众,诸如企业的客户(其中包括用户、消费者、旅客等)、原材料供应者、代销者或中间商、社区、政府、新闻界、金融界等公众;医院的药品供应者、患者、患者家属等公众。

(2) 公众状态分类法。按照公众的组织状态可将组织的公众分为个体公众和组织公众两类。个体公众是形式上分散,以个人作为意见、态度和行为的表达者,以个体形式与公共关系主体发生联系的公众对象。如竞选过程中面对的选民、酒店或商场中的散客等。组织公众是以一定的组织或团体形式出现,以组织团体作为意见、态度和行为的表达者,并与公众关系主体相互交往的公众对象团体,如竞选过程中面对的各种助选团体,工商企业面对的集团消费者、订购者等。

(3) 组织需求分类法。根据组织的要求,依照公众对组织的重要性不同,可以将公众划分为首要公众、次要公众和边缘公众。

首要公众指组织最重要的公众,如工业企业的员工、技术人员、管理人员、股东、董事,商业企业的顾客,医院的患者等。首要公众的态度如何直接影响组织的生存和发展,组织同他们的关系处理得好坏直接关系到组织前途。为此,几乎所有的组织在开展公众关系工作时,都集中人力、物力、财力来维持或改善同首要公众之间的关系,创造一种和谐的气氛。

次要公众指组织次重要的公众。如与组织建立往来关系的金融、财政、税收、社区、新闻等部门。这些部门对一个组织的生存和发展不直接产生影响,但它们可能间接地制约组织的发展。金融部门可能通过扩大或缩小贷款来控制企业,新闻单位可以实事求是地反映公众对组织的态度、看法等。因此,一个组织仅仅做好首要公众的工作是不够的,一定要在条件允许的情况下调整好组织与次要公众的关系,为组织的发展创造一个有利的环境。

边缘公众指距离组织各项工作更远一层的公众。如某项特定发明造成一定的影响,如果企业重视这项发明,那么,这个发明单位就成为这个特定企业的边缘公众,同时该发明单位也是其他有关企业的边缘公众,它徘徊在各个有关企业的边缘,一旦其中某家企业购买了这项发明专利或发明成果,并准备付诸研制和试生产,则该发明单位就成为该企业的首要公众,而不再是其他企业的边缘公众了。边缘公众的特点是具有边缘性,它既可以是这个组织的边缘公众,同时也可以是其他组织的边缘公众。边缘公众还具有不稳定性,由于它同时成为几个组织的边缘公众,有些组织可能与它建立联系,而有些组织或许由于条件所限只好放弃和它的联系。

(4) 公众态度分类法。根据公众对组织的态度可将组织公众分为顺意公众、逆意公众和中立公众。

顺意公众也称支持公众，是指对组织的政策和行为持赞赏和肯定态度的公众。如企业的股东主动为某企业投资，支持企业的发展；赞助某项社会福利事业或对某项工程进行捐款等。争取更多的顺意公众是公共关系一个最为重要的任务。

逆意公众也称反对公众，它是指对组织政策和行为持否定态度的公众，如一家造纸厂由于没有处理好工业污水问题，导致周围地区严重污染，这些居民对此意见很大，在这个问题上，这部分居民就成了这家工厂的逆意公众。逆意公众一旦付诸行动，其后果有时相当严重，甚至直接影响到组织的生存。对于这些公众，公共关系工作中应予以高度重视。

中立公众也称独立公众，它是指对组织的政策和行为持中间态度和不明朗态度的公众。这类公众大多对组织不大了解，即使与组织发生过交往，也因为没有出现过大的利益得失而对组织抱有倾向性的态度。在市场竞争中，能否争取中立公众往往成为决定事业成败的关键。公共关系工作必须随时注意争取中立公众，并及时、有效地化逆意公众为中立公众和顺意公众，把敌手的数量缩小到最低点，把朋友的数量扩大到最大值。

(5) 纵向细分法。所谓公众的纵向细分法，实际上是将公众作为一个过程按其发展阶段进行划分。公众的发展过程也就是公众与社会组织关系日益密切的过程。所以，组织公众的纵向细分也可以说是根据组织在运行过程中与公众发生关系的疏密程度对公众进行的一种划分。根据公众与组织关系程度和发展阶段，一般可把它分为非公众、潜在公众、知晓公众和行动公众四类。

非公众是公共关系学中的一个特定概念，指那些不受组织各项方针、政策、行为所左右，同时他们的行为与要求也不影响组织而远离组织的公众。如棉农对一个生产电冰箱的企业是毫无实际意义的；需求食品的消费者对生产电视机的企业是不感兴趣的（假如他们根本不需要电视机）；非眼病患者对眼科医院是不登门求医的。这些不称其为组织公众的社会群体对组织来说毫无意义。认清组织的非公众可以帮助我们减少公共关系工作的盲目性，避免浪费现象的发生。

潜在公众是指将来可能与组织发生利害关系的公众。我们常说的"潜在用户""潜在顾客"等就属于这一类公众。在组织所处的环境中，当某个社会群体面临着由组织行为引起的某个共同问题，但公众本身还没有意识到这一问题的存在时，这个社会群体就成了公共关系工作人员心中的潜在公众。如某洗衣机厂生产了5000台洗衣机，当发现这批洗衣机的电机有质量问题时，5000台洗衣机早已上市。据技术人员估计，这批现在感觉良好的洗衣机用不了多久就会出故障。也就是说，5000家用户将遇到一个共同的问题——洗衣机中电机的故障问题，但这些用户在购买洗衣机时并没有意识到这一问题的存在。如果该洗衣机厂公共关系部门重视这批公众的利益，尽早想办法，就会使影响企业信誉的问题更快、更好地得以解决。认识潜在公众可以使组织公共关系人员有计划、有目的地调整公共关系目标，制订公共关系计划，防患未然，为公共关系工作的顺利进行扫清障碍。

知晓公众是指由潜在公众发展而来的但没有集中出现在组织面前的公众。知晓公众已经意识到由于组织行为而使其与自己产生了一定的利害关系。这时，作为组织的知晓公众他们急切想了解自己所面临的组织，想了解问题产生的根源及解决的办法。因此，知晓公众对任何与他们所面临的组织及有关问题的信息都十分关注,并积极想办法,采取措施,渴望问题更快、更好地解决。作为组织,一旦知晓公众形成就应该立即开展经过精心策划的公共关系活动,态度应积极,措施应得当,行为应得体。如前例,如果洗衣机厂知道问题已发生,但又抱有某种侥幸心理,不采取措施解决问题,洗衣机厂将面临5000个作为用户的知晓公众。如果这些知晓公众由于对洗衣机的不满导致了对洗衣机厂的不满,进而形成一种社会舆论时,洗衣机厂损失的将不只是5000个用户,可能要失去所有的市场。

为了解决实际问题,做好公共关系工作,组织必须掌握适当的时机。而实施公共关系方案的最好时机应该是潜在公众形成的时期。这时组织的行为造成的社会问题并没有对某些特定公众的利益带来不良的影响,此时主动采取措施,积极解决问题,把隐患消灭在萌芽状态,非但不会对组织造成不良影响,相反还会为组织的原有形象增添光彩,使社会公众对组织产生信任感。仍如前例,如果洗衣机厂主动同新闻媒体联系,说明问题的原委,并为5000个用户更换新电机或洗衣机,这样更多的社会公众一定会对这家洗衣机厂产生好感。这不仅消除了公众对企业可能产生的误会,而且会吸引更多的用户成为企业的公众。

行动公众是指由知晓公众发展而来的并已经集中出现在组织面前的公众。知晓公众已经知晓问题的存在,并正在准备采取某种行为对组织施加压力,而行动公众不仅知晓问题的存在,同时也清楚问题的原委,正在采取某种具体行动对组织施加压力。在特殊条件下,一个组织一旦形成行动公众,其公共关系工作的难度就会大大增加。如前例,如果洗衣机厂已经使知晓公众转变为行动公众,那么,企业面临的问题就非常复杂了,很可能会因洗衣机的质量问题得不到解决而形成一种强烈的社会舆论,使企业产品滞销,从而制约企业的生存和发展。

以上四类公众是逐渐发展而来的,从而形成了一个连续的发展过程。这个发展过程可以用图1-1表示如下。

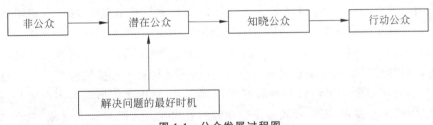

图1-1 公众发展过程图

(6)人口结构法。根据人口结构对公众进行分类,即按性别、年龄、职业、经济状况、教育程度、政治或宗教信仰、种族和民族等标准分类。

任何一个组织都应该对自己的公众对象进行人口结构分析,以积累基本资料,这是公共关系的一项基础工作。但就我国目前的情况来看,很多组织对此项工作还不够重视,长期没有建立这一类信息的资料档案。其实,尽管工作千头万绪,但是只要认真细致,调查研究,重视公共关系工作,完全可以创造一个好的开端,并从中发现本组织今后的努力方向。例如,某塑料制品厂通过对购买塑料花的顾客进行统计,从中发现农民购买者增加,由1%上升为10%,这说明农村对该产品需求有增加的趋势,那么,就应该在农村增加一定数量的产品宣传网点,并争取在农村建立展销中心。同时在产品设计上也要考虑农村的风俗习惯、生活爱好等因素。又如澳大利亚有关部门曾委托中国香港甘穗公共关系公司总代理赴澳旅游的公共关系业务,甘穗公共关系公司首先进行人口结构分析,从中发现去澳洲的旅游者大都是经济比较富裕、教育水平比较高的人士。于是,他们在业务宣传时便以此作为准则。首先介绍当地的风俗文化;其次介绍地理知识;最后使用文字材料、书刊作介绍。这些有针对性的公共关系活动有效地吸引了这类人士,使前往澳洲旅游的人士不断增加。

没有区别就没有政策,没有政策就没有方法。根据公共关系工作的实际需要,公共关系人员可以从不同的角度和不同的标准去分析公众,认识公众,从而使公共关系工作的目标更加明确,政策更加适当,措施更加可行,投入更加合理,效果更加明显。当然,公共关系人员的实际工作也不应拘泥于这些分类方法,要注意具体问题具体分析。只要分类对开展公共关系工作有利,那就是最好的方法。

三、公共关系的中介——传播

从词源上来说,"传播"(communication)与"社区"(community)来自共同的拉丁文词根(communis,意为"使共享"或"共享"),这绝非偶然。这是因为:如果没有人类的传播行为,就不会有社区;同样,没有社区,也就不会有传播。

人们常把衣、食、住、行称为"人生的四大需要"。实际上,人类对传播的需要既是普通的,又是迫切的。我们通常说人是社会性动物,实质上就是强调人的社会交往,即交流的普遍性和重要性。一般来说,在现实生活中,一个人无论是学习和工作,都需要与周围的人和物打交道,都在进行着某种形式的传播活动,如听、说、读、写、看等。即使是默默不语,在他人看来,也传达了确切的含义。

那么,什么是传播呢?关于这个问题,由于研究者的角度不同,对传播做出的解释也存在某种程度上的差异;传播学理论家威尔伯·施拉姆认为传播就是"对一组先知性符号采取同一意向";西奥多森认为"传播是个人或团体主要通过符号向其他个人或团体传递信息、观念、态度或情感";沃伦·韦弗则认为传播是"一个心灵影响另一个心灵的全部程序";查尔斯·科利认为传播是"全人类关系赖以存在和发展的机制,是一切智能的象征和通过空间传达它们和通过时间保存它们的手段"。这些定义揭示了传播要领的丰富内涵。在这里,我们并不奢望给出一个综合各种解释的传播定义,只指出传播的基本内涵是信息的传递和交换过程,由传播者、接受者和传播媒体等要素构成。人们常说的交流、对话、宣传、沟通、交际等,都是传播的具体形式。

1. 公共关系传播的传统媒体

公共关系传播的传统媒体种类繁多,概括起来,主要有以下几大类。

(1) 语言媒体和非语言媒体。语言媒体是指以自然语言即发出声音的口头语言作为信息载体的传播媒体。在公共关系活动中,大量运用语言媒体进行信息传播。其方式有答记者问、与员工谈心、召开会议、电话通信、内外谈判、各类演说和致辞等。运用语言媒体进行传播,基本上属于人际传播,表现形式基本上是面对面的交流,因此信息反馈迅速,形式灵活多样,感情色彩强烈,传播效果明显;缺点是范围小,影响面不大。

非语言媒体是以一定的动作、表情、服饰等伴随语言为信息载体的传播媒体。在公关传播中，非语言媒体是一种广泛运用的沟通方式，通常情况下用来表现情感，加强或减弱语言传播的效果。非语言传播媒体分为有声非语言传播媒体和无声非语言传播媒体。有声非语言传播媒体也就是"类语言"，它是传播过程中一种有声音不分音节的语言，常见的有说话时重读、语调、笑声和掌声。应注意的是，同一种有声非语言传播媒体，在不同的情况下其含义大不相同。比如同是笑声媒体，可以传递欢迎、赞成、高兴等信息，也可以是传递一种礼貌的否定等。无声非语言传播媒体主要是指身势语言和情态语言。身势语言是指人用身体部位表现出的有某种含义的动作符号，如翘起大拇指、耸肩、摇臂、鞠躬、跺脚等。情态语言是指人脸上各部位动作所构成的语言，其基本主体是"眼语"，比如深沉注视、眉来眼去、横眉冷对等。无声非语言媒体具有鲜明的民族文化性，即有的人体动作在不同的民族中其含义会大不一样。

（2）大众传播媒体。大众传播媒体主要指报纸、杂志、广播、电视等。

① 大众传播媒体的功能。大众传播媒体在公共关系工作中的主要功能有报道、教育、娱乐和监督等功能。

报道功能。大众传播媒体又称"新闻界"，负责将社会生活中发生的新闻事件及时、公正地告知公众。新闻报道是对事实的公正陈述，依靠其时效性和公正性来树立新闻传播界自身的信誉。公共关系运用新闻报道必须遵守时效性、公正性。

教育功能。大众传播媒体承担了大量的社会教育任务，面向大众普及教育，将政治、经济、文化、科技、历史、生活等知识传播给公众。公共关系运用大众传播媒体传递信息必须注意知识性、教育性。

娱乐功能。大众传播媒体为公众提供了大量的娱乐性服务。报纸的文体娱乐版，杂志上的小说、趣闻等，广播中的音乐，电视上的电视剧等，是公众日常文化娱乐的主要来源。因此，娱乐性越强的大众传播媒体，阅读率、收听率、收视率就越高。公共关系运用大众传播媒体向公众宣传时也必须注意趣味性和娱乐性。

监督功能。大众传播媒体及其所形成的公众舆论，对政府、企业及各类机构的政策、行为、人员、产品起着社会监督的作用。公共关系工作必须将这种公众信息的反馈作为传播工作的重要依据。

② 大众传播媒体的分类。可分为以下两类。

a. 印刷类大众传播媒体。印刷类大众传播媒体主要指以文字、图片形式将信息印刷在纸张上进行传播的报纸、杂志和图书。

报纸是受众面最大的一种印刷类大众传播媒体。报纸具有三大优点：一是可选择性。读者可按自己的需要、阅读习惯，在许多"并时性"排列的消息中迅速选取自己最感兴趣的内容阅读。二是周详性。同样一则消息，报纸报道要比电视报道深入细致、周密详尽，读者甚至可以反复阅读、细细琢磨。三是制作容易，成本较低，读者不需要特别设备就能接收。

杂志是普遍受欢迎的一种印刷类大众传播媒体。按照内容，杂志可分为知识性、趣味性杂志和专业性杂志两大类。知识性、趣味性杂志以一般社会大众为读者对象；专业性杂志以特定专业人员为读者对象。杂志有三大优点：一是读者群比较稳定；二是内容比较灵活多样，伸缩性大；三是便于读者在不同的"单位时间"内阅读，也容易携带。

图书是历史较为悠久的一种印刷类大众传播媒体。图书的容量大，除了以其规范化的形式便于人们阅读和保存外,还具有一定的权威性,在传播和积累人类知识、文化中起着重要作用。

印刷类大众传播媒体的读者受到文化水平的限制,没有一定文化水平的人无法利用它。时间性极强和形象性极强的信息都不宜依靠印刷类大众传播媒体来传递。在公共关系传播中应考虑印刷类大众传播媒体的局限性。

b. 电子类大众传播媒体。电子类大众传播媒体是指以电波的形式传播声音、文字、图像,运用专门的电器设备来发送和接收信息的媒体。电子类大众传播媒体可分为广播和电视两大类。

广播是覆盖面最广的一种电子类大众传播媒体。广播有五大优点:一是及时。广播中的信息不受时间、空间的限制,通过电波可以在转瞬之间传遍地球的各个角落。二是机动性强。收听广播几乎不受空间和工作条件的限制,听众可以一边听广播一边工作,这更有利于信息的广泛、及时传播。三是感染力强。广播节目声情并茂,信息量大,极富感染力。四是可普及率强。广播节目的制作成本低廉,接收广播的设备简单、廉价,使用长久,家家户户都能买得起。五是不受文化水平限制,这是广播最大的优点。只要有听觉就能接收,因此普及率最高。

广播也有几个方面的不足:一是不便检索,不便保存;二是广播的信息和效果稍纵即逝,难以把握,收听时稍不留意,便无法追寻;三是其内容的生动性不如电视,信息的深度不如报纸。因此,广播适用于时间性强、涉及面广和普及性强的信息内容。

电视是现代社会最强有力的一种新兴的大众传播媒体。电视有两大明显优势:一是电视集音响、图像于一身,在传播信息过程中能同时诉诸人的听觉和视觉,形象生动,真实感强,最易激发人的兴趣和抓住人的注意力。二是电视的时效性较强。由于电视摄像、传播技术的发展,卫星接收电视技术的采用,电视台基本上可以做到随时传播新发生的事件实况,再加上电视新闻的正点滚动播出,这些都使电视传播更为迅速及时,其时效性可比广播。

电视也有其局限性,这表现在两个方面:一是缺乏深度。电视由于表现形式的限制,在内容上容易肤浅,深度不够,难以表达抽象思维、逻辑思维的内容;二是电视不便携带,观众在接收电视传播中还受到种种条件限制,不便随时随地收看,选择余地较小。

公共关系常将大众传播媒体用于新闻宣传和公共关系广告方面,借以向大众提供信息,树立组织形象。

(3) 实物媒体。实物媒体在公共关系活动中大量使用。它包括以下三种形式:一是产品及劳务。产品本身是一种最可信的信息载体,通过其质量、款式、品牌、商标、包装以及有关的售中或售后服务,传递出最实在、可靠的信息。因此,产品本身作为媒体常被用于展览活动、赠送和赞助活动。二是公共关系礼品,指带有本组织标识的实物宣传品,如本组织产品的微型样品或具有一定实用价值的纪念品。公共关系礼品一般是不进入市场流通的非卖品,往往是专门设计和制作的,而且宣传价值、交际价值大于使用价值,主要是纪念性质的。三是象征物和模型,如用于环境装饰的雕塑、大型活动的吉祥物、展览活动中的实物模型等。

(4) 图像标识媒体。图像标识是指以静态的形象为主要信息载体的传播媒体。图像标识是各种社会组织经常使用的传播媒体,可分为以下两大类:一是照片与图画。照片与图画通过平面构图传递形象与信息。照片比图画更灵活,更富创造的想象力和表现力。两者均大量使用在各种宣传品、橱窗展示和展览陈列活动中。二是标识系列。标识系列以特殊的文字、图形、色彩的设计,构成组织的形象标志,以区别于其他组织和产品,主要包括商标、徽记、品牌名称以及包装、门面、办公用品、运输工具、环境装修、人员装束等方面的应用。在商业促销活动中,标识系统具有很强的市场传播功能。

(5) 人体媒体。人体媒体是借助于人的行为、服饰和社会影响等来作为传递信息的载体,它包括组织成员(从领导到员工)的形象、社会名流、新闻人物以及能够影响社会舆论的其他公众等。

(6) 宣传品。宣传品包括以下方面:一是公共关系刊物,如组织编辑发行的小报、杂志、通讯等,它们被定期发行、免费分发。一般区分为内刊和外刊两种。二是书籍、小册子,配合特定主题内容编制的文集、影集、画册或宣传手册。三是宣传单,如企业简介、产品目录书、促销宣传品、邮递广告品等。四是海报、POP 宣传品,如配合某一活动主题制作的宣传海报、条幅、彩旗、不干胶宣传品等。

2. 公共关系传播的新媒体

新媒体目前已经不再是一个新鲜或陌生的概念了,新媒体甚至开启和引领了一个新的时代——新媒体时代。如今我们的生活、工作、思维、判断等都将不得不置身于这样的时代,不容我们去选择,而且新媒体发展之快都不容我们去思考与犹豫。显然,公共关系的理论与实践也毋庸置疑地置身于这样的时代背景之中,使之发生了一系列变化的同时也产生了新的研究课题,网络公共关系蓬勃发展就是一个有力的证明。

(1) 新媒体概念的内涵与外延。据研究考证,"新媒体"(new media)概念最早出现于 1967 年,时任美国 CBS(哥伦比亚广播电视网)技术研究所所长 P.歌德马克发表的一份关于开发 EVR(electronic video recording,电子录像)商品的计划中提出;1969 年,美国传播政策总统特别委员会主席 E.罗斯托在向尼克松总统提交的报告书中,多次使用 new media。自此,"新媒体"一词在美国社会开始流行起来,迅速传到其他西方国家,并在 20 世纪 80 年代后成为西方发达国家新闻界、学术界和科技界最热门的话题之一。1991 年万维网协议公布,1993 年图形化浏览器 Mosaic 发布,互联网逐渐渗透到生活中。1998 年联合国新闻委员会上提出,在加强传统的文字和声像传播手段的同时,应利用最先进的第四媒体——互联网。互联网"第四媒体"的概念正式得到使用。从 20 世纪 90 年代后期开始,互联网成为新媒体讨论中的主角[1]。

联合国教科文组织对新媒体的定义为"新媒体就是网络媒体"。*Online* 杂志给出的定义为"由所有人面向所有人进行的传播"。赛佛林等认为:那些从信源就开始剥离信息冗余,处于向确定的信宿收敛的中间媒介,借助于数字化的语言能力,将不确定的自信息按信宿的需求迅速转化为主观内容,并寓于各种形式的传播方式和业务服务之中,则被称为新媒体[2]。《圣何塞水星报》的专栏作家丹·吉尔摩认为"新媒体"的概念界定加入了新的元素——数字技术,是数字技术在传播中广泛应用后产生的新概念。继丹·吉尔摩之后,"技

---

[1] 吕宇翔,张铮."新媒体"的再认识[J].编辑之友,2012(7):71.
[2] 赛佛林.传播学的起源、方法和应用[M].北京:华夏出版社,2000.

术"逐渐成为"新媒体"概念中一个必不可少的要素。互联网实验室（chinalabs.com）对"新媒体"的定义为：新媒体是基于计算机技术、通信技术、数字广播等技术，通过互联网、无线通信网、数字广播电视网和卫星等渠道，以计算机、电视、手机、个人数字助理（PDA）、视频音乐播放器（MP4）等设备为终端的媒体，能够实现个性化、互动化、细分化的传播方式，部分新媒体在传播属性上能够实现精准投放、点对点的传播，如新媒体博客、电子杂志等①。

新媒体是一个相对的概念，相对于传统媒体而言，是指新的技术支撑体系下出现的媒体形态。"新媒体"可以定义为：通过运用网络数字技术及移动通信技术，通过无线通信网、宽带局域网、卫星和互联网等渠道，通过手机、计算机、电视作为最终输出终端，向使用者提供语音数据、音频、在线游戏、远程教育、视频音频等合成信息及娱乐服务的全部新型传播形式与手段的总称②。

从外延上来看，目前的新媒体大体可以分为网络新媒体、手机新媒体和新型电视媒体三类。网络新媒体包括门户网站、搜索引擎、网络电视、网络报纸、网络期刊、网络社区、博客、播客、微博及各类网站等。手机媒体包括手机报、手机期刊、手机图书、手机电视、手机微博、游戏等类型。新型电视媒体包括数字电视、交互式网络电视、移动电视等③。图1-2是我们将新媒体外延进行梳理的图④，但是，不难看出新媒体是一个较为宽泛的概念，也是一个相对的和发展的概念。"新""旧"是相对而言，随着社会科技发展和传播模式的转变，对媒体的使用热度也会不同，新媒体会变为"旧"媒体，"新"媒体也会不断出现，新媒体的内涵和外延也将随之发生变化⑤。

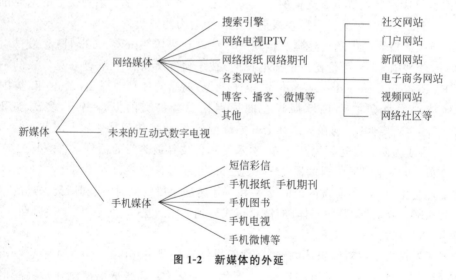

图1-2 新媒体的外延

---

① 互联网实验室.中国新媒体发展研究报告（2006—2007）[EB/OL].https://www.douban.com/group/topic/1358321/.
② 王婉妮.网络新媒体特点及其现状分析[J].今媒体，2014(12)：123-124.
③ 樊帅.企业公共关系案例解析[M].北京：清华大学出版社，2017.
④ 匡文波.关于新媒体核心概念的厘清[J].新闻爱好者，2012(10)：32-34.
⑤ 张敏.新媒体概念研究辨析[J].安徽科技，2016(9)：31-32.

（2）新媒体的特点。相对于报刊、户外、广播、电视传统意义上的媒体，新媒体被形象地称为"第五媒体"。新媒体以其形式丰富、互动性强、渠道广泛、覆盖率高、精准到达、性价比高、推广方便等特点在现代传媒产业中占据越来越重要的位置。新媒体体现了科学技术的进步、内容方式的转变、传播语境的变化、传统话语权的解构与转变。新媒体的"新"体现在以下几点。

① 即时性。新媒体的一个显著特点便是其能在很短的时间内，让受众获取来自世界各地的信息，几乎不受空间和时间的影响。在传统媒体传播活动中，当受众浏览报纸或看电视新闻的时候，接收的信息往往是已经发生了较长一段时间的，虽然电视新闻有时会进行现场直播，但是频率较少，由此导致受众得到的消息十分滞后，大大降低了用户体验。在新媒体传播时代，人人都可以成为自媒体，可以通过微博、微信等社交软件，随时随地将身边正在发生的事传播出去。

② 互动性。在传统媒体时代，因为媒介技术发展水平有限，传统媒体缺乏互动功能，带给用户的互动体验十分有限。传统媒体的一个主要特点是其传播方式单一，只能进行一对多的传播，传播主体是传统媒体本身，而接收者则是广大受众。在这一传统传播模式之下，受众只能被动接收信息，而不能够根据接收的信息进行有效反馈，即不能够参与信息的互动。20世纪90年代，综艺节目《正大综艺》《曲苑杂坛》《综艺大观》掀起了一阵收视高潮，但是节目播出一段时期之后便都销声匿迹了，其中很重要的一个因素便是互动性较差。这些节目主要是通过"你演你的，我看我的"这种方式进行，不仅与电视机前的观众缺乏互动，在节目现场，观众与主持人之间也缺乏互动。在新媒体时代，新媒体的互动性特征得到充分展示。新媒体的传播模式是双向流通的，信息的接收者同时也可以转化为信息的发布者，这无疑提高了受众互动的程度。此外，随着科学技术的不断更新，新媒体的功能也愈加强大，其能提供给用户的体验方式也更加多元化。比如支付宝在春节期间开展"集五福"活动，用户可以通过手机扫描家中物品上的"福"字来获得，不仅具有趣味性，还颇有新鲜感。

③ 定制性。新媒体的定制性，顾名思义就是针对每位用户进行全方位解析，根据每位用户使用新媒体时的习惯、筛选信息时的偏好，以及浏览信息时的时间，为每位用户定制他们所需要的信息。如今很多新媒体都体现了定制性特点，比如腾讯的新闻客户端手机应用就十分注重用户的定制性体验。每当用户开启腾讯客户端的应用时，用户的浏览信息喜好、每天使用客户端的频度、经常搜索的词条、用户所在的位置等信息都会被客户端的后台自动进行整理、归纳、分析，最终将提供给该用户的信息进行优化升级。为了给予用户更好的体验，在用户浏览信息时可以自行筛选其喜欢的信息，过滤不感兴趣的信息，并且在自愿原则下填写优化的理由[1]。

④ 集成性。传统媒体传输的信息符号是单一的，而新媒体传递的信息不仅包括文字、声音、图像，还包括视频、音频、动画等，实现了语音、视讯和文本的真正融合。集成性充分体现了新媒体传播形式的多样性。它集报纸、广播、电视于一体的交流和沟通手段是前所未有的[2]。

---

[1] 谭望.新媒体的新特点与发展趋势解析[J].戏剧之家，2017(10)：118.
[2] 高红玲.媒介通论[M].广州：中山大学出版社，2001.

(3) 新媒体的发展趋势[①]如下。

① 更加注重用户体验。在未来，新媒体将会更加人性化，更加注重每位用户的实际需求。在传统媒体中一般都是用户搜寻自己想要的信息。而在新媒体不断发展过程中，通过大数据分析，针对每位用户订制的信息将会纷至沓来，自动呈现在受众面前，通过这种循环传播最终实现"信息找人"，使用户获得更好的体验。此外，新媒体一些强大功能已经初步显现出来，比如用户可以利用手机进行"摇一摇"、扫描二维码、AR技术等丰富自己的日常生活，诸如此类的功能将在未来不断增多，用户对于新媒体的满意度也将不断提高。

② 媒体融合不断加强。新媒体是个相对的概念，当下的新媒体都可能变为传统媒体，因此各种媒体之间互融互补的趋势将愈加明显。媒体融合的方式主要分为两种：一种是新媒体与传统媒体之间的融合，传统媒体为了扩展自身传播广度与深度，急需与新媒体进行整合，运用新兴媒介技术实现多平台联动。新媒体为了获取更多的内容渠道也需要传统媒体的协助。另一种是新媒体之间的融合，充分利用各种新媒体不同的优势，整合配置，最终展现更强大的媒介功能，给受众带来更好的体验。

③ 使用成本更加低廉。随着信息技术不断革新、媒体受众不断增多、媒体资源不断丰富，在未来，新媒体的使用成本将会更加低廉。例如，苹果公司发布的一代平板电脑iPad，其售价较为昂贵，而之后推出的几款换代新品，功能更加强大，价格并没有上涨，有些产品价格反而有所下降。新媒体使用成本的下降不仅仅体现在硬件方面，在软件方面同样如此。很多媒介的资源库通过资源整合与优化升级而不断丰富，加上日益增加的用户带来的更多广告效益，很多媒介平台都将大部分资源低价甚至免费提供给用户，可以想象，未来受众将能享有更加优质低廉的新媒体资源。

3. 影响传播效果的因素

所谓"传播效果"，是指传播发送者通过传播媒体对信息接受者心理、行为、态度和观念等产生影响的程度。要提高公共关系传播的效果，必须把握其影响因素，从多角度入手，从而更好地发挥公共关系策划传播的职能。

(1) 传播发送者因素。传播发送者是公共关系传播沟通的主体。从广义上看，它是指社会组织。从公共关系的角度来看，它具体是指组织的公共关系部门及公共关系人员。在实施传播沟通的过程中，传播发送者本身的形象、态度、行为以及传播发送者的"代言人"、传播信息的内容真伪等都直接影响着传播效果。

① 传播发送者的已有形象。对于一个诚实、人缘好的人所讲的话，人们会100%地接受；相反，对于一个"老奸巨猾"的人传出的消息，人们总是将信将疑。社会组织也是如此。如果某个社会组织形象颇佳，那么它所传播的信息，人们将不加思考地接受；反之，对于一个声誉不佳的组织所传播的消息，人们往往谨慎行事，以免上当受骗。

② 传播发送者的态度、行为。传播发送者若以诚恳的态度客观地宣传、介绍所要传播的信息内容，就会"诚招天下客"。盲目吹嘘，夸大其词，号称"世界第一""誉满全球""包医百病"，甚至不择手段地欺骗公众，其结果只能是搬起石头砸自己的脚。因此，传播信息时一定要诚实无欺、客观公正、留有余地。

---

① 谭望.新媒体的新特点与发展趋势解析[J].戏剧之家，2017(10)：118.

③ 传播发送者的"代言人"。受传者对传播发送者的印象和看法直接关系到传播效果。据此,社会组织可以选择"代言人"来提高传播效果。例如,组织可以请享有盛誉的专家、名流、权威人士等发布信息。这样,受传者会产生"认同感",认为是自己人在传播信息。这样做会缩短传播发送者与接受者的心理距离,因而比组织自己出面效果更好。

传播发送者对传播效果的影响除了以上三点之外,还受到传播体制、经费等限制。因为大众传播媒体都从属于政党和政府机构,尤其是传播面广、有影响的传播媒体,其传播的内容大多是有条件限制的,并且费用昂贵,这对经济力量不雄厚、公共关系经费缺乏的传播沟通活动无疑设置了一些障碍。这些会或多或少地直接影响到传播效果。

(2) 传播接受者因素。从对传播效果理论的分析中可得出这样一个结论:传播接受者即公众并不是唯命是从、任意摆布的木偶,而是在传播沟通过程中起能动作用的客体。由于传播接受者是传播发送者的工作对象,他的心理活动以及表现出来的态度、行为等都与传播效果息息相关,因此传播接受者是影响传播效果的客观因素。传播接受者的心理素质、文化素质、职业、个性等各不相同,使传播接受者因素更加复杂。传播接受者影响传播效果的因素主要是源于公众对传播的信息具有选择性。这种选择性包括选择性接受、选择性理解和选择性记忆。

① 选择性接受。公众愿意接受与自己固有的立场、观点和行为相一致的自己关心和需要的信息。以收看电视为例,一个关心时事、关心政治的人总是不愿错过新闻节目;足球迷常常为观看一场足球比赛实况而欣喜若狂;喜欢歌曲的人总愿意收看文艺节目。

② 选择性理解。公众总是用自己的世界观去解释某一信息。接受者不同,对信息内容的理解往往也不同。这主要是由于接受者受教育程度、知识结构、生活阅历等各不相同而形成的。

③ 选择性记忆。公众总是容易记住自己感兴趣的信息,忽视或忘记那些与自己兴趣相悖的信息。这与公众的个性、情趣、职业等无关。人们对自己关心、感兴趣的事总是记忆犹新、回味无穷,甚至终生难忘;对那些平平常常的小事总是忽略不计,时过境迁,自然失去记忆;尤其对自己不感兴趣的信息,不但容易忘记,而且不愿意记忆。

传播接受者的选择性因素又一次证明了传播效果有限的理论,它说明对传播发送者所传播的信息,公众总是有选择地加以接受、理解和记忆。传播的效果一般只是增强了公众的固有观念,而不是改变公众的固有观念。但是,传播发送者并不能因此而放弃传播,可以从接受者的其他因素中寻找突破口。

(3) 传播功能性因素。功能性因素主要是指信息接收的时效性。功能性因素主要包括延缓性因素和即时性因素。

① 延缓性因素。延缓性因素是指信息能在受传者身上较长时间内发生作用的因素。由于传播接受者所处的社会环境不同,因而长期以来,不同的国家、地区,不同的民族,形成了各自的伦理道德、风俗习惯、宗教信仰,人们的心理素质、文化素质、道德水准等各不相同。这样就使不同区域的公众对某些信息已形成了固有观念。作为传播发送者,要想获得良好的传播效果,就必须注重延缓性因素的作用,否则容易陷入传播的误区。

例如,据路透社报道,美国一家伯格维里联号快餐馆利用闭着双眼、戴着耳机正打瞌睡的时任美国总统里根的照片作噱头,为餐馆的营养早餐做广告。照片下面有一句说明:

"一个人没吃早餐,通常一眼就可以看出。"广告说,该联号快餐馆卖一种营养早餐,吃了令人精神饱满、体力充沛。这张照片是里根出席波恩的一次会议时拍下的,被伯格维里联号快餐馆采用。这则广告引起了许多人的不满,人们纷纷指责这则广告损害了总统的形象,也损害了美国的形象。当这家联号快餐馆接到许多投诉后取消了这个广告,并把刊于俄勒冈州、华盛顿州的4家报纸上的广告全部收回。

② 即时性因素。即时性因素是指信息在短时间内及时满足受传者的需求并即刻发生作用的因素。这就需要传播发送者注意观察和分析公众的思想、感情和生活规律,抓住时机开展传播沟通活动。例如,当某一公司庆祝新产品问世或进行周年活动时,传播发送者便可以前去祝贺,并随身带去礼品或宣传品。由于此时该公司的环境氛围较好,因此几乎所有的礼品及宣传品都可能被接受。这就是即时性因素在起作用。

(4) 传播结构性因素。按系统论观点,结构是诸要素在系统内部的恒定分布和排列并形成确定的相互关系。公共关系传播的结构因素是指传播者将具有相互作用和关联的信息传播要素采取不同的匹配和耦合方式影响接受者。结构性因素包括信息刺激的强度、对比度、重复率和新鲜度。

① 信息刺激的强度。信息刺激的强度是指传播发送者运用一些超乎常规的做法来传播信息,以引起受传者的注意。例如,生产吉他的乐器厂将厂房盖成吉他形式;在川流不息的车海中突然出现了救护车的尖叫声;小品演员时常运用小品里的声调为某企业及产品做广告;挚友久别重逢时的紧紧握手、热烈拥抱等。这些做法都会引起公众的注意。可见,高强度的刺激容易引起受传者的注意。

② 信息刺激的对比度。信息刺激的对比度是指传播发送者在传播信息的过程中,运用类比的方法,强化传播效果,吸引公众的注意。例如,制作一幅宣传义务献血的公共关系广告,在以白色为基调的整幅画面中,用几滴鲜红的"血"色加以渲染,增强对比度,使人们一下子就明白了其中的道理。

③ 信息刺激的重复率。信息刺激的重复率是指传播发送者将同一信息多次重复传播,以扩大接收面,增加公众对该信息的印象,引起注意。信息的重复出现势必增加其刺激强度,并且同出现频率低的信息形成鲜明对比。因此,信息刺激重复率是信息刺激强度和对比度的综合运用。比如"可口可乐""松下"等公司广告的重复制作与传播几乎无人不晓,这就是信息重复刺激的效果。

④ 信息刺激的新鲜度。信息刺激的新鲜度是指传播发送者将所传播的信息在内容、形式上不断地调整、创新,给接受者以新鲜感。如果总是一味地重复信息的传播方式,久而久之会给公众一种厌烦或是认为该传播无创新能力。因此,在信息传播过程中应不断改变、调整、创新方式,以引起社会公众的注意。

总之,公共关系的三个基本构成要素是相互依存、缺一不可的。没有组织这个主体,就没有公共关系的对象。这里不存在没有主体的客体,同样不存在没有客体的主体,二者是对立统一的。传播是联结主体和客体的媒体,没有主体与客体之间的双向信息传播,公共关系的目标和计划就不可能实现和实施。因此,公共关系又是组织与其公众之间的传播关系和传播活动。

1.3 公共关系的职能和工作程序

一、公共关系的主要职能

公共关系的职能是公共关系在组织中所发挥的作用和应承担的职责。长期以来,对公共关系职能的概括存在着不同的表述。我们认为,从广义上讲,公共关系的职能就是调动一切可以调动的力量,运用各种手段,塑造良好的组织形象,赢得良好的生存环境,促进组织的生存与发展,使组织在激烈的竞争中取胜。公共关系的职能可以概括为以下几个方面。

1. 采集信息,监测环境

采集信息是公共关系工作的必要前提。在信息社会中,信息已成为公认的巨大资源。公共关系是信息产业。不采集信息,公共关系就成了无米之炊。因此,无论是内部公共关系还是外部公共关系,任何策划都应从采集信息开始,这样才能做到"知己知彼,百战不殆"。采集信息的职能要求公共关系人员具备信息意识,注意随时采集有关组织的信息。

所谓监测环境,是指观察和预测影响组织目标实现的公众情况和各种社会环境的情况,使组织对环境的发展与变化保持清醒的头脑和敏锐的感觉以及灵敏的反应,从而保证科学地塑造组织形象,实现组织目标。

2. 咨询建议,参与决策

咨询建议,参与决策,是公共关系最有价值的职能,因此公共关系也称"咨询业""智业"。1978年在墨西哥召开的世界公共关系大会上提出的公共关系定义,郑重强调了公共关系咨询建设、参与决策的职能。人们经常把公共关系人员当作"智囊""开方专家",把公共关系部当作"思想库",就是从这个角度讲的。公共关系的咨询建议就是指组织公共关系人员向决策层和各管理部门提供公共关系方面的意见和建议,使决策更加科学化、系统化,并照顾到社会公众的利益。组织公共关系咨询建议的主要内容有以下几点。

(1) 对本组织内方针、政策和行动提供咨询意见,发挥公共关系对组织的五个导向作用,参与决策,制定出合乎组织发展的目标。

(2) 对本组织公共关系战略、经营销售战略和广告宣传战略、CIS战略、组织文化战略提供咨询意见,使原来由几个部门负责的工作发展成一个系统,并制定出科学的实施方案,供决策者参考。

(3) 对组织生存环境的有关发展和变化进行预测和咨询,使组织决策者拥有一套乃至几套可以选择的方案,以适应这些变化。

3. 传播沟通,塑造形象

传播沟通,塑造形象,是公共关系与其他传播在目的与技巧方面不同的特有职能。公共关系的传播沟通职能主要体现在两个方面:一是组织运用传播沟通的手段同公众进行双向交流,与公众交心,赢得公众的信任和支持;二是顺时造势,实现舆论导向,通过策划新闻、公共关系广告、专题活动等手段,制造声势,提高组织的知名度和美誉度,为组织创造良好的舆论环境。很多组织的公共关系部均有专人撰稿、专人负责媒体关系,就是为了保证这一职能的有效实现。从某种意义上说,丧失了传播沟通的职能,公共关系将一事无成。公共关系工作要为组织树立形象,首先要为形象定位,设计形象,传播形象,还要对形象进行评估反馈和修正;其次要突出品牌意识,从创名牌产品到创名牌组织,实行名牌战略,为组织创造和积累无形资产。

4. 平衡利益,协调关系

马克思说过,人们奋斗的一切都同他们的利益有关。公共关系也是以利益为基础的。"公共关系第一人"艾维·李以成功地平衡利益、协调关系解决大罢工而确立了职业公共关系的地位。社会进入市场经济以后,许多过去用武力、行政手段调整的关系,现在需要按经济规律来调解组织利益、员工利益、股东利益的矛盾。组织作为一个开放系统,面对各类公众和他们各自的利益要求,要想为组织创造一个良好的内外部环境,协调各种关系,就必须本着真诚互惠的原则,首先承认这些利益,然后按公共关系双向对称原则来尽量满足这些利益;当各种利益发生矛盾时,应本着公平对待的原则加以协调、平衡,既不能无视正当要求,也不能厚此薄彼。

协调既是目的,又是手段,具有两重性。协调是与传播平行的一种手段,甚至有人认为协调是公共关系的基础,足见其重要性。我们认为,协调主要表现在公共关系的功能与职能上。作为目的,协调指的是一种关系的良好状态;作为手段,协调指的是一种调整工作,通过协调使关系达到良好状态。在公共关系中协调主要是一种手段,目的是使组织更好地生存与发展。公共关系能够发挥平衡、协调关系职能的领域主要有三个:①协调组织内部领导与职工之间的利益与关系。②协调组织内部各部门、各环节之间的利益与关系。③协调组织与外部公众之间的利益与关系。

5. 社会交往,组建网络

公共关系被誉为"广交朋友的艺术"。社会交往、组建网络是对沟通、协调的细化。随着现代化的发展,组织需要不断同外界进行物质、能量和信息的交流。公共关系追求长期效益,因此要加强社会交往。公共关系的对外交往主要是建立在利益一致基础上的沟通信息和互相帮助。公共关系要建立的网络是一种信息网络、互助网络,绝不是有些人理解的结交公款吃喝的酒肉朋友,更不是以个人利益结党营私。有些人借公共关系的社会交往职能为请客送礼、不正之风戴上"公共关系"的帽子,这是对公共关系的歪曲和误解。

6. 教育引导,培育市场

公共关系要完成其社会职能、促进社会发展,就需要加强教育引导,提高美誉度,更需要教育引导。组织公共关系的教育引导职能主要表现在对内、对外两个方面。对内,公共关系的主要职能是传播公共关系意识,传播公共关系的思想和技巧,进行知识更新。不仅要对每个员工进行教育引导,也要说服组织领导接受公共关系思想;对外,组织公共关系主要是对公众进行教育引导。人们常说"公众永远是对的",这是从服务的角度将"正确"让给对方。但是,客观地讲,公众不可能永远正确,而是需要加以引导,使消费群体与组织认同。

7. 科学预警,危机管理

组织危机是组织生存与发展的大敌,处理不好往往给组织造成重大损失,甚至断送组织的"生命",因而组织公共关系将危机处理作为公共关系的主要职能和工作重点之一。随着公共关系理论和实践的发展,事前预测管理危机已成为公共关系对待危机的主流方法,这是组织公共关系的新发展。

二、公共关系的工作程序

公共关系工作的目标是要在公众中树立良好的组织形象。为此,公共关系工作,尤其是企业的公共关系工作,必须有周密的计划,必须制定基本的步骤,遵循一定的程序。虽说组织公共关系活动的形式千差万别,而且是一项不停歇的事业,但公共关系工作大体上可以分为四个阶段,即公共关系调查、公共关系策划、公共关系实施和公共关系评估。这四个阶段构成一个完整的公共关系工作程序。

1. 公共关系调查

调查研究是公共关系工作程序中一项重要的基础工作。此阶段的工作主要是为了了解并掌握与组织各项行为和政策相关的认识、观点、态度和行为,了解事实真相,掌握第一手资料,为有的放矢地开展公共关系工作奠定基础。

2. 公共关系策划

所谓"公共关系策划",就是公共关系人员根据组织形象的现状和目标要求,分析现有条件,设计最佳行动方案的过程。它是根据现存问题和差距确定组织的公共关系目标,并据此设计公共关系活动的主题。然后,通过分析组织内外的人、财、物等具体条件,提出若干可行的活动方案,并对这些活动方案比较、择优,最后确定出能够达到公共关系目标要求的最适当、最有效的活动方案。公共关系策划是公共关系工作中的重要环节,它可以增强组织形象管理的目的性、计划性和有效性。

3. 公共关系实施

公共关系策划方案一经制定,一系列的传播活动就开始出台了。要及时、准确、充分地把信息传递给公众,包括向所有可能受到影响和能够提供重要支持的人,解释和宣传所选定的方案。这是因为,这一环节乃是组织与公众之间交换意见、看法、态度甚至情感的过程,是组织与公众进行沟通以及达到相互理解、相互支持和争取舆论配合的过程。

4. 公共关系评估

公共关系评估是公共关系工作程序的最后一个阶段,它是对整个过程的全面总结。此阶段的工作是确定公共关系活动的结果,对具体公共关系计划贯彻与实施的效果进行评估,并通过对公共关系工作过程的总结为下一阶段的公共关系工作计划的制订提供翔实的资料。

在公共关系的工作程序中,以上四个阶段组成一个有机的整体,它们相互联系、不可分割。这是因为,没有调查就没有策划的依据;没有策划方案的制订就没有信息传播的内容;没有公共关系评估就不可能掌握公共关系工作的具体成效,就无法进行下一步的公共关系工作。

1.4 公共关系的基本观念与工作原则

公共关系的基本观念指的是人们在公共关系实践中逐渐丰富、不断完善所形成的，对社会组织如何处理与其公众关系的基本认识，是如何开展公共关系工作的基本指导思想。公共关系工作的基本工作原则，则是在这种基本思想观念指导下，根据公共关系活动的客观规律和要求提出的基本工作方法和准则。公共关系的基本工作原则是公共关系基本观念在公共关系实践中的具体化。

公共关系的基本观念：一方面来自公共关系社会实践，是人们长期的公共关系实践经验和长期公共关系研究成果的结晶；另一方面，形成的观念也对组织的公共关系管理决策、公共关系工作产生直接的影响。它必然会引起组织行为，特别是组织的公共关系行为相应的改变。这一方面从公共关系的发展历史进程中就能很清楚地反映出来，由于各个时期的不同特点，产生不同的效果，就是很好的证明。因此，正确掌握人类社会至今已经发展形成的公共关系基本观念，并在实践中不断丰富、完善这一思想观念体系，对现代组织管理、现代公共关系实践以及各类公共关系礼仪活动的开展，都具有重要的现实意义。

纪华强教授在其所著的《公共关系基本原理与实务》（高等教育出版社，2006年版）一书中对公共关系的基本观念和工作原则做了专门论述，现编录于此，供参考。

一、体现公开性，坚持提高透明度原则

从历史的角度看，封闭的管理方式所造成的社会组织与其公众间的矛盾冲突是最早被组织和公共关系界所认识的公共关系问题。早期的公共关系人员不是本着为了消除信息的封闭所造成的组织与其公众的隔阂而开始从事公共关系实践的。因此，早在1906年，艾维·李就提出"大众应该耳目灵通"的思想，在《原则宣言》中又提出了"公开办理"的观念。在接受处理无烟煤矿厂工人罢工的咨询时又提出"要在必要时将一切有关事实公开"的先决条件。早期的公共关系人员接受这种观念，并致力于提高组织管理透明度的工作。如杜邦公司等由于接受了这一观念而受益匪浅。于是，这一观念在公共关系的实践中逐渐地具体化为组织管理和公共关系工作的一般原则。

从现代组织管理和公共关系工作的角度看，这种公开性观念的基本内容就是要求组织让公众对组织机构的状况及其运作程序，特别是对涉及公众切身利益问题的决策及决策过程有知晓、了解、参与、评价的权利。树立公开性的管理观念对提高职工的主人翁精神，提高工作效率，增强公众对组织的亲善感、向心力和忠诚态度，引导公众参与组织管理，开发利用公众智慧，提高组织的竞争能力，保证组织决策的民主化、科学性，提高公众对组织决策的接受程度，减少各种矛盾和冲突，保证组织各项方针、政策的实施，都有很大的作用。

树立公开性的观念，其具体落实在公共关系工作中，就是要坚持增加透明度的工作原则。要真正做到这一点，必须做好以下几个方面的工作。

1. 转变经营管理方式

要改变过去把自己关在"象牙塔"内的封闭管理方式，代之以"玻璃屋"的管理经营方式。尽可能减少管理者与公众隔开的重重障碍、关卡，敞开办公室的大门，拿下"非请勿进"的牌子，把组织办成开放型的、高透明度的组织。随时准备热情地接待一切公众的来访，随时准备给来访者的咨询以满意的回复，树立起为公众所乐意接受的亲近形象。

2. 让公众参与决策

组织决策过程要争取公众的参与，把决策的程序，做某项决策的原因、依据等信息公开，让公众知道。在决策中随时听取公众对决策的意见，自觉地把自己置于公众的监督之下，这样不但有利于组织本身的完善，减少失误，而且可大大增加公众对决策的接受程度，大大改善决策层与公众的关系。

3. 正确处理"保密"问题

企业中对某些技术或情报进行保密仍是需要的。但是，作为一般经营活动，企业的基本情况是没有什么值得保密的。在现代社会里，值得保密的技术、工艺、经济情报已越来越少，大量的东西是要保密也保不住的。特别是组织的缺点和弊端，最常被列为组织严格保密的范围，但俗话说，"好事不出门，家丑传千里"。是家丑，就很难保密。再说由于保密而造成的怀疑或猜测，会造成更大、更坏的影响，而且一旦泄露出去，激怒了公众就难以收拾。如美国的尼克松总统因为"水门事件"而下台，究其原因，就在于他对此事件所采取的保密、回避等不妥当的公共关系处理方法所致。对此类事情，最好的方法莫过于主动公开示人以坦白，以表改善的决心来争取公众的谅解，赢得信任和好感，这才能变被动为主动，变消极为积极。正如德国的俾斯麦所说："把那石板揭开，让底下黑暗的泥泞暴露在阳光之下，那些细菌虫子自然会消灭了。"

二、珍视信誉，坚持真实传播原则

公共关系中的信誉观念是商品经济的产物，早在商品交换之时便已产生，并逐渐发展成为经营管理中的一个重要的观念。在商品经济高度发达中产生的公共关系，继承、吸取这种思想观念的精华，并把它在经营管理中的作用提高到一个前所未有的高度。珍视信誉的公共关系观念要求在具体的公共关系工作中必须坚持真实性原则。所谓真实性原则，其内容有以下三个方面。

1. 传播的信息要完全真实

公共关系传播的每条具体信息要完全真实，正如马克思所说的"要根据事实来描写事实"，即做到所传播的每条信息的具体事实要完全无误。如信息中的时间、人物、事件、原因、过程、结果、思想、言语、行为、所引用的材料，以及各细节的描写等全部要符合客观实际。绝不可为了传播的公告性、趣味性或文艺性而伤害对事实真相的传播。也不可有合理想象，或根据希望来描写、虚构。更不可靠行政的力量，或利诱、贿赂收买等不正当的手段搞虚假宣传。传播中对具体事实的概括也应完全真实、完全准确客观地反映事实的全貌，绝不可以点带面、以偏概全。

2. 传播信息与所反映事物一致

所传播的每条具体信息要和所反映的事物总体一致。公共关系传播应注意从事实的全部总和中去把握事实,绝不可为某种政治需要,或企业自身的目的,有意忽视或隐瞒某些事实,或有意突出、大肆宣扬某些事实,把树木讲成森林,滴水写成大海,混淆视听,欺骗公众,把公共关系传播变成粉饰组织门面的工具。这种行径不但与歪曲某些具体事实没有两样,而且手段更为恶劣,其欺骗性和危害性更大。一旦被识破,就会造成公众的信任危机。因此,公共关系传播应从事实总体出发,实事求是,让公众全面地了解本组织的长处和短处、优点和缺点,这才是取得公众最大的支持和信任的正道。

3. 传播的事实应符合本质上的真实

传播的事实应符合本质上的真实,这是对公共关系传播真实的原则的更高要求。所谓的本质真实,要求我们传播的事实不仅是具体事实的完全真实,是事实与事实总体的一致,而且传播的事实要与我们所反映的事物的本质、我们所为之塑造的组织形象的本质相一致,要能真正反映我们所要报道的社会组织或事物的本质特征。检验这一标准是人们对某一事物或社会组织的总体的、相对稳定的、公认的本质认识。

三、树立制度化观念,坚持不懈努力原则

在具体的公共关系工作中,树立公共关系制度化的观念就是要坚持立足于平时,靠长期努力的工作原则。平时长期的努力是形成良好公共关系的基础。一般常识可知,一个组织与公众的良好关系是无法在几天或几周内建立起来的,有时甚至一两年也很难从根本上改进彼此间的关系。善意和信任需要时间的培植,组织的形象、声誉也非唾手可得的东西。"一滴滴水,汇成洋;一粒粒沙,堆成塔",靠的是一点一滴积累而成的。没有长期的努力,公共关系形象即使形成也难以维护,特别公共关系活动也不易取得成功。平时长期不懈的努力,能起到未雨绸缪的作用,是防患未然的最好方法。平时长期的不懈努力是对付、解决突发事件的重要因素。如果平时我行我素,不与他人联系,一旦遇到问题才临时抱佛脚,就会事倍功半,甚至徒劳无益。反之,平时人际关系好,此时四方都会伸援手,容易化凶为吉。

要做好平时公共关系的联系沟通工作,应注意以下几个方面。

1. 普遍和平衡

对于各类公众对象,平时的联系沟通工作应注意普遍和平衡。一般来讲,对所有对象不需偏重、分等级对待,不要只对有利害关系的公众特别火热,而对其他公众采取视而不见或冷淡轻侮的态度。因为,这次轻视的人,将来也可能正是我们有所求的对象。今日的忽视轻侮,会增添将来公共关系工作的困难。

2. 自然而不露痕迹

平时一般的联系沟通工作要注意自然而不露痕迹。在建立这种联系时,不要让对方感到我们只是有所求而来,最好应自然与公众对象长期保持一份君子之交的情谊。这样,如遇有不测就会产生一种道义上必予援助的感情,而不是一项利益的交易。

3. "放出"交情

平时一般的联系沟通要注意"放出"交情。当别人有求于我时,要热情,并尽可能予以

协助支持。平时多行善,多做好事,这是建立牢固的公共关系最容易的办法。如果我们平时是这样做的,一旦自身有事需要他人的帮助,别人自然会给予回报。

4. 手法翻新

平时一般的联系沟通要注意手法翻新。长期交往要有良好的效果,就应注意喜新厌旧的心理特点,长年累月老一套的联系方法,会使公众产生厌烦,逐渐失去交往的兴趣。如招待记者老是用吃饭的方式,久而久之,记者也就不来了。又如洽谈室、接待室、展览部、俱乐部等场所要不断更新布置,常给人耳目一新之感。交往的内容话题、交流的信息也要不断有新东西,才能起到长期交往的良好效果。

四、平等沟通、坚持双向交流原则

要树立平等沟通的公共关系观念,最重要的问题是必须抛弃以自我为中心的旧传播观念。如有不少的领导对下属或公众发表言论或讲话时常有君临一切的气概,使得领导和被领导间的交流形成不平等的地位,甚至产生抵触对立情绪。又如,不少管理机构或企业常常各自称雄,互下命令,互不协作。有些独家经营的企业,更是我行我素,自吹自擂,不愿听取公众的意见。这种做法只会使社会摩擦、冲突加剧,对发展良好的公共关系是非常不利的。

树立平等沟通的公共关系观念,要求我们在具体的公共关系实践中要坚持双向传播的工作原则。为此,至少应做好以下几个方面的工作。

1. 建立双向平等的传播关系

双向平等的传播关系是全新的公共关系传播关系。要在思想上充分认识传播中的了解和影响都是相互的。要充分尊重公众的权利,组织的意见要传达给公众,公众的意见也应传达给组织,组织要公众听从自己的意见,首先就要倾听公众的呼声;组织要影响别人,也要接受别人的影响。那种"以上对下""以我为中心"来看待、指导公共关系传播的方式,不可能真正实现双向传播。

2. 让公众的意见能够表达出来

在公共关系工作中要特别注意,在做自我传播的同时,也应广开渠道,提供足够的机会、良好的环境,让公众的声音得以充分地表现和传播。公众意见的表达常常要受各种客观条件的限制,因此,主动提供各种渠道和条件,以防止出现倾斜,应是公共关系工作的责任。同时,要相信公众的大多数是出于友好的诚意,不论公众的意见是否正确,对公众的意见要有耐心,要给予同情和理解,努力为公众创造良好的表达意见的环境。

3. 让公众的声音传到决策层

疏通组织信息收集、信息反馈的渠道,保证公众表达的意见能传到组织决策的最高层,保证公众意见能对组织的决策、组织的行为产生影响。

组织真正的双向传播关系的建立,一方面要能及时从公众中了解到他们的利益、意愿和要求,了解他们对组织政策、行为的意见、态度和好恶,并使之成为组织决策的依据。另一方面又能及时把组织所采取的政策、行动及时地传达给公众,让他们也能及时了解组织的情况,以减少双方的误解,保证组织的政策、行动得到公众的支持和理解,进而建立起良好的关系。实际情况中,第一项工作更值得公共关系人员注意,要更有意识地把它做好。

五、注重行为,坚持自我完善原则

注重行为的观念,其核心内容就是要求把公共关系工作建立在健全的组织行为之上,要求公共关系工作应更注意调整组织的行为以适应自己的环境。对这一观念的强调其实也是对公共关系影响决策,真正行使起管理职能的注重,这一观念对现代公共关系活动的特点产生十分重要的影响。这一观念后来成为1978年国际公共关系协会通过的公共关系定义的核心内容。该定义着重指出,公共关系要"给组织领导人提供咨询和实施有计划的行动方案"。

树立公共关系注重行为的观念,要求我们在公共关系工作中要坚持首先自我完善的工作原则。一是在研究、制订公共关系工作计划时,首先检查组织自身的政策、行为,要把最主要的精力放在如何改进组织行为上。二是在解决已出现的公共关系问题时,首先考虑是否应对组织的政策、行为进行自我纠正或改进。三是坚持一切公共关系工作要首先从组织内部做起,只有健全的内部公共关系,才有可能进一步图谋外部的发展。内部公共关系是外部公共关系的基础。内部公共关系的好坏直接影响到组织自我完善的程度。四是注意公共关系活动本身的行为,公共关系人员要注重自身的形象,切实体现高度的伦理道德准则、高度的社会责任感。

六、公众利益至上,坚持互惠原则

现代公共关系中的公众利益的观念,其基本内容是要求组织时时处处考虑自己的行为对公众利益的影响,自觉地保持组织利益与公众利益一致的发展。如果离开这一前提,组织形象的建立、良好社会环境的形成、公共关系所有的努力就会成为一句空话。

公共关系强调公众利益的观念,落实在具体的公共关系工作中,就是要坚持互惠的工作原则。公共关系工作的互惠绝不只是表面的金钱或物质利益上的礼尚往来,它的最基本的、最主要的衡量标准就是社会的整体效益。这是由于在现实的生活中,各类公众都生活在各自特定的社会环境中,都有着各自特定的利益要求,不同类型的公众团体在这些表面的利益上又常常是相互矛盾、相互冲突的,如价格低廉对消费者有利,但对生产者的收入、股东的红利、企业的利润都可能产生影响,单纯用马上可见的金钱、物质来衡量,常常会顾此失彼。公共关系不能以满足一部分人的利益而牺牲另一部分人的利益来维系,更不能以组织的一己私利来画线,它需要有一种能符合各类公众根本利益的衡量标准,而社会整体效益的标准最能满足这一需要。这是因为,任何团体、公众的生存和发展,其利益的获得都离不开特定的社会环境,社会的发展、环境的改善才是大家根本利益之所在。作为社会组织只有用这一标准来认识衡量互惠原则,才能使其决策、行为符合公众的根本利益。

坚持互惠的工作原则要求组织的决策、计划,以至所有经营管理行为,所有提供的产品、服务等都要以公众的需求、公众的利益为出发点,都要以社会的整体效益的尺度来衡量。坚持互惠原则要求组织在做任何决策时,都要有很强的社会责任感,要考虑到对别人、对社会环境,以及对后代可能造成的影响。

坚持互惠原则要求组织要有政治家的眼光,要看到社会整体发展、良好的社会环境对组织发展的重要性。对此,一方面要多行善事,尽自己所能关心社会公共事业,参与社会服务。如积极为地方创造就业机会,关心市政设施建设,关心公共卫生事业和环境保护,赞助各种社会福利、文化、慈善事业等。另一方面,当局部利益与全局利益、长远利益与短期利益发生冲突时,要敢于从社会整体利益出发,从事一些公众暂时不太理解或不太习惯的、不太喜欢的公共关系计划。如维护城市建设规划、交通整治、物价控制,更多地承担企业对国家的义务等。对这些工作,一旦认为对社会整体有利,就要大胆推行,并运用各种传播手段对不理解的公众进行耐心的说服工作,以取得他们的支持与合作。

1.5 公共关系人员的素质要求

所谓素质,单从字面上讲,素即本来、原有的意思,指构成事物的基本成分;质是指一事物区别于他事物的本质特性,是由事物内部特殊矛盾决定的。而对人的素质的理解,一般来说又有两种解释:一种是从纯粹生理角度去理解,把人的素质归纳为天赋的生理现象;另一种认为素质是人的性格、魄力、兴趣、精神、气质、水平、能力、学识、经验、风度和文化等后天修养的综合反映。公共关系人员的素质则基本上属于后一种,主要包括政治思想素质、品德素质、科学知识素质以及心理素质等。

公共关系活动是一项复杂、艰巨的系统工程。公共关系从业人员的舞台是全方位、多角度的,能否在纷繁复杂的社会关系网络中应付自如,创造性地开展公共关系工作,在很大程度上取决于公共关系人员的职业素质。"向阳花木易为春",只有具有较高的素质,才能更好地开展公共关系活动,实现公共关系目标。

一、强烈的公共关系意识

公共关系意识是组织公共关系工作的思想基础,只有在明确又正确的公共关系意识指导下,组织才能有效、顺利地开展公共关系工作,它作为一种动力促使组织的公共关系行为走向自觉化。而有效的公共关系工作,又是正确的公共关系意识的具体体现。众所周知,公共关系工作是一项系统工程,指导这一系统工程的公共关系意识也是一个系统,主要的公共关系意识包括信誉意识、形象意识、公众意识、互惠意识、协调意识、参与意识、目标意识、信息意识、整体意识、效益意识等。

二、优秀的品德素质

良好的道德品质是公共关系人员必须具备的基本素质之一。公共关系工作是一项塑造形象、建立信誉的崇高事业,它要求从业人员必须具备优秀的道德品质和高尚的情操。

1. 诚实、守信、公道正派的工作作风

诚实,即公共关系工作要实事求是,忠诚老实,这是公共关系工作的职业道德准则,也是公共关系工作的生命。一方面,公共关系人员无论在何时何地、何种情况下都要以事实为依据,认真准确地进行公共关系调查,收集各方面公共关系信息,为组织提供真实、准确的信息。另一方面,也要真实地向各方面公众反映组织的情况,绝不能不顾事实真相进行"讨好式的宣传",夸大其词,甚至散布假信息。这样只能适得其反,给组织造成恶劣影响。公共关系人员一定要注意自己的言行,一言九鼎,恪守信用。公共关系人员在与公众打交道时,做到公道正派,不论职位高低、单位大小,都应一视同仁、平等相待,这样才能使公众对组织产生信任感,才能有利于公共关系工作的开展。

2. 恪尽职守的工作态度和廉洁奉公的敬业精神

公共关系工作除了日常繁杂的事务性工作外,更多的是难度比较大,需要花相当多的精力、心力和时间的工作。比如一些高层次的策划工作、危机公共关系等,有时甚至一连几个晚上都没有时间休息。因此,就要求公共关系人员必须具有恪尽职守的工作态度,尽心尽责做好每一项工作。同时,公共关系工作又要求公共关系人员严格遵守职业道德,廉洁奉公。

3. 高度的社会责任感和道德感

公共关系人员是"一只脚在组织内,另一只脚在组织外"。一方面要代表组织和各类公众交往;另一方面要及时把公众的意见、看法、要求及各种信息反馈组织。这就需要他们具有高度的社会责任感和道德观念,把组织的利益和公众的利益很好地结合起来,把组织的经济效益和社会的整体效益结合起来。当组织的利益和社会的整体利益发生矛盾时,要自觉地、无条件地使组织的利益服从于社会整体利益。有许多企业的产品达不到国际或国内质量要求标准时,尽管产品可以畅销无阻,但这些企业的管理者仍以高度的事业心和社会责任感,以及对顾客的负责精神,毅然收回所有已销出的产品,并予以全部销毁或重新检修,即使自己蒙受巨大损失,也绝不坑害公众,这是公共关系道德准则的最高体现。

三、广博的科学知识素质

现代公共关系工作是一项在现代科学技术指导下的有意识的复杂活动,是一项科学性和艺术性相结合的工作。要胜任这项工作,仅凭经验和热情是远远不够的,必须具备扎实的科学基础和丰富的知识素养。

1. 广博的基础知识

公共关系活动涉及面广,接触领域宽,因此,公共关系人员要具备多方面的基础知识。如:社会科学方面,要掌握哲学、政治经济学、伦理学、美学、生态学、社会学等知识;管理学方面,要了解行为科学、领导科学、管理心理学、市场学、营销学等方面的知识;传播学方面,要学习新闻学、传播学、广告学、符号学等方面的知识。公共关系学本身就是一门综合性、边缘性的社会应用学科,所以,公共关系人员的基础知识越牢固,知识面越宽,干起工作来就越得心应手,就越有利于公共关系工作的开展。

2. 公共关系的专业知识

公共关系的专业知识包括公共关系的基本理论、基本原则、基本要素及公共关系发展的历史,公共关系调研、策划,公共关系案例分析等知识。

3. 公共关系实务等方面的知识和技巧

公共关系实务等方面的知识和技巧包括一些文学写作、编辑、摄影、广告设计与技巧等方面的知识。公共关系人员还要熟练地掌握迎来送往的一些基本礼仪和要求,同时,还要对一些国家和地方的风土、民情、民俗、礼仪有所了解。

四、健康的心理素质

公共关系人员要胜任公共关系工作,还必须具备全面健康的心理素质。全面健康的心理素质主要体现在如下方面。

1. 执着的自信心和坚强的意志

自信是取得事业成功的基石,自信也是公共关系人员健康的心理素质的基本要求。一个公共关系人员只有自信自己的能力和力量,才能敢于竞争,敢于拼搏,敢于追求卓越。我们中国人出于谦虚,当取得成就时,往往说"我不行""还差得很远"。而美国人却往往非常自信,认为:自己是世上唯一的,所做的事是最好的。正如著名学者卡耐基所说:"你应庆幸自己是世上独一无二的。"法国哲学家卢梭也曾说过:"自信心对事业简直是奇迹,有了它,你的才智可以取之不尽、用之不竭。一个没有自信心的人,无论他有多大才能,也不会有成功的机会。"可见,培养自信心是十分重要的。建立自信心首先要清楚地认识"自我"。认识"自我"主要应把握好与社会的距离,与他人的心理距离,清楚自己所处的位置、所扮演的角色价值及其实现程度;其次要清楚地认识到所奋斗的目标与现实条件之间的距离,这要通过详细的调查分析,掌握第一手资料。离开对客观现实的了解和掌握,就不会有自信。

意志是克服困难以实现预定目标的一种心理素质,它与自信心是相辅相成的。自信心会培养出坚强的意志,坚强的意志又会强化自信。公共关系工作是开拓性、创造性的工作,必然伴随着一系列的困难,要想获得成功,必须磨炼自己百折不挠、勇往直前的韧劲,在困难、挫折、枯燥、孤寂面前毫无惧色,勇于战斗,最终才能完成艰巨复杂的任务。郑板桥曾写诗一首:"咬定青山不放松,立根原在破岩中,千磨万击还坚劲,任尔东西南北风。"这正是对意志最形象的描述。公共关系人员若意志薄弱、知难而退或任凭感情支配,是不会做好工作的。

2. 广泛的兴趣与好奇心

兴趣是人们力求认识某种事物或爱好某种活动的倾向,它影响人们对事情的注意、选择和态度。好奇心较强的人也是易于对人和事产生兴趣的人,好奇心强,才能萌发想象力和创造意识,感兴趣才能使这种想象力和创造性持续下去,进而导致公共关系活动的展开,取得公共关系效应。公共关系人员的好奇心和兴趣是与公共关系职业紧密相连的。

公共关系人员需要与各行各业、各种公众、各种人物打交道,因此,公共关系人员要有广泛健康的兴趣,才能与各类公众有共同的语言区域和接近点,从而产生认同感和亲近感,才能和公众建立密切的关系和友情。兴趣不仅会影响一个人的工作态度,影响他对问题的钻研,甚至会影响他的敏感性。一个人对其所从事活动的兴趣越浓厚,事业心就越强,就越能排除一切干扰,全身心地投入创造性的活动中。广泛的兴趣还可以使人博采众长,见多识广,善于在复杂的形势和关系中随机应变,使自己的组织立于不败之地。同时,也能团结不同特点的公众,创造一种和谐、愉快的气氛,顺利开展工作。相反,一个对什么也不感兴趣的人,性情木讷、反应迟钝,他的信息必然枯竭,他的思想必然僵化,他的生活必然乏味,他的工作也必然毫无生气。

3. 良好的情绪与宽广的胸怀

良好的情绪是指乐观向上、稳定的情绪,这种情绪往往受人喜爱。公共关系人员在与公众交往时要像一团火,要富于感染力,要保持充沛的精力和热情,这样使人们感到愉悦、兴奋、安定,充满生机和活力。同时,在保持这种乐观向上的情绪时,还要学会善于控制情绪,即使在自己受到委屈和痛苦时,也不能因此而给别人带来不快。如果不善于控制自己的情感,动辄狂喜、暴怒或极度忧伤,情绪波动,就会使自己的言行失去理智控制,造成失误,甚至使长期的努力毁于一旦,即使再花十倍的努力也难以挽回局面。

胸怀与情绪在心理素质上是相通的。良好的情绪往往和宽广的胸怀有关。豁达大度,与人交往不计较一时一事的得失,能容忍别人与自己不同的意见、看法和风俗习惯,不仅是良好的交友之道,也是公共关系人员必备的素质之一。大千世界,无奇不有,公共关系人员要同各类公众交往,要为组织建立和协调上下左右、四通八达的关系网络,就必须具备这种"大肚能容,容天下难容之事;开怀一笑,笑世间可笑之人"的容人之道和宽广的胸怀。老子曾说过:容则大,大海不择细流,故能成其大;高山不择土壤,故能遂其高。公共关系人员必须具备这种宽广的胸怀,在与公众交往时,善于关怀别人,体谅别人,求大同,存小异,遇事多为别人着想,多从别人角度考虑问题,这样才能获得公众的理解和谅解,才能朋友遍天下,才能做好公共关系工作。

4. 高雅的气质和开朗的性格

气质是人的一种典型的、稳定的心理特点,这些特点以同样的方式表现在各种活动中。有人称气质为"固态表情"。气质是一个人一生经历的凝固,是岁月流逝的痕迹和记录。《三国志》中曾记载,有一次曹操要接见匈奴使者,自认为容貌丑陋而不能扬威国外,便让别人代替他。他自己则执刀于王座榻旁站立守护。接见完之后,他派密探到匈奴使节那里去探听反映,匈奴使者说:"魏王确实貌相非常,但是气宇轩昂的是站在旁边执刀守护的那个卫士,他才是真正的英雄气度啊!"可见,气质是长期社会实践的一种凝练,在交际中具有非常重要的作用。公共关系人员在长期的公共关系实践中,应注意不断克服自己气质中的弱点,注意发挥、培养类似于热情、高雅、敏捷、坚定、整洁、稳定、落落大方、善解人意等气质方面的优点。

性格也是人的个性心理特征的重要方面,是人们对待他人和外界事物的态度和行为方式上所表现出来的特点,它和气质往往是相通的。心理学家一般把气质分为多血质、胆汁质、黏液质和抑郁质四种类型。认为多血质和胆汁质为外向型性格,黏液质和抑郁质都多为内向型性格。一般认为,外向型性格较适宜于搞公共关系工作。不过,性格本身都具有互补性,外向型的公众未必都喜欢外向型的公共关系人员,关键是要把握分寸,一方面要积极交往;另一方面又善于控制,切忌举止咄咄逼人,言语夸夸其谈。总之,要注意让自己的性格服从于工作的需要,而不是工作服从自己的性格,这样才能开展好公共关系工作。

五、全面的能力结构

能力,是人们通常所说的"才能"或"本事",即人们运用知识和智力成功地进行实际活动的本领,是人的基本素质和智力因素在各种不同条件下的综合表现。公共关系人员应具备多方面的综合能力。

1. 组织协调能力

公共关系工作是一项有计划、有步骤的活动。公共关系人员在从事每项公共关系活动时,需要做大量的事务性工作,搜集和整理有关信息,协调各方面人员,负责实施相应的计划,组织、领导每一项具体活动,随时控制整个工作过程,及时进行调整和修正,处理应急事件……诸多千头万绪的繁杂工作,要求公共关系人员必须具备较强的组织协调能力,尤其是一些重大的专题活动,更需要做到计划周全、安排合理,以保证活动有条不紊地进行。

组织领导及协调能力的培养是多方面的。首先,要掌握与人合作的工作方法,善于听取别人的意见,注重调动和激发下属的积极性,人尽其用,充分发挥各自的才能。其次,判断和决策必须果断明确、指挥有方,同时善于协调各方面的关系,同心协力,共同致力于公共关系目标的实现。最后,应熟知一些常见活动的组织方法,比如,主持会议的程序,搞专题活动应做的筹备工作,处理应急事件应注意的事项……只有熟练掌握公共关系的工作技巧与方法,才有可能充分发挥组织协调能力,否则将事倍功半、效率低下。

2. 表达传播能力

表达传播能力主要是指口头表达与书面表达两大能力。能写会道是公共关系人员应该掌握的两项最基本的传播技巧。

公共关系人员在工作中常常要撰写通讯、新闻稿件,拟订工作计划与活动方案,编纂企业简报和年鉴,撰写公文、贺词、柬帖、通知等公共关系文书,因此,公共关系人员必须具备良好的文字功底和写作技巧。这就需要熟练地掌握一些常用文体的书写形式和撰写技巧,文字表达的准确性、简洁性、生动性等规律,力求在全面、客观、真实的基础上,突出重点,加强趣味性和可读性,吸引各类社会公众,达到传播的目的。

口头语言表达能力要求公共关系人员必须掌握说话的艺术。公共关系人员与公众接触的机会较多,应充分利用一切交际场合,发表适时适地的演说,向社会公众传播信息、沟通感情、施加影响,使公众建立起对本组织良好的信誉和形象,为组织发展创造有利的舆论环境。为此,公共关系人员应充分掌握说话技巧,注意语词、语气、节奏的运用,把握好说话的分寸和时机,并利用"动作语言"传达感情、表露心绪,从而提高自身表达能力和传播效果。

3. 社会交往能力

企业公共关系人员必须从一点一滴做起,不断培养和提高自己的社交活动能力,注意自己的仪容仪表和言谈举止。为此,公共关系人员要善于理解、宽容他人,细心体察不同公众的行为及心理特征,能在尴尬的场合中保持愉快幽默的心境,并能主动打破僵局,化干戈为玉帛。充满自信、友好、轻松的微笑,是公共关系人员良好形象的外在体现,也是人际吸引的重要因素。同时,熟知人际交往中基本的礼仪常识和社交技巧,如接待客人、赴宴、出席会议等礼节,也是公共关系人员社交能力形成的必备知识。另外,公共关系人员还应培养自己多方面的爱好和特长,包括书法、桥牌、交谊舞、棋类、烹调、集邮等,这不仅有利于公共关系人员陶冶性情,而且有助于在交际场合充当与各类公众沟通的"桥梁"。

4. 策划创新能力

公共关系活动讲究借势、造势、融势。公共关系人员要根据环境的态势、企业的要求设计出新颖独到、令人耳目一新的公共关系活动,才能引起公众对企业及其产品的关注。这就需要公共关系人员具有较强的策划创新能力。

"创新"原意是指首创前所未有的事物,但对于公共关系人员来说,主要是指能设计,或提出有助于组织塑造形象的活动,使公共关系工作充满"生机与活力"。在公共关系活动中,公共关系人员要敢于想别人没有想过的事,敢于做别人没有做过的事,要敢于突破常规,大胆设想;要勤于思索、刻意求新。

有一次,一个企业参加产品展销订货会。在展销订货会上,这家企业被安排在四楼最右角的展厅里,而且该展销楼没有电梯,楼层越高,参观展览的顾客就越少,更何况在一个角落,怎么办?该公司的公共关系人员勤于思索,刻意求新,巧妙地运用了公共关系创新艺术,结果打开了销路。展销会开幕那天,当顾客纷纷拥进展销大厅时,发现地上有许多精制的小纸片,上面写着"亲爱的朋友,如果您光临四楼最右边的展厅,将会有意外的收获"。这张纸片激发了很多人的好奇心,人们争先恐后地拥到四楼右边展厅,那里除了美观的布置、微笑的服务和精美的产品外,还贴了一张告示:"凭本公司发放的纸片,可以九折优惠购买本展厅的一切商品。"结果是,该公司零售、订货额居所有展销企业之首,而且当地公众纷纷传播着该公司的公共关系"新招",该公司的知名度也大大提高。可见,有无创新能力,对公共关系活动及目标的实现是大不一样的。

公共关系人员所应具备的策划创新能力,一般表现在两方面:一是善于思索。公共关系人员应养成勤于思索的习惯,善于寻找开展公共关系活动的最佳时机,选择公共关系活动的最佳形式。二是刻意求新。公共关系活动最忌讳因循守旧、墨守成规、照葫芦画瓢。因为,公共关系人员要经常同社会各行各业公众打交道,而公众又是最易于变化的因素,所以,在开展公共关系活动时,绝不能只踏着别人的脚印亦步亦趋,更不能仅仅作一个组织的"传声筒"。他必须具备较强的创新能力,以自己丰富的想象力和创造力去影响组织的决策层,并感染公众,这样才能有所创新,闯出自己的路。

5. 应变与自控能力

应变能力是指应付情况突然变化的能力。公共关系人员在工作中常常会遇到一些令人尴尬的事件和场合,甚至可能发生意外。当这种情况发生时,能否使自己处乱不惊,能否使自己在不利的形势下扭转局势,以自己的语言或行动挽救可能出现的,甚至已经出现的失误,这就看公共关系人员是否有灵活的头脑、冷静的思考和果断的措施以及技高一筹的应变能力。

例如,有一个餐馆素以代办喜庆宴席享有盛名。某个夜晚,正值餐馆内十分热闹之时,突然停电,屋内顿时漆黑一片。宾客正觉惊愕和扫兴之时,只听得餐馆经理高声道:"各位来宾,下一个节目由新郎与新娘为大家点燃蜡烛,让我们鼓掌,感谢新郎、新娘,感谢他俩亲手为大家献上一片光明!"话毕,服务员呈上烛台十余盏,全场欢声如雷,胜似当初。自此之后,在这家餐馆的喜庆宴席上,便真的有点蜡烛这一节目。可见,这位经理具备了很强的应变能力。

自控能力是指一个人自我控制情绪和感情的能力。公共关系人员在与公众打交道时，特别是当有的公众平白无故地指责自己和自己的组织时，能否做到心平气和、宽容大度地听取公众的指责、批评和建议，这就看其是否有很强的自我控制能力了。据说，有一家宾馆来了几位美国客人，或许是因为不了解中国，或许是对中国抱有某种偏见，他们无论对宾馆的客房设备还是对宾馆的饭菜质量都过于挑剔，在5天的住宿时间内，他们几乎每天都要打电话给宾馆的公共关系部，反映这个问题或那个问题。开始时，该宾馆对他们反映的问题做出回答和解释，可是，接二连三的电话以及毫不客气的指责语言，终于使宾馆公共关系部的接待人员耐不住性子了。当那几位美国客人要离开宾馆回国时，他们又拿起了电话打给公共关系部说："我们这几天要求您解决的问题，您一件也没解决，真是太遗憾了。"听到这句话，那位公共关系部的接待人员也反唇相讥："倘若你们以后再来中国，就请到别的饭店去体验一下吧！"于是一场舌战在电话里爆发了。当那些美国客人离开这家宾馆以后，客房服务员在他们住过的写字台上发现了一张纸条，上面用英文写着："世界第一差。"由于这位公共关系部接待人员缺乏自控能力，使该宾馆的形象受到了损害。后来，这位接待人员离开了公共关系部，该宾馆的领导对他的评价是："毫无自控能力，不适合从事公共关系工作。"

可见，合格的公共关系人员必须具备良好的自控能力，必须时刻意识到自己是组织的代表，自己的一举一动关系到组织的声誉，自己的责任就是以真诚的服务来树立组织的良好形象，这样，才能做到以自己的冷静平息对方的不冷静，以自己的和颜悦色和微笑服务消除对方的指责和怒气。

应变和自我控制的能力不是与生俱来的，而是在实践中不断培养的。首先，公共关系人员要注意培养自己博大的胸怀、高瞻远瞩的精神境界，做到凡事冷静观察、细致分析、从长计议，不为小事所扰，不为小利所诱，不为小人所恼，其自控和应变能力就会随之提高。其次，要培养自己临危不惧、临变不惊的心理素质。公共关系人员应该懂得，万事万物之中，变是绝对的，不变是相对的；巨变是必然的，微变是随时的。懂得了这一点，在接触到某件事情时就会做好承受各种变化，甚至是突然的、灾难性变故的思想准备。当变化真的发生时，就会将变化引起的心理震荡降低到最低限度，就会冷静地在变化中做出最佳的选择。最后，要多进行发散性思维训练，这种思维训练的要点就是给自己提出一个问题，然后随意探索与之相关的可能性答案，由此得出的答案越多、越特别就越好。坚持进行类似的思维变通训练，就会为公共关系活动中迅速反应突然变故、妥善解决突然变故打下良好的基础。

6. 专业技术操作能力

公共关系人员除了应具备上述能力外，还应该相应具备一些具体的专业技术操作能力。比如，美工、摄影、编辑、采访、翻译、印刷、广告设计、录音、录像、市场调查与预测、民意测验等。对于一个公共关系人员来说，虽然不可能完全精通所有的专业技术，但应大体上有所了解，并精于一项或几项。这样，在开展公共关系活动时，才能使公共关系人员在发挥各自优势的基础上实现多种技能的互补，从而使公共关系机构正常、高效地运转起来。

案例分析

2019年阿迪达斯"跑出蔚蓝"主题活动

一、案例介绍

自2017年起,阿迪达斯连续三年在全球范围内开展"跑出蔚蓝"主题活动,旨在传递"通过运动改变生活"的核心理念,通过运动的力量唤醒人们对海洋塑料问题的关注,鼓励更多的人积极参与保护海洋的行动。

1. 项目调研

(1) 外部原因。全球海洋污染问题日益严峻。研究表明,每年有多达800万吨塑料废弃物流入海洋。塑料废弃物正威胁着无数海洋生物的生命安全,同时会对人类健康造成危害。

(2) 内部驱动力。阿迪达斯将可持续发展理念融入品牌工作的方方面面。自2015年与海洋环保组织Parley for the Oceans合作以来,阿迪达斯始终关注海洋环保议题,更不断提供创新性解决方案。

2017年"跑出蔚蓝"主题活动首次举办,吸引了6万名跑者参与,2018年活动更在全球范围内吸引了100万名跑者参与。该活动在全球范围内为Parley海洋学校计划捐赠善款。

此外,阿迪达斯计划于2024年前在产品与各生产环节中实现全面使用可回收再造的聚酯纤维。

2. 项目策划

(1) 目标。通过"跑出蔚蓝"主题活动,阿迪达斯希望传递"我们能够通过运动改变生活"的核心品牌理念,并以运动之力唤醒人们对海洋塑料问题的关注,鼓励大家积极参与到保护环境的行动中去。

(2) 受众。包括阿迪达斯"粉丝"、环保生活方式提倡者、跑步爱好者在内的广大消费者群体,尤其是青少年群体。

(3) 媒介策略。阿迪达斯利用品牌自媒体,讲述海洋污染现状,并联合大卫·贝克汉姆、惠若琪、宁泽涛、谢震业等世界顶尖运动员,一些行业意见领袖,及各类媒体平台持续发声,为活动造势。在北京及上海站活动期间,多家媒体对惠若琪、宁泽涛进行现场采访,他们讲述活动体悟,传递可持续理念及阿迪达斯"通过运动改变生活"的核心品牌理念。

3. 项目执行

中国跑者可通过阿迪达斯微信小程序、悦跑圈App"跑出蔚蓝"活动专页,报名线下大型跑步活动。与悦跑圈App的合作降低了活动门槛,吸引了各城市跑者踊跃加入线上跑团,共同积累跑步里程。

2019年6月8日世界海洋日当天,阿迪达斯2019"跑出蔚蓝"活动首先在纽约拉开帷幕。

6月9日,惠若琪接过活动旗帜,在北京奥林匹克森林公园开启了北京站活动。

6月15日,宁泽涛与保罗·博格巴亮相上海站活动现场。其中,上海站的家庭跑项目,让家长携手孩子共同踏上蔚蓝征程,将保护海洋的理念传递给下一代。同日,"跑出蔚蓝"活动首次落地广州,活动现场不提供塑料装备包、签到纸等,给完成跑步的跑者颁发木质奖牌。每一处细节都呼应着阿迪达斯关于"减少塑料使用"的倡议,和品牌一贯提倡的可持续发展理念。

阿迪达斯 2019"跑出蔚蓝"主题活动上海站——创造者开跑如图 1-3 所示。阿迪达斯 2019"跑出蔚蓝"主题活动广州站——创造者挥舞"跑出蔚蓝"旗帜如图 1-4 所示。

图 1-3　阿迪达斯 2019"跑出蔚蓝"主题活动上海站——创造者开跑

图 1-4　阿迪达斯 2019"跑出蔚蓝"主题活动广州站——创造者挥舞"跑出蔚蓝"旗帜

6 月 19 日,跑者集结成都,活动更吸引了当地的环保公益组织、跑团以及高校组织一同参与,展现了年轻一代的活力风采,参与者们还可通过四川音乐学院学生带来的互动情景剧深入了解海洋污染现状。

活动现场还展示了全新的阿迪达斯 X Parley 系列产品,更设有海洋知识教育区、制作工坊、环保市集等互动体验区,让观众切身参与环保实践。跑者们在现场观看海洋保护系列视频,共同讨论了海洋污染现状以及塑料制品对海洋的危害。

此外,阿迪达斯分别在上海兴业太古汇、新天地和浦东嘉里城等 CBD(中央商务区)区域,设立了"跑出蔚蓝"活动主题区。阿迪达斯跑团更开展了净滩活动,北京及上海的 1100 多名跑者捡起海滩及城区内的垃圾,助力重塑清洁世界。

跑者们累积的全部里程将转化为善款(最高 150 万美元),由阿迪达斯捐赠给 Parley 海洋学校计划,用以提升年轻一代对海洋塑料问题的认识,鼓励他们积极参与环保活动。

4. 项目评估

(1) 活动参与情况。阿迪达斯 2019"跑出蔚蓝"主题活动在全球范围内召集近 220 万名跑者,累计贡献里程 1262 万公里。中国区跑者数量达 69 万人,累计贡献里程 774 万公里。本次活动让参与者对海洋保护有了更深刻的认识。

(2) 媒体统计。阿迪达斯 2019"跑出蔚蓝"主题活动受到媒体广泛报道,吸引了社会各界广泛关注。报道数量超 870 条,总体曝光量超 13 亿次,总体互动量超 10 万次,广告价值高达 800 万元。活动期间,惠若琪、宁泽涛积极配合媒体采访,分享环保感悟。北京电视台、上海电视台、网易体育等多家媒体对活动进行了深入报道。另外,中国中央电视台中文国际频道(CCTV-4)对活动进行的视频报道进一步提升了活动影响力。

阿迪达斯 2019"跑出蔚蓝"主题活动上海站——UltraBOOST 19 Parley 现场展示如图 1-5 所示。

图 1-5　阿迪达斯 2019"跑出蔚蓝"主题活动上海站——UltraBOOST 19 Parley 现场展示

(资料来源:金棋奖委员会.2019 最具公众影响力公共关系案例集[M].北京:中国财富出版社,2020.)

二、思考·讨论·训练

(1) 阿迪达斯 2019"跑出蔚蓝"主题活动体现了公共关系的哪些内涵?其亮点表现在哪些方面?

(2) 搜集网上相关信息,详细了解阿迪达斯 2019"跑出蔚蓝"主题活动在各主要城市的开展情况,在全班与同学们分享一下。

 ## 实训项目

项目 1-1:进行××企业公共关系工作总结

【实训目的】　通过总结某企业近 3 年来公共关系工作的开展情况,进一步把握公共关系的内涵、特征、构成要素、功能及作用。

【实训要求】

(1) 通过互联网、报纸、杂志等形式收集第一手资料。

(2) 拟定调查提纲,用走访的方式进一步了解这家企业对公共关系的认识,特别是公共关系工作的开展情况,发现其公共关系的成功做法和案例。

(3) 撰写"××企业公共关系工作总结"。

【实训组织】

(1) 将全班同学分成若干个小组,每组 5～6 人,并选出小组长,与组员一起做好分工写作工作。

(2) 以小组为单位收集资料,讨论后完成调查提纲。

(3) 以小组为单位撰写《××企业公共关系工作总结》,并在全班交流。
(4) 老师对各组进行指导。

【实训考核】
(1) 学生自我总结占30%。
(2) 同学互相评价占30%。
(3) 教师总结指导占40%。

【实训手记】 通过训练,我的收获是＿＿＿＿＿＿＿＿＿＿＿＿＿＿＿＿＿＿＿＿＿。

项目1-2:走访你所在学校的内部公众

【实训设计】 访问你所在学校的各类内部公众(提示:学校各类内部公众包括:学校和系领导、老师、行政人员、学生、后勤人员等)。

【实训目的】 通过访问学校的内部公众,了解学校各类公众对公共关系的看法和认识,纠正他们对公共关系的片面误解或错误认识,向他们传播正确的、科学的公共关系概念和认识。

【实训内容】
(1) 观察你所在学校的各类公众的行为和活动哪些是属于公关行为和活动。
(2) 写一份如何向学校各类公众普及和传播正确的、科学的公共关系概念和认识的建议书。

【实训组织】 分析学校有哪几类内部公众,然后将全班同学分成几大组,各个组分别走访调查各类学校的内部公众。

【实训考核】
(1) 要求每位学生写出访问报告或小结。
(2) 要求学生填写实训报告。其内容包括:①实训项目;②实训目的;③实训内容;④本人承担任务及完成情况;⑤实训小结。
(3) 教师评阅后写出实训评语,将实训体会在全班交流[①]。

【实训手记】 通过训练,我的收获是＿＿＿＿＿＿＿＿＿＿＿＿＿＿＿＿＿＿＿＿＿。

项目1-3:公关人员的协调沟通能力训练

【实训内容】 仿照案例材料,3~5人为一小组,分别扮演不同的角色。学习用公共关系的原理来解决问题。

一位客人预订了去上海的机票,可第二天饭店接到通知,客人预订的那一天航班因团体包机临时取消个人票。服务员打电话到客房,不料那个客人一天都没有回来,第三天早上客人来取票时才知道此事,他顿时大发雷霆。

一位港台地区的老年宾客已住进饭店多日,服务员知道她是总经理的朋友,是来本地治病的。一天上午她到总台结了账,可12点以后仍然没有要走的迹象。

有位内地的推销员是饭店的常客,某日他结账离开房间的时候,服务员发现一幅小型

---

① 张亚.公共关系——原理与实务[M].北京:北京理工大学出版社,2014.

的挂毯不见了,她马上打电话给值班经理。

一位外宾饮酒过量,提出要服务员陪他继续喝酒,遭到拒绝后,他大吵大闹起来,还摔坏了一只酒杯。

一只老鼠窜进某外宾住的房间,将客人的皮包咬破。服务员向他道歉,他根本不听,还生气地说,回国后要向新闻界透露,要转告他的亲戚朋友们以后不住这家饭店了。

有位客人刚刚结完账,正遇到一位老朋友来探望,他带老朋友回到房间后想取点饮料招待朋友,却发现服务员将冰箱锁闭,于是找到服务员大发脾气。

有位客人来饭店登记住宿,服务员此时正在为一位先到的外宾办理登记手续,并且在耐心地回答外宾的问题,这位内宾等了半天,不禁焦急地冲着服务员大吵大闹起来。

【实训目的】 通过解决危机公关事件,考查公关人员的综合素质以及在解决问题的过程中运用公共关系知识的能力。

【实训步骤】

(1) 实训准备。

① 组建3~5人规模的项目团队,选出项目组长,建议每次的组长不同。

② 根据自己特长,自己报任务,组长协调。

(2) 实训过程。

① 教师给出题目。

② 团队成员对题目进行剖析。

③ 每个成员根据自己的特长,进行角色分配。

④ 团队成员进行讨论并排练。

⑤ 准备表演道具。

(3) 实训结束。

① 团队表演。

② 团队自评。

③ 教师点评[①]。

【实训手记】 通过训练,我的收获是_____。

课后练习

1. 什么是公共关系,请谈谈你的理解。
2. 应怎样把握公共关系的基本内涵?
3. 公共关系的表现形式是什么?如何把握公共关系的内在含义?
4. 请判断下列行为是否属于公共关系活动。

(1) 为本单位偷税,请税收征管人员吃饭。

---

① 邢伟,徐盈群.公共关系[M].北京:高等教育出版社,2015.

(2) 因孩子上重点学校,给校长送礼。
(3) 出资帮助社区建公园而通知报社报道。
(4) 商场开展"买一赠一"活动。
(5) 主动上门调解与客户的关系。

5. 请3～5位同学上台讲他(她)所认可的有关公共关系的故事。
6. 如何对组织的公众进行分析?
7. 公共关系传播媒体有哪些?各有何特点?
8. 常用的三大公共关系传播手段是什么?
9. 如何提高公共关系传播的效果?
10. 公共关系具有哪些特征?公共关系又有哪些主要职能?
11. 讲一讲公共关系的工作程序。
12. 公共关系的基本观念和工作原则有哪些?你准备在公共关系礼仪活动中怎样体现这些基本观念和工作原则?
13. 阿尔·里斯在《公共关系的崛起》一书里,引用了伊索寓言把广告比作北风,将公共关系业喻作太阳,当想脱去一个人的衣服时,风用力地吹,人却将衣服裹得更紧;而太阳则用阳光照射,使人自己脱去衣服。你认为妥当吗?
14. 有人说,拉关系、走后门也是为组织广交朋友,开拓生存空间,这与公共关系的目的是相同的,你认为呢?
15. 有一家企业与当地的公共关系公司比邻,却从来没有打过交道。这家企业的老总说:"哼!我绝不会用到公共关系,根本没有必要与这家公司有任何往来!"你认为这位老总的话对吗?
16. 有条件的学生到企业进行采访,了解他们是从什么时候开始重视公共关系的。
17. 试举两个所见所闻的实例,说明当前我国公共关系"误区"仍未消除。
18. 如何把自己塑造成优秀的公共关系专业人才?
19. 有人说公共关系就是"美女＋知识＋技能",有人说公共关系只适合女性,也有人说公共关系无性别,只是阴盛阳衰。请选择一个与你的观点相同的人一起去说服持相反意见的人。
20. 公共关系人员最主要的素质要求应该是什么?请谈谈你的看法。你觉得自己在哪方面最需要努力,以达到公共关系人员的素质要求。
21. 公共关系从业人员是全才、能人,还是复合型人才?请到企业了解一下,社会到底需要什么样的公共关系人才?
22. 假如你是一家生产化妆品的企业经理(或厂长),你认为应该树立哪些方面的公共关系意识?
23. 从报刊、书籍、网络上搜集有关公共关系的各种资料,结合所学专业,自编一期报纸,要求以班、组、室为单位,相互协作,设计报头,刊名要鲜活、新颖、别致,内容要丰富多彩,图文并茂,色彩缤纷。
24. 在网络搜索观看电视连续剧《公关小姐》,然后谈谈你对公共关系的理解。

25. 在网络搜索观看《小崔说事》栏目中的《公关不怕难》,然后谈谈你的感想。

26. 案例思考。

留意隐藏的上帝

日本的麦当劳汉堡包店记载了约 60 万名小朋友的"生日档案"。小朋友生日的前几天,可收到该店寄来的贺卡;生日当天,小朋友持卡到该店做客。按一般惯例,小朋友得到一份生日礼物也就心满意足了,可这家汉堡包店却特别郑重其事,每天都要在一部分顾客心中产生一种"忠诚"的"感情",这样就"可以赚他们下一辈的钱"。商家的这种眼光是势利的,但在市场竞争十分激烈的今天,这种做法不能说没有道理。哲学家说:是人创造了上帝;我们则说:是企业和员工制造了"上帝"。把潜在的顾客变成现实的顾客,"上帝"也就被创造出来了。

(资料来源:佚名.餐饮饭店促销方案[EB/OL].[2019－08－12].http://www.360doc.com/content/19/0812/01/57890354_854335988.shtml.)

思考讨论题

(1) 从公共关系角度来看,麦当劳建立"生日档案"有何意义?

(2) 企业应该如何才能赢得公众的支持?

27. 案例思考。

于细微处见"公共关系"

日本东京一家贸易公司有一位秘书小姐专门负责为客商购买车票。客商中有一位德国大公司的商务经理经常请她购买来往于东京、大阪之间的车票。不久,这位经理发现:每次去大阪,座位总在右窗口,返东京时又总坐在左窗口。经理问小姐其中有什么缘故,秘书小姐笑着答道:"从东京去大阪时,富士山在您的右边;返回东京时,富士山又到了您的左边。我想,外国人都喜欢日本富士山的壮丽景色,所以我替您买了不同位置的车票。"就是这样一桩不起眼的小事,使这位德国经理大为感动。他想:"在这样一些微不足道的小事上,这家公司的职员都能做得这周到,那么跟他们做生意有什么不放心的呢?"于是决定将同日本公司的贸易额由 400 万马克提高到 1200 万马克。无独有偶,法国巴黎有一家里兹大饭店,如果顾客在这家大饭店预订了房间,乘出租车去饭店时,车刚在饭店门口停下,就会有看门人及时帮助顾客打开车门;待客人下车后,又马上会记下出租车的号码。饭店看门人解释说:"巴黎共有14500 辆出租车,如果客人有物品遗忘在车上,这是帮助客人找回遗失物品的最有效、最简捷的方法。"

(资料来源:佚名.心不细,何以系天下[EB/OL].[2020-04-10]. https://baijiahao.baidu.com/s?id=16635677698854768172&wfr=spider&for=pc.)

思考讨论题

(1) 请你分析以上事例反映出了这两家公司及其工作人员怎样的公共关系意识。

(2) 请结合案例说明公共关系意识的含义和作用是什么。

28. 案例思考。

玛氏巧克力的"冷吃理念"

澳大利亚有着漫长的炎炎夏季。过去,巧克力制造商发现在夏季的月份里,他们的销售量要下降60%,因为夏季人们不想吃巧克力。研究表明这主要是感觉上的问题,不是巧克力食客夏天不喜欢巧克力的滋味,而是他们觉得巧克力夏天会融化,吃起来黏黏糊糊的,很难在商店货架上保存好。即使买的时候没有融化,回家也很难保存好。玛氏巧克力生产商提出了一个简便而有效的解决办法:提供冷藏的玛氏巧克力。

首先,他们对经销商进行宣传,让经销商把巧克力保存和摆放在冰箱里。然后他们发动一场大规模的媒介公关活动,告诉公众有一种夏日品尝巧克力的方法——"冷吃"。在"冷吃"的口号下,消费者被邀请吃一包冷藏的玛氏巧克力,并参加一系列夏日活动,如航海、冲浪、游泳等。因此,在消费者心目中,"冰凉的玛氏巧克力"总是同他们夏天所喜爱的活动连在一起。与此同时,成千上万的人得到一包免费的冷藏玛氏巧克力。穿着得体的推销员出现在人群聚集的地方,向人们提供直接从冰箱里拿出来的一包包玛氏巧克力。各种各样的娱乐比赛也举行起来,都围绕着凉爽夏日游乐和玛氏巧克力主题。例如,被嵌进一大块冰里的玛氏巧克力摆放在主要的购物中心,公众被邀请猜测冰块融化需要多长时间;带有"冷吃"字样的自行车被免费分发;冲浪艇被免费赠送给救生俱乐部——每条船上都装饰了特有的"冷藏的玛氏巧克力"字样。头一个夏天,玛氏巧克力的销售量剧增,以后每年夏天都成了畅销货。这场公关活动获得了很大的成功,后来其他巧克力制造商都效仿这一做法。

(资料来源:韩金.公共关系——理论·案例·实训[M].北京:清华大学出版社,2019.)

思考讨论题

(1)玛氏巧克力的"冷吃"理念是如何造热市场的?

(2)本案例对你有何启示?

29. 案例思考

不以服饰区别对待公众

某街区有一家时装店,专营各类布料高档、款式新颖的女式时装,颇受经济条件优越、喜欢扮饰的年轻女性的青睐。

某著名报社记者小王偶然从母亲手里拿的报纸上看到了这家店"新款""酬宾"的广告,打算在女友阿玲(在外地工作)过生日的时候买一套时装送给她。刚巧有一天,小王参加社区劳动风尘仆仆地从该店门前经过,看见同事惠娟和叶子在店里讨价还价买时装,顿时大喜,想进店询问两位同事一些事宜。没有想到,门口保安硬是拖住小王让他不得入内,说他"衣冠不整""像个农民""不会买时装"等。小王越解释,保安越觉得他有"不轨"企图。双方争执不下,引来许多路人议论纷纷,直至公关部经理出面调解。

(资料来源:谢红霞.公共关系原理与实务[M].4版.大连:东北财经大学出版社,2020.)

思考讨论题

(1)以上情景中的惠娟与叶子、母亲、女友阿玲、小王各属于哪类公众?是潜在公众、非公众、知晓公众还是行动公众?

(2)如果你是该店的公关部经理,你将如何让小王和其他人由逆意公众转变为顺意公众,从而及时挽救时装店的声誉,树立好的形象?

(3)如果你是小王,若公关部经理未出面或调解未令你满意,你会采取什么行动或产生哪些想法?

30. 案例思考。

小燕子的"道歉信"

日本奈良旅馆每到春天都会迎来大群可爱的小燕子在房檐下筑巢，但小燕子排泄粪便，留下斑斑污渍，服务人员不停地擦也无济于事，人们怨声四起。于是，宾馆经理就以小燕子的名义给客人们写了一封道歉信。

女士们、先生们：

我们是刚从南方赶到这儿来过春天的小燕子，没有征得主人的同意，就在这儿安了家，还要生儿育女。我们的习惯不好，常常弄脏你们的玻璃和走廊，致使你们不愉快。我们很过意不去，请女士们、先生们多多谅解。

还有一事恳请女士们和先生们：请您千万不要埋怨服务员小姐，她们是经常打扫的，只是擦不胜擦，这完全是我们的过错。请你们稍等一会儿，她们就来了。

您的朋友：小燕子

客人们见到这封信，都给逗乐了，肚子里的怨气也烟消云散，人们总是带着美好的记忆，依依不舍地离开古都奈良，离开这逗人的旅馆。

(资料来源：佚名.旅游公共关系[EB/OL].[2018-03-21].https://max.book118.com/html/2018/0316/157472194.shtm.)

思考讨论题

（1）在公共关系中组织与公众沟通的方式很多，为什么奈良旅馆的工作人员单单采用"书信"这一沟通方式来消除顾客的怨气？

（2）奈良宾馆的做法对你有哪些启示？

31. 案例思考。

星巴克"猫爪杯"是如何爆红的？

2019年2月26日，星巴克推出春季版"2019星巴克樱花杯"。其中，一款自带"萌"属性的"猫爪杯"迅速走红，不仅其百度指数和微信指数直线上升，还引发"抢杯大战"。对此，许多网友直呼无法理解，称这不过是星巴克搞的"饥饿营销"。撇开"饥饿营销"的争议，猫爪杯的火爆还得归功于星巴克的一手好营销：

（1）借助抖音、微博、小红书等平台做预热，通过KOL"种草营销"吸引更多消费者的关注，引爆产品热点。

（2）借势"猫消费"，因为现在养猫的群体愈加庞大，他们"爱猫及猫"，看到跟猫相关的主题商品会产生浓厚的兴趣；

（3）洞悉消费者的心理诉求，如"炫耀"和"从众"等心理。

(资料来源：谢红霞.公共关系原理与实务[M].4版.大连：东北财经大学出版社，2020.)

思考讨论题

（1）星巴克运用哪种媒体进行了营销推广？

（2）这种媒体的优点是什么？

（3）"猫爪杯"成功的原因是什么？

32. 案例思考。

一次公关部长聘任考试

一家公司准备聘用一名公关部长,经笔试筛选后,只剩八名应试者等待面试。面试限定他们每人在两分钟内对主考官的提问做出回答。当每位应试者进入考场时,主考官说的是同一句话:"请您把大衣放好,在我面前坐下。"

然而,在进行面试的房间中,除了主考官使用的一张桌子和一把椅子外,什么东西也没有。有两名应试者听到主考官的话以后,不知所措,另有两名急得直掉眼泪;还有一名听到提问后,脱下自己的大衣,放在主考官的桌子上,然后问了句:"还有什么问题?"结果,这五名应试者全部被淘汰了。

剩下的三名应试者,一名听到主考官发问后,先是一愣,然后立即脱下大衣,往右手上一搭,躬身致礼,轻轻地说道:"这里没有椅子,我可以站着回答您的问题吗?"另一名应试者听到问题后,马上回答道:"既然没有椅子,就不用坐了。谢谢您的关心,请问下一个问题是什么?"最后一名考生听到主考官的发问后,眼睛一眨,随即出门把候考时坐过的椅子搬了进来,放在离主考官侧前约一米处,然后脱下自己的大衣折好后放在这把椅子上,自己端坐在为他准备的椅子上。当"时间到"的铃声一响,他马上站起来,欠身鞠躬,说了声"谢谢",便退出考试房间,把门轻轻地关上。

(资料来源:佚名.一次公关部长聘任考试[EB/OL].[2020-05-28].https://wenku.baidu.com/view/7c96ff26f66527d3240c844769eae009581ba29f.html.)

思考讨论题

(1)那几名考生为什么被淘汰了?该案例涉及本章的哪些知识点?

(2)假如你是主考官,你会录用哪一位考生?为什么?并评价另两位考生。

(3)假如你是考生,你准备把大衣怎么样放?为什么?

 思政园地

请扫描以下二维码,了解思政要求。

思政园地1.pdf

任务2　公共关系调查

> 虽然它不能回答所有的问题或影响内部的决策,但是有系统的调研是有效公共关系的基础。
>
> ——[美] 斯科特·卡特里普

任务目标

- 明确公共关系调查的内容。
- 按照公共关系调查的一般程序展开公共关系调查。
- 撰写公共关系调查报告。
- 撰写公共关系调查工作总结报告。
- 运用公共关系调查方法灵活开展调查。

案例导入

"先搞清这些问题"

有一家宾馆新设了一个公共关系部。开始,该部配备了豪华的办公室、漂亮迷人的公关小姐、现代化的通信设备等,但该公共关系部的部长却不知下一步应该做些什么。后来,这位部长请来了一位公共关系顾问,向他请教"怎么办"。于是,这位顾问一连问了以下几个问题:"本地共有多少宾馆?总的铺位有多少?旅游旺季时,每月来本地的外国游客有多少?国内的游客有多少?贵宾馆最大的竞争对手是谁?去年一年中,有哪些因服务不周而引起房客不满的事件?服务不周的症结在哪里?"这样一些极为普通而又极为重要的问题,使那位公共关系部部长无以对答。于是,那位被请来的顾问说:"先搞清这些问题,然后开始你们的公共关系工作。"

(资料来源:佚名.公关调查[EB/OL].[2018-02-26].https://www.doc88.com/p-8826441350923.html? r=1.)

上面这个事例清楚地昭示我们:要开展公共关系活动,必须从公共关系调查开始。公共关系调查作为组织开展公共关系活动的先导,是整个公共关系活动的"轴心"。正如西蒙所说:不论人们如何表达公共关系活动的流程,调查研究都是举足轻重的。因此,作为一个组织,应充分认识开展公共关系调查研究的重要性,将公共关系调查视为正确、妥善地解决问题和纠纷的基本前提。

2.1 公共关系调查的内容

公共关系调查的内容及范围主要涉及组织的基本状况、组织形象、公众评价和组织开展公共关系活动条件调查等。

一、组织情况调查

组织的基本情况是公众评价的首要对象。要正确地评价公众的意见,公共关系人员必须对组织的基本情况了如指掌。关于组织基本情况调查,主要有两方面的内容。

1. 组织的经营发展情况

组织的经营发展情况主要包括组织创建的时间、组织经营发展的目标(包括近期、中期、远期的目标);组织发展过程的重大事件及在社会上、舆论界的反响;组织对社会的贡献;企业组织的市场分布、市场占有状况以及市场竞争状况;企业组织的产品、服务及价格特点;组织的管理特点;企业组织的外观、厂名及商标特点等。

2. 组织成员的基本情况

组织成员的基本情况包括组织成员人数的变化、组织成员的精神面貌、一般成员的状况以及对组织发展做出过重大贡献的成员的情况和组织领导者的总体情况。员工的一般状况包括年龄、文化程度、专业特长、兴趣爱好、家庭生活等;为组织做出重大贡献的员工、劳模的成就与经历;组织主要负责人的一般情况。

二、组织形象调查

组织是通过评价和衡量组织形象的两个指标——知名度和美誉度来完成组织形象调查的。

1. 知名度

知名度表示有多少公众知道并了解组织及知道并了解的程度,包括机构的名称、标识、经营内容、历史、规模、产品、服务等。组织的知名度在一定意义上决定着组织获得公众理解与支持的范围,所以该调查的公众范围一般比较广泛,可以是对组织诸多因素的综合考察,也可以是对其中的单项因素进行调查。通过知名度调查,能明确显示组织在公众心目中排名榜上的地位,而且可以详细了解组织的诸多构成因素对其知名度形成的具体作用,同时也能为其他项目的调研工作提供基础资料。

表2-1和表2-2是组织知名度、美誉度的调查表,可供组织在公关调查实践中参考。

表2-1 知名度调查问卷设计

项 目	1	2	3	4	5	6	汇总
机构名称							
地点							
标志							
代表色							
历史							
规模							
经营内容							
产品A							
产品B							
服务							
	(低)					(高)	

注:请被调查者对准项目在空格中写"√",根据总分及各项得分,综合评价机构知名度。表中1~6分别表示不知道、好像知道、知道、有些了解、了解、非常了解。

表2-2　美誉度调查问卷设计

项　目	1	2	3	4	5	6	汇总
产品A							
产品B							
售前服务							
售中服务							
售后服务							
	（低）					（高）	

注：请被调查者对准项目在空格中写"√"，根据总分及各项得分，综合评价机构美誉度。表中1～6分别表示不怀疑、怀疑、一般、比较信任、信任、非常信任。

2. 美誉度

美誉度表示有多少公众信任和赞赏组织及信任和赞赏的程度，包括对机构名称、标识、经营方式、产品或服务是否喜欢、信任等。组织美誉度的高低，基本上反映了组织的信誉与社会形象。该项调查一般是在组织知名度调查基础上进行的更深层次的调查工作。通过美誉度调查，在一定程度上能为组织指明努力的方向。一个组织可能会为自己的高知名度而沾沾自喜，然而如果美誉度调查显示出反向结果，则表明效果适得其反，组织要及时追根寻源，努力修正不良影响，以免后患无穷。

三、公众评价调查

所谓"公众评价调查"，就是通过评估公众的意见和公共关系活动的效果，了解社会公众对组织相关行为的具体反应和建议。

1. 公众意见

公众意见表示社会公众对组织有关问题的反应以及形成反应的具体原因，包括组织的产品、服务、价格、管理、人员素质等问题。

公众意见调查要探明组织在目标公众心目中的形象以及他们所以会有如此评价的形成原因。该项调查一般可以通过对相关公众的广泛了解，也可以聘请一些熟悉业务、具有经验和综合分析能力的专家，运用座谈、信函的形式，请他们对组织面临的问题进行诊断并提出解决问题的建议。

公众意见调查不仅需要针对不同公众的知识水平、理解能力等多方面多层次进行有的放矢的调查，而且对各方面意见的汇总、整理也需要花费比较多的精力。例如，某个企业在消费者心目中形象不佳，那这种不信任究竟源于何处呢？是产品质量不过关，还是推销方式不适宜？是不相信企业的经营水平，还是对企业存有偏见？只有追根寻源，才能找到解决问题的关键。

2. 活动效果

活动效果是了解社会公众对组织实施的公共关系专门活动的评价。正确评价公共关系活动的真实效果并不简单。公共关系作为一种长期为组织树立良好形象及为组织获取最大经济效益创造条件的活动，在相当多的情况下是无法要求它直接创造利润的，因此对组织实施的公共关系活动往往不能用数量式的硬性指标来衡量，必须考虑到它所产生的滞后效应。

然而,通过公共关系调查,可以在一定范围内用定量分析的方式了解组织的公共关系活动是否达到以最少的投入使信息传递到最大空间的目标。

$$接触率 = \frac{目标公众接触媒体人数}{目标公众人数} \times 100\%$$

$$单位宣传费用 = \frac{宣传费用}{受众人数}$$

$$单位宣传费用效果 = \frac{宣传后销售实绩 - 宣传前销售实绩}{宣传费用}$$

四、公共关系活动条件调查

所谓"公共关系活动条件调查",是指在开展公共关系活动之前,组织对开展活动的主客观条件进行调查研究。为了避免闭门造车,给组织带来不必要的损失,组织的公共关系人员在开展公共关系活动之前或是在公共关系活动策划时,对支持公共关系活动的具体条件进行调研工作。其内容主要包括以下三个方面。

1. 公共关系活动主体的人力分析

组织要使公共关系活动达到预期的目的,应该考虑由哪些人员参加,人力是从组织内部挑选还是由外部公共关系公司承担,人员具备哪些特长、工作能力、经验和业绩如何、能否胜任工作等。

2. 公共关系活动主体的财力分析

从某种意义上讲,这是一种投入—产出比分析。针对公共关系活动来说,就是组织所能投入的资金和活动所产生的效益是否成比例,资金的使用是否合理等。

3. 公共关系活动的客观环境调研

客观环境分为宏观调研和微观调研两部分。宏观调研是对组织的经济环境、政治法律环境和社会文化环境的认识。组织在开展公共关系活动之前应对社会、政治、经济形势进行冷静分析,对市场和公众的社会心理进行认真研究。在市场活跃或疲软的不同环境下,公共关系活动的内容和效果是不大一样的。微观调研是对开展公共关系活动的具体条件进行调研,对活动的场地、设备以及各类有关规定等进行调研。公共关系活动的场地分为室内和露天。事先要调查场地面积、人员交际、食宿场所和流动的通道等。公共活动设备的调研一方面要调查清楚活动所需家具(桌椅、餐具、茶具)的数量、质量和档次;另一方面要调查清楚电子设备(电话、电视、音响、扩音器、投影仪、照明设备、话筒等)的数量及使用效果。

2.2 公共关系调查的程序

公共关系调查研究是一门艺术,既有科学性,又有技巧性。掌握公共关系调查的科学程序是提高调查艺术、强化调查效用的基础。

一、确定公共关系调查的选题

确立公共关系调查选题,实际上就是确定调查的方向。对于公共关系人员而言,需要调查的情况十分繁杂。但是,在一次具体的调查活动中,由于时间、人力以及调查容量自身的限制,不可能也没有必要进行全方位、大规模的调查,通常只能开展有针对性的、专题性的、围绕某一个方面内容的调查活动。

1. 确定公共关系调查选题的原则

公共关系调查选题的确立,是一项科学性与艺术性很强的工作,需要遵循以下几个原则。

(1) 需要性原则。所谓"需要性原则",即根据社会组织的需要来选择和确定调查选题。根据社会组织的发展战略与规划,优先选择的调查选题应当是公众问题、市场问题、内部自身问题和环境问题。公共关系调查具有很强的功利性和服务性,应当针对社会组织当前迫切要解决的问题进行调查。例如,在开发新产品时,企业亟待了解的是公众的需求、对老产品的意见、经济承受能力等,故多以公众愿望、经济生活情况为调查选题。在处理经营危机时,社会组织亟待了解的是造成危机的原因、危机事件的动态情况、公众受损害的情况、危机事件的影响范围等,以便制订消除危机事件不良影响的对策,故此时多以危机事件本身作为调查选题。

(2) 创新性原则。对于公共关系调查而言,创新不仅可以提高公共关系调查成果的社会价值,而且可以提高公众参与调查、回答问题的积极性。这就要求我们在选择公共关系调查课题时,善于运用新理论、新思维、新方法,从新的角度提出有别于以前的调查选题和有别于竞争对手的新选题,确保公共关系调查活动的顺利开展。当前,公共关系调查有自己的独特性,不同于一般的公共关系宣传活动,"创新求异"有自己的"度",不能一味地求新求异,而应以社会组织需求为前提。也就是说,在公共关系调查选题确立的过程中,需要性原则与创新性原则相比,需要性原则是第一位的。

(3) 可行性原则。所谓"可行性原则",即社会组织所选择的公共关系调查课题在规模上、深度上要符合社会组织现有的调查工作的能力水平。如果公共关系调查选题规模过大,社会组织没有相应的人力、物力、财力条件就不可能达到预期的调查目的。如果公共关系调查选题既深又难,而社会组织没有具备相应知识和文化素养的调研者,同样也不可能完成公共关系调查的任务。

(4) 科学性原则。任何事物都有其内在的科学规律性。在确定公共关系调查选题过程中,要进行科学分析和科学假设,运用相关学科、专业知识判断公共关系现象之间的内在联系,提出源于科学判断的课题,以保证公共关系调查活动的科学性。

2. 确定公共关系调查选题的过程

公共关系调查选题的确定不是一蹴而就的,它需要经过筛选、判断、分析的过程。该过程由一系列环节构成。

第一步,根据社会组织需要,尤其是公共关系决策的需要,明确公共关系调查选题的基本概念与内涵,指出公共关系调查的方向和必须达到的目标。

第二步，运用文献调查方法和直觉判断方法，明确公共关系调查选题的中心内容。公共关系人员在明确了选题概念以后，可以运用文献调查方法，了解以往相关的调查研究成果，为确定本次公共关系调查选题的中心和重点内容提供参照体系，以便找出本次公共关系调查选题的关键所在。

第三步，运用相关的学科理论和方法，形成公共关系调查选题的假设命题。在收集了与公共关系调查选题概念相关的文献资料的基础上，公共关系人员即可根据相关的学科理论进行推理分析，在科学理论指导下，围绕选题概念，撰写本次调查选题的假设命题。

第四步，运用比较、判断方法，对调查选题的假设命题进行综合评估。评估的标准有实用性、创新性、可行性、科学性等。如果判断结果表明：假设命题对社会组织亟待解决的问题具有实用性，与以往课题相比具有新颖性，同社会组织人力、物力、财力等条件又相符，用学科理论来衡量又具有科学性，那么选题就有价值，应当及时据此撰写调查问题，开展调查活动。反之，就说明选题工作有问题，需要重新设定标准，重新选择公共关系调查的重点，重新设定调查选题。

二、制订公共关系调查方案

为了使公共关系调查工作能够顺利、系统并且有针对性地进行，拟订调查计划方案是必不可少的。它是公共关系调查的总体方案，是进行实际工作的行动纲领。

1. 确定公共关系调查的目的

公共关系调查的目的是了解社情民意，通过征询公众意见，分析社会趋势，研究公众的社会需要，寻找建立信誉、协调经济效益和社会服务效益的途径。调查的任务是寻求解决问题的具体办法，了解公众有哪些具体看法、具体要求和具体建议、希望解决问题的实际内容，达到解决问题的目的。例如，确定了产品换代问题是企业组织中长期的最大的问题，就应围绕这一问题搞清以下情况：①企业所面临的经济、政治、技术、社会等因素的变化趋势。②企业应采取哪些行动影响公众在产品换代问题上取得成效，并适应环境变化。③社会公众对产品换代问题的关心程度、紧迫感和提出问题所考虑的因素。

2. 确定公共关系调查的对象

对象是调查的客体。明确了公共关系调查的目的后，就应该确认调查的对象。调查对象首先是"公众"。这些个人或团体具有一些共同的特征，受相同关系或问题的影响。例如，面对相似的问题，对该问题有各自的看法、态度、主张，试图处理解决这一问题。确定了调查对象后，还要注意以下两点：一是对目标"公众"进行分类，借以确定调查对象的类别及其组合；二是考虑到目标"公众"数量的大小、分布集中与分散程度各不相同，"公众"的背景、对问题的知晓程度和参与的积极程度也各不相同。应该考虑决定公共关系调查对象的具体构成，包括调查对象的总量、分布地区、涉及的"公众"类型、涉及的社会领域、对象的知晓度和积极性。

3. 确定公共关系调查的项目

项目是调查内容的具体化。按照一定的逻辑顺序在调查项目下面注册需要调查的具体问题。公共关系调查主要有四项内容，即组织情况调查、组织形象调查、公众评价调查、公共关系活动条件调查。

4. 确定公共关系调查的方法

公共关系调查的方法是公共关系调查所采取的手段。确定公共关系调查方法的根据是：①有利于定量与定性分析；②能达到公共关系调查的目的；③考虑现有条件。公共关系调查多以统计、社会测量、抽样和民间测验为主，这就要设计好统计表和问卷。

三、实施公共关系调查方案

实施公共关系调查工作方案，实际上就是调查者根据调查方案的既定计划，在既定的范围和时间内，利用既定的调查方式、方法，向既定的公众收集信息资料。这是整个公共关系调查过程中最重要的环节。公共关系调查实施过程中的主要工作有以下几项。

1. 组织公共关系调查对象群体

公众是分散的，而且数量庞大。我们要根据公共关系调查工作计划中的抽样方案选择调查样本，把符合调查样本要求、具有代表性的公众挑选出来，作为本次公共关系调查活动的调查对象。

2. 积极协调各种公共关系

公共关系人员根据抽样方案选择的调查对象，一般与企业没有任何直接的关系。即使存在一定的关系，多半也是顾客关系，公共关系人员对他们没有任何行政约束力。因此，在调查工作中，公共关系人员是否积极主动地协调好各种公共关系，取得公众组织、群众网络、公众代表的配合与支持，就成为整个调查工作成败的关键。

3. 发放问卷引导调查对象回答问题

为了提高问卷资料的可信度，在公众填写问卷前，公共关系人员应做好动员、教育工作，使调查对象理解本次调查活动的价值以及他们填写问卷的注意事项，提高他们填写问卷的主动性和规范性。

4. 回收、清理问卷

调查对象填写完问卷后，公共关系人员应及时回收问卷，并进行初步的问卷整理，把不符合要求的问卷作为无效问卷清理出来，归档另外收藏。一般出现以下情形的问卷都应列为无效的问卷：①常规项目填写明显失误的问卷。②只对少数问题做出回答而对大多数问题没有做出回答的问卷。③问卷回答带有明显不认真标志的问卷，如整张问卷中所有问题都填写一个答案序号，这说明调查对象是未加思考、随意填写，虽有答案，但并未反映出调查对象的真实状况。

5. 观察、记录公众的言行

在公共关系调查中，调查者要认真观察公众的言行，收集公众在言谈举止中流露出的真实信息资料，并及时做好记录。利用这种方式收集到的资料比用问卷收集到的资料更加真实、典型，因而更加具有公共关系价值。

四、整理公共关系调查资料

资料收集任务完成后，即可转入信息整理阶段。资料整理不仅有利于分析、研究资料，而且有助于调查工作的后期总结。

1. 公共关系调查资料的整理环节

公共关系调查资料的整理,在操作上有以下几个环节。

(1) 问卷核实与清理。公共关系人员根据本次调查活动的特点,定出核实问卷的标准和要求,确定有效问卷。

(2) 建立分类体系和分类标准,对资料进行归类。

(3) 资料主题小结。对于一些文字类资料,如问卷调查中的开放题答案、调查人员的观察记录材料等,相对来说比较凌乱,公共关系人员应列出主题项目,对各种资料按主题项目进行小结、归纳,制作出"主题项目资料登记文摘卡"。

(4) 资料统计。对于问卷调查中的封闭答案资料,公共关系人员可以借助计算机进行统计,计算出公众在每个问题上的意见分布数值。

(5) 进行数据处理,建立数据库。根据问卷的问题设置分项目编制表格,把统计的数据结果填入相应的表格项目中,建立起本次调查结果的数据库。

2. 公共关系调查资料的类型

公共关系调查资料经过整理后,主要有两大类型,即文字类资料和数据类资料。文字类资料,就是把公众在开放题中所写的意见、在交谈过程中所表达的观点、调查者在观察中所记录的资料等经过归类以后所形成的公众意见信息资料登录下来。数据类资料,一般是指公共关系调查资料数据库和数据表。

五、总结公共关系调查工作

总结是公共关系调查工作的最后一个环节。在这个阶段,涉及的工作主要有两个方面的内容。

1. 撰写公共关系调查报告

公共关系调查报告是调查者根据公共关系调查活动获得的信息资料和据此形成的分析结论所拟写的一种应用文。公共关系调查报告有其基本文体格式、写作内容方面的要求,但在具体写作过程中仍应针对具体情况灵活安排其写作结构。表 2-3 是作为一般意义上设置的公共关系调研报告文体格式与写作要求。

表 2-3 公共关系调研报告文体格式与写作要求

文体格式	常用形式	基本内容	写作要求
标题	公文式标题,新闻式标题		醒目、精练、新颖
导言	叙述式、提问式、总结式	介绍调查工作概况(如调查时间、范围、方式、内容、目的等)	点明主题、高度概括、精练简短
正文主体	逻辑分叙式、表格说明式、条文列举式	现状资料分项目汇总叙述;分析造成该现状的内外原因和影响因素;提出建议和措施	主题明确、中心突出、材料典型、逻辑性强、条理清晰
结尾	归纳式、警告式、口号式	全文小结	渲染全文、加深印象
署名	标题之下或全文之后	调查单位、写作时间	简单明确
附件	原件、资料卡、表格等	调查表、典型材料、数据库	为正文服务

2. 撰写公共关系调查工作总结报告

公共关系调查工作结束时,应及时进行工作总结,找出经验与教训,并撰写公共关系调查工作总结报告,为以后开展调查活动提供参照体系。公共关系调查工作总结报告是一个总回顾。在写作格式上,一般包括标题、正文和署名3个部分。标题可以用公文式的写法,也可以只有内容概括。正文的内容主要有调查工作基本情况概述、成绩、经验、缺点、问题。

2.3 公共关系调查的方法

要顺利地完成公共关系调查任务,必须借助于行之有效的科学调查方法。公共关系调查所运用的主要方法有访谈调查法、问卷调查法、抽样调查法等。

一、公共关系访谈调查法

公共关系访谈调查法指访问者通过口头交谈等方式向被访问者了解公众情况的方法。它表现为公共关系调查人员根据设计要求,围绕某个主题,通过与被调查者谈话,以讨论有关问题及了解人们的行为特征和动机,达到搜集材料的目的。

1. 公共关系访谈调查法的特点

了解公共关系访谈调查法的特点,运用时扬长避短,对公共关系调查人员来说,无疑是重要的。访谈调查法具有如下特点。

(1) 具有灵活性。它既可提高被调查者的兴趣,达到很高的回复率;也可限定某一特定的人回答,增加回答问题的针对性。调查人员可根据访谈时的具体情况而调整访谈的方式、内容及时空。

(2) 调查的范围比较广泛。它不仅可以了解当时当地正在发生的各种现象,还可以询问过去和外地发生过的现象。

(3) 适用于各种调查对象。它不仅能适用于有一定文化程度的人,也可以适用于文化程度较低的人。

(4) 受到调查者与被调查者两方面的限制。调查者个人的访问技巧、人品气质、性格特征等都会直接影响调查的结果;被调查者的合作态度和回答问题能力的差异使其所提供的材料的质量也不一样。

(5) 有些问题不宜当面询问。如涉及个人隐私或较敏感的问题,即使被调查者做了回答,也常常是不真实的。

(6) 需要的人力、物力、财力和时间较多。一般应用于那些对准确性要求较高的问题研究上,或应用于探索性研究。

2. 公共关系访谈调查法的类型

公共关系访谈调查法的类型指根据不同的标准划分出的访谈类别,主要有以下三种。

(1) 结构访谈和无结构访谈。结构访谈是按照预先制订的计划和既定的进度进行的,其特点是把问题标准化,然后由被调查者回答或选择,无结构访谈是公共关系调查人员只对所要询问的问题有基本的要求,以开放式问题为主,答案不受限制。

(2) 个别访谈和集体访谈。个别访谈是由调查者同被调查者逐一进行面对面的谈话,将回答记录下来;集体访谈是由调查者同若干被调查者进行的座谈,它要求把握好主题,创造民主、自由的气氛。

(3) 一次性访谈和追踪访谈。一次性访谈是就某一时候或时期内人们的态度、行为等情况进行的调查,它通常是对某一特定的问题或某事件的调查;追踪访谈是对人们的态度、行为等情况进行的连续的、长期的调查,它通过多次访谈、调查了解人们的动态信息。

3. 公共关系访谈调查法的实施

公共关系访谈调查的具体实施步骤包括如下方面。

(1) 访谈准备。制订访谈计划,草拟谈话提纲,了解被调查者情况,选择适宜访谈的时间和地点,预备必要的访谈工具,如调查表格、记录笔纸、录音机及本人证明等。

(2) 创造良好的访谈环境。见面伊始,要大方有礼、友好寒暄,同对方建立起相互信任的关系;说明来意,使对方了解调查的目的和内容;说明调查对被调查者的意义,被调查者知晓调查对自己有益,可能会更主动地配合;谈话要尽量自然和轻松愉快,并且态度要保持中立,不宜对回答做肯定或否定性评价。

(3) 建立共同的意识范围。应做到双方对同一问题的理解一致,避免答非所问的情况;最好从被调查者感兴趣的问题入手,逐渐深入调查的核心问题;如果对方对某些问题不愿回答或不便回答,应体谅对方的难处,不要急躁或施加压力,采取耐心温和的态度,成功的可能性更大。

(4) 做好记录。记录要客观真实,不能掺杂调查者自己的意见和态度。访谈中记录可能较乱,之后要立即核实整理。

二、公共关系问卷调查法

公共关系问卷调查法是指根据调查目标设计调查表并通过公众填写调查表而进行调查的方法,它简单易行,是目前国内外社会调查中使用较为广泛的一种方法。按问卷投递的不同,可将公共关系问卷调查方式分为:报刊问卷、邮政问卷、送发问卷和访问问卷等。

1. 公共关系问卷调查法的使用条件

符合如下情况应使用公共关系问卷调查法。

(1) 调查范围较广,不易当面访谈,应采用问卷法。

(2) 被调查者文化水平太低,对问卷看不懂,则不宜采用问卷法。

(3) 如果所要取得的材料是常识性的事实、行为或态度,回答者不会因顾虑而拒绝回答,可采用问卷法。

(4) 一般情况下,问卷的回收率不高,65%以上为较好。因此,如果要求较高的回收率,最好采用与访谈法相结合的方式进行调查。

2. 公共关系问卷的分类

公共关系问卷的类型主要有以下三种。

(1) 开放型问卷。这种问卷的问题虽然对每一被问者是统一的,但被问者可以根据自己的情况自由作答。比如：你对本公司有何评价？

（2）封闭型问卷。这种问卷不仅问题是相同的，而且每一个问题事先都列出了答案，供被问者从中选择自己认为最恰当的答案，比如：你对本公司满意吗？（很满意＿＿、满意＿＿、无所谓＿＿、不满意＿＿、很不满意＿＿）。

（3）半开放型问卷。这种问卷是前两种问卷的混合型，既有供选择的答案，又有供发挥的问题。

不论哪一种问卷都应根据公共关系调查的需要，根据问卷的类型来设计，便于提出问题，便于整理资料。

3. 公共关系问卷的技术设计

问卷设计是根据调查的目的和要求，将所需调查的问题具体化，使调查者能顺利地获取必要的信息资料，以便于统计分析的一种手段。能否根据实际情况设计出一份完美的问卷，在很大程度上决定了调查问卷的回收率、有效率、回答的质量甚至一项调查的成败。但是，设计一份完善的问卷并非一件轻而易举的事情，问卷设计人员除了要具备统计学、社会学、经济学、心理学、计算机软件等多方面的知识外，还需要掌握一定的技术。可以说，问卷设计是科学与艺术的结合。一份科学的问卷不仅要求所设置的调查项目（问题）能满足调查的全部要求，而且要求所设计的问卷有利于调查资料准确、及时、完整地收集，便于计算结果的统计处理。

（1）标题的设计艺术。问卷的标题要概括说明调查的主题，使被调查者对所要回答什么方面的问题有一个大致的了解。标题应简明扼要，易于引起回答者的兴趣。例如，"我与考试——大学生考试心理问题调查"（正副标题形式）；"乘用车油耗国标出台，车市将如何改变？"（设问形式）；"你为'什么'而工作——2021年工作价值观调查问卷"（正副标题形式与设问形式）；"湖南省投资环境调查问卷"（直接陈述式）。对于问卷的标题，采取正副标题形式与设问形式比采用直接陈述式更能得到被调查者的合作，因为这样的标题更能引起被调查者的注意力，在网络上、报刊上经常能见到这样的调查问卷标题。千万不要简单采用"调查问卷"这样的标题，它容易引起被调查者不必要的怀疑而拒答。

（2）问卷说明信、指导语的设计。说明信和指导语是问卷的重要组成部分，必须予以重视。

① 说明信的设计。调查问卷有多种形式，如自填问卷（即由被调查者自行填写的问卷）、访问问卷（即由调查人员提问并代替被调查者填写的问卷）等。自填问卷又可分为邮发问卷（即通过邮寄或在报刊上刊发的方式送到被调查者手中的问卷）和自发问卷（即由调查人员直接送到被调查者手中并当场收回的问卷）。但无论哪一种调查问卷，开宗明义，首先都必须向被调查者说明组织者（或实施者）的身份，调查的目的、意义、内容和基本要求。对于含有可能会涉及被调查者个人某一方面隐私问题的调查问卷，还必须做出保密承诺，以消除被调查者的顾虑，取得他们的理解、支持与配合；否则，被调查者连调查究竟是怎么一回事都搞不清楚，即使勉强参与，又岂肯轻易表明自己的真实想法？

说明信，就是组织者（或实施者）致所有被调查者的一封短信。它的目的是向被调查者说明上述有关情况，拉近调查者和被调查者之间的关系，使问卷调查得以顺利进行。所以，说明信一般放在调查问卷的开头，文字不必太长，但格式必须规范，语气尤应谦和、诚恳，切不可给人留下生硬、不敬之感。以下是两篇范文。

【范文】

尊敬的先生/女士/小姐：

您好！

本公司为了进一步改进工作,更好地提供您所需要的产品和服务,决定于近期开展一次"了解市场、了解用户"的市场调查活动。敬请您在繁忙的工作(学习)之余抽些时间填写本调查问卷。凡填写调查问卷的朋友,均可获赠本公司精美纪念品一份。

填写本问卷不记姓名。本公司将严格遵守《保密法》的有关规定,对您所填内容给予保密。故请您放心填写,真实地表达您的意见。

谢谢您的支持与合作！

××公司公共关系部

2021年8月

【范文】

尊敬的朋友：

您好！

为了有效地防范和处理企业经营中可能出现的各种危机事件,保证企业始终具有良好的公众形象,推动企业的可持续发展,我们接受委托,将组织国内资深专家,帮助贵公司进行一次高层次的危机管理咨询和策划。为此,拟先在公司内部做一次调查。您是××公司的成员之一,敬请您协助完成这份无记名调查问卷,并真实地反映您的看法。您所提供的信息将由专家组专门处理,并严格保密。

谢谢您的支持与合作！

上海××公共关系有限公司

2021年8月

这两则说明信,一则用于外部调查,一则用于内部调查,所以在写法上略有不同。前者是向社会公众进行情况说明,所以语气更显谦恭,并特别强调这次问卷调查的目的是"更好地提供您所需要的产品和服务",同时申明将赠送精美礼品表示谢意,以引起被调查者的兴趣,取得他们的支持和配合。后者中的被调查者均是这一企业的成员,参与调查多少带有义务性质,所以重点在于阐明这一调查对企业发展的作用和意义,以激发被调查者的认同感和参与感。另外,虽然两则说明信都做了保密承诺,但因面对的被调查者不同,写法上也有区别：前者多少有点泛化,而后者则特别强调所获得的调查资料和数据将由外聘的专家组专门处理。道理很简单：这是企业内部调查,如调查问卷由该企业有关部门处理,则虽然不记名,有些员工还是担心自己的笔迹被本企业有关部门人员认出,在许多问题(尤其是涉及对企业和企业领导评价的问题)上就不敢表达自己的真实想法。有了这一特别强调,当可打消这部分员工的顾虑,以获得真实、准确的资料和数据。

需要提醒的是：如果是邮发(或报刊刊发)的调查问卷,在说明信中还必须注明组织者(或实施者)的通信地址和联系方式,并明确告诉被调查者应将填写后的调查问卷寄回何处,以及礼品或纪念品(如果有的话)的领取方式。当即回收的自发问卷,则无须注明这些内容。

② 指导语的设计。指导语又称"(问卷)填写说明"或"(问卷)填写注意事项",是用来说明调查问卷的填写规范、指导被调查者正确填写问卷的解释性文字。需要说明的事项一般有:选择答案时所用符号的规定、选择答案的选项数目以及其他有关要求。如果调查问卷的题型变化不大,不分类别,则指导语一般置于说明信之后、调查内容之前。范文如下。

填写注意事项:

A. 请在符合您的情况和想法的答案前打"√"或在_____中填写。

B. 若无特殊说明,每一个问题只能选择一个答案。

如果调查问卷所涉及的内容需分成几个类别,每一类别的填写要求亦不同,则指导语也可分别置于每一类别调查内容之前。范文如下。

一、请问您对下列陈述的态度是什么?(在您选择的答案前打"√",单项选择,多选无效)

……

二、请您认真思考并妥善回答下列问题。(在您选择的答案前打"√",可多项选择)

……

三、如愿意,请谈谈您对本公司形象建设的意见与建议。(字数不限)

……

(3) 问题的设计艺术。这是问卷设计的主要内容,就是确定调查所要询问的问题及其表达方式。问题的表述必须准确、简洁、易懂,使每个被调查者都能形成同一种理解,所以要认真琢磨、反复推敲。在问卷设计中,问题的数量不宜过多,一般控制在 20 个左右,答题时间控制在 15～30 分钟。所以在设计问题时可以运用以下技巧。

① 问题必须与调查主题有密切关联。这就要求在设计问卷时,必须始终以调查主题为中心,重点突出,避免可有可无的问题。根据调查目的,找出与调查主题相关的"要素",并逐次分解为具体、明晰的问题。因此,设计人员必须围绕调查课题和研究假设选择最必要的题目,既不能简略,也不能过于烦琐,更不能脱离实际。过于简略,无法达到调查的目的;过于烦琐,不仅增加工作量,还会降低问卷的回收率和填答质量。

② 问题比较容易让被调查者接受。由于被调查者对是否参加调查有着绝对的自由,调查对他们来说是一种额外负担,他们既可以采取合作的态度——接受调查,也可以采取对抗行为——拒绝回答,所以应最大限度地减轻被调查者的负担。问题的设计应该避免包含过多的计算,应着眼于取得最基本的信息,计算应在数据处理阶段通过计算机程序进行,这样可以减少被调查者的负担。不能出现这样的问题:"请问你家每人平均每年的食品支出是多少?"而应该换成"请问你家每月食品支出大概是多少"和"请问你家有几口人"两个小问题。设计问题时还必须选择与被调查者填答问题的能力相符的题目,凡是被调查者不能正确理解或不太理解的问题,都不应作为测试题目。例如,有的问卷中询问农民"你的价值观是什么",像这样一些问题,可能会因被调查者不理解而不予回答。同时,问卷中应尽量少出现敏感性问题。当某些敏感性问题对调查目的非常重要而不可或缺时,要采取一些措施进行处理。

③ 避免使用含糊的形容词、副词,特别是在描述时间、数量、频率、价格等的时候。像"有时""经常""偶尔""很少""很多""相当多""几乎"这样的词,不同的人有不同的理解。因

此这些词应用定量描述代替,以做到统一标准。例如:

"在普通的一个月中,你到百货商店采购的情况如何?"

(1) A. 从不　B. 偶尔　C. 经常　D. 定期

(2) A. 少于一次　B. 1~2次　C. 3~4次　D. 超过4次

上面这个例子中,(2)显然比(1)精确得多。

④ 避免出现诱导性倾向,提问尽量客观。在有外界压力存在的情况下,被调查者提供的是符合压力施加方偏好的答案,而不是他真正的想法。因此,提问应营造被调查者自由回答的气氛,避免诱导性倾向。例如,可以问:"您觉得这种包装怎么样?",而不能问"您觉得这种包装很精美,是吗?"文句的表述应力求中立,忌用名人或权威的意见,诱导性问题会使回答结果不客观。

⑤ 要合理安排问题顺序。合理的顺序意味着问卷条理清楚,顺理成章,以增强回答问题的效果,有效地获得资料。问卷中的问题一般可按下列顺序排列:a.先易后难、先简后繁。容易回答的问题放在前面,很难回答的问题放在后面;简单的问题放在前面,复杂的问题放在后面。问卷中的前几道题目容易作答能够提高回答者的积极性,有利于把问卷答完,这是一种预热效应。b.先一般性问题、后敏感性问题。c.先封闭性问题、后开放性问题。封闭性问题又称选择性问题,回答者的作答方法是从问卷中已列出的多个答案选项中选一个或多个答案。d.先总括性问题、后特定性问题。总括性问题指对某个事物总体特征的提问。例如,"在选择冰箱时,哪些因素会影响你的选择?"就是一个总括性问题。特定性问题指对事物某个要素或某个方面的提问。例如,"您在选择冰箱时,耗电量处于一个什么样的重要程度?"总括性问题置于特定性问题之前,否则会影响对总括性问题的回答。如把"您在选择冰箱时,耗电量处于一个什么样的重要程度?"放在"在选择冰箱时,哪些因素会影响您的选择?"的前面,则在后者的答案中,"耗电量"被选择的概率会偏大。

⑥ 适当加入相倚问题。在设计问题时常常会遇到这样的情况:有的问题只适用于一部分调查对象,而被调查者是否需要回答这个问题,常常根据它对该问题前的一个问题的回答来决定。所谓相倚问题,就是这样一种问题,它对受访者是否适当,依其对前面过滤或筛选问题的回答而定。例如,"您是退休人员吗"和"您退休多长时间了"就是这样两个问题。通常把前一问题叫过滤性问题或筛选问题,而把后一个问题叫相倚问题。

(4) 回答方式的设计艺术。问卷中的问题有两类:开放式问题和封闭式问题。前者不设置答案选项,是让被调查者自由回答的问题;后者是设置若干可能答案,供被调查者进行选择的问题。回答方式的设计是针对封闭式问题而言的,具有相当的难度。通常,在设计回答方式时可以运用以下技巧。

① 所列答案应满足互斥性与全面性的要求。互斥性指不同答案之间不能相互包含。一个问题所列出的不同答案必须互不相容、互不重叠,否则应答者可能会做出有重复内容的双重选择,影响调查效果。全面性指所有可能的回答在答案中都要出现。只有将全部答案列出,才能使每一个应答者都有答案可选,不至于因为所列答案中没有合适的选项而放弃回答。实践中,互斥性比较容易把握,全面性则有一定的难度。为做到全面性,设计者在熟悉调查项目关键信息的基础上可设置一个"其他"选项,以弥补设计者思维上的空缺,同时也可以使选择项目适当减少。但是如果调查的结果中选择"其他"选项的达到10%以

上,说明"其他"选项中还有关键信息没有提取出来,应重新设计答案。

②所列答案是中立的立场,不应出现偏颇。优秀的问卷设计者必须站在中立的立场设计问卷,绝不能加入个人的主观看法、意见,尤其是在设计备选答案时,要全面考虑,避免片面化,否则设计出的问卷无法客观反映被调查者的观点、态度。例如:有位学生在设计《高校新生心理健康状况问卷》时,有这样一道问题:"您进入大学后最大的愿望是什么?"备选答案有:A.提高学习成绩;B.加入学生社团,提高综合素质;C.参加社会实践活动,增强社会适应性;D.没想过/不知道。这个问题的最大缺陷在于备选答案中只有积极的观点,而未涉及消极的感受。虽然这些消极感受在现实校园中是极少存在的,但如果被调查者确实存在这些消极想法而问卷中没有涉及,那么在问卷分析时就只有积极的一面,无法反映消极态度,过于片面化。

③对于多项选择,由于项目较多,又有一定难度,判断上较模糊,就有可能出现一种"先入为主"的倾向,喜欢选列在前面的选项。对于这种情况,可以考虑将问卷分为两类:一部分使用A顺序排列选项,另一部分使用B顺序排列选项。当然,这会给调查结果的数据处理带来一定的麻烦,但spss的transform菜单中的record命令可将B顺序转换成A顺序。

④在多项选择中,由于事先列出了答案,很容易使一个不知道怎样回答或者没有看法的人猜着回答,甚至有随便乱答的可能。因此一般都设计有"无所谓""不知道""一般"之类的模糊型项目,以便使持有这种态度或不太了解情况的人,能真实地表达自己的看法与感受。

(5)问卷设计前后的艺术。在问卷设计前,应对所确定的调查主题进行探索性研究。由于问卷的设计人员不可能都是调查主题方面有丰富实践经验的工作者或该方面的专家,因而,无论从实践还是从理论的角度来看,问卷的设计人员都不可能对所涉及的主题(问题)有比较深刻、全面的理解。即使一份很成功的问卷,也不是制定出来就是成功的,必须要经历实践的考验。因此,在问卷初步设计完成之后,应该设置相似的环境,小范围试调查,并对结果进行反馈,及时进行修改。只有这样,才能形成最终的正式问卷。

总之,一份成功的问卷,不设置一个多余的问题,以最大限度地减轻实际调查的工作量,也不遗漏一个必不可少的问题;同时,还要有利于调查完成后的资料审核、整理和分析比较。所以说问卷设计既是一门科学,也是一门艺术,更是科学与艺术两者的完美结合。

4. 调查问卷范例

大学生消费结构调查问卷

亲爱的同学,你好!

为了进一步了解在校大学生的消费心理,熟悉大学生的消费结构,最终引导健康消费,我组织了这项调查。请你在紧张的学习之余给我提供宝贵的信息与意见。此调查不记姓名,你在填表时不要有任何顾虑,请按照表中的说明在括号内(除特别注明外均为单选)据实填写。真诚谢谢你的合作!

一、个人基本情况

1. 您的性别是（   ）。
   A. 男生　　　　B. 女生
2. 您的年级是（   ）。
   A. 一年级　　　B. 二年级　　　　C. 三年级
3. 您每月的生活费是（   ）。
   A. 300元以下　B. 300~500元　　C. 500~1000元　　D. 1000元以上
4. 您是否是独生子女（   ）。
   A. 是　　　　　B. 否
5. 您的家庭所在地是（   ）。
   A. 农村　　　　B. 城镇　　　　　C. 大中型城市

二、某学院大学生消费基本情况（可多选）

1. 您的经济来源为（   ）。
   A. 家庭提供　　B. 亲友或社会援助　C. 勤工俭学　　　D. 助学贷款
2. 您每月伙食支出为（   ）。
   A. 150元以下　B. 150~300元　　C. 300~450元　　D. 450元以上
3. 您每月手机费为（   ）。
   A. 30元以下　　B. 30~50元　　　C. 50~70元　　　D. 70元以上
4. 您每月恋爱花费为（   ）。
   A. 300元以下　B. 300~500元　　C. 500元以上　　D. 还未恋爱
5. 您购买了（   ）。
   A. 手机　　　　B. 个人计算机　　C. 电子词典　　　D. MP3或MP4
6. 您经常和同学一起进餐吗？（   ）
   A. 经常　　　　B. 偶尔　　　　　C. 从来不
7. 您每月按消费额从多到少排列为（   ）。
   A. 生活费　　　　　　　　　　　B. 学习费用　　　C. 休闲娱乐
   D. 服装鞋帽、化妆品等　　　　　E. 人情消费
8. 您平时购物的场所为（   ）。
   A. 大商场或大超市　　　　　　　B. 专卖店
   C. 小商品市场或批发市场　　　　D. 其他
9. 您节假日是否曾和同学或朋友外出旅游（   ）。
   A. 有　　　　　B. 没有
10. 您的消费（   ）。
    A. 有计划　　　　　　　　　　　B. 无计划
    C. 有时有有时无　　　　　　　　D. 只有大笔消费有计划
11. 您的消费心态属于（   ）。
    A. 易冲动型　　B. 冷静理智型　　C. 都有
12. 您购买商品时主要留意（   ）。

A. 实用耐用价格合理　　　　　　B. 时尚贵点也不愿问津过时产品
C. 追求名牌　　　　　　　　　　D. 商品美观
E. 稀奇有趣能张扬个性　　　　　F. 少花钱能买到更多东西

13. 影响您消费的主要是(　　)。
   A. 广告促销等　　　　　　　　B. 心情
   C. 同学朋友　　　　　　　　　D. 理性消费量入为出
   E. 随意购买　　　　　　　　　F. 不受影响
14. 已过去的大学生活中您的透支情况为(　　)。
   A. 没有　　　　B. 偶尔　　　　C. 经常
15. 您认为您消费结构合理吗?(　　)
   A. 合理　　　　B. 比较合理　　　　C. 不合理

（资料来源：佚名.大学生消费结构调查问卷［EB/OL］.［2012-10-18］.http://www.doc88.com/p-917954876249.html.）

三、公共关系抽样调查法

以上调查法都涉及一个调查对象的问题，由于调查者不可能对所有的用户进行访谈，不可能找许许多多的人开座谈会，也不可能发成千上万张问卷。因此，调查周期短、调查资料准确可靠、节省经费的抽样调查法在公共关系调查中被广泛应用。

抽样调查法是一种科学地从调查总体中选取样本的方法。抽样要遵守随机性原则，即在抽选调查对象时，必须要保证总体中的每一个抽选对象机会均等。

1. 公共关系调查中的抽样方法

（1）简单随机抽样。它的做法是采用抽签的方法，即将总体中的每个单位按调查的编号分别填写一张卡片，然后从中随意抽出一个编号，直至达到样本数为止。

（2）等距抽样。把总体的所有单位按照一定的顺序排列，然后按相等的间隔抽取组成样本。抽样距离 K 是以总体 N 除以样本单位数 n。

（3）分层抽样。把总体单位按其属性特征分为若干层，然后在各层中随机抽取样本单位。比如，可按职业、性别、年龄、文化程度等分层。

（4）整群抽样。在总体中成组地抽取调查单位，然后对其进行全部调查。比如，对组织内部公众进行调查，只随机抽取若干个车间或班组，然后对这些车间或班组中的每一个人进行调查。

（5）多级抽样。它把抽样过程分成两个或多个阶段来进行，即先从总体中进行分层抽样或整群抽样，然后再从抽得的层式群中随机抽取若干调查对象组成样本。

2. 公共关系调查中样本数的确定

（1）对精确程度要求越高，样本的数目越多，当其他条件不变时，要求推断的把握程度越高，样本数目也要越多。

（2）受调查时间、人力、财力等的限制，常无法抽取最理想的样本，只能在有限的范围内抽取最佳样本。

(3)调查的项目少、内容较简单,样本数较少;反之,样本数则多。统计分析中,相关分析所涉及的变量多,要求的样本数就多,否则在进行交互分类计算时,有些项目的数据就会显得过少。

四、公共关系网络调查法

网络调查是指借助互联网和相应软件技术进行的调研。公共关系网络调查法可以克服传统调研样本采集困难、调研费用昂贵、调研周期过长、调研环节监控滞后等一系列困难。这一方法适用于下列两种方式[①]。

1. 在线询问

它是通过 Java(计算机编程语言)编写的网站应用程序,随机选择访问者,并弹出问卷窗口,邀请其参加调查。调查者可以直接将被调查者回答的数据输入计算机中,以减少从询问表到输入计算机的工作量和误差。

2. 电子邮件和来客登记簿

这是互联网上企业与被访问者交流的重要工具和手段。电子邮件附有 HTML(超文本标记语言)表单,被访问者可在表单界面上单击相关主题,并且填写附有收件人电子邮件地址的有关信息,然后发回给企业。来客登记簿是让访问者填写并发回给企业的表单。电子邮件和来客登记簿不仅可使访问者了解企业情况,而且可以帮助企业获得相关的市场地址,对访问者回复的信息进行分类统计,了解访问者的地域分布范围等信息。

互联网的普及和发展,为组织开展大规模的网络调研提供了可能。相对于传统的调研方法,网络调研具有以下优势:一是广泛性,由于互联网没有时空、地域限制,网络调研的信息搜集具有广泛性的特点;二是及时性,从访问者输入信息到企业接收,利用计算机软件整理资料,马上可以得出调研结果;三是公众的共享性,网络调研可以拉近组织与公众之间的距离,增强了公众的参与感,提高了满意度,实现了信息的全面共享;四是经济性,网络调研具有低成本的优势,大大降低了组织的人力和物力耗费,缩减了调研成本,通过网络的信息监控,还可以获得比传统调研方法更详细的对象资料。

网络调查法需要拥有能熟练地运用网络技术、调研实践经验丰富的专业人员;网络调查法同时存在网络安全性问题。此外,网络调查法还存在无限制样本(即同一个人重复填写问题)的困扰,进而影响调研结果的精确性。

五、公共关系媒体研究法

从公共关系的角度来讲,媒体研究主要包括媒体环境分析、媒体机构分析和媒介分析。

1. 媒体环境分析

媒体环境分析就是对目标传播区域的媒体进行系统的研究分析,从而发现和选择最有利用价值的媒体,并据此制定媒体的运用策略。研究一个区域的媒体环境,应该从一个区域的基本概况开始,研究该地区的人口、经济和消费者状况,再结合该区域的媒体状况,把

---

① 杨加陆.公共关系学[M].上海:复旦大学出版社,2016.

所有可能利用的媒体都罗列出来,找出重点媒体,然后有针对性地对媒体的优缺点进行分析归纳。

媒体环境分析可以采用专项调查、搜集二手数据等方法。例如,目标公众接受媒体的习惯,可以委托专业市场调查公司进行专项调查,也可以直接参考新生代市场监测机构每年两次的 CMMS(China Marketing & Media Study,中国市场与媒体研究)报告。CMMS 是新生代市场监测机构在中国大陆进行的关于居民媒体接触习惯和产品/品牌消费习惯的年度连续性调查和研究。

2. 媒体机构分析

媒体机构分析主要侧重于对传媒机构的性质、资信、工作时间、工作规律、工作分工状况等的分析。

3. 媒介分析

媒介是专业化的信息载体,是媒体机构的工作产品,如报社的报纸,电视台的频道、栏目等。媒介分析的内容主要包括以下五个方面。

(1)媒介的资信。主要是对媒介本身作为信息载体在社会上的层次性、重要性、影响性和权威性等方面的分析,主要指标有媒介的级别、发行量、发行范围、收视率、覆盖面或影响范围等。

(2)媒介的报道动态。主要是对大众传播媒介近期内的议题设置、报道动态的分析研究,以便于组织寻找有价值的由头策划传播活动,制造新闻事件。

(3)媒介的立场。主要是针对媒介对组织活动的基本立场、态度、关注程度和介入程度的分析,以便组织有针对性地敲定自身的媒介策略。

(4)媒介对组织活动报道的质量。从量上来分析,主要是统计报道的总次数(以年度见报次数和上镜次数计算)、报刊报道的篇幅(以字数计算)、广播和电视的报道时数(以分钟或秒计算)、参与报道的媒介的种类和数量等;从质上来分析,主要是分析参与报道的媒介的层级、报道安排的版面和时段、是重点报道还是一般报道、是正面报道还是批评报道等。

(5)社会舆论的反响程度。主要是分析报道的反响程度,如社会公众的注意程度,因报道引起的来电、来信和来访情况,政府和各个方面的反应,后续报道情况,被其他媒体转载(播)情况等。通过社会舆论的反响程度,可以分析报道的影响效果。

案例分析

为艾伦·路易斯综合医院所做的定位调研

一、案例介绍

艾伦·路易斯综合医院的经营者遇到了一个难题,希望可以通过调研获得帮助。虽然艾伦·路易斯综合医院是一家好医院,但是它比本地区的其他医院要小且缺少名气,单单在这个地区,就要和其他 20 家医疗机构竞争。因此,艾伦·路易斯综合医院需要一个良好的市场定位,才能使它以独到的特点吸引病人入住。

很长一段时间里,艾伦·路易斯综合医院的经营者史文·雷普克恩(Sven Rapcorn)深信:真理最终是会获胜的。只要建立起口碑,酒好不怕巷子深。所以说,只要医院好,病床入住率就应该能始终保持在98%以上。但不幸的是,雷普克恩渐渐意识到,在真实的世界里,很少有人能一开始就认识到真理的所在。

现实世界中的事实是:感受决定一切。因为人们根据感受而行动,那些感受就变成了现实和现实世界的真理。雷普克恩认识到,成功地给自己的医院定位,就是要了解和应对人们的感受和认知。因此,雷普克恩根据目前人们对艾伦·路易斯综合医院的感受,开始着手调研。

第一步,雷普克恩与本院的医生和病人交谈,收集他们对医院的看法的资料,而且不光是对艾伦·路易斯综合医院,还包括对社区里的其他医院的感受。透过这样的努力,每一个主要竞争者的大致情况开始显现。比如,大学健康中心能为每个人提供特殊护理、专门护理和基础护理服务;班戈综合医院是一家大型且享有盛誉的医院,它的名声很好,除非发生重大悲剧,否则很难动摇它在社区里的地位;另一家慈善医院则以它的外伤中心而闻名;如此种种。

至于艾伦·路易斯综合医院本身,医生和病人们都认为,这里的工作条件非常好,提供的医疗服务也属一流,并且护理人员特别友善、温和。但大家都同意,唯一的问题在于没有人知道他们。

第二步,测试和确定保健医疗服务行业的重要特性到底有哪些。应答者被要求对8个选项以重要性为序进行排列,并告诉雷普克恩及他的员工每一个被调查的医院在哪些因素上分别可以得几分。调研方法是使用从1~10的数值来代表语意差别,1表示最差,而10表示最好的分数。问卷发送给两组人员:1000名当地居民和500名艾伦·路易斯综合医院以前的病人。

第三步,把结果统计列表。当地居民的回答中,8个特性按顺序如下排列:

(1) 外科护理——9.23;

(2) 医疗设备——9.20;

(3) 心脏护理——9.16;

(4) 急诊服务——8.96;

(5) 医疗服务的种类——8.63;

(6) 友善的护士——8.62;

(7) 适中的费用——8.59;

(8) 地理位置——7.94。

这些特性排名妥当后,再针对每一项特性,为接受调查的所有医院打分、排名。在高级外科护理这一当地居民最重视的特性上,班戈综合医院排行第一,综合大学健康中心为第二,而艾伦·路易斯综合医院在列表中远远落后。另外,在其他方面也出现了同样的情况。事实上,在友善的护士这一项目上,员工们原以为艾伦·路易斯综合医院会胜出,但该医院在当地居民的心目中却排在最后。雷普克恩对此并不吃惊。镇上最大的医院在大多数特性上都得到了高分,艾伦·路易斯综合医院则排在最后。

再来看看艾伦·路易斯综合医院以前的病人这一组的情况。他们给出的排名和分数,却揭露了一个完全不同的情况。比如在外科护理上,虽然班戈综合医院仍然排名第一,但艾伦·路易斯综合医院则为第二。而且其他项目的得分也有相应的提高。事实上,在友善的护士方面,艾伦·路易斯综合医院在当地居民的调查中,排在最后;但在以往病人的给分中,却高居榜首,超过了其他任何一家医院。在地理位置的便利方面,艾伦·路易斯综合医院也排名第一;在费用、服务种类和急诊护理等项目上,艾伦·路易斯综合医院均排在第二。

第四步,得出部分结论。他得到以下三个结论。

（1）班戈综合医院在地方医院当中仍然是第一的。

（2）根据那些到该医院实际接受过医疗护理的人们的看法,艾伦·路易斯综合医院在多数特性上排在首位或接近首位。

（3）艾伦·路易斯综合医院以前的病人对医院的评价明显高于当地普通公众。

换句话说,雷普克恩认为,那些来过艾伦·路易斯综合医院的人,大多都会喜欢这家医院。所以,现在最需要做的是说服更多的人尝试来这家医院。

但这对一家医院来说,该如何完成呢？其他行业的营销人员可以通过邮寄免费样品、提供减价优待券和举办免费展示等手段,引起消费者的注意,但医院在这方面就有很大的限制。雷普克恩应对这一挑战的策略就是发动一连串的沟通攻势,说服有希望成为日后顾客的人们,让他们用不同的或许是少些赞同的眼光,重新审视一下那些其他的地方医院,或者干脆给人们一个具体的理由,来考虑尝试艾伦·路易斯综合医院。换句话说,他需要想出一个沟通策略,虽然承认它在地方医院中是最小的,但也清楚地将艾伦·路易斯综合医院与其他大型、但不够个性化的医院区别开来。雷普克恩很有信心。他从调研项目中所收集来的资料正好满足了他的需要,可以帮助他制定出一套获胜的办法。

（资料来源:弗雷泽·西泰尔.公共关系实务[M].14版.北京:清华大学出版社,2020.)

二、思考·讨论·训练

（1）雷普克恩的公共关系调查给我们哪些启示?

（2）你会发起一个什么样的沟通攻势帮助实现雷普克恩的目标?

（3）你将通过什么具体措施来赢得包括医院内部和外部的支持?

（4）如何使用网络来进行更多的调研？了解一下关于地方医院以及居民对这些医院的感受有哪些?

实训项目

项目 2-1：公共关系调查训练

【实训目的】 掌握公共关系调查的方法和程序,学会设计调查问卷、撰写调查报告等。实训时间：3课时。

【实训地点】 实训室或教室。

【实训情景】 某企业新设了一个公共关系部,开办伊始就配备了很好的设施,但该部部长却发现无事可做。假设你就是这位部长,请你和你的公共关系小组为该企业设计一份调查问卷,了解组织的公共关系状态,针对企业的客户展开满意度调查工作,帮助该企业收集客户信息和有价值的意见和建议。促进该企业不断拓展业务,最终为客户提供更优质的产品和更满意的服务。

【实训步骤】
(1) 全班学生分成 10 组,每组 5~6 人,以小组为单位做调查;
(2) 设计 1~2 份有 20 题左右的调查问卷;
(3) 小组成员分工合作,开展公共关系调查;
(4) 统计、汇总调查结果;
(5) 以小组为单位完成一份不少于 1000 字的调查报告。

【实训说明】 每班选择 2~3 份优秀的调查报告;由本组同学讲解调查过程中采取的方法及遇到临时问题的应对策略;展示调查过程中搜集的书面材料;展示调查结果统计的方法及发现的问题。

【参考实训题】
(1) 企业形象调查与分析。要求对本地某一知名企业的形象进行调查与分析,如产品形象、服务形象、员工形象、外观形象等。
(2) 大学生消费水平调查。要求针对本校大学生的消费水平进行调查,提出有分量的调查报告,给大学生以良好的建议。
(3)【实训手记】 通过训练,我的收获是_____。

项目 2-2:步行商业街调查训练

【实训目的】 提高运用观察法进行调查的能力,使学生掌握观察的要领,明确怎样观察以及观察应该注意的问题。

【实训课时】 3 课时。

【实训地点】 步行商业街。

【实训内容】 通过观察一条步行商业街以下方面内容,掌握观察法的调查方法。
(1) 步行街上 5 公里范围内的居民都属于什么类型?
(2) 周围的办公楼里的各种公司属于什么类型?
(3) 现在步行街有多少不同种类的商品店?
(4) 销售的主要商品是哪几类?怎么看出来的?
(5) 步行街的各种商品和周围居民、各机构的关系是什么?
(6) 你认为步行街的市场定位是什么?
(7) 步行街内哪几种商品的销售情况不妙,原因是什么?
(8) 你是如何判断的?你印象最深的事物是什么?
(9) 观察给你什么启发?如果让你在步行街上经营一个很小的店铺,你打算如何做?原因与证据是什么?

【实训要求】 将全班同学分成若干个组,每组同学观察一项或几项内容,把观察到的内容写成书面总结材料。召开汇报会,让一些做得好的同学在全班汇报会上汇报他们是怎样观察的,在观察中遇到的问题是如何解决的,在全班作一个说明。最后教师总结。

【实训手记】 通过训练,我的收获是_____。

课后练习

1. 什么是公共关系调查？为什么说公共关系是工作中一项极为重要的工作？
2. 如何确保公共关系调查的科学性？
3. 你认为实施具体公共关系调查的难点是什么？应该如何应对？
4. 对某一企业来说，公共关系调查工作主要考虑哪些问题？
5. 调查报告的写作过程中应当注意哪些问题？
6. 尝试运用公共关系调查方法，了解某一社区居民对私人轿车的拥有情况以及购买计划，并提交调查报告。
7. 为你所在学校的学生食堂设计一份调查问卷，向全校学生了解一下对食堂工作的意见和要求。
8. 某日用化妆品公司为开发一款新的护肤用品，拟邀请某商业集团下属三家百货商场护肤用品专柜若干营业员进行一次访谈调查，以深入了解护肤用品市场的变化和消费者的需求。请你拟定一份访谈调查提纲。
9. 某航空公司在乘客中进行调查，设计以下问题，你对每个问题的看法如何？
   (1) 你的收入是多少？
   (2) 你是偶尔还是经常乘飞机？
   (3) 你喜欢本航空公司吗？
   (4) 你认为航空公司除了提供餐饮外，还应提供什么服务？
   (5) 去年4月份你在电视上看到多少航空公司的广告？今年4月份呢？
   (6) 在评价航空公司时，你认为最显著和决定性的因素是什么？
10. 请你与邻近的小区物业管理部门联系，帮助设计一份针对小区业主的调查问卷，并进行实地的公共关系调查。
11. 案例思考。

让女总统满意

马耳他女总统芭芭拉访问上海期间下榻锦江饭店。锦江饭店公共关系部的工作人员接到任务后查阅大量资料，进行了周密的准备。当芭芭拉一走进总统套房时，意外地发现梳妆台上放置了一套"露美"化妆品、烘发吹风机及制作精美的珠花拖鞋，房间一角还放置了一架昂贵的钢琴，她不由得露出了满意的笑容。临行时女总统亲笔留言："在上海逗留期间，感谢你们给予我第一流的服务，并祝你们生活幸福、前途美好。"

（资料来源：佚名.公共关系基础测试［EB/OL］.［2019-11-12］.https://wenku.baidu.com/view/d6082af63d1ec5da50e2524de518964bcf84d2f3.html.）

思考讨论题
(1) 上海锦江饭店公共关系部的工作人员为了解马耳他女总统的爱好，采用了哪种调查方法？
(2) 这种调查方法的优点是什么？

12. 从本章导入案例中可以看出,这家宾馆的公共关系部存在哪些问题?症结在哪里?公共关系顾问提出的问题哪些是公共关系调查问题?

13. 案例思考。

肯德基的"家庭宴会"调研

由于竞争者——麦当劳的发展及美国其他快餐公司日益受欢迎,肯德基面临着寻找其竞争优势的挑战。为了适应英国市场,肯德基有必要确定并调查英国市场家庭价值观问题。

首先,多年来肯德基已在英国消费者心目中形成了一种强烈的"外卖"式餐馆的印象,且其主要消费者一直都是青年男性。此"外卖"形象在英国消费者心中已根深蒂固,因此公司可能要花好几年的时间才能使其形象转变为"友好家庭"的概念。其次,经常出入肯德基餐厅的多是青年男性,有的甚至喝醉了酒,因此母亲们都认为把孩子带进肯德基餐厅很不安全。最后,麦当劳进入英国市场要比肯德基晚10年,但它却迅速地弥补了因为时间造成的差距。现在,麦当劳仅用于儿童广告的单项支出就已超过了肯德基的全部广告费用,麦当劳对于家庭的吸引力要比肯德基好很多。

因此,肯德基营销管理层面临的主要问题是:如何使公司对英国的家长有足够的吸引力?如何才能使他们经常购买肯德基的食品作为家庭膳食?相似的"家庭宴会"套餐是否会吸引英国的家长?"家庭宴会"套餐的推出是否会使肯德基的品牌在英国的整体形象及知名度有所提高?

一经决定推行"家庭宴会"概念,肯德基就制订出相关调查方案,包括第二手资料分析、专题座谈会,对于英国家长的典型调查,以及最终的销售及消费者追踪研究。

根据调查,人们认为"家庭宴会"的价格更为合理,食物更为充足,人们也更喜欢,更愿意购买"家庭宴会"套餐。基于以上调查,肯德基(英国)推出了"家庭宴会"套餐。

对于整体价值的追踪调研显示,在推出"家庭宴会"时,肯德基(英国)的整体价值信用度要比麦当劳低10个百分点,但到追踪调研阶段结束时,两者的价值信用度已经相同了。2020年年底时,肯德基豪华膳食销售的比例已从10%上升到了20%,整整增加了一倍,说明"家庭宴会"套餐的推出使肯德基品牌在英国的整体形象有所提高。

其他的追踪研究因素包括连锁餐馆的知名度、"家庭宴会"套餐的知名度以及"家庭宴会"套餐的销售情况。尽管麦当劳在英国投入的电视广告是肯德基的4倍,但"家庭宴会"套餐的广告还是创造出了前所未有的品牌知名度。

(资料来源:谢红霞.公共关系原理与实务[M].4版.大连:东北财经大学出版社,2020.)

思考讨论题

(1) 肯德基定义的调研问题是什么?
(2) 肯德基是怎样实施调研的?
(3) 如果要调查消费者对"家庭宴会"套餐的态度,如何设计调查问卷?

14. 案例思考。

公关经理对客人的访谈调查

公关经理(以下简称"经理"):李先生,您是我们的老顾客,很感谢您常光临我们的酒店。今天想占用您一点宝贵的时间,请您谈谈客人期望从酒店得到什么,可以吗?

李先生(以下简称"客人"):当然可以,我很乐意。

经理:李先生,请您先谈谈什么才是酒店向客人提供的最重要的服务。

客人:你或许不相信,但我认为,最重要的就是酒店对客人的亲切感,这正是我所迫切希望得到的。对于我来说,它比一间舒适的房间和一顿可口的晚餐更为重要。

经理:能否请您具体谈谈您所指的亲切感?

客人:当然可以。对我来说,酒店这个概念并不是一座无生命的建筑物,而是意味着有充满活力的工作人员的场所。当我离开一家酒店后,不会记得住过的客房是什么装饰风格,或吃过的甜点是什么味道,但我却不会忘记前台人员对我的热情招呼和电话接线员友善的声音。酒店对我的亲切感会使我在一个新的环境里感到舒适和开心。其实,这并不需要酒店方做出什么特别的努力,我仅仅是希望经常看到酒店服务员的微笑或听到服务员与我亲切地打招呼,如"很高兴见到你""希望你住得开心"等。当然,打招呼时如能称呼我的名字,我会感到很亲切,但即使不认识我也能笑脸相迎,我也心满意足。

经理:请您谈谈商务旅行时感到最困难的是什么。

客人:就是到一个完全陌生的环境工作,语言不通,人地生疏,心里总是惶惶然;不知如何兑换外币,不知如何打电话,不知当地的标准电压是多少……

经理:呵啊,我还以为商务旅行是很舒服的呢。

客人:很多人都这么认为,其实恰恰相反。不错,与家人去度假旅行的确很开心,但一个人的商务旅行却是很辛苦的差事,而且会觉得很孤单。所以酒店员工的亲切款待会使我感到很温暖。

经理:您能否谈谈具体的例子?

客人:去年,我有一个为期六周的商务旅行,经中国香港、广州、深圳,最后到达上海时,自己已经筋疲力尽了,我是上午8点左右到达酒店的,很遗憾,接待处的职员告诉我,由于前一批客人延期离店,我预订的客房尚未整理好,需要等待3小时才能分到房间。这个消息让我感到十分懊恼!但我却很赞赏接待处职员亲切而真诚的态度。他一再向我致歉,在向我解释事情的原因时,一再称呼我为"李先生",请我喝杯咖啡并休息一下,还主动提出替我查查酒店有没有收到别人寄给我的信或留言。

客人:确实如此。这是一个心理因素,会使客人感到酒店认识他、关心他,对于异地旅行的客人来说尤其重要。

经理:您很强调亲切感和礼貌热忱。除此以外,您对酒店的服务员还有什么要求呢?

客人:我希望酒店能成为我的"家外之家",所以我希望酒店服务员能认识到,当客人居留在酒店时,是把酒店当成他在此地的"家"。如果当行李员替我把行李送到我的房间时,在一些小事上也关心我,如告诉我怎样开空调,怎样用设施,是否可以打开门窗等,那么我会感到很高兴,因为像在家里一样舒适自如。

经理:看来,您所说的可以归结成一句话为"殷切款待,亲切热忱"。

客人:正是这样。这难道不就是客人期望从酒店得到的东西吗?再说一遍,当我来到酒店时,受到热情招待,服务员称呼我的名字,笑脸相迎,使我由衷地感到酒店欢迎我的到来,这样,我下一次一定愿意再来。

经理:谢谢您,李先生,今天花费了您这么多宝贵的时间。衷心欢迎您下次再光临。

(资料来源:黄建雄.酒店公共关系学[M].北京:中国商业出版社,2013.)

思考讨论题

(1) 在本案例中,酒店公关经理的访谈调查成功吗?为什么?

(2) 如何才能做好公共关系访谈调查?

 思政园地

请扫描以下二维码,了解思政要求。

思政园地 2.pdf

任务3　公共关系策划

> 在公共关系实践中，对于计划的预测与持久贯彻，就像在体育运动中打网球时的随球动作一样。
> ——[美]斯科特·卡特里普

任务目标

- 明确公共关系策划的基本要求。
- 按照公共关系策划的程序进行公共关系策划。
- 把握公共关系策划要素，撰写公共关系策划方案。
- 运用创造性思维进行公共关系策划。
- 讲求"势""时""术"，提高公共关系策划的艺术性。

案例导入

法国白兰地的精彩"亮相"

1957年某日，美国首都华盛顿主要干道上竖立起了巨型彩色标牌："欢迎您，尊贵的法国客人！""美法友谊令人心醉！"整洁的售报亭悬挂着一长列美法两国的小国旗，它们十分精致，在微风中轻柔地飘拂，传递着温馨的情意。报亭主人特意设计绘制的广告牌上，最鲜艳夺目的是"美国鹰"和"法国鸡"干杯的画面，以及"总统华诞日贵宾驾临时"及"美国人醉了"等大标题，它们吸引着络绎不绝的路人。

马路上，许多轿车、摩托车、自行车涌向白宫……白宫周围已是人山人海，人们满面笑容，挥动法兰西小国旗，期待着贵宾的出场。

贵宾是谁呢？不是政府要员，不是社会名流，在美国总统艾森豪威尔诞辰日，光临华盛顿的法国"特使"却是两桶法国白兰地！

这是怎么回事？原来，这是法国公共关系专家精心策划的一幕公共关系杰作。

白兰地当时在法国国内已享盛誉，畅销不衰。厂商的目光开始瞄向美国市场。为此，他们邀请了几位公共关系专家，慎重研讨公共关系方案。受邀的专家们通过调查，搜集了有关美国的大量信息，并经仔细斟酌，提出了一项颇具新意的方案。其要点如下：公共关系宣传的基点是法美人民的友谊，整个规划的主题是"礼轻情意重，酒少情更浓"。择定的宣传时机是美国总统艾森豪威尔67岁寿辰。公共关系活动尽可能广泛地利用法美两国的新闻媒介，赠送的是两桶窖藏长达67年的白兰地酒。贺礼由专机送往美国，酒桶特邀法国著名艺术家设计制作。然后于总统寿辰日，在白宫的花园里举行隆重的赠送仪式，由4名英俊的法国青年身穿法兰西传统的宫廷侍卫服装抬着这两桶白兰地正步前行，进入白宫。

这项公关方案立即得到公司最高决策者的批准，并且获得了法国政府的赞赏和支持，外交渠道的绿灯也亮了。

这样，美国公众在总统寿辰一个月之前就从不同的传播媒介获得了上述信息。一时间，法国白兰地成了新闻报道、街谈巷议的热门话题。千百万人都翘首企盼着这两桶名贵的白兰地的光临。

于是，便出现了前面所述的万人空巷的盛况。当这两桶仪态不凡的美酒亮相时，群情沸腾,欢声四起,有些人甚至大声唱起了法国国歌《马赛曲》。此刻,美国公众似乎已经闻到了清醇芬芳的酒香,更由此而品尝到了友谊佳酿的美味。

从此,法国白兰地昂首阔步地迈进了美国市场,国家宴会和家庭餐桌上几乎都少不了它的倩影!

(资料来源:周安华.公共关系:理论、实务与技巧[M].6版.北京:中国人民大学出版社,2019.)

法国白兰地打入美国市场,得益于其成功的公共关系策划:它淡化推销意识,浓墨营造友谊氛围,"不著一字,尽得风流";让美国总统成了自己的"广告媒体",充分利用了名人效应;利用传媒事先渲染、烘托气氛,使其"亮相"之前就已成为新闻界和街谈巷议的热门话题,这为公关高潮的到来奠定了良好的基础;隆重、热烈、富有法兰西民族特色的赠送仪式,不仅与受礼人的身份相契合,而且暗示着法国白兰地和将要享用它的人的身份与地位。谁不想成为一个有身份、有地位的人呢?好的,法国白兰地可以满足你的这种需要。于是,形成了最佳的公关效果,也凸显了公共关系策划的威力。

公共关系策划是公共关系工作程序的第二步,是指在公共关系调查的基础上进行运筹、制订方案,为公共关系计划的实施与公共关系评估提供依据。从某种意义上说,公共关系的竞争就是公共关系策划的竞争。因此,公共关系策划不仅处于公共关系工作程序的核心地位,而且是整个公共关系工作成败优劣的关键。

3.1 公共关系策划概述

要明确什么是公共关系策划,首先必须弄清楚以下几个方面。

一、公共关系策划的概念

1. 策划与计划

这是两个既有联系又有区别的概念。策划,主要指谋略、筹划、计划、打算之意。美国哈佛企业管理丛书认为,策划是一种程序,在本质上策划是一种运用脑力的理性行为,衡量未来可采取之途径。策划是预先决定做什么、何时做、如何做、谁来做等。计划,是对未来事物所做的周密的思考和具体的安排。计划往往比较详细,它通常是微观思考的结晶。策划与计划虽然都是关于未来事物所进行的一种运用脑力的理性行为,但是二者还是可以界定的。从公共关系角度审视,策划可谓宏观上的谋略设计,而计划则是微观上的具体的意图安排或排列。计划是比较实际的、可操作的意图,它也是一次构思、谋划的过程。

2. 策划与决策

这也是两个既有区别又有联系的概念。策划是人们对未来事物所进行的谋略设计和构思的过程,其结果可能有多种方案选择;决策是人们为了实现既定目标,在几种可能实现目标的方案中选择最优化方案的过程。中国策划思想的发展由"谋""断"一体化趋向"谋"与"断"科学分离,即先"谋"后"断"。从过程来看,策划与决策是连续的、不可分割的。从概念来看，策划的过程有决策的因素，因为每次策划都要进行科学论证。决策也有策划的内容，因为策划是决策过程中的一个不可缺少的阶段，可以说，没有策划就没有决策。

3. 策划与公共关系

公共关系主要是研究组织如何处理与公众的关系，研究如何为本组织塑造良好的社会形象。组织形象的塑造受到各种各样因素的制约，组织必须制订形象战略，并通过连续不断的公共关系活动去具体实现既定目标。因而，策划是公共关系工作中难度最大、层次最高、最引人注目的一项工作。所谓公共关系策划，就是指公共关系人员为实现组织形象战略目标，在公共关系理论的科学指导之下，对各类公共关系活动所进行的谋略、构思、设计和计划的过程。

二、公共关系策划的基本原则

公共关系策划是企业公共关系工作的中心环节。一个企业形象能否良好地树立，能否很好地传播，在很大程度上取决于公共关系活动开展的好坏。公共关系活动开展的好坏又取决于公共关系策划的优劣。因此，公共关系策划人员应该遵循一系列基本原则，确保公共关系策划的成功。

1. 实事求是原则

实事求是是公共关系策划的一条最基本的原则。这一原则的含义是指：公共关系策划必须建立在对事实真实把握的基础上，向组织如实传递有关组织公众的信息，并根据事实的变化不断调整公共关系策划的策略和时机等内容。一位优秀的公共关系工作人员首先考虑的不是技巧，而是对事实的准确把握。他必须通过种种办法收集关于公众情况的资料，收集关于组织与环境的互补情况的资料，收集双方可能存在的不平衡、不协调的种种事实。只有掌握了足够的事实，才能策划公共关系的行动计划。

公共关系策划人员在策划过程中要平心静气，摒弃自己头脑中主观感觉的东西，要认真调查，尊重事实，不要以自己的猜想、判断作为策划的依据。要用科学的方法去做相应的市场调查，要让数据证实自己的设想，换言之，要把自己的设想建立在数据和事实的基础上，具体而言，就是要做到以下两点。

（1）深入客观现实，认真调查实际。在进行一项公共关系策划工作之前，策划人员要对策划对象的现状进行深入全面的调查，把自己头脑中的东西暂时埋藏起来，多竖耳朵少张嘴，尽量不带偏见地听听别人怎么想、怎么说，尽可能全面、准确、客观地了解策划对象，使自己掌握的资料尽量与实际情况相符合。

（2）排除主观偏见，保证据实策划。策划中缺少了客观性，就没有了科学性，策划也就不会成功。因此，要有坚定的决心和足够的勇气排除各种干扰、阻力甚至压力，保证据实策划。一是以科学的精神排除虚假因素的影响，把握问题实质。二是以对公众、对社会、对事业负责的精神，排除各种阻力和干扰，把握现实，据实进行策划和实施策划方案。

2. 公众优先原则

公众优先原则，即公众利益优先原则，是公共关系工作的重要原则，更是公共关系策划的重要原则。

作为公共关系策划主体的组织(尤其是企业),以公众认可为其生存的前提,以公众信任为其发展的条件。企业的发展有赖于公众对企业的认同和支持,有赖于公众对企业行为的参与回应。企业在其行动之前应该清楚地了解公众的利益倾向,企业所能做的事情就是顺应公众利益倾向,将自己行动的目的融入其中,在满足公众利益的同时达到企业的目的。公共关系策划者必须明确认识到:公众参与某些公共关系活动不是为了记住企业形象,也不是为了企业获取更多的利润,而是为了自己的利益才参与某项活动,企业的"获利"只能来自公众认为不重要的方面。在公众策划之前,一定要深入分析目标公众的利益所在,不要被表面现象所迷惑,不要以自己的心态去推测公众的心态。由于公共关系策划和掌握的资讯过剩,很容易造成策划方案的"质量过剩"。

一个好的公共关系策划方案不在于它能改变公众、强制公众,而在于它能很准确地满足目标公众的利益点,从而吸引公众参与某项公众关系活动,并在这项活动中传递公众关系主体的信息,让公众在不知不觉中接受策划主体发出的信息。

3. 系统规划原则

公共关系的系统性表现如下。

(1) 公共关系活动相对于整个组织活动是一个子系统,因而公共关系策划是组织活动策划的一个子系统。

(2) 完成公共关系活动的各个环节又是公共关系活动的子系统,因而这些子系统的策划是公共关系策划不可分割的组成部分。

(3) 公共关系活动的每个子系统又是由众多因素组成的,公共关系策划必须使这些因素相互协调。

(4) 组织活动总策划处在社会经济的系统中,又只是一个子系统。

系统规划原则应用到公共关系策划中去,就是要如实地把公共关系策划作为一个有机整体来考虑,从系统的整体与部分之间相互依存、相互制约的关系中提示系统的特征及运动规律,实现整体最优。其基本思想有以下三点。

① 对系统统筹安排,确定最优目标,实行系统最优。因为系统具有不同于各组成部分的新功能,系统最优的核心要求是处理好局部优化与全局优化的关系,为使公共关系活动系统处于优化结构,协调稳步前进,必须建立公共关系系统工程,实行系统运筹,通盘安排系统中的子系统及组成要素,使它们相互制约、相互促进,并且与外部环境协调起来。

② 协调公共关系活动要素与环境的关系,讲究整体的最佳组合的效应。公共关系的各子系统具有不同的特征与目标,各自又处在特定的环境中,在时间和空间上又是相互分离的。这就需要做好协调工作,在注意系统全局的同时,还要把握各个局部,使之同步、匹配地进行活动。

③ 考虑到公共关系策划的有序性,要使公共关系策划中的各项工作有步骤地进行。这是系统有序性的要求。

4. 切实可行原则

公共关系策划者在策划活动之前,一定要做可行性分析,以确保公共关系活动目标的实现。可行性分析贯穿于策划的全过程,即在进行每一项策划时都应充分考虑所形成的策划方案的可行性。策划方案形成后,必须进行可行性分析,以便选出最优方案。进行可行性分析主要从以下四个方面进行。

(1) 利害性分析。分析策划方案可能产生的利益、效果、危害情况和风险程度,综合考虑、全面衡量利害得失。

(2) 经济性分析。考虑策划方案是否符合以最低的代价取得最大优势效果的标准,力求以最小的经济投入实现策划目标。

(3) 科学性分析。它包含两方面的意思:①看策划方案是否在科学理论指导下,在进行了实际调查、研究、预测的基础上严格按照策划程序进行创造性思维和科学想象而形成的。②分析策划方案在实施后,各方面的关系是否能够和谐统一,是否能够高效率地实施策划方案。

(4) 合法性分析。考虑策划方案是否符合法律、法规要求:一方面,策划方案要经过一定的合法程序和审批手续;另一方面,策划方案的内容及实施结果要符合现行法律、法规的规定和政策要求。

5. 谨慎周全原则

凡事都需要策,用策必求制胜。同时,以策制胜,慎之又慎。"老谋深算"在一定意义上反映了策划者设计、策划总是力求疏而不漏,周全稳妥。世界上本无十全十美之事,因为策划者所掌握的客观情况受到种种主观因素的制约,策划者的知识、胆略、思维方法等又各有长短,因此,凡策划只能在慎重之中求周全。但是,周全是相对的,不周全是绝对的,于万变之中求不变,于不周全中求周全,才能立于不败之地。

怎样做到谨慎周全呢?一个公共关系策划方案的完成,首先要听取各方人士之高见,然后整理成文。此文还需交专家论证,在目标公众中测验,在小范围内试验,经过反复修改后才能定稿。作为公共关系策划人员,无法通过这样的程序化运作使某项公共关系策划方案达到最优,但可以通过这种方法避免产生最劣的策划方案。

6. 独特新奇原则

独特新奇原则表示奇、正相互依存,以奇制胜,且核心在"奇"。老子说过"以奇用兵"之语。《孙子兵法》中说:"凡战者,以正合,以奇胜。"对于奇、正的概念,战国时的《尉缭子》中解释说:"正兵贵先,奇兵贵后。"曹操说:"正者为敌,奇兵从旁,击之不备也。"这些无疑把奇、正的概念具体化了。

策略贵在用奇妙的方法。"出奇制胜"是人们常常引用的一句成语,策划者无不十分推崇这一思想。用奇旨在"出其不意,攻其不备",形成突然性,这也是策划的出发点和立足点。众人意料之中的计谋,也就不称其为策划。意外可以说是策划中最精彩也是最危险的领域。奇由正出,奇修于正,"修法而生法"正说明了这一点。先学法,后生奇。武术中的基本功,如同策划中说的"正","正"功练到家,临阵交战,才能运用自如,灵活多变,急中生智。用奇,在很大程度上是对"正"的应变。应变而奇,多变出奇,善变使敌不意。变法出自常法,"不知用正,焉知用奇"。

唐代军事家李靖说得好:"善用兵者,无不正,无不奇,使敌莫测。故正亦胜,奇亦胜。"这是说善于策划的人,没有不用"正"的,也没有不用"奇"的,或奇或正,使对方无以揣测,所以用正也胜,用奇也胜。讲奇、正变化,就是讲策划的辩证法,使奇、正互为对立、互为变化、互为统一。

需要补充说明的是:作为公共关系策划人员,要正确掌握奇的分寸,要明白"奇由正出"的含义,先学会别人都在做的事,再去想那些别人没有做的事情。

三、公共关系策划的程序

1. 策划动因的形成阶段

策划动因的形成大体有两种情况。

(1) 主观上的动因。即组织不满足于现在的组织形象状况,主动出击,通过公共关系策划,重塑组织新形象。

(2) 客观上的原因。即组织在生存和发展过程中,意外遇到新情况、新问题,使组织处于被动地位,组织不得不通过公共关系策划去解决,以扭转不利局面。

总之,策划动因很多,有的是直接动因,有的是间接动因。这些动因的形成是引发组织公共关系策划的动力。没有这些策划动因,就不可能产生一系列的策划行为和过程。

2. 调查研究阶段

策划动因形成之后,组织就要开展调查研究。调查研究的内容包括两个方面。

(1) 调查研究组织已有社会形象与自我期望形象之间的差距,主要调查组织的知名度和美誉度的高低。其主要项目有组织的服务方针、办事效率、服务态度、业务能力、管理能力、综合实力等。调查方法可采用普遍调查、典型调查和抽样调查。调查方式可采用问卷式、走访式、民意测验和新闻反馈等形式进行。

(2) 调查研究策划对象(公众)的意愿导向。公共关系策划活动的对象是公众。通过对组织形象的调查,找到组织已有社会形象与自我期望形象之间的差距之后,还必须进一步研究问题出在哪些公众以及这些公众居住何方、意愿是什么、有什么要求、对哪些传播媒体感兴趣等。

3. 确定策划目标阶段

确定公共关系策划目标是调查研究的继续和深化,并为制订策划方案指明了方向,为评估检测策划方案提供了依据。一般来说,策划者应注意以下几个方面的问题。

(1) 策划目标的确立一定要与组织总目标相一致。任何游离于组织总目标之外的公共关系活动都只能是画蛇添足。

(2) 策划目标一定要明确具体。含糊、抽象的策划目标往往会使人感到无所适从。

(3) 策划目标一定要讲究实效。空洞、华而不实的目标只能使公共关系活动表层化、简单化,无法实现最终目标。

(4) 策划目标一定要注意兼顾社会利益、组织利益和公众利益。互利互惠是一切公共关系活动的基本原则。

(5) 策划目标应具有弹性。策划目标不能过高,也不能过于具体,应留有回旋的余地。

4. 设计、策划方案阶段

公共关系策划方案是策划者根据策划目标设计的公共关系活动流程、具体的项目安排与计划。

公共关系策划方案的设计应当采取总体设计、局部设计两个步骤。总体设计是指在确认问题、确立目标的基础上,对公共关系策划未来的实施在技巧上、风格上进行全面详尽的安排,制订出公共关系策划项目的研究计划书。局部设计是以总体设计为基础进行的局部加工,它以项目研究计划书为大纲,进一步探索细节、深化研究并进行反复修改。

公共关系策划方案具体内容包括策划方案的主导思想、活动的主要项目、实施的手段及方法、具体的时间安排、经费预算、人员组成及分工等。

5. 实施公共关系策划方案阶段

公共关系策划方案经有关部门及领导审批确定后,策划者还要和策划主体的有关人员一道组织实施策划方案。实施方案主要根据已经定型的策划方案逐步进行。组织实施方案并非轻而易举。在实际工作中,由于时间、地点、条件等因素不断发生变化,加之方案的设计不可能包罗万象、滴水不漏,其中难免出现这样或那样的矛盾或问题,因此策划者及实施者应根据实际情况及时应变,创造性地开展工作。

6. 策划活动效果的检测评估阶段

公共关系工作是个连续复杂的系统工程。每一次公共关系活动的结束并非代表公共关系工作的完结,因为公共关系活动的实施或多或少地都会对组织形象产生一定的影响。作为活动的策划者,一定要了解这种影响是积极的还是消极的、影响范围多大、有哪些不足之处、怎样引以为戒等。由上可见,公共关系策划活动的评估检测工作是必不可少的。

评估检测的内容包括策划目标的确立是否准确、目标是否实现、差距是否缩小、策划方案的实施方法是否有效、公共关系人员是否真正地按方案实施、领导者是否通力合作、公众的需求是否得以满足、公众是否支持与合作、经费预算是否合理、实施效果如何、还有哪些亟待解决的问题等。

四、公共关系策划的基本要素

进行公共关系策划时,应该重点把握以下基本要素和环节。

1. 目标确立

公共关系策划是一种大脑的思维活动,是一个积极寻求完美答案的思维过程。因而,公共关系策划应掌握一整套谋划的科学思路,或者说应当事前将公共关系策划的基本要素加以组合,在头脑里搭造一个严谨周密的思维构架,以避免凭经验和直觉办事的随意性和盲目性。

为此,在策划中应当首先关注的是:就实现组织的总体目标看,组织在公共关系方面是否存在什么问题。

所谓问题,就是组织公共关系现状距离公共关系工作准则呈现出的偏差。所谓发现问题,就是根据公共关系工作准则比较组织公共关系实际而确定出差距的过程。在公共关系发展的历史中,任何一个成功的策划都是肇端于发现和提出问题。

对组织外部环境的调查和内部资源的审定,实际就是对主客观条件的了解。通过这个了解,去发现组织的公共关系问题所在,并由此提出组织的公共关系目标,就是公共关系策划要素组合的第一步。在确立组织公共关系活动的目标时,应注意以下几点。

(1) 目标必须是具体的。目标不应是一个抽象的概念或空洞的口号,如"良好形象"或"真诚的奉献"。它应当是组织在内外环境条件下必须达到的实际结果,如"在某区域提升组织认知度五个百分点""与内部公众的和谐度提高三个百分点"等。

(2) 目标必须是可测量的。公共关系的认识度、美誉度这两大目标均是可以测量的,因此,目标不应是模糊含混的。比如"使员工的参与意识得到极大提高"中,"极大"一词便是难以准确把握的,应是可以通过计算得到明确数据的结果,比如"使80%的员工参与到本组织组织的这次活动中来"。

(3) 目标应该是能够达到的。在确立目标时,必须考虑在组织现有条件下能否解决问题,实现目标,能在多大程度上解决问题,实现目标。目标过高,必然导致失望和沮丧;不考虑自身条件的盲目蛮干,也只会以失败告终。

(4) 目标必须要有时间限制。组织公共关系活动要实现的目标,必须是在规定的时间里应当达到的结果,既非远不可及,也不应遥遥无期。

确立公共关系策划目标的思路大约是这样一个过程:通过调查研究获得组织内外环境与资源的大量材料,以材料去推断组织的优势与劣势、机会与风险、资源与条件;通过对这些推断的分析,找出组织的公共关系问题所在;再根据问题的轻重缓急,排出解决问题的先后次序,并提出和界定首要的问题。然后通过对这一最重要问题产生原因的探索,寻出问题的症结,根据组织的特质和组织的需要,最后确立组织公共关系策划的目标。

2. 主题提炼

主题,指公共关系活动中联结所有项目、统率整个活动的思想纽带和思想核心。提炼公共关系活动的主题,是公共关系策划过程中一个极其重要的环节,它好比确定一部大型交响乐曲的主旋律。我们听过《命运交响曲》、钢琴协奏曲《黄河》、小提琴协奏曲《梁祝》,它们或气势恢宏,或奔腾激越,或哀婉凄绝,我们之所以能在脑海里留下深刻难忘的印象,就在于它们有风格各异、色彩鲜明的主旋律。能否提炼出鲜明突出的公共关系活动主题,主题能否吸引公众、抓住人心,可以说是公共关系策划成败的一个重要标志。为此而反复揣摩、推敲、提炼,"语不惊人死不休",对于公共关系策划者来说都是必要和值得的。

提炼主题,需要创意,但不能为提炼而提炼,故弄玄虚,故作高深。提炼和确定主题应当注意以下几点。

(1) 目标的一致性。提炼主题,是为了更好地凸显公共关系目标,主题必须与公共关系活动的目标保持一致,主题必须服务于目标。偏离目标的主题会给公众造成错觉,从而起到误导作用,策划者不可不慎。

(2) 主题的实效性。好的主题,不在于辞藻华丽、技巧娴熟,而在于产生的实效。主题的实效表现在:一是合乎公共关系活动的客观实际,不能话说得好听实际却做不到;二是能真正打动公众心扉,切中公众心愿;三是要考虑社会效果,一味哗众取宠、迎合低级趣味的主题是要不得的。

(3) 主题的稳定性。主题一经确定,就应贯穿公共关系活动始终,不得半途而废、中途改换,以免造成公众感知的混乱。

(4) 主题的单一性。一次公共关系活动,只应有一个主题,一般不得出现多个主题。

对于大型的综合性活动,虽然也可设计一些次主题,但不能喧宾夺主,造成主题的杂乱无序。这犹如交响乐曲一样,无论主题如何变化,对比、发展、再现,所有的手法都是为了烘托和突出主题,而不是削弱和破坏主题。

(5)主题的客观性。公共关系活动的主题要展示公共关系精神、体现时代气息,不可商业化十足,也不宜宣传口号味太重。一句话,主观性不要太强,以免招来公众的反感。

3. 认定公众

组织公共关系活动目标的差异性决定了公共关系活动对象的区别性。在公共关系策划过程中,我们必须在组织的广大公众群中,根据实现目标的需要去认定哪些是该项公共关系活动必须关注、交流和影响的目标公众。认定目标公众的方法一般有以下几种。

(1)以活动目标划定公众范围。例如,学校为宣传自己的办学成果而组织的人才交流会,其公众主要是应届毕业生、用工单位、新闻单位、毕业生家长、人才交流部门及部分教职工,而非毕业班学生和他们的家长、政府机关、实习基地等则不是该次活动的目标公众。

(2)以组织实力划定目标公众。在公共关系实践活动中,有时组织需要面对的公众面极广,面面俱到会感到人力有限、经费不足,应付不过来。这时就应将有关公众按与组织关系的密切程度、影响的大小程度、相关事情的急缓程度等因素进行排队,选出最为重要的"部分"作为目标公众。这种划分主要强调的是重要性。

(3)以组织需要决定目标公众。例如,当组织出现形象危机时,目标公众应当首指组织的逆意公众和行动公众,以防危机的扩散和加剧。这种划分主要强调的是影响度。

实际上,不同组织每次公共关系活动确定谁为目标公众,很难有统一的标准,基本的原则便是考虑组织目标、需要和实力三个方面的因素,各个组织灵活去决定。

4. 项目设计

所谓项目,是指围绕公共关系目标而确定的在不同时期进行的各种形式的活动。要实现公共关系目标,只有通过一个个公共关系项目的实施去逐步接近,直至完成。没有公共关系具体活动的开展与公共关系项目的完成,组织的公共关系目标就永无实现之日。

5. 时空选择

我国自古以来就有"机不可失,时不再来""机事之事,间不容发"的名言。"机"的含义很广,从普遍意义上看,凡牵涉事情成败的关键因素都可以称作"机"。就公共关系策划看,也需要刻意去捕捉"天时""地利",去充分地选择运用时间和空间。

(1)时机的捕捉。时机,简而言之,就是时间变化所带来的机会。从传播学角度而言,时间策划水准是最为重要的衡量标志之一。时机的选择或捕捉有两层意思:第一是捕捉时机要准确;第二是把握时机要及时。前者指的是对那些可以预先选定的时机,一定要选准其"时间区间";后者所指,则是说对那些预先不可选定、稍纵即逝的时机,要及时抓住,不可犹豫。选择时机时,要注意以下几点。

① 尽量选择那些能够引起目标公众关注,又具有新闻"苗头"的时机。

② 要善于利用节日去做可借节日传播组织信息的项目;但又要学会避开节日,与节日毫无关系的活动项目不仅不能借节日之势,反而会被节日气氛冲淡效果。

③ 尽量避开国内外重大事件。因为这时公众关注的焦点、热点是这些重大事件,组织

的活动项目弄不好会毫不起眼。但国内外大事发生之时,又是组织借势之机,关键看你是否能借题发挥。

④ 重大的公共关系活动不要同时开展两项以上,以免分散人们的注意力,削弱或抵消应有的效果。

⑤ 选择时机时,要考虑公众,尤其是目标公众参与的可能性,避开那些目标公众难以参与的时日。

⑥ 选择时机时要考虑媒体,尤其是大众传媒使用的可能性,避开那些因其他重要新闻而使组织信息上不了媒体的时日。

⑦ 选择时机时,要考虑当时、当地的民情风俗,尽量使组织的活动项目与这里的风土人情相吻合。我国是一个多民族国家,面对不同民族、地区的不同风俗习惯和宗教信仰,时机选择尤应慎重。

(2) 空间的选择。公共关系策划,对于空间场景的利用非常必要。一方面我们应尽可能地考虑如何充分利用环境的有利条件,回避不利条件。比如对当地资源、土特产的利用,对地理和人文构成的旅游资源的利用,对特殊民俗风情的利用以及避开恶劣气候条件等。另一方面是尽量去选择便于公共关系活动实施的场所。具体应顾及以下几个方面。

① 空间大小。空间大小以活动参与者与活动所需物资的多少大小为转移。场地过大既是浪费也无美感,会使活动气氛显得冷清;过小则显得拥挤、混乱,也易造成事故。

② 空间位置。活动空间的地理位置很重要,选择位置要与活动内容相吻合,大型活动还要考虑与机场、港口、车站的距离。

③ 空间环境。主要是指公共关系活动场地周围的建筑环境、交通环境、生态环境等。

④ 空间条件。主要是指组织活动场所应当具有的基本设施和基本条件。比如通信设施、医疗急救条件、卫生条件、治安条件、文化娱乐条件、购物条件以及食宿条件等。

⑤ 备用空间。主要是指为防止各种因素或条件的偶然变化,策划时应对空间做一些应急和临时性变动的考虑。

⑥ 空间审美。是指公共关系活动的场所给人的感官审美印象。它包括建筑的造型、布局和结构;场地设施布置与环境装潢;实物摆设与商品柜台设计;橱窗展示、展品陈列以及活动宣传现场广告的张贴、悬挂、放置等。

6. 媒体选择

组织公共关系工作可供选择的媒体很多,但要选择恰当才能事半功倍,取得良好的传播效果。选择传播媒体的基本原则如下。

(1) 根据组织公共关系目标选择传播媒体。各种媒体都有其特定的功能,能适合为组织形象塑造的某一目标服务。选择媒体首先应着眼于企业目标和要求。如果企业的目标是提高知名度,则可以选择大众传播媒体;如果企业的目标是缓和内部紧张关系,则可以通过人际传播与群体传播,通过会谈、对话等方式加以解决。

(2) 根据不同的对象选择传播媒体。不同的对象适用于不同的传播媒体,要想使信息有效地传送到目标公众,就必须考虑到目标公众的经济状况、教育程度、职业习惯、生活方式及他们通常接收信息的习惯等。比如,对经常加班加点的出租汽车司机最好采用广播;要引起儿童的注意和兴趣,制作电视节目和卡通片效果最好;对文化较落后、又没有电视的山区农民,应采用有线广播等;对喜欢阅读思考的知识分子,应多采用报纸、杂志等传播媒体。

(3) 根据传播媒体特点和传播内容选择传播媒体。传播媒体的各种形式都有鲜明的特点和一定的适用范围,在选择媒体时必须首先了解各种媒体的优、缺点。组织形象塑造过程中,应将信息内容和传播媒体的特点结合起来综合考虑。比如,内容较简单的快讯可以选择广播;对较复杂、需要反复思索才能明白的内容,最好选择印刷媒体,可以使人从容研读,慢慢品味;对开张仪式、大型活动的盛况,采用电视方式则生动、逼真,能产生非常诱人的效果。还需要注意的是,只对本地区有意义的信息就不要选用全国性的传播媒体;只对一小部分特定公众有意义的消息,就没必要采用大众传播媒体;而对个别的消费者投诉,则只需要面约商谈或书信往来。

(4) 根据企业经济条件选择传播媒体。俗话说"看菜吃饭,量体裁衣",企业的经费一般有限,而越是现代化的传播媒体,费用越高。所以,成功的形象塑造策划,应该是选择适当的媒体和方式,以较少的开支争取最好的传播效果。

7. 经费预算

经费预算既是公共关系策划的"目标",也是对实施经费开支的控制。策划中的精打细算,既可给实施带来事前心中有数的方便,也使决策者认可策划方案成为可能。美国内布拉斯加大学著名传播学教授罗伯特·罗雷在《管理公共关系学——理论与实践》一书中指出:"公共关系活动往往由于以下原因归于失败。第一,由于没有足够的经费,难以为继,关键时刻不得不下马;第二,因经费不足,只得削足适履,大幅度修改原计划;第三,活动耗资过大,得不偿失。"这是策划时必须要引以为戒的。

公共关系活动的经费开支主要包括四大内容。

(1) 日常行政经费。例如房租、水电费、电话费、办公室文具用品费、保险费、报刊订阅费、交通费、差旅费、交际费以及其他通信费(如电报、特快专递费等)、资料购置费和复制费等。

(2) 器材设施费。如购置、租借或维修各种视听器材、通信器材、摄影(像)器材、交通工具、工艺美术器材,制作各种纪念品、印刷品、音像制品和各种传播行为所需的实物及用品。

(3) 劳务报酬经费。包括组织内部公共关系人员的薪金或工资、奖金及其他各种福利费、组织外聘专家顾问的工时报酬(策划费用的高低,一般根据公共关系策划者名望水平、公共关系活动要求、规模和难易程度事先谈定)。

(4) 具体公共关系活动项目开支经费。这笔费用的开支主要根据公共关系项目大小来确定。它包括宣传广告费、调查活动费、人员培训费、场地租用费、各种名目的赞助费以及办公、布展、接待参观的费用。与此同时,策划员还应考虑活动的机动费用(一般占总费用的20%),以防意外突发事件。

公共关系经费预算是一件非常琐碎而复杂的事,为了达到组织预期的公共关系目标,本着勤俭节约、精打细算的原则,要开列出详细的开支预算清单,要保证所有开支项目都是必要的、可检测的。在制作经费预算时,最好同时制定经费开支的办法和超支规定,以便在公共关系活动的实施中及时核对、控制开支并考察绩效。

8. 人员分配

再好的公共关系策划,最终是靠人去实施和完成的。因此在策划时,就应对将来的实施人做一个考虑和安排。对人员分配的策划,一般要考虑以下三个步骤。

(1) 人员挑选。根据组织公共关系活动规模的大小、内容的繁简、层次的高低、经费的多少等因素,为达到活动开展的效果,首先要对活动实施的人员进行量和质的挑选。

(2) 人员培训。对于选出的人,为保证策划方案的有效实施,在策划时便需要考虑如何对其进行培训,就策划目的、宗旨、方法技巧、应急措施等方面准备一套行之有效的培训计划。

(3) 人员分工。策划中对于将来活动中的各个岗位,事先要对现有人才或培训人才做一个量才施用的考虑,尽量根据其过去的表现和经验,使之能做到人尽其才,既能发挥特长,又能完成任务。

五、公共关系策划方案的撰写

公共关系策划方案,是指以书面文字形式确定下来的策划者头脑里的构思和创意。整个策划的思维过程,最终是以策划方案的形式加以条理化和系统化。所有的灵感和创意,都将在策划方案中被具体细化为可供施行的方法和步骤,就连公共关系活动的最后结果,也将预先在策划方案中进行展示。

1. 策划方案的构成要素

公共关系策划方案当无定式,策划者一般根据实际的需要和自己的文笔风格来撰写。但无论方案形式、内容有何差别,理应包容的基本要素都不可或缺。

一份完整的策划方案应当具备 5W、2H、1E。

What(什么)——策划的目的、内容。

Who(谁)——策划组织者、策划者、策划所涉及的公众。

Where(何处)——策划实施地点。

When(何时)——策划实施时机。

Why(为什么)——策划的缘由。

How(如何)——策划的方法和实施形式。

How much(多少)——策划的预算。

Effect(效果)——策划结果的预测。

上述八个要素组合即是一份完整的公共关系策划文案应当具备的基本要素。针对不同组织的不同内容与形式的公共关系策划方案,应当围绕着这八个要素,根据自己的需要进行丰富完善和组合搭配,公共关系策划方案的创意与个性风格,就存在于对要素的丰富完善和组合搭配的差异之中。

2. 策划方案的基本格式

公共关系策划方案的基本格式,大致包括下列五项。

(1) 封面。策划方案的封面不必如书籍装帧那样考虑其设计的精美,但文字书写及排列应大小协调、布局合理,纸张只要略比正文厚些即可。封面主要内容如下。

① 题目。题目必须具体清楚,让人一目了然。

②策划者单位或个人名称。方案如系群体或组织完成,可署名"××公共关系公司""××专家策划团"或"××公司公共关系部",对其中起主要作用的个人也可在单位名称之后署名,如"总策划×××""策划总监×××"等。方案如系个人完成,则直接署名:策划人×××。

③策划方案完成日期。写明年月日甚至小时。

④编号。比如根据策划方案顺序的编号,根据方案的重要性或保密程度的编号或根据方案管理的分类编号等。

⑤在需要的情况下,可考虑在封面上简洁地加上说明文字或内容提要。

⑥如策划方案尚属草稿或初稿,还应在标题下括号注明,写上"草案""送审稿""讨论稿""征求意见稿"等字样。如果前有"草稿",决策拍板后的策划方案就应注明"修订稿""实施稿""执行稿"等字样。

(2)序文。并非所有策划方案都需加序,除非方案内容较多较复杂,才有必要以简洁的文字作为一个引导或提举。

(3)目录。这也如序文一样,除非方案头绪较多较复杂,才有作目录的必要。目录是标题的细化和明确化,要做到让读者通过看标题和目录后,便知整个方案的概貌。

(4)正文。正文即是对前述八个要素的表述和演绎。其主要内容包括:①活动背景分析;②活动主题;③活动宗旨与目标;④基本活动程序;⑤传播与沟通方案;⑥经费概算;⑦效果预测。正文的写作需要周到,但应以纲目式为好,不必过分详尽地去加以描述渲染,也不要给人以头绪繁多杂乱或干涩枯燥的感觉。

(5)附件。重要的附件通常包括:

① 活动筹备工作日程推进表;

② 有关人员职责分配表;

③ 经费开支明细预算表;

④ 活动所需物品一览表;

⑤ 场地使用安排表;

⑥ 相关资料。这主要是提供决策者参考的辅助性材料,不一定每份方案都需要,例如完整的或专项的调查报告、新闻文稿范本、演讲词草稿、相关法规文件、平面广告设计草图、电视片脚本、纪念品设计图等。

⑦ 注意事项。即将策划方案实施过程中应当注意的事项做重点集中的提示,比如完成活动需事前促成的其他条件、活动实施指挥者应当拥有的临时特殊权限、需决策者出面对各部门的协调、遇到特殊情况时的应变措施等。

3.2 公共关系策划会的组织

为了制订出富有创意的公共关系策划方案,组织经常要组织公共关系策划会。成功地组织好策划会是公共关系人员的一项重要工作。为此,要明确策划会的议程和组织策划会的技巧。

策划会也是一种会议形式。许多专家学者都在潜心研究如何提高会议的效率。日本人在这方面颇有心得,他们列出了一份会议成本清单:

$$会议成本 = 2A \times B \times C$$

其中,A 为平均小时工资的 3 倍;B 为参加会议的人数;C 为开会的时间。

这份清单告诉人们:会议成本是昂贵的,必须注意会议的效率。公共关系活动策划会需研究的问题一般比较多,而且较复杂,要求更具效率。

一、群体组合策划模式

现代策划已经发展到必须综合多学科的阶段,策划已经从经验决策转向科学决策,从个体劳动转向集体智慧。如今,我们正处于知识急速增长的时代,任何一个人都难以掌握所有的知识,只有单方面或若干方面的知识是难以胜任一些大型策划的。比如要进行一项产品投资策略的策划活动,进行市场调查时,则需要专业的市场调查人士;拟订产品组合策略时,则需要工程技术人员和设计师、平面设计人员协同工作;进行市场推广的时候,则需要营销人员和公关、广告人员协同作业。所以说,群体策划是现代策划的一个重要特征。

群体策划是一种人才组合的集体策划形式,具体形式是:组成一个专门策划小组,然后由策划小组共同完成策划任务。策划小组的最佳形式是由多学科的成员组成,而且应该有经验丰富的第一线员工参与,这样才有利于知识、信息的互补,有利于思维的激荡。

策划小组的工作步骤可以归纳为 5 句话 20 个字:分头调研,共享信息,独立思考,小组讨论,专人提炼。策划小组的成员首先是分头搜集、整理、研究基本的调查资料;其次将个人收集、整理、研究的初步成果向策划小组成员互相通报,形成第一次信息冲撞效应;各人独立构思至一定程度,由项目召集人召开策划小组讨论会;再次由指定的专人将策划小组研究的成果整理在案,或者由不同的个人撰写不同的方案,形成多个方案;最后确定最终方案。

策划小组的讨论会是脑力激荡的过程,会议上大家互相启发,十分有利于产生创造性的意见。有时一次会议未必就能产生期望的结果,就应重复前面的程序,然后再择日召开会议,直至有一个基本的结论为止。这是运用群体智慧的策划方式,其最大优点是知识互补和可以产生冲击思维的力量。在这种组合中,并未削弱个人智慧的作用:第一、三、五环节都充分发挥了个人智慧的作用;第二、四环节则形成了个人智慧与群体智慧的紧密结合。需要较高个人智慧的是策划小组的召集人,他同时也是策划项目的带头人。策划小组的成员要有较高的素质,尤其是要具有专业知识,熟悉情况,有较好的逻辑概括能力、策划能力、表达能力和创新意识。

二、策划会的会前准备

会议的准备工作是会议成功的最关键因素。要确立好会议的目标及议题,尤其是议题必须清晰。作为会议的组织者要印发议程,拟定出席人选,提前发出会议通知。策划会议一般 5~7 人为宜,组织者要为与会者提供必要的参考资料。与会者要认真阅读有关资料,并认真思考,带着意见与会。会场布置以圆桌会议形式为好,方桌也可以。场内设置板书工具,恰当选择好会议直观材料,必要时应准备幻灯、投影、录像等设备。要进行的会前准备工作大体上有如下四项。

1. 拟定会议主题

会议的主题,即会议的指导思想。会议的形式、内容、任务、议程、期限、出席人员等,只有在会议的主题确定下来之后,才可据以一一加以确定。

2. 拟发会议通知

拟发会议通知应包括以下各项:标题,重点交代会议名称;主题与内容,对会议宗旨进行介绍;会期,应明确会议的起止时间;报到的时间与地点,要特别交代清楚交通路线;会议的出席对象,如对象可选派,则应规定具体条件;会议要求,指的是与会者所需材料的准备与生活用品的准备,以及有关差旅费报销和其他费用的处理问题。

3. 起草会议文件

会议所用的各项文件材料,均应于会前准备完成。其中的主要材料,还应做到与会者人手一份。最主要的会议文件材料——开幕词、闭幕词和主题报告需要认真准备。

4. 其他准备工作

要安排好与会者的招待工作。对于交通、饮食、住宿、医疗、保卫等方面的具体工作,应精心、妥当地做好准备。

要布置好会场。不应使其过大,以至于显得空旷无人;也不可使之过小,以至于拥挤不堪。对必用的音响、照明、空调、投影、摄像设备,事先要认真调试。会议所需的文具、饮料,亦应准备齐全。

要安排好座次。主席台上的座次,我国目前的排列习惯是:前排高于后排,中央高于两侧,左座高于右座。凡属重要会议,在主席台上每位就座者面前的桌子上,应事先摆放好写有其本人姓名的桌牌。听众席的座次,目前主要有两种排列方法。一是按指定区域统一就座;二是自由就座。

在会议进行阶段,会议的组织者要做的主要工作是进行例行服务。在会场之外,应安排专人迎接、引导、陪同与会人员。对与会的年老体弱者,还需要进行重点照顾。此外,必要时还应为与会者安排一定的文体娱乐活动。在会场之内,则应当对与会者有求必应,闻过则改,尽可能地满足其一切正当要求。

精心编写会议简报,举行会期较长的大中型会议,应编写会议简报。首先,必须认真做好会议记录。凡重要会议,不论是全体大会还是分组讨论,都要进行必要的记录。会议记录是由专人记录会议内容的一种书面材料。会议名称、时间、地点、人员、主持者等均记录在内。

三、策划会的主要环节

1. 会议气氛

策划会议应力求营造活跃、平等的气氛。活跃的气氛有利于活跃思维和脑力激荡;平等的气氛有利于与会成员的发散性思维。必要时可以设置会议饮品,有利于活跃气氛。会议气氛的形式,一方面是布置会议室时刻意营造的;另一方面是主持人凭借主持技巧营造的。

2. 会议秩序

对于会议组织者而言,无不希望有良好的会议秩序。小型会议特别是企业内部会议的秩序基本不用控制,但大型会议,秩序的控制就显得很重要。大型会议可以采用代表证或者入场券方式控制。如果需要保密,代表证可以特制,可加上代表的数码身份照片。此外,还可在会场入口处安排保安,以便维护大型会议的秩序。

3. 茶歇

茶歇对于一般的大型会议而言可能不需要,但中、小型会议,特别是公司或者组织的高层会议,会间茶歇是很重要的。茶歇就是为会间休息兼气氛调节而设置的小型简易茶话会,当然提供的饮品可能不限于中国茶,点心也不限于中国点心。通常,茶歇的准备包括对于点心、饮品、摆饰、服务及茶歇开放时间的要求等,一般不同时段可以更换不同的饮品、点心组合。茶歇大致上的分类是中式与西式。中式的饮品包括矿泉水、开水、绿茶、花茶、红茶、奶茶、果茶、罐装饮料等,点心一般是各类糕点、饼干、袋装食品、时令水果、花式果盘等。西式饮品一般包括各式咖啡、矿泉水、罐装饮料、红茶、果茶、牛奶、果汁等,点心有各类甜品、糕点、水果、花式果盘,有的还有中式糕点。

4. 摄影、摄像安排

根据会议的级别和要求,需要安排专业的摄影、摄像人员对会议进行全程拍摄,拍摄以后还需要考虑是否将资料制作成光盘分发给各位与会代表。

5. 主持技巧

主持人是策划会取得成功的一个关键因素,主持人应是策划项目的领头人。主持人在会议进行中要简洁明了地告知会议目的及要解决的问题,阐明会议的原则,营造并保持活跃的气氛。主持人一定要时刻把握会议的进展,尤其要把握会议的主题,保证会议议题不会走偏,并能够及时鼓励、引导与会者发言,及时捕捉一些好的构想,及时引导与会者相互利用议题激发出新的构想。主持人要安排专人做好记录,各种构想由记录员予以编号并写在白板上,让与会者可以一目了然。记录员会后要整理好各人的构想,既作为档案备份,又可为今后的策划提供参考。会议结束时,主持人应该有一个小结,确认会议最后的研究结果。会议主持人在主持中还要明确以下事项。

(1) 会议主持人务必做的事项。会议主持人要严格遵守会议的开始时间,不迁就迟到者;要在开头就议题的要点做简要的说明;要把议题的进行顺序与时间的分配方案预先告知与会者;要引导大家在规定时间内做出结论;必须延长会议时间时,要取得大家的同意并明确延长的时间;要把整理出来的结论交由全体人员表决确认;要把决议付诸施行的程序整理成文,并加以确认。

(2) 会议进行中会议主持人须密切注意的几个问题。发言内容是否偏离了议题?发言者的观点是否出于个人对利害关系的考虑?与会人员是否都在专心聆听发言?发言是否过于集中于少数人?是否有从头到尾都没发过言的人?某个人的发言是否过于冗长?发言的内容是否正在朝着清晰、明确的方向推进?以上问题主持人须加以密切注意。

(3) 会议主持人的十大禁忌。具体是:在发言时不可长篇大论,滔滔不绝(一般应以3分钟为限);不可从头到尾保持沉默;不要谈到抽象论或观念论;不可对其他发言人吹毛求疵;不要漫无边际,离题万里;一般不打断他人的发言;不可不懂装懂,胡乱发言;不引用不确切的资料;不谈期待性的预测;不要中途退席。

6. 对与会人员的要求

一般而言,与会人员在出席会议时应当严格遵守会议纪律,主要包括:规范着装;严守时间;维护秩序;专心听讲。

7. 会议规则

会议效率不但取决于主持者,还取决于与会者,因此与会者要遵循以下规则:准备好记录卡片或记录纸,以便及时将构想记录下来,散会后交给记录员;想到的构想要立即提出来,即使其本身没有什么价值,有时也可以启发他人提出有价值的构想;发言要简单明了,一般只提出主要构想即可,无须论证,切忌长篇大论地进行论证;各人独自自由畅想,不要私下交谈,否则会降低会议效率;不要私下评议别人的构想;发言要一个接一个,不要冷场,最好形成按顺(逆)时针顺序发言的习惯,以形成压力。轮到的发言人实在没有构想,可暂时跳过,轮完一圈再来一圈,如此反复,直至问题有了初步结论;会议一般分为两个阶段:第一阶段为发散性思维阶段,与会者自由畅想,发表意见;第二阶段以一个基本认定的构想为前提,可以集中精力有针对性地进行思考后再充分发表意见。

8. 对最后提案进行评价

对策划会最后形成的提案要有一个评价的过程:一方面是尽可能完善既定的提案;另一方面是尽可能运用系统的、科学的分析方法进行缜密的评估。基本的评价方法是:从社会制约因素的角度加以审核,排除法律上、道德上不允许的因素;对其中涉及的主要概念进行充分论证;效果评价;可行性评价;以一定的逻辑概念审视整个构想的排序。

四、公共关系策划中的创造性思维

创造性思维是创造学研究的核心内容。在人类创造活动和创造行为中,最根本的、起直接作用的就是人的创造性思维。创造性思维是指人们以新颖的思路或独特的方式开拓人类新领域、解决社会发展新问题的思维活动。公共关系策划中的创造性思维是指公共关系策划者在进行策划方案的设计过程中,运用各种具有新颖性、独特性、综合性、参与性的思维活动方式,开拓进取,探索出解决问题的奇招妙计。

1. 创造性思维的特征

(1) 专一的目标。专一的目标指引着思维过程的方向,凝聚着策划者头脑里既有的公共关系信息元素。

创造性思维的过程就是将策划者头脑中既有的概念、观点、事物印象集中在一个方向上,围绕一个目标进行信息元素的组合。在具体过程中保持一个专一的目标并非容易,它需要有控制力来抵御形形色色的诱惑,同时还需要对这个目标有强烈的兴趣,这种心理状态可以转化为一种强烈的冲动力和欲望,使前进者不知疲倦,不觉艰辛,虽苦也乐,这样才能持之以恒,沿着一个固定的目标思考下去,最终才有可能得到与众不同的智慧成果。

(2) 强烈的求异心理。从本质上讲,创造性思维就是一种求异思维,它对大多数人习以为常的认识进行分析、反思,对大多数人熟视无睹的现象进行重新释义。它以怀疑的眼光审视环境,以批判的态度看待世界,在分析和反思中重整人的认识内容,在分析批判中探索世界本来的规律性。理性的求异心理可使人们从另一视角来观察研究对象。人们会在这种异向的观察过程中发现意外的现象和全新的线索,由表及里,深追穷究,就会别有洞天,想出别人想不出的奇思妙想。

(3) 积极的想象。有一个"小木桩拴大象"的现代寓言说的是小木桩是拴不住大象的,但从小就被拴在大石柱上的象,经过多次挣脱失败后,就永远不再尝试了。我们人类又何尝不是如此呢?其实,创造性思维不是少数人的专利,而为大多数人所有。创造性思维的一个重要特征就是积极地想象、大胆地想象,凭借想象去预见、去设想,达到一个全新的思维境界。

通过了解创造性思维的特征,可以帮助我们更好地认识和把握创造性思维的作用机理,更好地完成公共关系策划的创意。

2. 创造性思维的方法

创造性思维在公共关系策划中得到了广泛的应用,其理论已成为公共关系策划的理论支柱。创造性思维方法在公共关系策划中也成为自然采用的方法,并贯穿于公共关系策划的全过程。这里就几种常用的创造性思维方法做一下介绍。

(1) 理论思维。理论思维是指策划者依据科学理论,是理性认识系统化的思维活动方式。理论思维具有科学性、系统性和间接可行性等特点。它作为一种基本的思维活动方式,在公共关系策划活动中应用很多。理论思维是以科学理论和专业知识为依据展开的思维,是一种高层次的思维。它运用逻辑推理,预见和把握未来事物的发展变化规律,可以在一定的时空范围内预测未来,从更深的层次研究策划对象,因此,这种思维方法往往会使制订的策划方案更加符合实际,切实可行。

(2) 求异思维。求异思维是指策划者独出心裁,从正常事物的反面进行思考的一种思维活动方式。求异思维的特点在于敢于否定人们已经习以为常、司空见惯的现象,敢于向传统的思维观念提出挑战,甚至对权威的、公认的理论提出疑问。求异思维敢于打破常规、刻意求新,"不唯书,不唯上,只唯实",充分发挥自己丰富的想象力和创造力,设计令人叫绝的公共关系方案。

(3) 直觉思维。直觉思维是指策划者在社会实践中,通过亲自观察而受到启发,使外界事物在大脑中产生感觉的一种思维活动方式。直觉思维具有直接性、生动性、具体性等特点。策划者主要通过直觉领悟、猜测和想象等形式来阐明问题、解决问题。它主要依赖于存储在头脑中的知识和经验,使大脑形成一种一旦接收外部信息就很快做出直觉判断或思维决策的能力。例如,法国地理学家魏格纳在观察世界地图时偶然发现,美洲大陆东部凸出部分(巴西)和非洲的西海岸凹进去的部分(喀麦隆)拼在一起基本吻合,并且地貌十分相似。于是,他首次提出了"大陆漂移说",引起了世人瞩目。可以说,许多创造性发明都是通过直觉思维获得的。

(4) 形象思维。形象思维是指策划者依据现实生活中的各种现象来阐明问题或解决问题的一种思维活动方式,具有形象性、概括性等特点。具体来说,形象思维就是对现实生活中的各种人、物、事进行选择、分析、综合,然后进行艺术加工提炼而创造出来的新的意象。

(5) 逻辑思维。逻辑思维是指策划者根据科学的原理,按照科学的程序和规则,运用概念的判断推理来阐明问题和解决问题的一种思维活动方式。逻辑思维是具有严密科学性的思维活动方式。它必须按照客观规律进行判断、推理。其推理形式主要有类比法、归纳法和演绎法。运用逻辑思维进行创意策划，成功率相对来说比较高。

(6) 联想思维。联想思维是指策划者由某一事物联想到另一事物的思维活动方式。事物都是相互联系的，世上没有毫无联系的事物。因此，联想也是开发人的创造性思维的一种方法。

五、公共关系策划的思维途径

为了便于公共关系策划人员灵活地运用创造性思维方法，开拓公共关系策划的思路，进行富有创意的公共关系活动，现将公共关系策划的思维途径归纳如下，供策划时参考使用。当然，值得注意的是，法无定法，法以自然，只有将既有的途径和方法融会贯通、灵活应用，才能真正发挥这些思维的作用，尽快提高自己的策划水平。

(1) 低成本化。高值产品（即高成本、高利润产品）的低价值化、降利化处理方式，一种运用反向思维的策略性技巧。在公共关系策划的案例中也时有所见。

(2) 通用化。通过扩大方案的使用范围，获得更大效益和推行价值的思路。

(3) 等位化。利用不相似的事物发挥相似作用的创新技巧和思路。

(4) 连续化。将相关事物通过具有创意的思考，逻辑化为某种事例或可以连续推出新设想的技巧。

(5) 逻辑化。通过归纳，从经验的事实中导出普遍性法则；或通过演绎，从一般法则中导出特别结论的技巧。

(6) 分合。利用暗喻、类推的原则，引发对问题的创意和领悟，是化相识为不相识或化不相识为相识。

(7) 激发。以诱发有助于策划活动的闪念、灵感、直觉和超感觉为目的，发展探索性思维。

(8) 启迪。包括自我启迪、相互启迪、物象启迪、事件启迪、偶发因素启迪等。

(9) 排除固定观念。包括突破常规的逆向思维、怪异思维等，如吸尘器的发明。

(10) 问题发现。指主动、敏锐地从看来"无问题"的事物中发现问题或可资改进、改革、更新、发展方面的技巧。

(11) 诱导。指以可以"牵动"的线索（可以是精神的、思想的、理念的、情感的，也可以是物质的、事物的、事件的）引发新的结果或创造性解决问题的方式。比如，借系有丝线的蚂蚁从玛瑙球弯曲孔道一端小孔诱其穿过孔道到达涂有蜂蜜的另一端小孔之外，即是借"诱导"方法解决"难题"的形象的实例。

(12) 假想。一种含有预见性、科学性的猜测。公共关系策划人员可在掌握大量资料后闭门独思，天马行空，然后记下所思所想。

(13) 抽象。利用将某种事物或多种事物从概念化引渡到（或升华到）神韵化的过程，实现其具有抽象意味的创意或艺术塑造。

(14) 模仿。包括形态、结构、色彩、原理、性能的模仿。

(15) 综合。包括信息综合和创意综合（即可引发认识飞跃或重大发明、发现的综合），也包括上述两种综合,即再综合。

(16) 组合。指两种以上事物或产品的要素的组合,包括功能组合、功能引申、功能渗透、顺序组合等。

(17) 重组。运用"因素异构异功"规律,使原有的事物产生新的性质,公共关系策划人员可对既有方案进行分析,改变其组合方式排列程序,其结构是迥然不同的。

(18) 改型。突破固定结构的一种方式。所谓"已经习惯了的、天然合理的结构",其实往往含着不够合理或极不合理的因素,只要认真观摩、仔细揣度,往往可以提供改型性思路的可能性。

(19) 重复调整。将公共关系活动方案结构的主、次、偏、正位置或左、右、先、后的时空次序,以及轻、重、多、寡的结构成分,进行富有新意的调整,以实现创意意图。

(20) 辨认需求。公共关系活动需要广大公众的参与,同时也要让企业(公共关系主体)从中得到发展和提升。因此,要对自我的需求和公众的需求进行辨认,以激发相应的策划思路。

(21) 兴趣引导。指对某项公共关系目标的兴趣,通过对相关的趣味化事物的多位探究,获得相关的启迪和诱导。

(22) 移情。移情效应是人的4种微观心理定式之一。这里指把人的感情倾向投入与公共关系目标相关的事物中,强化对策划对象的理解和认同。

(23) 角色法。在公共关系策划过程中利用形象性展现公共关系创意的内涵,转换角色,体会角色心理,更加客观地审视主客体的优劣,矫正不适之处。

(24) 直觉。指理性的"感觉",是"对经验的共鸣的理解",是突发性的瞬间判断,是无概念的思维活动,是直接洞察的本领。我们应注意对直觉的积累,记录在册,以备后用。

(25) 沉思。使创意灵感聚集、积淀、成序、升级的技巧。当公共关系信息元素积累一定量后,可以闭门独思,面壁苦想,随时记录所思所想,从中发现可用之法。

(26) 梦想。利用半醒半睡的状态使潜意识活化,从而诱发思路明晰和升华的技巧。

(27) 自由联想。否定框框、不设前提、不受限制的联想技巧。例如,从石头想到石雕、石针、石屋、石人、石凳、石花、石画,等等,还可以自由联想下去,一直到发现有新意的事物为止。

(28) 强制联想。规定了范畴或指向的联想方式。例如,从花想到花型,想到花型游船、花型床垫等。

(29) 设问。围绕既有公共关系目标和方案设想提出各种问题以及可能改进的方案。

(30) 设疑。不是根据具体方案已经呈现的疑点,而是提出假定性的疑点进行质询,以求验证既有方案的完美程度,从中发现创新思路。

(31) 简化。对公共关系策划方案的重点、亮点、要点、关键点的鲜明把握和突出表现的技巧。

(32) 移植。把某个领域的原理、技术、方法、材料和结构引向公共关系策划领域的思考方式。

(33) 杂交。将远缘或近缘、同种或非同种事物的内核或精髓吸纳、融合为一体,从而诱发质的升华的高级技巧。

(34) 交流。特指与公共关系思考目标有关信息的双向交换,目的在于"水涨船高"地引发更有价值的创意的产生。

(35) 实验。既包括常规意义的实验,也包括把大自然、社会及相关群体作为实验对象的实验,验证公共关系方案的重要的广义的操作技巧。

(36) 推测。依据相关事物所表露的端倪、苗头、趋势、倾向等,推导可能出现的新情况、新问题,以求趋利避害地、富于创意地采取对策。

(37) 重述。检索既有方案缺陷和可以完成部分的技巧。重述,有助于对方案认识的深化,有助于对方案作总体观览。

(38) 案例分析。对有典型意义的事物或事件进行分析,以触发深层创意的思路。有时,把非典型化事物或事件典型化,往往也可以收到类似的效果。

(39) 经验回忆。丰富创新思路、扩大创新领域的一种基础性技巧。这种回忆具有对经验的加工作用,是对已经凝固的智慧——经验活化的过程。

(40) 寻觅关键。把握事物要领、要害,特别需要集中关注的地方,往往对公共关系方案的实验结果有决定性作用。

(41) 异常研究。以培养对异常现象、异常反应、异常结果的非常态容忍,接受其精髓。也包括对异常现象的特殊兴趣、特别关注。

(42) 网络。从某种观点着眼,在本来已形成的种种系统中寻觅启迪线索和特殊通路的技能。

(43) 印象接制。从对某一事物的印象及其所接受的启迪来加工处理对另一事物的印象及其创意。这是难度较大的技巧。

(44) 聚合。用多种因素完善某一种事物性能的技巧。

(45) 合并。使可以并列发生作用的事物巧妙地并列,并使之产生新的功能的创新方式。

(46) 焦点。先选下一个项目,再任选另一个项目,然后围绕着创新目标从多角度实行联想的方式。

(47) 分割。使有综合性功能的事物局部发生独特功能的创新技巧。

(48) 整体分解。从既有事物的整体分解过程中体味相关创意可行的实现方案的技巧。

(49) 局部化。使整体功能在特定条件下较好地发挥另一种局部功能的创意技巧。

(50) 特性列举。通过对某项或多项事物的特性的关注,发现富于创意的思路或可资利用的原理。

(51) 链接。通过某种事物或因素的"触媒""桥梁""联结"等作用,使事物甲同事物乙产生联系并诱发新的功能的技巧。

(52) 信息交合。把不同事物的各种信息进行有机地交叉、重合、归纳、比较、筛选、融会,以产生创新思路的技巧。

(53) 专利利用。包括利用综合专利、综合专利成果进行发明,寻找专利空隙进行创造发明,利用专利成果的不足进行进一步完善性的创造发明,还包括利用与专利的相关产品需要进行创造发明等。这是创新的捷径之一,也是众多职业发明家惯用的技巧。

(54) 希望点列举。对已有的事物进行发散思维,尽可能地提出希望,然后选其可资实行的创意。

（55）等值变换。依照一定的观点使其事物"抽象化"，再以"抽象化"的事物进行思考，以发现其内在的本质构成中可以相互转化、相互可以"等值"利用的因素。

（56）求精。从常规事物的精致化中求新意、求高值的战术性技巧。

（57）量中求质。从大量的相关构思中选用最有价值的创意的方法。

（58）正反向综合思考。从事物的反面寻求合理因素，化入正面合理因素，或取代正面不合理因素的技巧。

（59）利用失败。从失败的结果和案例中寻求可资利用的部分或成分的技巧。在公共关系案例中，我们过多地研究成功事件，而忽略了比成功者多得多的失败者，所以我们应加大对失败案例研究的力度。

（60）反常。反常现象中常常孕育着鲜为人知的原理或资源。

（61）容忍荒诞。荒诞往往是某种合理因素的滑稽外衣。丘吉尔认为："没有一个构想不是非常荒诞而不需要加以考虑的。"还可以进一步说，即使是十分荒诞的构想也不妨细心考察一下它有没有合理的内核及有益的启迪。

（62）试探。彼时已肯定确属谬误的事物，此时可能由于时空条件的变迁而变得有可资利用的方面，或者具有崭新的创意。故有些创意彼时失败了，此时不妨再试一试。

（63）缺点逆用。事物甲的缺点可能成为事物乙的优点。这是广开思路的技巧。

（64）难点攻关。集中优势、调动潜能的一种自我的群体激励方式。智慧集团联合攻关中常应用此方法。

（65）排列展示。对公共关系活动潜在的可利用的创新因素通过排列对比获得显示的技巧。

（66）成对列举。把任何两个以上的事物组合起来使之产生新的功能的方法。

（67）跃进。简化事物既定发展的一种技巧，也往往是弥补特定方面智力缺憾的战术方式。跃进，不是可以逃避必须完成的行程，而是战术性地跃进暂时可以跃过的线段和方法，而后有条件而又需要补正时再加以补正。

（68）深入。诱发深入的观察、思考的一种创新追求的心态，对重大发现和祛除思维屏障性障碍往往有突破作用。

（69）姑隐。对未成熟的创新构思加以隐匿式的保护、"存放"于心灵深处，待其进一步"发酵""成熟""完善"，有助于创新构思在内部酝酿发育的技巧。

（70）混合。把多种性质、色彩、内容或构形单调的公共关系信息方案调和、拼接、搅拌、拧接成具有新的功能、性质或吸引力的设想。

（71）展开。把方案可以延展的部分充分展示，以便从中寻觅创新思路的技巧。

（72）拉开。同欲创新的目标拉开一定的心理距离、视觉距离（有时包括审美距离），以便于审视其整体性构想的特征。也可以是指将特定事物的封闭性外壳拉开，以窥视其内在特质的思维方式，可以理解为有益于创新思维的辅助技巧。

（73）简化。使重点突现、功能鲜明、构造净洁、一目了然的高级技巧。简化，不是简单化、粗疏化。简化，是高度合理化、功能高效化、一物多用化、效能充分化的思路特征。有许多事物一经简化，常使人耳目一新、获益良多。

(74) 排除。指尽可能剔除影响创新实践的不利因素,包括自身的心理障碍,是增强内外环境交流的一种技巧。

(75) 扣除。指把特定事物的非必要性的成分强行拿掉或硬性舍弃,从而进一步审视有无进一步简明、简洁地实现其功能或扩大其功能的可能性。

(76) 舍去。指对有小利而无大益的事物部分割爱式地放弃,这往往可以导出新的结构、新的思路的诞生。

(77) 小处着眼。不避弃小设想、小构思,往往也可以获得相当可观的效益。另外,有时从小处着眼还可以解决大问题。

(78) 淘汰。剔除与公共关系目标无关紧要或很少有益的部分。精华,往往在逐级、逐层准确地淘汰中呈现。但是,最后留下的0.1%的精华往往可以改变世界。

(79) 图解。把公共关系目标图表化,有助于一目了然地把握实现目标的核心因素、关键步骤、价值取向。

(80) 默写。有助于策划创意的深刻化、系统化、逻辑化,特别是在拟定实施方案时作用显著。

3.3 公共关系策划的"金三角"

在任何一个与对手博弈的场合,胜利总是属于在思想上、计划上及行动上比对手高出一筹的一方。公共关系策划要想胜人一筹,就必须把握策划成功的技巧,这就是"势""时""术",这三者构成了一个完美策划的"金三角",缺一不可。任何一个优秀的策划都是对这三者的巧妙运演。

一、公共关系策划中的"势"

现代物理学认为,物体所处的位置越高,它的势能越大,如瀑布,其落差越大,落下来的冲击力越大。我国古代军事家孙子对这一现象有更深刻、更形象的论述,他说:"任势者,其战人也,如转木石。木石之性,安则静,危则动,方则止,圆则行。故善战人之势,如转圆石于千仞之山者,势也。""势"在企业营销中指的是对企业营销活动有利的社会舆论、环境、声势、时机、情感氛围等因素。运势则是指在企业营销活动中正确地分析、把握和利用这些有利因素,使企业及其产品活动更加引人注目,发挥更大的效应。企业营销活动中常用的"公共关系运势术"有以下几种。

1. 取势

所谓取势,就是某种"势"已经存在,但由于企业受所处地位的限制,不能马上运用这种"势",通过一定的公共关系活动使它为我所用。取势是古今中外政治、军事和经济竞争中常用的一种制胜方法和手段。在企业营销中也不妨一用。世界著名的体育用品公司——阿迪达斯公司在营销中就以善于取势而获巨大成功。

在德国一个只有1.7万人的小镇上,有一家世界最大的体育用品公司——阿迪达斯公司。1936年前,阿迪·达斯勒只有一个不出名的中型鞋厂。1936年奥运会来临前,阿道夫·阿迪·达斯勒发明了短跑运动员用的钉子鞋。这种鞋能不能一举成名,关键看穿它的运动员能不能在比赛中取得好成绩。他派人打探参赛运动员的情况,当他得知美国短跑名将欧又斯很有希望夺冠的消息后,便无偿地将钉子鞋送给欧又斯试穿。欧又斯果然不负众望,在比赛中获得4枚金牌。于是欧又斯穿的钉子鞋便一举成名。此后,阿迪达斯公司屡屡使用这种方法。不久,它们又发明了可以更换鞋底的足球鞋,并把新产品无偿地送给了大有希望夺冠的德国足球队。1954年世界杯足球赛在瑞士举行,不巧,比赛前下了一场雨,赛场上十分泥泞,匈牙利队队员在场上跟跟跄跄,而穿阿迪达斯鞋的联邦德国队员却健步如飞,并第一次获得世界杯冠军。由此阿迪达斯名震海内外。

2. 用势

这是指组织利用自身已有的资源和条件策划重大公共关系活动,以更好地实现营销的目标。这些资源和条件包括企业开业日、纪念日、企业新产品或新服务打入新市场以及企业遇到社会性危机事件等。

1986年5月8日,美国可口可乐公司迎来了它的100周年纪念日。为了利用这一难得之"势",再一次向全世界展示可口可乐这一世界品牌的气势和雄厚实力,公司举办了一次盛大而壮观的庆祝活动。1400名工作人员从世界各地飞回总部参加了这次活动,公司用可口可乐免费招待夹道欢迎的30万名群众。亚特兰大市长安德鲁·扬和可口可乐公司总裁戈伊艾祖塔亲自引导游行队伍。其后是一千多人的合唱队和乐队,演奏、演唱振奋人心的可口可乐传统颂歌——"我愿给这世界买一杯可口可乐"。还通过一次推倒60多万张多米诺骨牌的活动将亚特兰大、伦敦、里约热内卢等城市连接起来,当骨牌在伦敦到达终点时,引发了一次小型爆炸,一个巨大的可口可乐罐被炸得粉碎,顿时,全世界的可口可乐公司雇员都欢呼起来。公司通过举办这一活动,增强了雇员的凝聚力和自豪感,重塑了老牌公司的形象,创造了最佳的营销环境。

3. 借势

企业借助外部的条件和环境进行策划,如借助比企业更受人们关注的各种事物,与企业即将进行的公共关系营销活动结合起来,从而把新闻界及公众的关注点移到本企业方面,收到良好的效果。借势主要应从以下几个方面着手。

(1)借名人之"势"。所谓"名人",指那些对公众舆论和社会生活具有较大的影响力和号召力的有名的社会人士,如政界、工商界的要人,科学界、教育界、文化界的权威,艺术、影视、体育界的明星,舆论界的领袖等。这类公众对象虽然数量有限,但因其具有某种光环效应,社会公众出于对其崇拜、尊敬的心理,自然会对为名人服务的企业产生一种爱屋及乌的感情,所以名人对传播的作用很大,社会影响力很强,能够在舆论中迅速"聚焦"。企业不妨借名人之"势"来开展公共关系活动,开拓广阔市场。

以前在美国的一家报刊上登出过这样一则广告:为培养文坛新秀,任何人只要交99美元的报名费,再写一篇题为《我为什么喜欢住在肯纳邦克海边》的250字短文,就有可能成为布什总统的邻居。原来登这则广告的人只是一对极普通的夫妇,表面上看,这对夫妇似在鼓励"文坛新秀",实际上是想借此推销他们的住房。肯纳邦克是美国前总统布什的海边休假地,在那里有布什一幢漂亮的海边别墅,这对夫妻的房子就在这幢别墅附近,他们早就想卖掉这所房子,但苦于找不到买主,情急之下,便想出这一妙计。果然,广告一登出就发了一笔小财。后来当人们明白了事实真相后,都不禁捧腹大笑。这则新闻故事妙在利用赫赫有名的美国前总统布什为媒体,把推销房屋与有奖征文这两件毫不相干的事连在一起,使总统的大名为这笔小小的房屋交易出了力。致使这对夫妻既收到了卖房子的实惠,又博得了培养文坛新秀的美名,还以他们幽默的推销方式受到了人们的赞誉。

(2) 借名物之"势"。名物包括名建筑、名城、名山、名古籍、名古董等,它们都是企业营销的可借之"势"。浙江普陀山是观音的道场,是我国四大佛教圣地之一,人们传说观音菩萨能送子,不少去朝拜的人要带回一把灰,祈盼早生贵子。普陀山食品厂借助这一"名物",采用红枣、山药、当归、丹皮、枸杞子等中药材,研制出"观音"牌特色保健食品,注明"养精血,促生育",在普陀山一上市,很快供不应求,当地也第一次有了自己的土特产,企业因此声名远扬。

(3) 借名言之"势"。如果说,借用名人要花重金,借用名物却难觅,那么,名言却生生不息,数量甚多,策划家们自可巧妙地借来,为公共关系营销活动所用,为广告制作所用。日本丰田车的广告是"车到山前必有路,有路必有丰田车",渗透到我国广大公众心目中,其成功之处就在于巧妙地把流行在中国人口头的名言"车到山前必有路"进行改造借用,很自然地借"有路"衬托了"必有丰田车",既让人一下就记住了"丰田车",又自然地烘托出丰田车受欢迎,市场拥有量大的气势。

(4) 借热点之"势"。"热点",即新近流行或人们普遍关注的事物或现象。在开展公关活动时若能恰到好处地借用到"热点",往往能收到意想不到的效果。一般来说,体育大赛、政治风云、战争烽火、文化盛事、社会时尚等都是人们所关注的热点,均可为企业所借用。

4. 蓄势

蓄势也是一种文学艺术手法,在企业营销活动中则是围绕某一目标策划一系列活动,步步推进,层层铺垫,而又不露"真相",执意吊公众胃口。这样,最大限度地激起公众的好奇心,待时机成熟,撩开企业或产品的面纱,会使人感到分外惊喜,从而收到不同凡响的公共关系效应。

蓄势是企业营销中复杂而难以掌握的方式,若找不到蓄势的正确方法,就会像一座漏水的大坝永远蓄不起水来;若掌握不好蓄势的火候,积累的能量也会被浪费。

5. 造势

这是指企业营销策划者通过巧妙思维,利用某一个看来微不足道的契机,为企业与公众间关系的建立与发展营造一个有利趋向和势头。

造势是营销策划中最常用的方法,所有的广告、宣传、大众传播、人际传播都可谓一种造势。因此,造势是一种最简单,同时也是最复杂的策划。具体可分为两种。

(1) 无中生有造势。这是指在没有任何可资凭借事物的情况下,经过策划,营造有利于企业的舆论势头。

某年年初,中外运敦豪国际航空快件有限公司青岛分公司调查发现,青岛市民乃至新闻界几乎都不知道已建立两年的该公司。于是便决定策划一起"急人所急"主题的公共关系活动。公司首先在中国青岛对外经贸洽谈会的专刊——新华社《外向经济导报》上做了整版广告。广告讲述了敦豪公司起源的一个小故事：26年前，美国加利福尼亚州一个小伙子在一家海运公司等朋友。他偶然听一位管理人员说，一艘德国货轮停泊在夏威夷港，可货物提单却在旧金山，需要一个星期才能寄到夏威夷。这个小伙子便主动提出他愿意乘飞机将提单送往夏威夷，那位管理人员发现此举可以节省昂贵的港口使用费和滞期费，于是他把提单交给了小伙子。小伙子完成任务归来，立即联络两位朋友，开创了一个崭新的领域——快运业务。这个小伙子就是Daiscy，他的另外两个朋友是Hillblom和Lyuu，他们名字的第一个字母便成了公司的名字DHL（敦豪国际航空快件有限公司）。这个故事包含了这家公司最重要的经营理念——急人所急。青岛分公司还在这版广告上介绍了DHL公司26年来奇迹般的成就，并在广告版面的左上角标出醒目的"3月之谜"，其谜底就是这版广告。接着，他们又在电视台、报纸等媒体上发布了"3月之谜"的谜面，内容是请市民找登载DHL故事的报纸，并用笔重述这个故事，设有金、银、铜奖，给踊跃参加者以奖励。

这次活动投入奖金仅10万余元，持续一个月，昔日默默无闻的青岛敦豪一举成为富有"急人所急"之经营理念的知名企业，呈现出公司业务迅速增加的良好势头。

（2）小题大做造势。这是指抓住一些微不足道的小事或小细节，将其中动人的情趣或丰富的蕴涵传播、扩散，造成一个有利于企业公共关系建立和发展的良好态势，从而达到促进销售的目的。

南斯拉夫塞尔维亚一座小镇附近有近7个湖，农民投放鱼苗后，6个湖中的鱼渐渐长大了，其中一个湖却一条鱼也没有。后经专家调查，确认湖中有一个重120～200千克的大鳅鱼。当地农民决定请网鱼手捕捉这条大鳅鱼。消息不胫而走，正为游客减少而发愁的当地旅游部门如获至宝。他们先是在报纸报道"湖怪"出现的奇异现象及有关传说，引起社会公众的广泛注意。接着透出消息：湖中有一条特大鳅鱼，为捕捉这条鳅鱼特地从多瑙河请来5位网鱼能手，届时将有一场鳅鱼与渔夫的精彩搏斗，以此激发公众浓厚的兴趣。经过渲染，捕捉鳅鱼时，前来围观的游客，单是烤肉饼就吃掉了两万张，饮料喝了3万瓶。第一场搏斗，鳅鱼赢了，于是旅游部门再次大做文章，他们借助新闻媒体，一方面告诉公众不久将有鳅鱼和渔夫的第二场搏斗；一方面绘声绘色地描绘出第一场搏斗中扣人心弦的惊险场面。不久如愿以偿，第二场搏斗吸引来更多的游客，旅游部门获得了一笔可观的收入。捉鳅鱼并没有什么特殊的新闻价值，但是一经渲染就赋予了事件以神秘的色彩，形成了像西班牙斗牛那样的刺激性和诱惑力，从而实现了公共关系目标。这是"小题大做"造势的结果。

总之，"势"如同喷薄欲出的太阳，"势"如同躁动母腹的婴儿，它是不可逆转和不可抗拒的，因此，在企业营销活动中必须认识它、顺从它，并创造性地利用它，帮助企业创造良好的公共关系氛围，实现企业营销的目标。

二、公共关系策划中的"时"

"时"和"势"是紧密相连的，故有"审时度势"之称。"时"即时机，它包含两层意思，就是时间和机会。公共关系策划中对"时"的策划也包含两层意思，这就是对时间的计算和时机的选择。时间在无始无终的流动过程中往往会出现一些关键时刻，这个关键时刻就是"机"。因此，公共关系策划中的"时"主要是指"机"。

1. 时机的特征

（1）不可逆性。时间的运动是一种单向的运动，它无始无终、有去无回。因此，时机稍纵即逝、不可复得。所谓"机不可失，时不再来"，就是这个意思。

（2）可捕捉性。时机虽不可逆转、难以确知，但可以捕捉，尤其是对有充分准备的人，时机是可捕捉的。引用一句名言："机会总是被有准备的人捕捉到。"策划者若能在时机发生前加以预测和准备，在时机适合时蓄势迸发，就可以创造出最佳的策划时机。

（3）与空间的不可分割性。时机虽然在时间上产生，但其运作发生均与空间密不可分。时间和空间是一切物质形态最基本的运动形式，没有独立于时空以外的物质，也没有离开了物质的时空。我们所说的宇宙就包含了时空两个方面，古往今来曰"宇"，四方上下曰"宙"。时空的不可分性是一个高深的哲学问题，我们只要知道其不可分就可以了。由于时空的不可分性，故策划空间"势"的发展就孕育着时机。要判断时机，就离不开对空间"势"的分析。刘伯温曾精辟地说："势之维系处为机，事之转变处为机，物之紧切处为机，时之凑合处为机。"

有人说：人生的路是漫长的，但紧要之处只有几步，这几步就是人生的关键，就是时机。公共关系策划若抓住时机，就能取得事半功倍的效果；若抓不住时机，事后即使投入更大的力气，也无法收到时机之效。古人说："一寸光阴一寸金。"现代人说："时间就是金钱，效率就是生命。"可见，时间、时机无论是古代还是现代都深受人们的重视，因此，公共关系策划更应重视时机。

2. 公关策划中的时机选择

（1）企业自身之机。从企业自身来说，开展公关活动的时机是很多的，在推出新产品或新服务项目时，就是开展公关活动的"天赐良机"。当企业新产品或新服务项目出现在公众面前时，往往会因公众对其没有感性认识而不承认甚至有非议，而且一般的销售广告也未见奏效，这就需要企业适时开展公关活动，在宣传产品或服务的同时塑造企业形象。例如，在多年前通信还不发达的情况下，要通一次越洋电话价格十分昂贵。大连市邮电局适时进行了一次很好的公关策划。某年中秋节，大连市青少年宫大厅里热闹非凡，男女老少怀着喜悦激动的心情同远在万里之遥的美国亲友通话。原来，大连市邮电局与美国电报公司新开通了"直拨美国中文台10810"国际电话服务项目。为了让公众了解，邮电局抓住中秋节阖家团圆的传统习俗，精心策划了这项公共关系活动。中秋节前两天，邮电局在《大连日报》正式打出以"人月两圆，情系千里"为标题的广告，告诉公众：中秋节这天，凡上午9时亲临大连市青少年宫的前200名参与者可获赠1张优惠券，凭券于同日上午9时至11时到上述地点，即可免费与在美国的亲人通话3分钟，分享越洋传情的喜悦，因而就有了那动人的一幕。这一活动使千里情谊一线系，让公众真正体会到了"直拨美国中文台10810"国际电话服务的亲切、方便和快捷，使这一国际电话服务从正式使用的第一天起便与公众建立起紧密的联系，从此人们便钟情于斯，与之结下了不解之缘。绝妙的策划在一定程度上也"制造了新闻"，当晚电视台对打电话的"感人场面"进行了报道，取得了很好的公关传播效果。

此外，企业初创之时，企业在技术开发、新产品研制等方面取得突破之时，企业在更名、合并、迁址、转产之时,都是宣传自己,向公众传播信息的公共关系良机。日本电通广告公司就抓住搬迁,成功地开展宣传。这天清晨,由公司总经理率领 2000 名员工,高举着"谢谢银座各界人士过去的关照""欢迎驻地各界人士今后多多赐教"的旗帜,浩浩荡荡地由银座向驻地行进。公司的这一举动,引起了社会公众的好奇,人们纷纷传播这一新鲜事儿,并称赞"电通"气度不凡,"电通"的知名度、美誉度大增。

(2) 周期循环之机。"周期循环"之机,指的是节假日、纪念日及每一年或每 5 年、10 年一循环的时机。在一般人看来,这是日复一日、年复一年的流逝光阴,而对公共关系人员来说却是天天有新意、年年有奇想、大有文章可做的公共关系良机。这样的时机是否能"乘"上,取决于企业经营者之心。如果乘机得当、策划得法,就能使公共关系活动取得良好效果。例如,这年上海家用化学品厂为迎合广大群众尊师重教的愿望,教师节前在报纸上刊登广告:9 月 10 日教师节当天,上海家用化学品厂拥有的 30 余辆轿车和面包车将在市区内为教师提供免费服务,凡贴有上海家化厂厂标和"明星"新产品中英文商标的轿车,教师可凭工作证在市区中山环路内免费单程乘坐,并可得到一份"明星"护肤品。这一举措引起公众广泛的关注。上海家化厂利用教师节这一时机,营造了"尊师重教"的文化氛围,并以此巧妙地塑造了与众不同的形象,使"明星"产品更加深入人心。

(3) 可预料之机。企业有些机遇虽然不是周期性的,却是可以根据种种信息加以推测预料的,如工程竣工之日、公司开业之日、产量达到目标之日等。对这些机遇加以利用,也能使公共关系工作获得良好的效果。例如,1995 年 12 月 19 日,中国香港国际机场乘客通道大门外,一位身穿粉蓝套装的小姐轻轻冲破一扇彩色纸门。站在一旁的香港旅游协会主席鲍磊替她系上彩带,并正式宣布这位来自韩国的李惠贞成为本年第 1000 万名香港旅客。李惠贞手捧鲜花,在优美的乐曲声中踏着红地毯,登上劳斯莱斯轿车,前往酒店豪华套房。在香港,她将免费获得 3 日贵宾般的享受,外加两张首尔—香港往返机票及 1000 美元的旅行支票等。香港旅游协会公共关系部经理黄兆雄说:"旅协与人民入境事务处有联系,数月前就预测到香港今年旅客可望突破 1000 万大关,并推知第 1000 万名旅客会在 12 月 19 日下午 3 时出现,于是通过航机抽签与旅客抽签的办法选到了韩国班机上的李惠贞,并策划了一整套的公共关系方案……"无疑,利用第 1000 万个抵港旅客来实施纪念性的公共关系活动,其机遇选得很巧妙,也很得当,这一机遇当属可预料的。

(4) 突发事件之机。一些意想不到的突发、偶发事件往往也可成为开展公共关系活动的"天赐良机",如果合理地加以利用,会产生巨大的公共关系效果。1992 年 6 月 26 日是著名音乐家贺绿汀先生 90 岁生日,也是贺老与其夫人姜老 60 年钻石婚纪念的大喜日子,贺家宾客盈门。不料,姜老下楼迎客时不慎跌倒,以致肩部骨折。《新民晚报》对此作了及时的报道。说者无意,闻者有心,这牵动了江苏无锡市塑料铺地材料厂孙厂长的心。几天后,孙厂长一行驱车赶到贺老家里,慰问了两老,并向他们表示热烈祝贺,说道:"我厂生产的'钻石牌'地毯用于祝贺两老的'钻石婚'顺理成章。"说完,工人们很快为贺老家楼上、楼下房间及楼梯走廊全都铺上了地毯。临走时,还送上一面大红锦旗,上写:"钻石地毯恭贺绿汀夫妇'钻石婚'志喜。"两位老人感动得连声道谢,连夜打电话给报社,要求予以表扬。《新民晚报》、广播电台等单位很快进行了报道。就这样,孙厂长借助一件意外发生的事件,巧妙地宣传了自己的企业。

值得注意的是,乘突发事件之突如其来的时机,关键有两条:一是要有灵通的信息渠道,善于捕捉具有公共关系价值的"事件",使绝好的机遇来临时不至于毫无觉察;二是要有把握和利用可乘之机的意识,一旦碰到突发、偶发事件,即可进行绝妙的策划。

(5) 形象受损之机。在经营过程中,企业形象随时可能受到损害。这大致有两种情况:一是自我损害,即由于企业自身的生产经营活动出现的偏差,如产品质量、服务质量出现问题,危及公众利益,企业形象受到损害;二是他人损害,即由于公众的误解或他人过失(如伪冒商品),企业形象受损。不管哪种情况,一旦受到损害,企业要积极地开展公共关系活动,摆脱被动局面。

若是自我损害,企业的公共关系人员应本着实事求是的精神,坦诚地检讨错误,并采取有效的补救措施,将不良影响减小到最低程度,以求得公众的谅解和信任,重振企业声誉。20 世纪 80 年代后期,作为今天海尔集团前身的青岛电冰箱厂,曾因放松质量管理,让不合格的产品流入了市场,消费者投诉到新闻媒体,企业形象一落千丈。面对这场危机怎么办呢?该厂领导深深地懂得"从哪儿跌倒从哪儿爬起来"的道理,立即向消费者道歉,帮助调换产品。同时从内部做起,唤起全员质量意识。他们对库存的冰箱逐台检查,结果发现有 76 台冰箱存在不同程度的质量问题。厂领导一声令下,当着全厂职工的面把这 76 台冰箱用汽锤全部砸碎。这一举动如当头一棒,职工们备受震动和教育,质量意识大大增强。这些坦诚的举动感动了新闻媒体,感动了公众,企业很快又重振雄风。

若是他人损害企业形象,企业就应该对公众做出必要的解释,澄清事实,恢复公众的信任感。美国曾有一个这方面的成功事例。1959 年 11 月 9 日,美国卫生教育部部长弗莱明突然宣布:当年的一种叫"克兰梅"的酸果由于除草剂的污染,在实验室用老鼠做试验,发现了致癌病变。虽然还不能证明在人身上也会有危害,但是他仍劝告公众酌情处理。克兰梅是美国人在感恩节喜欢吃的食品,感恩节前夕正是克兰梅食品制造商和经销商赚钱的最好时机。所以,弗莱明的上述公告立即在社会上引起强烈反响,克兰梅食品在商场内无人购买,已经买了或订购了这类食品的顾客纷纷退货。

美国的海洋浪花公司是专门生产克兰梅果汁、果酱的企业。面对巨大的威胁,公司决定澄清事实真相,于是成立了一个 7 人小组,专门对事件发生的整个过程进行了深入细致的调查,结果发现弗莱明的公告是出于一种误解。公司精心策划了挽回克兰梅声誉的计划。首先,召开记者招待会,公布调查的全部情况;花费重金,在美国全国广播公司的节目中安排专访节目,请有关政府官员、卫生、食品方面的专家及消费者对克兰梅食品发表意见,以消除弗莱明公告的影响。其次,打电话给弗莱明,要求他立即采取措施,挽回影响。最后,利用名人效应进一步打消消费者的疑虑。当时,4 年一度的美国大选即将开始,两位候选人——肯尼迪和尼克松正在进行争取选民的活动。在一次两人与公众见面的电视转播中,尼克松吃了 4 份克兰梅果酱,肯尼迪喝了一杯克兰梅果汁。通过积极的公共关系活动,海洋浪花公司赶在感恩节前夕把克兰梅食品及时地摆到了商店的货架上。可见,企业碰到的某些危机并不可怕,因为成功的公共关系活动可使危机变为契机,使企业形象更进一步得到强化。

三、公共关系策划中的"术"

术,是公共关系策划中采用的招数,或曰"套路"。具体地说,就是根据不同的形势和机会,对公众采用不同的手段,或鼓舞之,或说服之,或推动之,使公众的行为于己有利,符合企业行动的方向。这里介绍几种常见的公共关系策划"术"。

1. 借题发挥

借题发挥是指利用已具有的某一时机、某一事件,因势利导地推出公共关系活动。这一策划方法的关键是"题"本身要有可资利用的价值。有一年,南方某酒店以西方传统节日母亲节为契机,举办了以"妈妈,我向您致敬"为主题的征文比赛和表扬模范母亲的活动。他们精心评选出12位模范母亲,给予表彰,并向当地12~15岁的学生征集歌颂母爱的诗歌和文章,从中选出20篇优秀文章,在母亲节当日举办朗诵会。在舞台背景下,一群天真可爱的孩子们为母亲献上不同的节日礼物,母亲的眼中则流露出无比幸福的喜悦。朗诵会上,孩子们朗诵着自己的作品,倾诉着一颗颗童心和对母亲表达不尽的爱意。此次活动在获奖孩子将奖品献给母亲,表露母子、母女的亲情中落下帷幕。这样的结尾在无言中升华了此次活动的主题,一时间,该酒店的名字在当地家喻户晓。

2. 变换组合

变换组合是指有意识地将两件本来无直接关系的事件联系起来,通过组合出奇、出新,从而形成一种新的结果,以提高事件的新闻价值和可宣传性。某年9月大连服装节期间,大连市青少年宫门前一片喜庆、热烈的气氛。大连华诚企业集团的成立大会与知名画家温读耕、江晓平的画展同时举行,别开生面的活动吸引了文化界、艺术界、新闻界、科技界、企业界的诸多朋友,也吸引了众多行人的驻足观看,成为大连国际服装节期间引人注意的新闻之一。这一活动既不流俗,又不铺张,跳出通常的开业庆典模式,利用大连国际服装节期间南来北往客人多、国外客商云集的机会,把成立庆典与画展结合起来,使企业与文化艺术"联姻"。华诚企业集团是由乡镇企业组建起来的。历来农民的形象是朴素、求实,这次庆典活动通过与文化艺术的联姻,一方面提高了企业成员的文化意识,另一方面使企业形象树立初始就因画展而富有浓厚的文化色彩。这项活动的基本策划思路就是变换组合,将一个企业集团的成立与知名画家的画组合起来,使事件具有了更加丰富的意义和十分新鲜的内容。

3. 轰动效应

轰动效应的基本技巧是善于抓住活动的关键点,通过与众不同的设计,别出心裁,出奇制胜,创造出轰动效应。《羊城晚报》曾以"奇特商店的奇特开张"为题,报道了广州市一家商店的开业盛况。这是一家出售仿铜古董的店铺。通常商家开业,打出的迎客招牌大多是"折价酬宾"。然而,这家商店却出人意料地声称"开业初期,每件售出商品涨价10%",这一反常态的做法立刻引起人们的关注,产生了前去一睹的兴趣。该店出售的是一种特殊商品——仿铜古董,作为古董,其功能在于鉴赏、收藏,因此决定其价值大小的一个重要因素就是数量的多少。通常说"物以稀为贵",数量越少,价值越高,海内孤品无疑是稀世之宝。据此,该店在所出售的仿铜古董旁,均置有一套生产该古董所用的模具,一旦被买主买下,即当场销毁这套模具,使购买者所得到的是天下独一无二的模具,满足收藏者"唯我独有"的心理,使得"涨价"成为合情合理、为人接受的事实。这种不同寻常的涨价手段,收到了同中见奇的效果,新闻媒体的报道更强化了事件的传奇色彩,创造了轰动效应。

4. 以攻为守

以攻为守是指企业组织在与外界环境不相协调时,通过积极主动出击的方法达到保护组织声誉的目的。有人说公共关系不仅是儒雅文人,而且应该是勇武斗士,这后一方面就体现在有效地运用公共关系手段实施自我保护,以消除社会不公正的评价和指责给企业组织带来的消极影响。

被誉为美国企业界巨子的亚柯卡曾有效地运用以攻为守策略,使位居美国汽车业第三把交椅、经济实力占美国第十的克莱斯勒公司在1978年东山再起。当时,该公司以创纪录的亏损数字——1.6亿美元轰动了美国,刚刚被任命为总裁的亚柯卡临危受命,在其他方案都行不通的情况下,为避免宣告破产这个最坏的选择,决定以公司全部财产作抵押向美国联邦政府提出贷款申请。消息传开,举国哗然。克莱斯勒公司景况的好坏牵连全美160万户家庭的生计,本来已是新闻报道与评论的热点,公司的申请贷款要求又捅了"违背企业公平竞争"的马蜂窝,更使公司成为众矢之的。公司的实际困难加上报刊有关宣告破产的预测,使供销各方惶惶不安,员工士气大受挫折,已经不景气的产品销售直线下跌。在此形势下,以形象为己任的公共关系应该怎么办? 在公司内部有两种意见:一种是防守策略,即"形势不利,多一事不如少一事,应该尽量不惹公众注意";另一种是进攻策略,即"公司受到了不公正的指责,应该据理力争,向社会公众说明实际情况"。亚柯卡采取了第二种策略,开始了大规模的宣传攻势。为此,公司花钱买版面,发表一系列阐述公司主张的文章,向公众说明事实真相。这些文章均有董事长亚柯卡的亲笔签名,从而使没有新闻价值的广告文章一跃而成为署名文章或写给美国公众的公开信。这些广告文章的标题是公众最想知道的问题:失去了克莱斯勒,美国的景况会更好吗? 克莱斯勒的领导部门是否有足够的力量扭转公司的局面? 克莱斯勒的问题是多得谁也无法解决了吗? 克莱斯勒有前途吗? 当时每天都有很多人阅读这些文章,甚至卡特政府和国会里每天都有人拿着这些广告文章边看边议。这些宣传攻势和其他活动配合,逐渐清除了公众的怀疑,恢复了公众对克莱斯勒的信心,国会也终于在圣诞节前夕通过了贷款法案。至此,亚柯卡的公共关系攻势并未结束。直到1981年,该公司的广告重点仍放在"一家美国汽车公司的再生"这样一种对公司整体形象的宣传上。持续的宣传运动终于获得了成效。1983年春天,公司的股票从1980年的每股5.5美元增到27.5美元,同时获得了政府4亿美元的自动贷款和3000万美元的无息贷款,从根本上扭转了局面。

5. 以诚换诚

企业组织与公众对象发生冲突时实施"主动进攻"的策略,一个必要前提是组织自身的行为应该是正确的,因此才能够"理直气壮""借理扬威"。如果由于企业自身的失误而导致冲突发生,企业形象受损,则采用"以诚换诚"法更加适宜。此法的关键是要抓住一个"诚"字,"精诚所至,金石为开",通过企业组织的真诚努力来赢得公众的谅解,消除已经造成的或可能出现的消极影响。

案例分析

海昌海洋公园关爱孤独症儿童主题活动

一、案例介绍

作为中国主题公园知名品牌及海洋主题公园代表,海昌海洋公园倡导"有梦有爱有快乐"的品牌理念,努力将旗下主题公园打造成梦的制造者、爱的凝聚者、快乐的传递者。在创造和实现梦想的同时,海昌海洋公园一直秉承着社会责任感和使命感,在关爱弱势群体、参与环保及动物保护等领域开展系列公益慈善活动。自2015年起,海昌海洋公园通过设立"关爱孤独症儿童公益主题月",更加聚焦孤独症这一特殊群体开展关爱行动,以此回馈社会。

1. 项目调研

《中国自闭症教育康复行业发展状况报告Ⅲ》数据显示,中国目前已有超1000万名自闭症谱系障碍人群,其中12岁以下的儿童有200多万名,并且正在以每年十多万名新患者的速度上涨。现在我国能诊断出来的孩子都是中、重度患者,有超过一半的中、重度自闭症者生活无法自理,不能脱离看护而生存。因认知片面造成公众误解,孤独症儿童及家庭逐渐自我封闭,几乎全天候的照顾、永久性的行为训练所需的高额经济费用,更让孤独症家庭承受着精神和经济的双重压力。

为了进一步推动社会公众对孤独症儿童的融合接纳,让孤独症家庭能够融入社会,海昌海洋公园宣布将每年4月设为"关爱孤独症儿童公益主题月",利用自身优势,为孩子们提供与海洋动物亲密接触的机会,同时号召大众给予这个特殊群体更多理解、包容和帮助。

2. 项目策划

(1) 具体目标如下。

① 发起孤独症儿童关爱计划,用切实行动关爱和帮扶孤独症儿童及其家庭。

② 践行企业社会责任,同时改善公众对孤独症群体的偏见,呼吁公众加入关爱孤独症儿童的行动中。

(2) 策略。利用自身资源优势,通过多元化的传播方式,如跨界合作建立公益联盟,名人为爱发声,奥运冠军传递正能量等进一步扩大公益月的影响范围,线上倡导和线下关爱活动相结合,号召更多人加入公益行动。提出"用爱包容所有"的公益主张,整合多方资源,携手权威央视媒体、奥运冠军、公益伙伴和美团、社会各界知名人士和爱心人士共同开展"海昌海洋公园公益月暨孤独症家庭关怀计划""小企鹅公益计划""蓝海豚行动"、科普讲堂、公益音频故事、公益跑等系列关爱活动。另外,联动旗下十大主题公园,发起百场公益和科普活动,欢迎这群特殊的孩子走进海洋公园,也让大众在游玩和参与活动的过程中加深对孤独症的了解,促进社会的接纳融合。

(3) 受众。这一活动的受众有:孤独症儿童/青少年及家长、社会大众、学校、媒体、NGO(非政府组织)等。

(4) 传播内容。海昌海洋公园的公益理念,孤独症儿童及家庭关爱计划等;孤独症相关知识及生存现状;其他动物保护、环境保护相关公益科普内容等。

(5)媒介策略。结合目标受众触媒习惯和阅读偏向,根据媒介特性匹配传播内容,加强参与互动,将投放效果放大再放大。

① 线上联动:联合异业品牌、公益伙伴进行传播联动,形成公益阵线联盟,扩大传播声量。

② 社交互动:在微博、微信、直播平台发起话题,借助 KOL(关键意见领袖)、名人的自媒体及"粉丝"资源,提升大众参与度。

③ 新闻公关:重点媒体密集传播,覆盖门户网站等,加强公信力。

④ 联动旗下主题公园线下资源:覆盖大批量公园,促进游客深度互动。

活动海报如图 3-1 所示。

图 3-1　活动海报

3. 项目执行

(1)活动预热。3月20日启动预热宣传,释放公益月活动 KV(主视觉海报)、公益品牌主张、活动计划、公益大使的宣传 VCR(短片)等。在自媒体平台首发,同时联动公益伙伴、异业伙伴、KOL 等媒体资源进行活动预热信息发布。

(2)全面爆发。3月30日至4月5日,结合公益月启幕仪式、4月2日世界自闭症日、30余位艺术工作者录制 Vlog(视频博客)为公益月发声,300多名社会各界知名人士自主加入"蓝海豚行动"发出爱的宣言等关键事件,联动线上线下传播资源,引发大量转发和评论,将活动热度推向高潮。紧跟启幕仪式,释放公益故事、走心海报/文案、PR 新闻等;全网推广公益 TVC(电视广告影片);发起微博话题"用爱包容所有";4月2日世界自闭日,在微信发起"蓝海豚行动",呼吁大众关注孤独症儿童,在微信端掀起一股温暖的蓝色风暴。

(3)热度延续。4月到5月,旗下十大主题公园火热开展百余场主题公益和科普活动,在实施对孤独症儿童及家庭切实关爱的基础上,让大众在参与各种趣味活动的同时,播下公益的种子。

① 九城联动公益跑,用运动传递爱心。

② 三大公益计划,包括小企鹅公益计划、海鸟保护公益计划、环境保护公益计划。

③ 百场公益和科普活动:围绕孤独症、海洋保护和科普等开展百场公益和科普活动,如星星课堂、海博士科研局等科普课堂,还有孤独症儿童画展、孤独症儿童体验"海豚疗法""心潜疗法"等。

上海海昌海洋公园4月面向全球孤独症儿童及家庭免费开放,如图3-2所示。

图3-2 上海海昌海洋公园4月面向全球孤独症儿童及家庭免费开放

4. 项目评估

(1) 效果综述。九城联动公益跑共招募到近万名爱心人士参与,其中在海昌公益月启动当日就在线招募了402组爱心家庭共上千人参与"为爱助力亲子公益星空跑"活动,当日现场收入全部捐献到孤独症家庭关怀项目。此外,联合项目在美团公益和慈善中国备案,永久存续在美团公益上为孤独症家庭筹款,善款将以海昌海洋公园和项目名义持续帮扶孤独症家庭。

(2) 媒体统计如下。

① 活动线上曝光1.2亿人次,线下重点城市50站地铁站广告露出,曝光客流1000多万人次。

② 吸引了主流媒体和新媒体对活动的关注和热议,并产生相关报道1000多篇,预计曝光量超1300万次。"孤独症""海昌公益月"等关键词搜索热度、相关话题量等显著提升。

③ 群星助力为爱发声,艺术工作者Vlog、公益大使VCR、公益TVC等微博视频观看量近1000万次。新浪微博话题"用爱包容所有"阅读量近3000万次,互动量达3万次。

(资料来源:金旗奖编委会.2019最具公众影响力公共关系案例集[M].北京:中国财富出版社,2020;佚名.海昌海洋公园首获2019"金旗奖"企业社会责任金奖[EB/OL].[2019-10-30]https://www.hai-changoceanpark.com/news/hai-chang-hai-yang-gong-yuan-shou-huo-2019-jin-qi-jiang-qi.html.)

二、思考·讨论·训练

(1) 海昌海洋公园关爱孤独症儿童主题活动的成功之处表现在哪些方面?

(2) 海昌海洋公园关爱孤独症儿童主题活动对现场活动细节的把握有哪些?对你有哪些启示?

实训项目

项目 3-1：编制公共关系策划书

【实训目的】 通过训练使学生具有公共关系意识,掌握公共关系活动的策划和实施,提高学生的公共关系技能。

【实训时间】 2 课时。

【实训地点】 公共关系模拟实训室。

【实训设备】 多媒体投影设备。

【实训情景】 某高校学生会青年志愿者协会成立之初,需要提升社团的知名度和影响力,同时为了向山区的贫困学生献上一份爱心,现准备策划一个爱心捐赠活动,倡议广大同学伸出援助之手,捐赠衣物文具。

【实训步骤】

(1) 全班学生分成 10 组,每组 5~7 人,编制活动策划书。

(2) 策划书要求有以下部分:公共关系活动目标、公共关系活动目标公众、公共关系活动主题、公共关系活动传播渠道、公共关系活动具体实施安排(时间、场地、人员、事件、设备等)、公共关系活动经费预算、公共关系活动评估。

(3) 在公共关系模拟实训室,每组采用多媒体展示自己的公共关系活动策划书,并接受答辩。

【实训手记】 通过训练,我的收获是_____。

项目 3-2：德芙巧克力情人节特别策划

【实训目的】 提高公共关系策划的创新性和艺术性。

【实训时间】 2 课时。

【实训地点】 公共关系模拟实训室。

【实训背景】 "情人节"虽然源于西方,但近年来已经以其浪漫的情调与甜蜜的氛围征服了中国的年轻人。在五彩缤纷的情人节礼品中,鲜花和巧克力是经久不衰的两个黄金选择。这个弥漫着浓情蜜意的节日也因此成为巧克力消费的旺季,成为各种巧克力品牌大显身手逐鹿中原的特别时机。为了巩固自身的市场地位,进一步提升品牌的形象,扩大公司的影响,德芙巧克力制造商准备借情人节之际举办系列公共关系宣传活动。

【实训要求】 将学生分成 3~4 组,每组为德芙公司设计一份构思新颖、创意独特、具有一定可操作性的情人节公共关系活动策划方案。

【实训建议】 可以通过各种媒体与方法广泛收集德芙巧克力的相关背景材料,多关注其他巧克力产品的公共关系活动信息以资借鉴。

【实训手记】 通过训练,我的收获是_____。

项目 3-3：把一个苹果卖到 100 万元

【实训目的】 通过卖苹果的思维练习,理解策划是一种智慧创造行为。

【实训步骤】

(1) 全班 4~5 人一组,分成若干小组。

(2) 给出思考题:以一个普通苹果作为推广对象,在不斟酌任何客观条件的情况下,构想为它增值的方法。

(3) 以小组为单位进行卖苹果的思维练习,从 5 元开始起卖,不断提高苹果的价格,直至 100 万元。

(4) 每组派代表在全班做总结发言。

【实训要求】 每小组需要 1 个组长和 1 个记录员;步骤(3)由小组长控制进程,应逐步提高苹果的"身价",并由记录员简要记录令苹果增值的方法;小组代表发言着重介绍本小组卖得最贵的那个"苹果"或本小组认为最具创意的增值方法。

【实训手记】 通过训练,我的收获是_____。

课后练习

1. 为什么说策划"是一种程序"?
2. 公共关系策划在主题设计中须考虑哪些因素?
3. 如何理解公共关系策划的可行性原则?
4. 成功的公共关系策划必须具备哪些条件?
5. 假如你是一个准备创业的老板,请根据当前市场情况谈谈你的策划方向,如经营范围、产品或服务、经营理念及实施步骤等。
6. 某化妆品公司拟通过赞助慈善活动来提升公司形象,活动有关要求如下。

(1) 目标:提升公司社会形象的知名度和美誉度。

(2) 经费:拟投入费用 50 万美元。

(3) 活动范围:某中心城市。

请按上述条件和以下格式撰写一篇简明的公共关系活动策划方案。

① 题目。

② 背景分析(调查内容以假设的方式设定)。

③ 策划方案:目的;实践;地点;活动内容;效果预测。

④ 实施计划:实施方案的措施;传播策略;场地布置简述。

⑤ 费用预算。

⑥ 评估标准。

7. 某音响公司拟借中华人民共和国成立 60 周年的时机,策划一个公共关系活动,旨在传播该公司形象和产品形象,有关要求如下。

(1) 目标:提高公司在音响界的知名度;推出 A 型新产品。

(2) 经费:拟投入费用 100 万元。

(3) 活动范围:某中心城市。

请按上述条件和以下格式撰写一篇公共关系活动策划方案。

① 题目。

② 背景分析(调查内容以假设的方式设定)。

③ 策划方案:目的;时间;地点;活动内容;效果预测。

④ 实施计划:实施方案的措施;传播沟通策略;场地布置概述。

⑤ 费用预算。

⑥ 评估标准。

8. 王先生出席公司的营销传播策略头脑风暴会,他刚开始发言,就被主持人打断,并受到了批评。你认为主持人这样做合适吗?为什么?

9. 某企业要召开一次新产品开发策划会议,这项工作由企业公关部来承担。如果你是公关部的负责人,你如何组织这次策划会并保证会议的效率?

10. 案例思考。

丑陋玩具风靡全美

美国艾士隆公司董事长布希耐有一次在郊外散步,偶然看到几个儿童在玩一只肮脏且面庞丑陋的昆虫而爱不释手。布希耐突发奇想:市面上销售的玩具一般都是形象优美的,假如生产一些丑陋玩具,又将如何?于是,他让自己的公司研制一套"丑陋玩具",并迅速推向市场。结果一炮打响,"丑陋玩具"给艾士隆公司带来了巨大收益,并使同行们也受到了启发,于是"丑陋玩具"接踵而来。如"疯球"就是一串小球上面,印上许多丑陋不堪的面孔。又如橡皮做的"粗鲁陋夫",长着枯黄的头发、绿色的皮肤和一双鼓胀且带血丝的眼睛,眨眼时发出非常难听的声音。这些丑陋玩具的售价虽然超过正常玩具,却一直畅销不衰,而且在美国掀起了一场行销"丑陋玩具"的热潮。

(资料来源:佚名.丑陋玩具风靡全美[EB/OL].[2015-10-10].https://www.ppkao.com/shiti/D074ED5EA169CE70DB885C3B0D0F0116/16ebda6cbf3b4e3abe5c347cc02b8022.)

案例思考题

(1) 丑陋玩具的开发运用了什么思维方式?

(2) 试运用公共关系学中的相关知识分析评点这一案例。

11. 案例思考。

助力杭州 G20 峰会的中国元素传播策划

2016年9月4—5日,杭州 G20 峰会隆重开幕,这场重要的国际会议选择在风景美如画的杭州举行,注定是一场经济与文化的交流盛会。下面我们来看看杭州 G20 峰会上那些惊艳众生的中国元素。

杭州 G20 峰会是第十一次峰会,这次峰会的主题确定为创新、活力、联动、包容。峰会邀请了更多发展中国家与会,使本次峰会成为发展中国家代表性最强的一次。这也是中国首次举行 G20 峰会。

民以食为天,这一次的杭州 G20 峰会的餐具充满了中国元素。

国宴餐具使用的是玛戈隆特"西湖盛宴",其设计者是主营文化艺术交流活动策划的丝绸之路文化发展(上海)有限公司以及被媒体誉为"中国宴会餐具第一品牌"的玛戈隆特团队,创作灵感来源于水和自然景观。整套餐具体现出"西湖元素、杭州特色、江南韵味、中国气派、世界大国"的国宴布置基调。

国宴餐具的图案,采用富有传统文化元素的"青绿山水"工笔带写意的笔触创造,布局含蓄严谨,意境清新,而且所有图案设计均取自西湖实景。

茶杯和咖啡杯系列的设计灵感来源于西湖的荷花、莲蓬,壶盖提揪酷似水滴。漫步西子湖畔,最让人难忘的是那些大大小小的桥。本次G20峰会会标图案用20根线条,描绘了一座桥的轮廓。桥不仅体现在这套国宴餐具的图案中,器具的造型也融入了桥的元素。

汤盅的外形设计灵感来源于海上丝绸之路的宝船,汤盅盖的提揪则是简约的桥孔造型。汤盅采用双层恒温方式,确保热汤能保持温度。本次国宴餐具均采用含45%天然骨粉的高级骨瓷所制。去年5月初"玛戈隆特国宴瓷"设计团队就开始设计研究。由于制作考究,这套国宴餐具的整个生产制作周期为10个月,研发和打样就耗时4个多月,并且设计师们前期做了16种设计预案。

这里,丝绸之路文化发展(上海)有限公司与玛戈隆特团队充分发挥主观能动性,设计了充满文化魅力、彰显国家文化"软实力"的餐具,充分体现了其创新意识;通过独具中国特色的餐具设计(见图3-3),向全球传递中国文化,传播中国形象。如此重要的国事活动交付我国公关公司策划实施,表明我国公关行业的地位在不断提升,行业价值得到国家的高度认可,证明我国公关人员具备了参与国事活动的能力。

图3-3 G20杭州峰会国宴餐具

(资料来源:佚名.G20国宴餐具精美绝伦:顶级瓷器工艺[EB/OL].[2016-09-05]. https://news.mydrivers.com/1/498/498140.htm;张耀珍.公共关系学:理论、方法与案例[M].北京:人民邮电出版社,2021.)

思考讨论题

(1) G20峰会的中国元素传播策划,体现了哪些公共关系策划的思维途径?

(2) 本案例对你有何启示?

12. 案例思考。

巨星"百事"精彩"可乐"

2012年夏天在多家大型商场,百事可乐摆出强大的阵容,展开公共关系、宣传、广告、促销攻势,赢得了年轻一族消费者的青睐。

在现场可以看到促销专柜是一个大型百事可乐易拉罐造型,背景是醒目的百事可乐新形象标志,百事可乐、美年达、七喜三大百事系列产品方阵更是气势非凡,与巨星背景大招贴、POP挂旗、宣传画、促销礼品模型,构成一道亮丽的风景线。促销专柜前人头攒动,参加百事促销活动的消费者络绎不绝,真可谓"风景这边独好"。

此次百事可乐整个营销活动的主题"百事音乐巨星赏",其主要目标是成为"新一代的选择"。百事可乐与我国香港知名歌手郭富城、王菲,以及国际巨星珍妮·杰克逊、瑞奇·马丁签约,成为百事可乐的形象代言人,其主要目标直指时尚年轻一族,欲在新一代中建立一种新的生活观念,根植"百事可乐"全新的精神境界,使"百事可乐"成为"新一代的选择"。而且把时尚音乐、广告策略、促销活动有机地进行整合,统一形象、统一组织、统一传播,形成极具攻击力的百事可乐大营销活动。

"能房获你的心的品牌就能促成行动,能房获你的感情的品牌便能得到青睐""心动不如行动""每天喝杯×××",类似叫喊式的广告是带有强迫式的传播方式,而且声音杂乱,传播组织缺乏统一性,这样就很难达到真正的市场效应,更谈何创新市场巩固市场。

当然,百事可乐适逢良机,当时"可口可乐"受一些特定事件的负面影响,其他竞争对手还未能及时展开有效的品牌推广,而百事可乐则以时尚色彩、时尚音乐、时尚活动,再次掀起可乐市场风暴。

(资料来源:佚名.公共关系策划[EB/OL].[2012-12-11].https://www.docin.com/p-551167174.html。)

思考讨论题
(1) 通过上面的案例,分析百事可乐此次策划成功的原因。
(2) 本案例对你有哪些启发?
13. 案例思考。

"您的宝宝"网站的创意策划

强生(中国)有限公司(以下简称"强生")1992年成立于上海,是强生集团在海外最大的个人护理消费品公司之一。经验告诉强生公司应该在网上开设具有特色的、别人难以模仿的新颖服务项目。于是,强生选择将婴儿护理品作为公司网站的形象产品,选择"您的宝宝"为站点主题,将年轻用户的"宝宝成长日记"变为站点内容的一部分,沿着这本日记展开所有的营销流程。

强生建成了一个"您的宝宝"网站,这是一部"个性化、记录孩子出生与成长历程的电子手册",也是一个"受欢迎"且充满"育儿文化"气息的地方。强生就像一位絮絮叨叨的老保姆,不时地提醒着年轻父母们关注宝宝的睡眠、饮食、情绪、体温……随着孩子的日日成长,这位老保姆会时时递来"强生沐浴露""强生安全棉""强生尿片""强生围嘴""强生2合1爽身粉"等宝宝所需的产品。年轻父母们会突然发现,身边这位老保姆和育儿宝典的重要性。此外,网站还为年轻父母们提供了心理指导,比如"我的宝宝学得有多快?"栏目开导父母们不要将自己的宝宝与别人的宝宝进行比较,"将一个婴儿与其兄弟姐妹或其他婴儿进行比较是没有意义的,只能将他的现在和他的过去进行比较;而且你们的爱对婴儿来说是至关重要的。因此,无条件地接受他、爱他,就会培养出一个幸福、自信的孩子"。强生网站提供服务时将用户输入的数据也导入其网站服务器。用户登记及回答的信息到了公司营销专家、心理学家、市场分析家的手中,将成为一笔巨大的资产,可以形成一份份产品促销专案,至少对强生与用户保持联系来说起到了相当重要的作用。

(资料来源:佚名.强生公司的网络营销策划方案[EB/OL].[2021-03-22].https://www.renrendoc.com/paper/118307768.html.)

思考讨论题

(1)强生"您的宝宝"网站的创意策划有何独到之处?

(2)强生"您的宝宝"网站还可以在哪些方面创新,以更好地实现企业的公共关系目标?

 思政园地

请扫描以下二维码,了解思政要求。

思政园地 3.pdf

任务4 公共关系实施

> 一旦问题被界定并且提出解决方案以后,则下面的步骤就是行动和传播。
>
> ——[美]斯科特·卡特里普

任务目标

- 明确公共关系实施的基本要求。
- 能够设计公共关系实施方案。
- 克服公共关系实施障碍,保证顺利实施。

案例导入

罗德公关公司的项目实施

罗德公关公司曾为奥迪 A8 上市做过一次大型的公关策划。这是一场别开生面的新闻发布会,主题确定为"时空安静",4 个字正好突出的是奥迪 A8 的 4 项特性。在项目实施中,罗德公关公司非常注重细节,使新闻发布会的各个环节紧紧相扣,整个活动有序进行。

以北京地区为例,罗德公关公司选择的新闻发布会地点是"天下第一城"——一座仿照紫禁城设计的酒店娱乐综合性设施,有城墙、瞭望塔、湖泊、佛塔、庭园和茶馆等景观,离市中心仅 50 千米。当天的活动分为两站,先是在北京古老的皇史宬,参加试驾活动的记者都受到奥迪主要负责人的迎候,并应邀观看一部有关 A8 轿车的录像片,由奥迪负责人向他们简要介绍为该款轿车而制订的在中国的行销计划以及奥迪最新的市场销售情况。接着,记者们分别乘坐 10 辆配备专职司机的崭新奥迪 A8 轿车奔赴"天下第一城"。在行驶期间,车内播放由罗德公司事先录制的一组原创诗歌,这些诗歌在古典音乐的烘托下描述了 A8 轿车的各项主要特征。抵达活动地点后,先让记者们享受一顿精美的午餐,然后引导他们参观四个互动式演示区。

(1) 空间优胜。由一位来自德国奥迪总部的产品工程师对 A8 轿车的主要特性进行全面而简要的介绍,包括该轿车所采用的全铝质车身结构、外观设计风格、内部配置特征、宽敞的座椅、最佳的人机工程设计等。记者可随意拍照和提问。

(2) 享受宁静。由一位古琴师演奏柔美而幽婉的中国古典乐曲。记者们可一边品茗,一边赋诗,并由琴师当场为他们配曲演奏。在这种氛围下,记者们由感性的古乐充分体验"静"的境界,由感性认识联想到奥迪 A8 的安静魅力。

(3) 时间概念。由一对舞蹈演员在奥迪 A8 轿车和钟楼的背景下表演现代舞,以诠释时间的本质及稍纵即逝的特性。

(4) 安全性能。由来自德国奥迪驾驶学校的一位教练讲述并展示 A8 轿车的各项设施及其操作过程,包括四轮驱动系统、防抱死刹车系统和电子稳定程序(ESP),后者可防止轿车在湿滑路面上行驶时因车轮打滑而失去控制。该教练还展示了极其惊险的驾驶技术:将车加速到 120 千米/小时后立即刹车并转弯,原地旋转 720°,以显示轿车在不使用 ESP 时的行为特征。然后他在使用 ESP 的情况下重复这个惊险动作,并且把两只手臂都伸到天窗外面,证明 ESP 如何能有效地防止轿车失去控制。最后由记者们在教练的陪同下亲自驾驶 A8 轿车在试车线路上行驶。整个活动在此刻达到了高潮。

（资料来源：佚名. 经典公关案例奥迪 A8 新产品上市［EB/OL］.［2018-10-24］.https://max.book118.com/html/2018/0902/8111121100001122.shtm.）

罗德公关公司通过成功的公共关系策划和公共关系实施，使奥迪 A8 精彩上市。公共关系实施是公共关系活动成功的一个关键环节。公共关系实施是指社会组织为了实现既定公共关系目标，充分依据和利用实施条件，对公共关系创意策划实施策略、手段、方法设计并进行实际操作与管理的过程。下面介绍公共关系实施的相关问题。

4.1 公共关系实施的特点与原则

公共关系实施是解决公共关系问题和实现公共关系目标的重点环节。只有通过扎实、有效的实施工作，才能直接、实际、具体地解决问题。即使是完美无瑕的公共关系策划，如果不经过实施，而是束之高阁，也只能是毫无意义的纸上谈兵。

公共关系实施决定了公共关系策划创意能否实现，以及实现的程度和范围。有效的公共关系实施，不仅能执行策划创意，而且能创造性地修改和弥补策划的不足。这时的实施活动，表现为实施人员能够选择最有效的实施途径和手段、方法和技巧。失败的公共关系实施，不仅不能实现策划创意，有时还可能使策划方案中想要解决的问题更加恶化，甚至完全与目标背道而驰。从这个意义上说，实施这个环节不仅决定了策划创意能否实施，而且决定了策划创意实现的效果。

公共关系实施的结果是后续公共关系策划的重要依据与起点。任何一项公共关系策划的实施过程不论成功与否，都会在社会上造成一定的影响和后果，进行新一轮的公共关系策划必须以此为基础，针对新出现的问题策划新的方案，这是公共关系策划的继承性和可持续性规律的客观要求。

一、公共关系实施的特点

1. 艺术性

公共关系实施的艺术性包括两层含义，其一是公共关系实施要勇于创新。同一公共关系策划方案的实施策略、手段、方法很多，要突破常规，别具一格，标新立异，以奇制胜，设计出竞争对手意想不到的、传播效果最好的操作手段和方法。其二是公共关系的实施在于攻心。目标公众具有不同的心理，比如性别心理、年龄心理、职业心理、专业心理、地域心理、血型心理、民族心理、宗教心理、情感心理等，要针对目标公众的特定心理来设计与操作实施策略、手段和方法。因此，公共关系实施的过程是创新与攻心的过程。

2. 文化性

公共关系实施的策略、手段、方法具有鲜明的、浓郁的文化色彩。许多传统文化和现代文化成为公共关系实施可利用的重要资源。随着社会进步和人们物质消费水平的不断提高，特别是随着知识经济时代的到来，物质文化化、消费文化化、生活文化化和经济文化化成为现代社会生活的一大趋势。从某种角度来说,现代物质消费就是文化消费,现代生活就是文化生活,因此,公共关系实施手段、方法要体现一种文化品位,迎合公众的文化追求,用文化的力量去感染公众。没有文化品位的操作方法和手段是低层次的公共关系实施行为。

3. 情感性

公共关系实施的过程常常表现为一种感情交流的过程,感情手段成为公共关系实施中基本的、常用的手段。要注意研究和利用公众的感情心理和感情倾向,重视感情投资,以情感人,以情动人,以情服人。让公共关系实施行为充满感情,这是公众的客观需要,也是公共关系的生命根基。

4. 形象性

公共关系实施的策略、手段与方法必须具有良好的公众形象和社会形象,以此赢得公众和社会的信任与喜爱。这是由公共关系注重塑造良好形象的属性所决定的。

5. 关系性

公共关系实施以建立和协调组织与公众的良好关系为基础,一切有利于建立良好公共关系的协调手段、交际手段和游说方法均是现代公共关系实施手段与方法的重要内容。要建立、巩固与发展广泛的关系网,遵循"养兵千日,用兵一时"的关系网运作原则,使关系网成为公共关系实施的重要路径。要正确应用交际方法和交际手段,善于与公众打交道,以便顺利完成公共关系任务,实现公共关系工作目标。

6. 传播性

公共关系实施的过程就是组织与公众之间的双向信息沟通过程。各种传播媒体都是公共关系信息传播载体,各种传播方法都是公共关系实施的方法。要把人际传播媒体、组织传播媒体、大众传播媒体以及各种综合性传播媒体有机结合使用,熟练掌握其使用技法,以实现公共关系整合传播的最佳双向沟通效果。

二、公共关系实施的原则

公共关系实施是一个复杂而科学的过程,客观上需要有一套科学的实施原则作为指导。公共关系实施原则是公共关系实施的工作准则,是公共关系管理者(领导者)和操作者在错综复杂的实施环境中,排除各种实施困难,完成公共关系实施各项工作,实现公共关系目标的成功法则。

1. 准备充分原则

在正式实施公共关系策划方案之前,必须做好各种实施准备。实施准备是公共关系实施成功的基础和前提条件。准备越充分,公共关系实施就越顺利,失误就越小。绝对不能打无准备之仗。在正式实施策划方案之前,要用足够的时间做好各种准备工作。公共关系实施的管理者、操作者要严格、准确地检查每一项准备工作。要建立"准备工作责任制",把各项准备工作落实到具体的人并让其负责到底。

2. 策划导向原则

所谓策划导向原则,就是公共关系人员必须严格按照既定的策划方案进行,包括目标导向、策略导向和实施方案导向。

目标导向要求公共关系人员在公共关系方案实施过程中,不断将实施结果与目标要求相对照,发现差距,及时努力,务必实现目标。策略导向要求公共关系人员必须按既定策略思路去执行实施方案。策略指导实施行为,是实施行为的主题思想。实施方案导向要求公共关系人员严格按照实施方案开展实施工作。各项具体工作内容的实施方法是公共关系策略和公共关系目标的实现目标,应当熟练掌握与应用,并在应用中创造更有效的实施方法。

3. 控制进度原则

控制进度原则就是必须按照公共关系实施方案中各项工作内容实施时间进度的要求,随时检查各项工作内容的完成进度,及时发现滞后(或超前)的情况,搞好协调与调度,使各项工作内容按计划协调、平衡地发展,并确保按时完成。控制进度的原则要求做好预测和及时发现各种可能影响实施工作进度因素的工作,针对关键原因采取有效的预防和应急措施。

4. 整体协调原则

这是指在公共关系实施过程中,要使各项工作内容之间达到和谐、合理、配合、互补和统一的状态。公共关系实施是一项系统工程,各项工作只有相互有机配合才能达到整体最佳。各自为政,相互矛盾,只能增加内耗,严重时必然导致公共关系实施的失败。要行动一致,保证实施活动的同步与和谐,做到统一意志、统一指挥、统一行动,提高工作效率。

5. 反馈调整原则

反馈调整原则是指通过监督控制及时发现公共关系实施中的方法偏差甚至错误,并及时进行调整与纠正。由于各种因素干扰,或由于实施人员的素质问题,不按照既定工作方法实施的情况时有发生。由于策划设计错误,或由于实施环境突然发生变化,原来设计的实施方法无法操作,这些都是实施中的严重问题。要建立一种灵敏的监督反馈机制,及时发现问题征兆,并立即采取有效措施调整实施方法。

4.2 公共关系实施的方案设计

公共关系策划的主要成果是产生了一个(或一组)公共关系策略和点子(即公共关系创意),确定了主要的公共关系工作手段与策略(例如,形象塑造手段与策略、传播沟通手段与策略、关系协调手段与策略),并进行了总体预算,但是没有策划公共关系策略、点子及其所选手段与策略的详细操作方案,这正是公共关系实施方案要解决的问题。公共关系实施方案又称公共关系技术方案或公共关系策划的实施方案。其核心内容是公共关系策略、点子的具体操作方法。同样的策略、点子,不同的操作方法可能产生不同的效果。因此,公共关系策略、点子的具体操作方法也需要进行精心策划与设计。

一、实施内容与方法的设计

1. 设计实施内容

一种公共关系策略(或一个公共关系点子)的实施,往往要做多方面的工作。我们把"一个方面的工作"叫作一个工作项目,这是一级工作项目。一级工作项目又可分解为若干个二级工作项目(即更小的工作项目),二级工作项目同样可分解为若干个三级工作项目,直到不能再分解为止,把不能再分解的最后一级工作项目称为工作内容。

2. 设计实施方法

公共关系实施工作要求是指各项公共关系实施工作内容的操作目标、原则和注意事项,它对具体工作方法设计和实际工作过程具有重要的指导作用。因此,在公共关系实施工作内容设计完成后,就要对每项工作内容提出要求,根据这一要求设计具体工作方法。对工作项目只存在分解方法(分解为更小、更细的工作项目的方法),而不存在操作方法。公共关系实施工作方法的策划设计要符合以下原则。

(1) 工作方法的设计要具体、仔细、实在,工作量要小,尽量简单,具有较强的可操作性。

(2) 工作方法的形象要好,成本要低。

(3) 完成工作任务(内容)和实现策略(点子)的可靠性要高,防止"实现功能不足"。

(4) 必要时进行多种方法组合,有利于增加完成工作任务和实现策略(点子)的把握度,但要防止"实现功能过剩",以免造成实施成本增加。

(5) 要为有风险的操作方法设计备用方法,确保万无一失。

(6) 工作方法要符合目标公众心理,符合政策法律和各种社会风俗习惯、伦理道德。

从理论上讲,完成一项工作内容的具体方法很多,但实践中可寻找的方法却是有限的。要深入调查分析组织自身和实施环境所提供的各种实施条件和产生的实施制约,针对目标公众的公共关系心理,寻找和策划出多种工作方法,反复比较论证,从而确定出能圆满完成工作任务(工作内容),达到甚至超过工作目标的相对最佳的工作方法。

二、实施时机、进度与流程的确立

1. 选择实施时机

这是指能够使公共关系实施获得最佳效果的开始工作时间和结束工作时间。在现代社会,时间就是金钱,时间就是生命,时间就是效率。不善于利用时机,事后即使投入更大的力气,也无法收到好的公共关系实施效果。

公共关系实施的最佳时机,有时表现为一刻一时一日,有时也表现为一个较长的时间段,如几日、几周甚至几个月等。这些时机,有的是日常性的,有的是固定的,而有的则具偶然性。一项公共关系创意的实施,往往有若干项工作内容,其中,与公众发生关系的工作内容的实施开始与结束时间特别重要,必须准确把握,科学决策。

2. 确定实施进度

这是在确定公共关系实施时机后,规定各项公共关系实施工作内容所需的时间,并进行进度安排,以便保证在所确定的最佳开始时间启动有关工作,在最佳结束时间完成操作。实施时间进度安排,要充分估计各种因素的干扰,要留有余地。最直观的时间进度安排方法是拟出时间进度表。

3. 确立实施流程

公共关系实施各项工作内容之间存在着一种客观的分工与协调关系。只有合理分工,有机协调,才能保证各项工作的顺利完成。我们把公共关系实施各项工作内容之间的衔接、协调和配合关系及其有机组合的过程称为公共关系实施流程。它反映了各项公共关系工作内容之间的一种内在的联系规律,是公共关系实施作为一项系统工程的体现。

公共关系实施流程中的时间衔接、分工协调和有机组合关系通过流程图来表示,并配以文字说明。

流程图的文字说明,主要是对各项工作之间的协作关系、责任关系进行规定,必要时形成一种制度。一定要防止彼此责任不清、相互扯皮、"踢皮球"等现象发生,否则,将严重影响实施工作的进度和质量。

三、实施预算编制

在公共关系策划工作中,已对所选择的传播媒体操作等活动的经费做出了总体预算,这是进行公共关系实施工作预算分配的依据。将公共关系策划的总体预算经费合理分配到公共关系实施的各项工作内容中去,以保证各项工作的开支需要,这就叫公共关系实施预算分配。

一般来说,公共关系策划工作中的经费预算只做到一级工作项目预算,也只能做到这一级预算。因为,这时的详细工作内容及其工作方法尚未策划设计出来,所以不可能做到具体预算。

公共关系实施工作预算分配的结果应表述于公共关系实施时间进度表右侧,这样一目了然,便于了解与管理。

需要提醒的是,公共关系策划中的一级工作项目经费预算(或总体经费预算)是留有余地的,目的是防止意外工作增加或策划不周遗漏工作而造成经费不足。留有余地仍然是具体工作内容预算分配的原则,这主要表现于不要把一级工作项目预算的经费分配完,一般需要留下5%~10%的经费备用。

四、实施工作机构与人员安排

组织的公共关系实施主体有三种:组织内部公共关系部(或相关机构)、公共关系公司和公共关系社团。不管是哪种操作主体,都必须建立项目公共关系实施机构,配备得力的实施人员(包括实施领导和操作人员)。实施人员的素质与能力十分重要,优秀的实施人员不仅能顺利完成工作任务,而且能修改完善实施方法,弥补实施方案的不足。

所谓公共关系实施机构,是指为完成某一项公共关系任务、实现公共关系目标而建立的专门组织。规模较大的公共关系活动实施,其机构具有多层级特点,从低级层次到高级层次,人数依次减少,权力依次增大,形成"金字塔"式的稳定结构。应按照精简、统一、节约、效能的要求来构建公共关系实施机构。一般应以领导中心机构为核心,下设智囊机构、执行机构、监督反馈机构。其中,领导中心机构是决策角色,人员要少而精,办事效率要高;智囊机构作为领导决策的参谋部门,其组成人员应具有科学分析问题的能力以及较宽的视野和战略眼光;执行机构作为实施方案的具体操作部门,其组成人员应具有较强的指挥、协调、组织、交际和操作能力;监督反馈机构作为保证和检查实施的部门,其组成人员应具有敏锐的洞察力、实事求是的科学态度和强烈的责任观念。公共关系实施机构设置的程序是:①明确指导思想,确定组建机构的目的和任务;②制订编制方案。根据领导机构的任务和工作量,确定部门、职务和人数,规定每个岗位的职责;③确定领导体系。明确纵向隶属关系和横向协作关系;④报批机构编制方案;⑤任命领导人和安排工作人员。

一定要将每一项工作内容落实到具体人员。一项工作内容安排两个以上人员操作时,要确定一个负责人,并进行相对分工。一个人负责多项工作时,要考虑工作之间的内存关系,使其运作起来高效、方便。每一项工作内容的实施人员姓名表述于公共关系实施时间进度表右侧。

五、实施规章制度的建立

要依据公共关系职业准则和组织中有关规章制度,以及公共关系实施的具体情况,制定出各项公共关系实施的工作进度。

组织的公共关系部(或公共关系公司、公共关系社团)具有共性的公共关系人员行为准则和公共关系实施制度,是任何一次公共关系实施都必须遵守的工作制度。但就某一项公共关系活动来讲,其实施具有特殊性,应根据这种特殊性制定特殊的工作制度作为补充。这些工作制度涉及的内容包括:①职业道德;②信息保密;③经济关系;④行政关系;⑤分工协调;⑥交际形象与礼仪规范;⑦请客送礼;⑧奖罚机制;⑨危机处理(紧急处理);⑩差旅出勤。

六、实施人员的培训

在公共关系方案实施之前,对实施人员进行一定培训是很有必要的。这种培训的主要内容是实施工作制度教育和操作方法学习与研讨。

公共关系方案实施工作制度的教育,除了让大家明白各种规定及其意义外,特别要对特殊规定、容易违反的规定进行重点说明与强调。配合制度教育,反复灌输组织文化与理念,提高实施人员的思想与道德素质,增强其抵御腐蚀的能力。

要组织实施人员认真学习研讨公共关系方案实施工作内容的操作方法,反复体会,彻底弄懂,绝不含糊。重要的方法可通过讲解、讨论、答辩、模拟训练促使其正确掌握。有使用风险的方法要反复做模拟演习,切实提高操作的把握度,把失误率降至最低。很重要的工作内容的实施,除了第一工作方法外,还配有第二工作方法甚至第三工作方法,作为第一工作方法失败时的备用方法。备用方法的启用规定及其操作技能必须重点掌握。重要工作内容的第一工作方法如果是两种以上方法的组合,其相互配合关系也是学习研讨的重点。

4.3 公共关系实施的障碍

尽管公共关系计划实施方案是经过认真论证（可行性论证）的方案，但由于实施主体、客体和实施环境存在许多意想不到的实施障碍因素，由于同一种实施方案要在多种实施环境（如不同区域市场、不同时间市场、不同社会条件等）同时或先后实施，公共关系计划实施常常会遇到意想不到的困难，严重时会使公共关系计划实施夭折。因此，较为重要、涉及范围大、影响大的公共关系计划实施，有必要对实施方案的实施障碍因素进行调查，并通过对方案的局部（小范围）试验，进一步了解、认识实施障碍因素，寻找和设计排除障碍因素的途径与方法，取得成功实施的经验，以利全面推广。影响公共关系实施的因素是众多而复杂的，一般来说有三种类型：实施主体障碍、实施沟通障碍、实施环境障碍。

一、实施主体障碍

这是来自于实施主体自身的影响因素。产生这种障碍的主要原因是组织的人员素质、管理水平、策划与论证存在问题与失误。

1. 实施人员障碍

实施人员障碍主要包括：公共关系计划实施人员违反实施制度，工作不认真负责，没有积极性，职业道德素质和工作能力欠佳；实施人员心情不愉快，身体健康状况差（甚至突然生病）；实施人员之间关系紧张，工作不协调。排除来自实施人员的障碍，关键是选择优秀的实施人员并进行严格培训，建立一套有效的激励机制和约束机制。

2. 公共关系策划的目标障碍

公共关系策划的目标障碍主要包括：目标不明确，不具体；目标过高或过低；目标的实现条件不具备；目标不符合目标公众和社会利益；公共关系目标之间相互矛盾；公共关系目标没有服从于组织总体目标；公共关系目标与组织内部其他工作目标矛盾；近期目标与长远目标矛盾。在进行公共关系目标策划时，一定要征求各方面的意见，要形成目标共识；要对目标进行可行性论证（甚至进行不可行性论证），切实确立出正确、明确和具体的公共关系目标。

3. 公共关系策划的创意障碍

公共关系策划的创意障碍主要包括：公共关系策略、点子不符合公众心理需要和行为规律；策略、点子的传播力、感染力、冲击力和吸引力不够，难以打动公众；目标公众和竞争对手不明确；策略、点子的针对性不强；各种策略、点子之间难以耦合（存在矛盾或相互关系不密切）；策略、点子的可操作性差，实施风险大。减少创意障碍，提高公共关系策略、点子的质量，关键在于提高策划素质，充分利用组织内外策划专家，集思广益，应用创造技法。特别需要注意的是，如果公共关系调查工作失误，依据错误的调查结论来做公共关系创意，这样的策略、点子必然也是错误的。

4. 公共关系策划的预算障碍

公共关系策划的预算障碍主要表现为经费预算不足,造成公共关系实施经费短缺。要了解开支标准并反复测算,要留有充分余地。尽管如此,有时也会出现超过"余地"的经费开支,只要是实事求是的又是必要的,追加经费也是应该的。

5. 公共关系计划实施方案障碍

公共关系计划实施方案障碍主要包括:工作内容实施方法不正确;各种工作内容之间配合不好;公共关系计划实施时机决策失误;工作进度安排不科学;预算分配不合理;公共关系计划实施组织不健全,人员配备不合理;公共关系计划实施制度不完善、不具体。公共关系计划实施方案要由具有实施经验、实施能力强、管理能力强、责任心强、忠诚的公共关系人员来设计,要多征求各方面意见,力求实施方案科学、适用、有效、节约。

二、实施沟通障碍

公共关系沟通指在组织与公众之间展开的某种程度的交流。它通过语言、文字或其他方式的交互作用,引起公众思想或观点的变化。但公共关系实施过程中的沟通并不是一帆风顺的,常常会出现各种不利因素使沟通受阻,从而形成沟通障碍。常见的沟通障碍大致有以下几种。

1. 语言文字障碍

语言文字与思维不可分离,是人类特有的表达方式。人们只有借助语言文字才能完整地表达情感、交流思想、协调关系,它是人类最重要的沟通工具。然而,语言文字又是一种极其复杂的工具,掌握和运用它也绝非易事。由语言文字所引起的沟通障碍随处可见,比如,一位非洲朋友来到一家中国民航的宾馆,他用法语表示他要求住一个单间,并说:"我是部长。"由于服务员只懂几句常用的法语,对"部长"这一关键性词语不熟悉,因而闹得很不愉快。这种语言上的差异,造成了沟通中的障碍。同样,语义上的差异也会造成这样的障碍。同时,由于沟通者和沟通对象受教育程度的不同,在语言文字使用范围或表达上也会造成障碍。比如,在面向广大农民的产品使用说明书中,如果"之乎者也"地来一通,效果就会很差。

2. 习俗障碍

习俗是在一定文化历史背景下形成的具有固定特点的调整人际关系的社会因素,包括道德、礼仪和审美等。习俗虽不像法律那样具有强制力,但它往往迫使人们要入乡随俗。因忽视习俗因素而导致沟通失败的事例屡见不鲜。比如,你为西方来宾安排门牌号为13的房间,便会使其不满,因为13在西方人看来是不吉利的数字。又如,德国一位工程师到日本磋商合作问题,当他提出自己的意见时,日本对手微笑着频频点头,他回德后满怀期待地等了三周,却得到了意料之外的回音——他的意见遭到否定。他实在不知日本人的点头微笑是礼貌的表示,绝非同意的表示。

3. 心理障碍

当沟通对象对沟通者轻视、不信任或者紧张、恐惧时,就会拒绝接受或曲解其所传递的信息，从而影响沟通。比如，在谈判中，如果双方感情用事，为了各自的利益而争吵不休，就会使谈判破裂。又如，某地生产假酒曝光后，人们甚至对该地所在省的其他白酒也产生怀疑，进而一度拒绝购买该省的酒类产品。

4. 年龄障碍

不同年龄的人有不同的内心世界、价值观、审美观，从而对事物形成不同的看法。年轻人愿意接受新事物、赶时髦，因此他们愿意接受有关新事物、新问题的信息；老年人对有关传统的事情、方法、手段的信息更乐于接受。从而形成了一种倾向：即人们乐于接受与其原有认识或态度相一致的信息，而回避或拒绝与其原有认识或态度相矛盾的信息。比如，年轻人喜欢具有现代感的组织形象，而老年人则喜欢"百年老店"。

5. 观念障碍

观念由一定的经验和知识积淀而成，是一定社会条件下人们接受、信奉并用以指导自己行动的理论和观点。观念本身是沟通的内容之一，同时又对沟通产生巨大作用。有的观念能促进沟通，有的观念则会阻碍沟通。比如，封闭观念就排斥沟通，因其观念源于小农经济，缺乏社会性。"酒香不怕巷子深"是典型的一种。

三、实施环境障碍

公共关系方案是在一种复杂多变的社会环境、市场环境中实施的，因此环境中各种因素会从正面（促进）和反面（制约）影响实施工作。公共关系实施环境障碍是指来自于实施环境的各种制约因素、对抗因素、干扰因素。这些障碍因素有如下类型：①政治环境制约因素，包括政府的有关政策、法规的管制，以及政治形势、政策变化的影响。②经济环境制约因素，包括经济体制、经济政策与经济形势的影响。③社会文化环境制约因素，包括传统的民族文化、区域文化、宗教文化以及各种现代文化的影响。④科技环境制约因素，包括各种新知识、新技术、新工具、新材料、新产品、新能源的影响。⑤竞争环境对抗与干扰因素，包括竞争对手的认识度、美誉度、占有率以及开展的各种公共关系宣传活动的影响。⑥自然环境制约因素，包括地理条件、气候自然资源、生态的影响。⑦国际政治、经济环境制约因素，包括国际形势、外交关系、战争、国际市场与金融形势的影响。

总之，在公共关系实施过程中要努力排除各种公共关系障碍，保证公共关系工作的顺利实施。

 案例分析

"北疆天路——消失 72 小时"旅游推广活动

一、案例介绍

内蒙古自治区地处中国北疆，拥有草原、沙漠、湖泊、森林、戈壁等特色景点，资源禀赋得天独厚。"北疆天路"正是中青旅联科基于内蒙古本土优势旅游资源，依托全国最长的G303省际大通道，于2016年策划推出的内蒙古特色夏季自驾游线路品牌，一经问世，便获得市场的广泛关注。

2017年夏天,在去年"北疆天路"活动的基础上,中青旅联科再次为内蒙古自治区旅游发展委员会策划了此次"消失72小时"自驾之旅整合营销活动。项目于7月20日正式启动,历时20天,分设4条主题线路,共有4类不同人群,途经呼伦贝尔市、呼和浩特市、锡林郭勒盟、乌海市、阿拉善盟、鄂尔多斯市、满洲里市、二连浩特市,几近贯穿内蒙古"北疆天路"全域。

1. 项目目标

为了更好地推广线路,满足多样化和多层次的旅游消费需求,提升内蒙古自驾游的影响力和竞争力,今年"北疆天路——消失72小时"在去年的基础上,注重用体验旅行的方式,深度发掘路途中的旅游资源,记录、捕捉一路上的草原、森林、沙漠、奇峰、人文、城市等美好瞬间,展现独具北疆特色的旅游观光、休闲度假基地,最终将内蒙古推广成为"中国草原游第一胜地""中国自驾游第一胜地"。

2. 项目策划

(1)结合当下城市人群关注的热点问题,比如城市污染、工作压力、生活压力等,制造共鸣,引起关注。

(2)精准定位宣传目标群体,主打"让旅行温暖生活,让生活拥抱旅行"这一概念,以新媒体平台为主,传统媒体为辅,在知乎、百度、微信、微博等渠道联合发声。配以不同主题路线的KOL旅游所见所感所闻,将相关情感准确触达目标受众,并辅以视频情感动人,传播品牌理念,推动旅游消费的实质转化。

(3)后期以短视频、主题短片、创意总结H5、线下交流会等形式,仪式化、多角度增加宣传力度,将北疆天路自驾游线路上那些独特而丰富的亮丽景色,更加生动地呈现在大众眼前。

3. 项目时间

2017年7—8月。

4. 项目执行

(1)打造营销事件——全民寻找消失通道。对于在大城市打拼的人来说,房价居高不下,生活压力日益增加,结合这一焦虑,联科以"摆脱城市束缚"为创意点,自编自导自演了"消失72小时"活动预热短片。通过内蒙古原生态环境与城市雾霾下沉重的生活压力之间的落差,引发目标客群共鸣。

(2)精准人群招募——寻找你身边的达人。有别于传统自驾游,"北疆天路"所倡导的是一种"多景观+人文"的双重组合体验。本次活动结合目标客群的心理需求,通过大数据分析,推出了4条主题推介自驾线路,以满足多样化和多层次的旅游消费需求。活动前期通过公开招募,筛选出单身组、情侣组、家庭组、朋友组共4组具有代表性的达人参与到活动中。参与门槛降低的同时,有了来自身边的达人背书,也加强了目标客群的感知度。

(3)持续引发热点——多平台全方位覆盖。体验成果展示:活动结束后,收集、整理、发布北疆天路体验官百篇游记，席卷各大平台，通过双微平台、门户网站、美图网站持续发声，吸引近百家媒体跟进宣传报道，项目热度持续发酵。其中多篇被搜狐旅游、马蜂窝、网易新闻、UC头条首页推荐。

总结性H5刷爆朋友圈：由中青旅联科设计创意的活动总结H5"老板，我很久没有请假了，我能不能……"，引导网友们从现在压抑的生活状态中走出来，去内蒙古寻找迷失的自己。有策略及有节奏地引导，在激发用户好奇心的同时，再次传播了"北疆天路"的品牌形象。

收官视频推广：针对孩子、白领、歌手等三类不同人群上线多支"消失72小时"主题短片，并在秒拍、乐视、爱奇艺、优酷等短视频&视频平台同步宣传推广。极具感染力的旁白及画面，进一步激发了目标客群对内蒙古旅游的向往。

媒体线下主题分享会：联合搜狐旅游举行"天凉好个秋 自驾正当时"线下主题分享会，邀请到"北疆天路消失72小时"活动的体验者们，分享此次自驾途中的有趣故事，再次增加"北疆天路"的品牌曝光量。

5. 项目评估

本次"北疆天路——消失72小时"项目不同于传统的自驾游，而是抓住用户痛点，用别样的创意去体现来自品牌的关怀和价值——"关掉手机，消失72小时，让时间属于自己，属于自由"。活动过程中，中青旅联科依托旅游消费者大数据，根据现代都市人群日常浏览、旅游习惯，打造了创意宣传海报、知乎问答互动、摄影美图、新闻报道、视频等丰富新颖的内容形式，并进行精准投放，总体覆盖人群达2亿人次以上。

活动启动前期，在微信公众号、微博、今日头条、旅游垂直媒体推出的"消失72小时"预热视频，单平台播放次数超过200万。在地铁北京建国门站、北京站、朝阳门站、大望路站、东直门站、车公庄站6个站点的100块活动广告牌，预计曝光量近亿次。微信朋友圈广告覆盖全国十大核心城市，引发上万人点赞报名。

活动体验期，与搜狐旅游联合推出的"消失72小时"专题页面，对活动进行跟踪报道，并在汽车之家、马蜂窝、网易新闻、UC头条、新浪等旅游分享平台更新游记。多渠道的宣传推广，为"北疆天路"持续发声。

活动分享期，"消失72小时"话题阅读量超过2000万，登上新浪微博的热门话题榜旅游榜第一。新浪、网易、腾讯、中国青年网、中国旅游新闻网等共计百余家媒体发布"北疆天路"系列新闻稿件。

在本次活动中，通过新媒体端的强势发力，加上传统媒体的深度报道，最大限度实现了品牌露出与话题传播，使得"北疆天路——消失72小时"这一活动备受业内和大众关注，品牌影响力不断扩大。

（资料来源："北疆天路——消失72小时"旅游营销案例.国际公关，2017(12)：78-79.）

二、思考·讨论·训练

(1)"北疆天路——消失72小时"旅游推广活动公共关系实施有何特点？

(2)"北疆天路——消失72小时"旅游推广活动的成功创意表现在哪些方面？

实训项目

项目 4-1：组织爱心捐赠活动

【实训目的】 通过训练使学生提高公共关系意识,掌握公共关系活动实施技能,提高公共关系活动的组织能力。

【实训时间】 2 课时。

【实训地点】 校园内。

【实训要求】 根据"任务 3 公共关系策划"中制订的公共关系策划方案,正式组织一次爱心捐赠活动。活动组织结束后全班总结活动得失,并要求每名学生写出心得体会。

【实训手记】 通过训练,我的收获是＿＿＿＿＿＿＿＿＿＿＿＿＿＿＿＿＿＿＿＿＿＿。

项目 4-2：设计学院公共关系宣传活动实施方案

【实训目的】 提高学院的知名度、美誉度,扩大学院的影响。

【实训时间】 4 学时。

【实训地点】 教室。

【实训要求】 配合学院的招生宣传,组织一次宣传学院的公共关系活动。以班为单位,可以先通过老师了解学院的基本情况,然后由学生个人设计活动方案,在小组内讨论交流,相互启发,补充修改,最后在全班汇总,形成一个较完整的实施方案。

【实训手记】 通过训练,我的收获是＿＿＿＿＿＿＿＿＿＿＿＿＿＿＿＿＿＿＿＿＿＿。

 **课后练习**

1. 如何设计公共关系实施方案?

2. 在你所在的机构中,组织一次"'××杯'公共关系基本原理知识竞赛",请写出策划方案,包括活动主题、活动目的、活动内容、活动安排、活动组织工作、竞赛程序、竞赛规则以及竞赛题目等内容。如果你具体组织实施,请谈谈感受。

3. 关系实施过程中会遇到哪些障碍?如何克服?

4. 一零售企业对 1000 名消费者进行抽样调查表明,有 400 人知道该公司,其中只有 20％即 80 人对该公司表示赞许,10％即 40 人表示进行消费行为时首选该公司。根据这一调查结果,你认为该公司怎样开展公共关系工作?

5. 案例思考。

事 与 愿 违

某大型商场开业在即。为使企业开业伊始便有较高的知名度,企业策划了一个别出心裁的活动,以期引起当地媒体的关注。开业当天,在商场外搞抛发礼券活动,每张礼券 500 元,共抛售 1000 张。活动当天,先后有数万人参加了争抢礼券活动。受活动影响,商场周围交通被迫中断,结果导致市政当局和部分市民的不满。同时,活动本身秩序失控,导致一些人被挤伤。对此,当地几家媒体对活动所带来的问题进行了报道。尽管活动的开展客观上使企业有了知名度,但知名度带给企业的却是企业不希望看到的结果。

(资料来源:佚名.自考公共关系学试题[EB/OL].[2019-02-22].https://www.docin.com/p-2175633675.html.)

思考讨论题

(1) 公共关系实施中应注意哪些问题?

(2) 用所掌握的公共关系知识对该商场的开业活动加以评析。

 思政园地

请扫描以下二维码,了解思政要求。

思政园地 4.pdf

任务5 公共关系评估

> 公共关系,如同其他的参谋和一线功能一样,要接受评估,看它对完成组织使命和实现组织目标的贡献有多大。
>
> ——[美]斯科特·卡特里普

任务目标

- 做好开展公共关系评估的基础工作。
- 正确开展公共关系评估工作。
- 撰写公共关系评估报告。

 案例导入

腾讯地图 2019 年春节社会化传播

2019 年春节前夕,腾讯地图依托自身产品功能"报平安",以可实时向亲友分享自己位置的特点,拉近了受众春节回家时与父母的距离,缓解了父母等待的焦虑感,将"暖心相伴 平安到家"的活动主题完美体现。

【项目调研】

在品牌营销集中爆发的春节期间,如何找到用户与品牌自身强关联的契合点而脱颖而出,如何用低预算撬动高声量?

艾迪沃思帮助品牌洞察到,春节期间人们在回家途中的焦虑情绪。归程的游子与等待的父母有着同样期待、盼望、担忧的心情。

而在春节营销集中爆发的大环境下,常规性暖心营销已经过于丰富,用户早已出现审美疲劳,难以被打动。

为了突出品牌差异化,在营销节点脱颖而出,腾讯地图以自身功能属性为基点,对准春节期间私家车主、顺风拼车回家人群、摩托车大军等,打造"母亲唠叨 rap(说唱)"版《儿子,你到哪了》"魔性"视频,以搞笑、有趣的形式,在抓准用户节日痛点的同时,为用户留下了全新体验和深刻印象,塑造了品牌亲和力与趣味形象。

【项目策划】

(1) 项目目标。借势春运,以腾讯地图语音操作"报平安"功能,作为漂泊在外的人回家过节的情感纽带,传播产品功能,体现品牌传播差异化,提升腾讯地图品牌影响力。

(2) 项目受众洞察。春运归家人群大多为 18~35 岁,是社交平台的主力军。他们对回家翘首以盼,对回家抱有焦虑、期待、渴望的心理和情绪。期盼早点到家(有急切见父母、见孩子、见伴侣的心情),期望安全、顺利归家。

等待亲友归家人群:父母、孩子、妻子、丈夫热忱盼归,在家人回家这一天,容易集中性爆发关心。

(3) 传播策略。

① 放大用户归家焦虑心理,引起大众共鸣。针对春运中的私家车主等自驾返乡人群与家人之间的情感联系,洞察家人等待用户归家的焦虑心理,制造情感冲突,引发大众情感共鸣。

② 事件营销,引起社会话题。结合时下大众心理,洞察传播品牌主张,策划视频,制造社会话题及事件,抢占舆论热点。

③ 产品功能创意展现,引发用户关注。结合场景植入产品,支撑品牌主张,引导用户功能使用。

(4) 媒介策略。各大权威媒体、门户网站带动品牌社会影响力;社交媒体触达目标用户,助力品牌传播。

以四大卫视及搜狐、新浪、腾讯新闻、一点资讯等主流媒体,建立整体活动高度。

借助社交平台红人博主、"蓝V"品牌社交媒体渠道、百度贴吧、各大论坛进行传播及内容投放,传递给目标人群。

借势明星自身流量,深度剖析"粉丝"自传播属性,借助"粉丝"群体在社交平台的力量,助力内容传播。

【项目执行】

(1) 执行时间。2019年1月27日至2019年2月12日。

(2) 执行细节。

① 预热期:以网友投稿KOL(key opinion leader,关键意见领袖)形式,制造老妈焦虑式关心"你到哪里了"话题,多个KOL相互转发炒热事件,腾讯地图官方微博现身评论,推荐产品功能,引流腾讯地图App内,进行活动预热。

② 爆发期:创建"暖心相伴 平安到家"话题,发布《儿子,你到哪里了》"魔性"视频、海报,吸引多家地方交通机构、10家品牌"蓝V"、多个社交平台"大V"自发传播,扩散话题声量;腾讯地图App上线张艺兴、奚梦瑶、范丞丞等10位明星语音祝福,联合23家明星"粉丝"站,打造互动活动,辅助话题传播,引流端内。

③ 收尾期:大数据、强媒体辅助传播,扩大活动影响力,深化腾讯地图品牌暖心形象。

【项目评估】

(1) 效果综述。整个项目全网总曝光量达到7556.5万次,其中以微博平台表现最为亮眼,两个话题阅读量达到4636.1万次;四大卫视、新闻客户端、门户网站总曝光量超900万次。项目传播效果超出预期,用低预算创造高收益。

(2) 受众反应。

① "你到哪里了"话题营销获得网友良好口碑。"你到哪里了"话题传播和视频传播深受网友喜爱,广告形式有趣味,"走心",引发用户带入自身情感并自发传播扩散话题。

② 知名艺人开展活动引发网友热情参与。腾讯地图携手10位知名艺人开展有奖互动活动,收获"粉丝"热情参与,为话题带流量造势,共同助力"暖心相伴 平安到家"话题传播。

(3) 媒体统计。

① 投放媒体。北京卫视、东方卫视、广东卫视、深圳卫视这四大卫视,以及腾讯新闻、一点资讯、搜狐、新浪等主流媒体。

② 自发性媒体。931郑州经济广播、平安盐城、德州高速交警、松原市出入境管理支队、郑州交通等地域性交通相关机构官方微博。

(资料来源:金旗奖编委会.2019最具公众影响力公共关系案例集[M].北京:中国财富出版社,2020.)

公共关系效果评估是公共关系活动的最后步骤,即根据特定的标准,对公共关系活动结果进行总结、衡量和评价。它的主要功能有:运用多种方法考察和评价公共关系活动的效果,以总结经验教训,为今后的工作提供借鉴,向决策部门报告公共关系工作的完成情况;利用公共关系工作的成果,对组织内部成员进行激励。

5.1 公共关系评估概述

所谓"公共关系评估",就是根据特定的标准,对公共关系计划、实施及效果进行检查、评价,以判断其优劣的过程。它在整个公共关系计划实施过程中都具有重要作用。评估控制着公共关系实践每个活动及环节。

一、公共关系评估的意义和目的

1. 公共关系评估的意义

公共关系评估的意义重大,主要表现在以下四个方面。

(1) 改进公共关系工作。公共关系评估是改进公共关系工作的重要环节。它对一个社会组织的公共关系工作具有"效果导向"的作用。任何一项公共关系计划在实施后都面临着成功或失败两种结局,无论成功还是失败,其经验与教训都将成为下一个公共关系活动或环节改进的基础。评估就是我们通常所说的"总结经验,吸取教训"。

(2) 开展后续公共关系。评估是开展后续公共关系工作的必要前提,没有这种对原有公共关系工作的评估,就不可能制订新的公共关系计划。这是公共关系工作连续性的一种表现。

(3) 鼓舞员工士气。评估可以鼓舞士气。一般来说,内部员工很难对本组织与其公共关系活动有全面、深刻的了解和认识。评估使他们能认清本组织的利益和实现途径,以便将实现本组织的战略目标与自己的本职工作紧密联系在一起,并成为一种自觉的行动。

(4) 引起领导重视。评估的另一重要意义还在于使组织的领导人看到开展公共关系工作的明显效果,从而使他们能更加自觉地重视公共关系工作,真正起到鼓舞士气、激励内部公众的作用。

此外,在现实生活中,评估还决定着公共关系公司是否该承接该项工作,客户是否满意、是否付款、能否获得某项荣誉、形成无形资产等。

2. 公共关系评估的目的

公共关系评估的主要目的是提供关于既定公共关系工作的各种信息,包括:计划制订得是否正确合理;计划实现的程度、范围、效果怎样;计划实施方法、程序是否需要调整或修正;计划所需要资金是否恰当;为了成功达到战略目标,在既定的成本条件下,哪些实施方法最为有效;计划实施的关键是什么;哪些计划与实施中的要素密切结合能得到最高效益;实施对哪些公众产生了什么样的影响;哪些方法和技术可以有效地排除沟通中各种不同的障碍。总之,公共关系评估的目的就是取得关于公共关系工作过程、工作效益信息,作为决定开展、改进公共关系工作和制订公共关系计划的依据。

二、公共关系评估的基本内容

根据公共关系活动内容的要求,公共关系效果评估确定为不同的形式。一般而言,可分为组织形象评估、工作成效评估、传播效果评估和目标效果评估等。

1. 组织形象评估

当公共关系计划付诸实施后,组织形象会发生哪些变化,需要重新进行评估。重新评估组织形象仍然沿用公共关系组织形象调查的基本方法。通过对公众进行调查分类,然后对组织知名度和美誉度进行分析以测量组织形象地位,再应用"语义差别分析法"对组织形象的内容进行分析。

公共关系人员应了解组织目标形象与组织实际形象之间的差距,找出组织目标形象没有实现的原因,并针对问题改进工作,防止类似的问题再次发生。

2. 工作成效评估

公共关系工作包括的内容很多,对其成效进行评估要根据组织开展公共关系活动的情况而定。一般而言,有日常公共关系工作效果评估、专项公共关系工作效果评估和年度公共关系工作效果评估。

(1) 日常公共关系工作效果评估。这种评估根据组织所确定的评估内容和标准进行。通过日常工作总结、公共关系人员座谈会、职工评议并结合公众平时的反映等形式进行。一般情况下,在日常公共关系工作中就可随时总结,没必要进行专门评估。

(2) 专项公共关系工作效果评估。这种评估要严格根据具体公共关系活动的内容及特点确定评估内容及标准,并由负责专项活动的公共关系人员组织实施。通过调查,以了解通过专项活动、社会舆论的变化对组织产生的影响。

(3) 年度公共关系工作效果评估。这种评估以年度公共关系计划和预算为依据,将一年来公共关系工作成效与预期目标和计划相比较,对公共关系各层次计划的实现程度和存在差距提出有说服力的总结报告。

在一个组织工作,公共关系年度报告往往和公共关系调查报告融为一体,即在报告中要对过去一年的公共关系工作进行总结,客观反映公共关系调查的内容,为制订新的计划提供依据。

3. 传播效果评估

即通过对大量的信息传播调查资料所提供的情报和数据进行分析、评估,看其是否实现了公共关系信息传播的目标,通过公共关系传播目标的实现,是否保证了公共关系计划方案的贯彻落实。传播效果评估,包括组织内部信息传播效果评估和外部信息传播效果评估。

4. 目标效果评估

公共关系计划中,有许多具体明确的目标,对这些目标进行评估,看其是否达到预期结果,对总体目标的评估有着重大意义。这种评估,要求应有严格规定的定量和定性分析的各项指标,客观地进行评价;要求以公共关系调查所掌握的资料和公共关系计划方案的具体实施结果为评估的依据;要求以求得社会公众的满意及满意程度作为指标实现的标准;还要注意在评估中实事求是,不另立标准或降低标准。

5.2 公共关系评估的程序和方法

一、公共关系评估的程序

对公共关系工作来说,有效的评估不仅仅是事后的总结,还应贯穿于整个公共关系活动过程的始终。因此,准确的定义可为:公共关系评估是社会组织对其公共关系活动以及结果的分析、评价和总结,它是公共关系工作最后一个不可缺少的环节,它有助于检查公共关系工作的效果,对公共关系活动进行控制,提高公共关系工作的科学性,争取本组织领导对公共关系工作的重视和支持,总结经验教训,提高公共关系工作的水平,并为今后公共关系工作的顺利开展奠定基础。可以说,公共关系评估在公共关系工作中发挥着十分重要的作用。

公共关系评估要在科学的程序下进行。公共关系评估的程序可以界定为评估从开始到结束工作安排的先后次序和具体步骤,合理安排评估的程序,有助于保证评估工作的顺利进行。笔者认为,评估工作必须安排以下一些具体步骤。

1. 明确评估的目的

进行公共关系评估,首先要明确评估的目的。因为公共关系评估是检查、分析和评价公共关系活动以及成效,所以公共关系评估的对象和内容是各不相同的。对评估的对象和内容来说,是选择项目的评估,还是整体的评估;选择个别过程的评估,还是全过程的评估,均需要根据公共关系评估的目的来确定。相反,如果评估目的不明确,评估工作则盲目进行,就可能搜集许多无用的资料,浪费时间和精力,影响评估的效率和质量。因此,明确评估的目的,才能确定评估的对象、内容、重点、搜集资料的方式方法以及应该注意的问题,并保证评估工作的顺利进行。

2. 确定评估的主持者

公共关系评估从实践来看,一般可以分为自我评估、组织评估和专家评估三种形式。自我评估是由主持和参与公共关系工作的人员凭自我感觉评价工作的效果,这种评估既有反映工作真实状况的一面,也存在不可靠的一面。组织评估是由组织负责人出面主持,由组织各部门的负责人或有关人员参加对公共关系工作进行评价,这种评估能全面反映组织成员对公共关系工作的认识。专家评估是由组织出面聘请外部公共关系专家或顾问对公共关系工作进行的评价,外聘专家能对公共关系工作做出较为客观的评价,并提出有价值的意见和建议。总之,公共关系评估的主持人既可以是组织内部的公共关系人员,也可以选择组织的领导人或外聘公共关系顾问和专家。评估究竟由谁主持,应根据评估的目的或视具体情况来确定。

3. 选择评估的标准

进行准确、有效的公共关系评估,必须选择适当的评估标准。由于公共关系的评估对象是公共关系活动及其成效,对这些不同的对象应考虑使用不同的评估标准来进行检查、分析和衡量。例如,对公共关系活动评估,评估的标准可以考虑采用公共关系计划,即公共关系活动是否按公共关系计划进行;对公共关系成效评估,评估的标准可以考虑使用公共关系目标,更具体的标准则对目标进行细分并具体化,以考虑公共关系活动的结果是否达到了组织期望达到的目标。因此,社会组织应根据公共关系评估的目的、对象和内容来选定可靠的公共关系评估标准,才能使评估工作顺利地展开,从而保证结果的准确可靠。

4. 确定搜集评估资料的方法和途径

社会组织公共关系工作要受多方面、多层次因素的影响,组织形象地位和公众态度的改变也是由多方面的配合所取得的,因而要准确评价公共关系的工作效果就比较困难。为保证评估结果尽量客观、公正和准确,不能单凭公共关系部门和人员的自我感觉和认识进行评价,还要采用科学的计量方法,使定性分析和定量分析相结合。为使评估更加可行,结果更可信,在搜集评估资料的过程中,应根据评估的目的和所需要资料的内容和范围适当选择调查的途径和方法。对一些评估项目,评估所需的资料应同样采用公共关系调查阶段所使用的渠道和方法搜集,以增加现时和过去公共关系状态和组织形象地位的可比性。

5. 开展评估

通过各种途径和方法搜集的资料,数量往往很多,其中有些资料可能杂乱无章,也有些资料可能是片面和不真实的,对这些资料要根据评估的目的和内容,经过系统地整理分析才能获得活动结果的准确情况,这部分材料才能作为评估的材料和依据。在此基础上,再把公共关系的活动情况及结果与公共关系计划或目标进行对比分析,才能确定公共关系计划、目标完成和实现的程度及其原因,从而对整个公共关系活动过程及其结果进行全面准确的评估。

6. 评估结果的汇报

通过各种方法对公共关系工作进行评估后,必须把各种评估意见进行整理、分析和总结,接着还需要把公共关系的评估结果以书面报告形式向社会组织的管理层和决策层进行汇报。评估报告的基本内容应包括工作过程,目标完成情况,预算的执行情况,取得的成绩、仍存在的问题和差距以及采取的相应对策,下一阶段工作的任务、重点和评估的程序与方法等。通过评估结果的汇报,既可以充分说明公共关系工作的重要性,同时又有助于保证领导及时掌握情况,以便对组织进行有效的管理和控制。

7. 评估结果的利用

社会组织的领导人和公共关系人员必须对公共关系评估的结果给予高度的重视并加以妥善的利用。除了利用总结性评估说明公共关系工作的作用、影响和效果外,更主要的是要把公共关系的评估结果用于决策。因为公共关系评估在公共关系活动过程中是连续不断地进行的,并贯穿于整个过程的始终。这样才能及时在公共关系工作中发现和解决问题,调整和修订公共关系工作和活动,使制定的目标和计划更加完善,并减少实施过程中的偏差。另外,评估的结果又能为下一阶段公共关系活动提供背景性材料,使社会环境分析及问题确定更加准确,公共关系计划和目标的确定更加符合社会组织的实际与发展的需要。

二、公共关系评估的基本方法

1. 公共关系活动评估的方法

公共关系活动评估是一项过程性评估,它主要检测评价公共关系活动是否按预定的计划进行,其目的就在于控制和协调公共关系活动,努力实现既定的目标,以避免公共关系活动的失败。具体来说,公共关系活动评估可以分为公共关系调查评估、公共关系计划评估以及公共关系传播评估三种,因而公共关系活动评估的方法也可分为三类。

(1) 公共关系调查评估的方法。在公共关系调查中或结束后,应该对公共关系调查活动及其搜集的资料进行验证和分析,这一评估有利于发现调查中没有明确的问题,并提供了及时补救的可能性。对调查计划和方案的可行性研究的主要方法是:逻辑分析,即用逻辑学的原理与方法对调查计划和方案的可行性进行检验与分析;经验判断,即用以往的实践经验对调查计划和方案的可行性进行分析与判断;试验分析,即通过小规模的实地调查对调查计划和方案的可行性进行检验与评价。

对搜集的资料的准确性与完整性衡量的主要方法是信度和效度评价。信度是指调查结果反映调查对象实际情况的可靠程度,效度是指调查结果反映调查所要说明问题的正确度。因此,信度是针对调查对象而言的,它主要验证调查资料和结果的可靠性;效度是针对调查所要说明的问题而言的,它主要验证调查结果的正确性。信度评价有两种基本方法:其一是交错法或折半法。交错法是指调查人员使用设计项目表面不同而实质相同的两种同类调查手段对同一调查对象进行调查验证的方法。折半法是指调查人员使用的调查手段中包含了设计属性相同的两部分调查项目对调查对象进行调查验证的方法。其二是重复检验法。重复检查法是指调查人员通过对同一调查手段的重复使用对调查对象进行验证的方法。而效度评价则是通过表面有效度、准则有效度和构造有效度三个方面来衡量。

(2) 公共关系计划评估的方法。公共关系计划评估主要是对公共关系目标、活动项目以及计划编制等内容进行评价和分析。这一评估的目的是预先发现漏洞,进一步审定或调整计划与战略,改进方案的实施过程,以增强信息说服力,避免宣传发生负效果,提高计划的可行性。

对公共关系计划评估的主要方法有:①经验判断。即用以往的实践经验对公共关系计划和方案的可行性进行检验与分析。如根据经验来评价分析公共关系计划中的语言文字的运用、图表的设计、图片及展示方式的选择等是否合理、新颖,是否能达到引人注目、给人印象深刻的程度。不过,经验判断没有完全客观的标准,易受到评估者主观因素的影响。②试验分析。即通过小范围的试验对公共关系计划和方案的可行性进行验证与分析,具体地说,试验分析的操作是将计划和方案在小范围或者样本公众中实施,并通过对公众调查或利用剪报、广播录音或录像对信息资料进行内容分析,取得经验后再进行调整,最后在大范围内实施。在公共关系计划评估中,应主要采用现场试验法。

(3) 公共关系传播评估的方法。在公共关系传播中或结束后,也应对公共关系传播活动进行评价。对制作并发送信息数量的衡量,这一过程主要是了解所有信息资料的制作、发送情况以及其他宣传活动进行的情况。其主要方法是清点并统计制作、发送信息资料以及其他宣传活动的数量。

对信息曝光度的衡量,这一过程主要了解信息资料被新闻媒体采用的数量以及注意该信息的公众数量。评估信息覆盖面的最常用方法是:①搜集剪报,检查报刊索引和广播电视记录,以统计信息被新闻媒体采用的数量。②统计新闻媒体的发行量,推算可能阅读报刊或收听、收看广播电视节目的人数,以测定接触信息的公众数量。③统计展览、演讲、专题活动等的次数,也能反映组织开展活动的影响程度。

对信息准确度的衡量,这一过程主要确定目标公众接受信息的状况。评估信息准确度常用的方法有:①内容分析。通过对新闻媒体的系统分析可以了解,信息资料正被哪些新闻媒体采用;信息资料是否被重点地区的新闻媒体采用;这些新闻媒体采用最多的是哪些信息资料;通过这些媒体接收到信息的目标公众的数量。②对组织目标影响的检测。即测定新闻媒体传播的信息在多大程度上帮助这个组织实现它的目标,是衡量新闻媒体是否准确传播信息要点的方法之一。③受众调查。通过选择小组座谈、个人访问及电话访问,或者问卷等方法来调查公众对信息的理解程度。④公众到席率。展览、会议、演讲或事件的到席率,可以说明收到某一信息的人数,到场的人数也可以作为评估宣传工作效果的依据。

2. 公共关系结果评估的方法

公共关系结果评估是一项总结性评估,它主要检测评价公共关系活动对目标公众的作用和影响程度,以及整个公共关系目标的实现程度,其目的就在于了解公共关系工作的效果,因而又称为公共关系效果评估。公共关系结果评估的主要方法如下。

(1) 接受信息的公众数量的评估方法。对接受信息的公众数量的衡量,其主要方法就是水准基点研究,即事前事后测验法,它是对公众在开展公共关系活动前后对组织的认识、了解和理解等变量进行调查比较。采取的形式是,或者在开展公共关系活动前后对同一组公众进行重复测验,或者在一组公众当中开展公共关系活动,而在另一组公众中不开展这样的活动,然后将两组测验结果加以比较。

(2) 转变态度的公众数量的评估方法。对转变态度的公众数量的衡量,比接受信息更难评估。一般来说,对态度转变进行评估的常用方法也是事前事后测验法,它是对公共关系活动前后的公众态度进行衡量,在图表上标出公共关系工作前后公众态度变化的百分比,并用方差分析说明公众态度变化与公共关系工作的关系。

(3) 产生行为的公众数量的评估方法。公共关系工作的目标就是促使公众行为的产生和改变,实现组织的目标。对公众行为的评估经常利用的方法有:①自我报告法,这种方法由公众对象自己说明行为变化时的方向、程度和原因。使用这种方法的缺点是,有的公众可能不真实地进行回答,尤其是向公众提出一些敏感性的问题时。②直接观察法,这种方法是公共关系人员在公共关系活动期间,根据确定的主题对公众的行为进行直接的观察,直接观察需要公共关系人员有较强的观察分析能力。③间接观察法,这种方法是公共关系人员利用仪器或有关部门的记录对公众行为进行的观察。

5.3 撰写公共关系评估报告

公共关系评估报告是提供给组织的一种正式的文体。它是通过文字、图表或相应的其他形式来体现开展公共关系工作的成绩、经验、教训、建议等评估工作的成果形式。它具有业务性强、理论性强、经验性强等特点。

撰写公共关系评估报告的主要意义，在于为公共关系评估成果的运用提供依据。通常，评估小组将公共关系评估报告分别提供给管理层领导，作为他们统筹管理和发布新决策的依据；送达各职能部门，作为各部门改善工作的参考；提供给全体员工，以利于员工了解外界的评价，提高士气，改善行为。还可以公开发表，供同行或其他社会组织参考与借鉴。通过撰写公共关系评估报告，社会组织对公共关系过程与绩效可以总结过去，积累经验；着眼现在，克服缺点；指向未来，指导工作。

到目前为止，我国许多社会组织仍然不太重视公共关系评估工作，能见到的公共关系专业评估报告甚少。他们也不太注重评估成果的运用，常常使公共关系工作带有盲目性和被动性，进而丧失了许多成功机会。

一、评估报告撰写的准备工作

公共关系评估报告，顾名思义，就是对某一项公共关系工作（活动）进行评价而提出的研究报告。它所评价的对象，可以是某一项公共关系工作（活动）的全部过程和整体效果，也可以是公共关系工作（活动）中某一个重要环节，如工作（活动）的策划方案、准备阶段、实施过程、操作规范、传播效应等。在实际操作中，评估对象的确定，一般根据特定的需要或委托人的要求而定。

从公共关系实践来看，公共关系评估报告比较多地用于对一项公共关系工作（活动）的整体评价。这种运用于整体评价的公共关系评估报告的撰写难度最大。一个毋庸置疑的事实是：公共关系评估报告的撰写，必须建立在对一项公共关系工作（活动）准确评价的基础上。因此，在动笔撰写评估报告前，应先认真做好几项前期准备工作。

1. 评估标准的最后确定

要对一个事物进行评价，事先必须确定一个参照系数，否则就会引起判断上的某种混乱。公共关系评估同样如此。比如，某企业通过一个年度的公共关系工作，企业在社会公众中的知名度达到80%，美誉度达到70%。对此如何评价？这就涉及评估的标准问题：如果以该企业一年前社会知名度70%、美誉度65%作为参照系数，则同比提升了5~10个百分点，应当说是颇有成绩。但如果以该企业本年度公共关系工作要求达到社会知名度90%、美誉度80%的目标来衡量，则又明显不足。同样，一次公共关系专题活动的新闻发稿达到30篇（次），如果以该社会组织以往公共关系活动一般发稿只有15~20篇来看，这一活动在新闻传播方面已有明显进步，值得赞赏。但如果以其他社会组织同类公共关系活动的新闻发稿往往可达50~60篇（次）为标准，则30篇（次）实在算不上什么成绩，反而说明工作还做得不到家。所以，事先确立什么样的评价标准，直接关系到对一项公共关系工作(活动)的最后评价。

  问题还不仅如此。因为这里重点讨论的是对一项公共关系工作(活动)的状态评估。它涉及许多方面,需要确定多方面的评估参照系数,并要求这些参数系数之间本身具有某种逻辑联系,从而构成一个科学的、综合的评估体系。如果这一评估体系不能有效确立,评估工作固然无法开展,评估报告的撰写自然更是无从谈起。

  要确定一个比较客观、科学的评估标准体系,最直接、最省事的方法是以某项公共关系工作(活动)的预期目标作为参照体系。任何一项公共关系作业或活动,在制订计划时,都会事先设定其工作目标。鉴于这一计划是经过批准才付诸实施的,因此,以计划中设定的工作目标为参照体系,并以这一工作目标最后是否实现以及实现的程度来进行评判,自然是最为公正的。但应该注意的是:由于种种原因,这类计划中的工作目标有时定得过低,有时则定得过高,乃至根本无法实现。更何况,公共关系评估内容中,本身就包含对工作计划制订得是否合理的评价。所以,完全以某一工作(活动)的预期目标为依据来确定评估标准,既难免失之偏颇,在逻辑上也会陷入某种悖论之中。

  因此,在确定评估标准时,还必须参考其他要素加以综合考虑,包括:①这一组织公共关系工作和形象建设的中长期目标是什么?本项工作(活动)是否有效地构成了其中一个不可或缺的环节,推进了这一目标的实现?②这一社会组织以往同类工作(活动)的实施情况和实际效果如何?本项工作在前期计划、具体实施和最终效果上是否有明显提高?③其他社会组织类似工作(活动)的实施情况和实际效果如何?本项工作(活动)在同额费用投入的情况下,是否取得了比其他社会组织类似工作(活动)更好的效果?④规范的公共关系工作(活动)应该如何运作?本项活动是否达到这一规范水准?等等。至于这些要素如何综合运用,则可根据实际情况灵活掌握,不必过于拘泥。

  事实上,评估标准的确定,是在制订评估方案时就必须加以考虑的。但在某些情况下,随着评估工作的实际展开,这一标准会发生一些技术性的修正。所以,在撰写评估报告前,就应对这一标准进行最后确定。这一最后确定下来的评估标准,应明明白白地写入评估报告中。

2. 有关信息的全面搜集

  根据评估的目的和要求,全面搜集评估对象(某项公共关系工作或活动)的情况和有关信息,无疑是对评估对象做出准确评价的重要前提。一项公共关系(活动)的整体评估,一般需要搜集以下信息:①这一社会组织的基本情况、发展规划和公共关系形象建设目标;②这一社会组织以往公共关系工作(活动)的文献资料;③其他社会组织类似工作(活动)的大致情况;④本项公共关系工作(活动)设想和策划方案与实施方案;⑤本项公共关系工作(活动)策划方案和实施方案;⑥本项公共关系工作(活动)各环节具体实施情况和现场反应情况的记录资料;⑦本项公共关系工作(活动)的信息传播情况和信息的实际覆盖面;⑧本项公共关系工作(活动)的内外评价;⑨本项公共关系工作(活动)所引起的公众舆论改变的有关情况;⑩本项公共关系工作(活动)的经费预算和实际使用情况等。当然,如果仅仅是对公共关系工作(活动)中某一环节的评估,则只需要搜集与此相关的信息即可,不必面面俱到。

  这些基本信息的搜集有多种方法,与公共关系调查所采用的方法大致相同。如:通过文献调查搜集这一社会组织的基本情况、以往公共关系工作(活动)材料和本项工作(活动)的策划、实施方案,以及有关新闻报道资料;通过访谈调查了解各类公众以及执行人员对本项工作(活动)的评价和感受;通过观察、调查实地考察本项工作(活动)的现场情况和参与者的反应;通过问卷调查把握本项工作(活动)的信息覆盖面和公众舆论变化情况,包括这一社会组织知名度和美誉度的实际提高情况等。这些计划信息资料,有些可由评估项目的组织者(或实施者)提供,有些则需要评估人员自行搜集。另外,对被评估项目的组织者(或实施者)提供的某些信息资料,在评估前还须作一甄别,看看其中有否"水分"。否则,在评估时很容易发生偏差。

3. 对评估对象的客观分析

完成了前两项工作,就可以考虑公共关系评估报告的撰写了。但在正式动笔之前,应对评估对象有一个全面、深入的了解,并做出客观的分析。这里的关键,是评估报告撰写者自身立场的公正:他必须依据某项公共关系工作(活动)的成败,切忌因某种考虑而故意迎合或打压被评估项目的执行机构或人员,也不能撇开有关数据资料而仅凭主观印象随意臆测和判断。比如,对某项公共关系工作(活动)成功与否的评估,不能只看这项工作(活动)表面热闹,必须认真考虑其是否切实推进了组织形象建设和管理目标的实现,是否具有新的创意,是否做到了规范操作,是否达到了预期的传播效果,以及投入产出比的情况如何。如果一个投入经费50万元的活动,最终只达到其他同类组织20万元经费投入所产生的效果,则尽管这些工作(活动)初看颇具声势,似仍不能称为成功。同时,在进行评价时,有时还得考虑客观环境的变化因素。不能排除这类情况:某公共关系工作(活动)从策划到具体实施均十分规范,却因客观环境发生不可预计的突然变化(战争、政府人事变动、病毒流行等),未能达到预期效果。诸如此类问题,均是实际评估时需要加以注意的。

二、公共关系评估报告的内容

公共关系评估报告具有特定的目的。不同的目的,决定了评估的范围和对象不同。因而,公共关系评估报告书的内容就不完全一样。根据公共关系评估实践的总结,公共关系评估报告的内容主要有以下几方面。

(1) 评估的目的及依据。即为什么要进行公共关系评估,通过评估解决什么问题,以及评估所依据文件或相关会议要求之精神等。

(2) 评估的范围。公共关系活动涉及方方面面。为了突出重点,缩短篇幅,利于评估结果的运用,报告书必须明确公共关系评估的范围。

(3) 评估的标准和方法。在报告书中,应说明评估的标准或具有可测量的具体化的目标体系,以及评估过程所采用的方法。比如直接观察法、问卷调查法、比较分析法、文献资料法、传播审计法等。

(4) 评估过程。简要说明评估过程是怎样进行的,分哪些阶段。从阅读报告书的过程和采用的方法等可以判断评估是否科学、系统、规范、完整等。

(5) 评估对象的基本情况。在公共关系评估报告书中,必须明确评估对象本身的情况,包括活动或项目名称、开展时间、实施的基本情况与特点等。

(6) 内容评估、分析与结论。在评估报告书中写明被评估的公共关系活动、工作或项目的内容,对运行与执行以及效果、效益进行分析,进而得出客观、公正的结论。

(7) 存在的问题及建议。评估人根据掌握的实际材料、相关情况,有针对性地提出问题,并提出有利于解决问题的建设性意见。

三、公共关系评估报告的格式

"文无定法",公共关系评估报告书没有固定的结构格式。按照评估的目的与要求,公共关系评估报告的结构可以采用不同的格式,灵活安排结构。结构服从于内容表达的需要。通常,公共关系评估报告书的结构格式如下。

1. 封面

封面的主要内容包括评估书或项目的题目、评估时间、评估人(单位名称)以及保密程度、报告书编号。题目要反映出评估的范围和对象。排版应醒目、美观。

2. 评估成员

反映哪些人参加了评估工作,负责人是谁。

3. 目录

用来方便阅读报告书的人。

4. 前言

反映评估任务或工作的来源、根据、评估的方法、过程以及其他特别需要说明的问题。也有的评估报告书把评估的方法、过程等写进正文部分。

5. 正文

正文是评估报告书最重要的部分,也是评估报告书的主体。它包括评估的原则、方法、范围、分析、结构、存在的问题、建议等。公共关系评估报告的正文撰写要注意:①一篇合格的公关评估报告,应突出"准确地对组织所进行的公共关系工作(活动)做出评价和判断"这一个性特点。与调查报告相比,在客观分析有关数据、资料和情况的基础上,评估报告主观评判色彩相对浓厚一些,结论性的意见也更多一些。②公关评估报告必须先按照评估对象的工作(项目)情况分阶段进行分析和评判,然后再做出一个总结性的整体评价,切忌不分阶段地混为一谈,并笼统下一个结论了事。③公关评估报告的批判依据主要是有关数据资料(包括评估者所观察或听到的有关反映),也应尽可能以各种数据和资料说话,并巧妙地应用各种数据和资料的对比分析来做出评价。但在某种情况下,评估者的逻辑分析和经验判断,亦可以对有关结论起到相当重要的支持作用。④公关评估报告的结论性意见,尽管具有较多主观评判色彩,仍应力求科学、客观和公正。尤其在对某一工作环节的评判没有绝对把握的情况下,下结论时仍应该注意用词的委婉和留有一定余地。

还需要指出的是:一篇公共关系调查报告的正文,篇幅长者可达数万字。公共关系评估报告的正文则不同,一般篇幅不长,强调言简意赅。所以,在行文上,更应力求简明扼要,切忌啰唆和拖沓。

6. 附件

附件内容是对正文内容的详细说明和补充,是正文的证明材料。附件主要包括附表、附图、附文三部分。

7. 后记
主要说明一些相关的问题。比如报告书传播的范围,致谢参加人员及相关单位等。

8. 评估时间
由于公共关系活动处于动态的状态下,不同时间评估所得出的结论会不同。因此,评估报告书必须写明评估时间或评估工作开展的阶段。

四、撰写公共关系评估报告应注意的问题

公共关系评估报告书的写作是有相当难度的。在写作过程中,既要求执笔人员客观、公正、全面,又要求报告可读、简洁、明了。为此,除格式方面的要求外,在写作过程中,还应注意如下问题。

定量与定性相结合。通常,评估结论是定性的,但必须用定量的指标作说明。注意定量与定性的密切结合。

建议与策略具有可操作性。只有切合实际情况的建议才具有可操作性。

语言准确、精练。尽量用最少的文字、篇幅来说明问题,提出建议。切忌太多的学术词汇,让评估报告的阅读者难以理解。

结论客观具体。评估结论要客观,既要看到成绩、效益,又要看到缺点和不足。在结论中,要避免"可能""大概""也许"等模糊语言。所有的结论都应该找到相应的材料作证明。

五、公共关系评估报告范例

"华夏银行"老年登山健身活动效果评估报告书

1. 引言
(1) 2000年10月6日(农历九月初九),由华天形象中心策划的"华夏银行"老年登山健身活动在英雄山成功举办,本活动得到了老人们和社会各界的一致好评,取得了良好的社会效应和宣传效果。

(2) 达到了活动的预期目标:即借"九九老人节",开展老年活动之际,拉近华夏银行与老年人的关系,初步建立华夏银行关爱老年人生活,关注老年事业的企业公益形象。锁定老龄群体,为华夏银行在老人群体中发展个人金融业务奠定良好的基础。

2. 效果评估
(1) 从组织策划方面看:定位准确、专业,活动安排周密、有层次。

农历九月初九,是我国传统的重阳节,又是登高节,人们把重阳登高的风俗看作免灾避祸的活动,而且在人们心目中,双九又是生命长久、健康长寿的意思,因此人们又把重阳节称作"老人节"。我们选择在重阳节举办老年登山活动,可谓顺应民意,准确地把握了时机,体现了华夏银行尊老、爱老、敬老的初衷。

整个活动的策划安排专业、周密,而且有层次。

第一,从树立华夏银行的公益形象出发,专为老年人举办活动,扮演"欢乐使者"的角色,丰富老年人的晚年生活。

第二,造声势引发社会大众和新闻媒体对此次活动的关注,制造了新闻兴奋点,老人们也非常踊跃。活动当天定好8:00集合,而老人们积极性很高,有的早早来到现场等候,有的还是从济钢倒车赶来,令我们感动。

第三,活动准备充分。我们早在国庆放假之前就把活动所需的物品准备齐全;活动当天,全体工作人员在早上6:00就开始布置现场,为活动做了充分的准备。

第四,整个活动以调查问卷为凭证,使活动有秩序,一切尽在把握之中。

第五,邀请了山东省人大常委会、山东省企业管理协会等单位的领导作为嘉宾,邀请了山东卫视《开心假日》节目主持人晓君作为主持人,为整个活动增光添彩。

第六,组织了老年筷子舞、扇子舞、新疆舞、秧歌、老年迪斯科等优美欢快、丰富多彩的文艺节目,充分展现了老人们的朝气和活力。节目结束后,老人们意犹未尽,觉得还没跳够呢,希望以后再有这样的机会。

(2)从实施方面看:整个活动安全有秩序。

活动过程中没有出现任何意外,我们准备的药箱和医务人员都没有派上用场。整个活动从收问卷、发纪念品、登山、领奖,直到活动结束,秩序井然。老人们老当益壮、兴高采烈,他们的朝气和活力,深深地感染了在场的所有人,禁不住为老人们的精彩表演一次又一次地鼓掌。老人们高兴而来,满意而去。

英雄山风景区经营科李科长说:"以前在我们广场举办的活动都乱糟糟的,你们这次活动组织得很好!秩序井然,热闹隆重……"

(3)从宣传方面看:取得了良好的宣传效果,得到社会各界的一致好评。

① 老人们一致夸华夏银行想得周到,感谢华夏银行为老人们提供了这么一个好机会——增进了朋友间的友谊,又认识了许多新朋友。而且通过登山活动锻炼了身体,也更多地了解了华夏银行。

② 活动地点——英雄山管理处的领导认为这次活动是他们这里有史以来搞得最成功的一次,而且希望经常来举办活动。

③ 社会效应——引起了各新闻媒体的关注。《齐鲁晚报》头版头条报道了这次活动,"我们还年轻!"正是"华夏银行登山健身活动"的完美写照。《经济导报》《联合日报》也有相关的报道,济南电视台、山东卫视台也录制了专题,在《今晚20分》作了播出。通过这次活动,通过各大媒体的宣传报道,拉近了华夏银行与老年人的关系,建立了华夏银行关爱老年人生活,关注老年事业的企业公益形象,为华夏银行在老人群体中发展个人金融业务奠定了良好的基础。

(资料来源:佚名."华夏银行"老年登山健身活动效果评估报告书[EB/OL].[2020-05-03]. https://wenku.baidu.com/view/f6af523aa06925c52cc58bd63186bceb19e8ed09.html.)

案例分析

"烟火翰林"融创"书享"菜场快闪

一、案例介绍

2019年8月,为响应浙江省全民阅读和书香浙江的建设,提升企业"书享"IP的城市影响力，融创东南以杭州翰林农贸市场为基地，组织"烟火翰林"融创"书享"菜场快闪行动。

基于杭州翰林农贸市场毗邻浙江大学前身"求是书院"而自带的文化底蕴，企业通过市井菜场与人文阅读结合的想象力策划，在人间烟火中融入醉人书香，让阅读走进千家万户，在普通市民当中建立终身学习意识，推广全民阅读，助力市民素质提升和城市文明建设。

项目核心内容是将杭州翰林农贸市场打造成为国内首创的书香阅读展风格的主题菜场（限时一周）。

活动过程中收到无数市民的家中藏书和自创字画，同时他们希望活动能长期举行。综合考虑，与市场管理方沟通决定长期保留"微阅读"休闲角，活动剩余书籍全部赠予阅读角，供市民长期阅读。农贸市场整改方也与企业取得联系，希望共商菜场整改和组织文化活动等事宜。

1. 项目调研

（1）城市阅读大环境基础，融创"书享"初衷与杭州文化风韵一脉相承。从2012年开始，杭州就推进学习型城市建设。2016年，杭州获联合国教科文组织的认可，成为全国首个加入全球学习型城市网络的城市。杭州图书馆"拾荒老人"也闻名全国。截至2019年年底，杭州已连续11年举办"全民终身学习活动周"，连续8年举办"杭州学习节"，其拥有的文化基础设施数量在全国同类城市中名列前茅，先后推出了"市民悦学体验点""水上流动书吧""运河河畔书屋""杭州学习地标发布""杭州诗词大会"等特色学习活动，营造了浓厚的学习氛围，为市民提供了便利的学习体验。

融创"书享"是2015年正式推出的品牌IP，在线下结合业务建设社区"书享"公共空间，供业主日常阅读和进行读书交流活动，建设和谐文明的社区文化；在线上打造365天"书享日历"、世界读书日、"书享周年"互动、每月初"书享阅读日"、每季度初"书享福利日"和每年"书享月"等多个子IP，积极推广全民阅读。这是融创东南的企业社会责任的重要实践，旨在分享全民阅读的经验和有效的推广方法，不断助力城市文化建设。

在"独特韵味别样精彩世界名城"的建设大背景下，在三大世界文化遗产和"前亚运"发展周期的加持下，文化杭州的建设也将成为城市发展的重要一翼。

（2）翰林菜场文化基因加持，"书享"快闪让翰林更"翰林"。活动地点经调研选定在杭州翰林农贸市场，其坐落于大学路118号。大学路，因浙江大学前身"求是书院"建于此而得名，而杭州翰林农贸市场就在这条饱受书香气熏陶的大学路上。同时，杭州翰林农贸市场，也是国内首个"智慧菜场"，在2014年就受到全国关注。

菜场本是市井气最浓之地，最"接地气"，但又因其文化底蕴和创新标签而广受关注，让"书享"快闪的落地既具备创新冲突性又具备传承性，奠定了广泛的群众基础、关注度和影响力。

（3）联动城市级资源共创"书享"快闪。为提升菜场"书享"快闪行动的城市能级和社会影响力，真正推动全民阅读，融创东南主动联合杭州市城市品牌促进会策划此次活动。杭州市城市品牌促进会是由杭州企业界、知识界、党政界、媒体界及其在杭相关领域人士和机构自愿结成的公益性、地方性、非营利性的法人社会团体。双方强强联合，通过快闪行动的文化策划、社会新闻的热点发酵等方式打造网红快闪地，吸引市民朋友"打卡"参加，推广全民阅读，真正让阅读成为市民的日常生活方式。

2. 项目策划

(1) 目标。通过融创"书享"IP 的菜场快闪,让阅读走入寻常百姓生活,真正推广全民阅读和终身学习意识,助力城市文化的建设。企业"书享"IP 覆盖更多市民朋友,真正成为企业社会责任的重要标签和实践。

(2) 策略。"烟火翰林"融创"书享"菜场快闪打造沉浸式体验;社会新闻策划,打造全民性热点。

(3) 受众。杭州市民。

(4) 活动内容。以国内首创的书香阅读展风格的主题菜场打造沉浸式体验。

(5) 传播内容。从社会热点、业态创新飞城市文化、创意公益等多角度、立体化挖掘事件,解读内容,引发高关注度。

① 社会热点:全国首个"书享"主题菜场落地杭州翰林农贸市场,充分展示"书享"快闪行动的场景化和互动性内容,以"打卡"攻略吸引市民朋友参与,推广全民阅读。

② 业态创新:结合国外菜场业态创新的案例,从专业角度看待此次菜场快闪,打开菜场的包容性和未来性(例如:把书店开进菜场国外已经有先例,如葡萄牙奥比都斯小镇的菜场书店),为菜场的文化性和体验式消费整改提供案例参考和示范样本。

③ 城市文化:通过"书享"企业社会责任的实践来助力城市文化建设,并通过"国内首创的书香阅读展风格的主题菜场"标签为杭州文化加码,凸显杭州的城市魅力,激发公众的城市自豪情绪。

④ 创意公益:公益行动进入菜场,通过菜场和品牌之间的冲突性强化企业社会责任,同时也为公益营销提供新的思路。

(6) 媒体策略。外部社会新闻四级梯度发酵为主,辅以内部官宣引发好奇,并结合微博话题进行社会化发酵,获得全社会关注。

① 核心原则是策划外部媒体社会新闻四级梯度发酵,呈现新闻的公正性和外向化视角。在执行过程中,将外部媒体分为四级梯度先后发声。

第一阶段都市生活类媒体:以快闪艺术、网红菜场"打卡"、书店开进菜场等新奇视角进行发声,获得全民关注。

第二阶段社会新闻类媒体:以新闻事件大面积报道。

第三阶段城市级官媒:以民生热点影响官方关注,策划核心主流媒体发声,并吸引官媒"打卡"报道。

第四阶段 KOL:选择杭州之外的公益类和营销类 KOL 进行复盘发声,创新公益和营销思路,并将企业品牌诉求上升至杭州的人文品牌影响力,在推广企业品牌的同时塑造城市品牌。

② 企业有节制的官宣。利用微信朋友圈,通过企业员工和合作方等圈层,以"电影式"海报三天霸屏,在行业内部获得极高关注度,引发大众好奇心,为线下导流。活动结束沉淀用户故事,以独家内容进行官宣,为活动沉淀数据。

③ 微博话题的社会化营销。以"杭州人读书真上头"为话题标签,引入新浪浙江、杭州吃喝玩乐爆料、杭州生活资讯榜等 KOL,结合快闪活动,引发全城关于阅读的思考和关注。

3. 项目执行

(1) 项目整体管控原则如下。

① 前期完成活动方案策划,并通过市场执行强化主题菜场的整体效果,打好本次品牌传播的基础。

② 核心环节在于传播发酵把控,通过社会新闻进行爆发式和集中式呈现,以企业先发预设来带动更大程度的媒体关注。

③ 活动过程中充分考虑与市民的互动,并采集市民参与故事和市民留言反馈等相关新闻素材,据市民参与反应实时调整传播重点和媒体平台。

④ 建立活动预案,包括现场秩序维护、吸引人气等内容。

(2) 活动实施。快闪内容策划,定位为国内首创的书香阅读展风格的主题菜场,打造沉浸式体验,让市民在人间烟火中享受书香熏陶。

① 菜场整体布置与阅读相关的格言,例如"最好的学区房,其实就是你自己的书房""食物与书,都是敬献给灵魂的美意""书籍是全世界的营养品"等,并以清新的牛油果绿全面布场,打造夏日沁凉之感。

② 市场入口"今天吃什么"的互动装置:结合中国人"吃什么"的世纪难题,在菜场入口处摆放翻转互动墙,正面是含有美食的中国古诗词,背面是所指美食,让市民发现中国古诗词文化中的美食。

③ "人生至味是书香"的《肥肉》商铺:利用正在装修的店铺橱窗,设计主题店铺招牌,橱窗内挂满一本本《肥肉》散文诗集,并摆放由牛皮纸制作的土耳其烤肉装置,成为拍照"打卡"点。

④ 商家铺位:插满美食文化和生活知识小贴士,让市民在买菜的同时收获知识。

⑤ "想象力"店铺书屋:快闪期租用空铺,进行艺术化布置,设计以旧书换新书的活动,旧书将悉数捐赠给融创东南为留守儿童捐建的"英苗书屋",新书为由食物包装的"盲书",让市民感受新鲜感;同时邀请市民参与"想象生活"感悟创作,留下对城市生活的感悟,可获得"书享"定制城市插画菜谱明信片。

⑥ "微E站"阅读:将"微E站"党建角进行整改,布置书架,摆放沙发,打造成可供市民休憩的"微阅读"休闲角,只要市民坚持"打卡"阅读一小时即可获赠一本图书。

(3) 传播把控。建立基础内容口径,尤以外部社会新闻发声为主,强化"都市生活类媒体—社会新闻类媒体—城市级官媒—KOL"的四级梯度先后传播;并在社会新闻基础上利用社会化媒体营销,通过微博话题扩大外围影响力。过程中以新闻点刺激外围媒体的关注和报道。

4. 项目评估

(1) 效果综述。活动整体吸引近5000名市民直接参与,获得杭州四大纸媒以及都市、民生、党政等各大媒体报道,整体品牌曝光近4000万次;引发全民阅读,话题"杭州人读书真上头"上热搜,两天内话题吸引3000万人次关注,并引发全城乃至全国关于菜场和书店经营业态模式创新的关注和思考。

(2) 媒体统计。通过社会新闻视角的热点策划,吸引都市、民生、党政等媒体进行报道,获得全社会热点关注。

① 民生新闻:吸引浙江电视台经济生活频道《经视新闻》、钱江都市频道《九点半》、杭州电视台西湖明珠频道《阿六头说新闻》、杭州综合频道《新闻60分》、浙江卫视《新闻深一度》等当红民生、时评、新闻栏目自发报道,传播抵达受众近60万户家庭约180万人。

② 党政新闻:新华社报道浏览突破44万人次;连续四天全媒体矩阵报道,两天纸媒要闻版和观点版分别报道,并通过平面、网络、App、视频、图库、企鹅号等全媒体矩阵立体化发布相关内容,活动结束第二天报社发布新闻时评,活动期内受众直接阅读量突破100万次;人民网、杭州网、东方网和中国日报网等媒体自主转发或原创报道,受众直接阅读接近150万人次。

③ 社会化传播:创意公益事件"两微"有效传播量累计突破3500万人次。

(3) 受众反应如下。

① 活动收获无数市民的点赞,同时融创东南品牌获得了更加正面的声量,尤其是在社区文化和城市文化建设领域,为品牌积累了较高的好感度和社会影响力。UGC(user generated content,用户原创内容。)简单列举如下:"神奇的跨界""希望这个活动不要结束,希望现实生活中能有这样长期运营的菜市场""我希望这个活动能长久,但是今天在菜场问了工作人员,发现这只是一个推广阅读的快闪活动""这个活动的立意我很喜欢""这才是地产企业发展的方向,打造社区的人文环境,精神世界的丰富才能让人和谐幸福""我觉得很不错啊,带孩子去买菜的家长可以让孩子在那里读读书,孩子也不会总觉得逛菜场无聊"等。

② 吸引远距离市民(尤其是老人)到菜场"打卡",体验菜场阅读。活动过后很多人重拾阅读,"杭州人读书真上头"一个月内连上两次热搜。

③ 响应市民要求,保留了"微阅读"休闲角,并将活动所剩书籍全部放书架,供市民朋友长期免费阅览。

(4) 市场反应。农贸市场整改方与企业交流市场界面整改设计经验,希望共商菜场整改和主题文化活动等事宜。杭州市城市品牌促进会也在沟通推进更多城市层面乃至省内的全民阅读推广合作。

(资料来源:金旗奖编委会.2019最具公众影响力公共关系案例集[M].北京:中国财富出版社,2020.)

二、思考·讨论·实训

(1) 结合本案例,谈谈"烟火翰林"融创"书享"菜场快闪活动是如何把握公共关系工作的四个基本步骤的。

(2) 本案例中的项目评估有何独到之处?

(3) "烟火翰林"融创"书享"菜场快闪活动的成功之处表现在哪些方面?

实训项目

项目:撰写新闻舆论分析报告

【实训目的】 通过本实训充分了解新闻报道对公共关系活动的影响,并能对新闻报道实践活动的开展起主要的补充作用。

【实训时间】 3学时。

【实训地点】 教室。

【实训内容】 每名学生各自找一篇有关企业的新闻报道,并对该报道做一次全面的新闻舆论分析。

【实训要求】 主要是找准新闻报道是否是企业自我的一次公共关系活动策划,而且通过此报道企业形象宣传的效果得到增强,并能达到知名度和美誉度都有一定程度的提高。教师应帮助学生参阅一系列的最新和最近的报纸与杂志,并指导他们寻找相关的新闻报道。

【实训考评】 学生提交的分析报告是考评依据。考核首先看分析报告格式是否正确;其次看内容是否科学严谨;最后看知识面是否广阔。成绩的评定采取自评和教师综合评定的方法。

【实训手记】 通过训练,我的收获是_____。

课后练习

1. 应该从哪些方面对公共关系效果进行科学的评估?
2. 请走入社会了解一些社会机构所进行的公共关系活动是否成功,并予以评价。
3. 选择一家酒店,分别从酒店的外观、服务人员的工作质量、服务项目设置、酒店宣传等方面进行调查,针对酒店公共关系工作写出评估报告。
4. 公共关系评估工作,必须取得组织领导的支持,请结合实际谈谈公共关系评估工作应如何取得领导的支持?
5. 案例思考。

只载一名乘客飞行的英航公司

1988年10月25日,一架波音747喷气式客机从东京飞往伦敦。机上只有一名乘客。这架飞机是英国航空公司所属的008号航班,乘客是日本妇女大竹秀子。为什么一架飞机只载一人飞行?原来,在东京等候这架飞机的有191名乘客,可是,这架飞机因机械故障推迟起飞。其他190名乘客都经劝说改乘别的航班走了,唯独大竹秀子非008号航班不乘。在此情况下,英航毅然决定008号班机在修复后放弃另外的飞行,载着大竹秀子一个人开始了航程为13000公里、飞行时间为13个小时的长途飞行。在航行过程中,大竹秀子被请到头等舱,15名服务员和6名机组人员专为她一个人服务。她享用了水煮大马哈鱼、嫩煎猪肉等美味菜肴,又观看了专场电影,在睡意蒙眬中飞抵伦敦。大竹秀子一走下飞机舷梯,便被闻风而至的几百名记者团团围住。为了这次飞行,英航公司损失了整整10万美元。

(资料来源:佚名.英航公司[EB/OL].[2016-01-22].https://www.zikao365.com/ask/ch1601222724.shtml.)

思考讨论题

(1) 英航公司该不该损失这10万美元?

(2) 请评估这次活动的效果。

6. 案例思考。

"古典可乐"的诞生

  1985年,美国可口可乐公司因为销售额比百事可乐公司低而处于竞争的劣势。为了增强产品的市场竞争力,可口可乐公司决定把老配方打入冷宫,宣布改用新配方。然而,可口可乐公司采用新配方并没有赢得社会的广泛欢迎。此前,公司曾对19万名消费者进行了尝试调查,其中55%的消费者喜欢用新配方制成的饮料,据此,公司就以新配方进行生产,没想到激起许多人的强烈抗议。公司每天接到无数抗议信和抗议电话。一位女顾客在信中说:"我一生只有两件事最重要:上帝和可口可乐。但是,你们现在夺走了一件。"不少顾客认为,老可口可乐风味独特,新可口可乐淡而无味。当年6月份,在美国旧金山竟然发生了"全国老可口可乐饮户协会"举行的一场抗议新可口可乐的大示威。在其他地方,有十几万人签名要求恢复可口可乐老配方。有些顾客组织了"老可口可乐俱乐部",发动老可口可乐爱好者上街示威,甚至向法院提出控告。他们认为可口可乐公司改变配方是轻举妄动、盲目创新,忽视传统价值。更为重要的是,从当年5月份改用新配方以后,可口可乐销量大跌。在公众的巨大压力下,7月份,可口可乐公司召开紧急会议,决定恢复老配方生产。7月10日宣布恢复老配方并冠以新商标——"古典可口可乐"。同时,也采用新配方生产可口可乐新品种,以满足不同顾客的需要,这样便形成了新老可口可乐两面夹击的攻势,于是,可口可乐的股票每股猛涨了2.75美元,而百事可乐公司的股票却相应地下跌了0.75美元。

(资料来源:佚名.可乐战争[EB/OL].[2019-06-16].https://baijiahao.baidu.com/s?id=1636491360587550449&wfr=spider&for=pc.)

思考讨论题

(1) 结合本案例谈谈公共关系效果评估在公共关系中的作用。

(2) 本案例对你有何启示?

 思政园地

请扫描以下二维码,了解思政要求。

思政园地5.pdf

任务6 公共关系专题活动

> 如果公共关系要想影响对于公司的生存和成功必不可少的互惠互利关系,它就必须参与制定活动战略,并且将这种战略与随之而来的传播联系起来。
>
> ——[美] 斯科特·卡特里普

任务目标

- 做好开展公共关系专题活动的基础工作。
- 科学地选择公共关系活动模式。
- 组织开展庆典活动。
- 组织开展展览活动。
- 组织开展赞助活动。
- 组织开展开放参观活动。
- 组织开展新闻发布会和记者招待会。
- 组织开展仪式活动。
- 组织开展联谊活动。
- 组织开展宴会活动。

案例导入

别开生面的庆典活动

一天，美国某连锁店的公司总部办公楼前，鲜艳的彩旗在微风中轻柔地飘拂，争奇斗艳的鲜花传递着温馨的情意。络绎不绝的人群纷纷涌向这里，里里外外挤得水泄不通，记者的镁光灯不停地闪烁，一场别开生面的庆典活动在一种情趣盎然的氛围中拉开了序幕。

那一天，是该公司开业三十周年的纪念日。为了使这次纪念日的庆典活动在公众心目中产生轰动效应，培养员工对本公司的认同感、归属感，进一步增强凝聚力和向心力，公司总裁和有关人员经过精心谋划，确定这次庆典活动以"内求团结、外求发展、提高知名度、管理上台阶"为基本宗旨。

这场庆典活动奇就奇在亮相的第一个节目：公司总裁将为一位在公司连锁店门口擦了25年皮鞋的老黑人举办一次活动。在有色人种遭歧视、受凌辱的美国，这无疑是一个颇具影响的事件，引起了新闻界和广大公众的好奇心，尤其是黑人们更是普遍予以关注。

华丽的大厅响起了一阵阵美妙的鼓乐声，总裁恭恭敬敬地端起酒杯说："女士们、先生们，承蒙诸位莅临本公司开业三十周年庆典活动，敝公司不胜荣幸。请允许我代表本公司的全体员工及我们的'上帝'，向这位在商店门口擦了25年皮鞋的老人表达我们最诚挚的敬意和衷心的感谢，愿老人家健康长寿。然而，今天仅仅为老人举杯祝福仍难以表达我们的心愿。"说着，总裁在众目睽睽之下蹲下身子，请老人坐下，亲自为他擦亮脚上的皮鞋。这突如其来的举动，顿时令这位含辛茹苦、饱经风霜的老人老泪纵横，来宾们群情沸腾，欢声四起。翌日，美国的各种大众传播媒体多角度、多层次地将这一庆典活动辐射到全国各地，轰动了整个美国。

这家公司颇具特色的开业三十周年庆典活动，不仅进一步提高了该公司的知名度，树立起良好的社会形象,还极大地调动了公司员工们的积极性,增强了凝聚力、向心力。此后,该公司的营业额扶摇直上,利润成倍增加。

(资料来源:佚名.别开生面的庆典[EB/OL].[2012-12-27].https://www.docin.com/p-565747123.html.)

在开展公共关系活动中,除了大量的日常性工作要做外,各公共关系部门还要有计划、有目的地开展庆典等一些专项活动,也叫作公共关系专题活动。这些活动内容广泛,形式多样,有许多技术性问题需要把握。

6.1 公共关系专题活动概述

公共关系专题活动是指有目的策划的、有明确主题的活动,亦称作公共关系的"特殊事件"。它是在确定了一个明确主题的基础上,围绕这一主题而设计一系列具体的活动内容和活动方式。策划公共关系专题活动是富于挑战性和创造性的工作,通过公关人员独具匠心的设计,使之成为日常公共关系工作的高潮,变"无心插柳"为"有意栽花",为企业创造了有利的公共关系时机。

一、公共关系专题活动的作用

策划公共关系专题活动主要作用如下。

第一,制造新闻。吸引新闻媒体和社会公众的注意,以扩大组织的社会影响,提高组织的知名度。公共关系意义上所讲的制造新闻,是指在坚持真实性的前提下,举办具有新闻价值的活动,吸引新闻界和社会公众的注意,争取被报道的机会。公共关系专题活动因具有明确的主题、独特设计的活动内容,因而会成为新闻媒体和社会公众关注的"热点"。当然,策划者更应该主动与新闻媒体联系,使新闻媒体的参与成为整个活动的组成内容之一。

第二,为促销服务。通过公共关系专题活动制造有利的营销气氛,淡化推销色彩,使社会公众从感情上接受一种新产品、新服务,从而为进一步的销售活动开拓道路。

第三,营造喜庆气氛。利用社会上传统的重大节日或企业自身富有意义的纪念日,举办一定的活动来表达企业对社会公众的善意,改善社会舆论和关系环境,改善企业内外部的人际关系。

第四,联络感情。通过策划和举办公共关系专题活动,与社会各界广泛联络交往,为企业广结善缘,达到"争取有用的朋友"的目的。

第五,挽回影响。当企业形象受到损害时,需要运用各种手段加以纠正。举办公共关系专题活动即为方法之一。可以通过针对性强的活动设计,改变公众原有的印象,纠正不利的社会舆论,使受到损害的组织形象得以恢复。

二、公共关系专题活动的特点

公共关系专题活动是社会组织为了加强与特定公众的联系、扩大组织的社会影响,围绕某一确定目标而开展的特殊的公共关系活动。它一般具有以下特征。

1. 主题的明确性

公共关系专题活动是专门为实现某一具体目的而举行的,具有明确的主题,活动的策划与程序的安排都要围绕这一主题进行。只有主题鲜明,才容易引起舆论和公众的关注与兴趣,从而使组织形象在公众的心目中留下深刻印象。明确的主题能让公众更好地知晓组织行为的目的及意义,加深公众对组织的了解和信任。

2. 内容的丰富性

一项专题活动往往是一系列活动的组合。例如,一个庆典活动涉及宴请、仪式、联欢、新闻发布等专项活动。也就是说,一个鲜明主题需要各个活动来展示,专题活动有着丰富复杂的内容。

3. 媒体的多样性

一个专题活动若要达到预期的目标,需运用各种媒体,如电子媒体、印刷媒体,通过声、像、光和现场、实物、纪念品以及报告、解说、咨询等各种形式最大限度地吸引公众的注意力,引导公众参与,并借助各种可能运用的媒体扩大专题活动的影响。

4. 对象的广泛性

一般来说,组织举办专题活动所邀请或参与的对象比较广泛,具有不同的层次。例如,商场举办一个开张典礼,邀请的对象除了上级主管部门领导之外,也应包括兄弟单位的领导、新闻人士、社区的群众、供货商、顾客代表等。

5. 目标的层次性

组织开展公共关系从根本上说是为了宣传组织形象,使组织行为为公众所接纳,这是公共关系活动的总目标。专题活动作为特定的公共关系活动是为了塑造组织形象,从近期来看,则是通过活动吸引公众、赢得公众。专题活动目标的这种层次性,要求组织做到近期目标和长远目标的一致与统一。

6. 程序的规范性

专题活动是一个环节、运作复杂的公共关系活动项目,要求有规范、完整的程序和步骤,讲究组织严密、安排得当。程序的规范化有利于活动按部就班地运作,及时进行监控,有效地协助各环节间的工作,使各项活动循序渐进、井井有条,从而保证活动质量。

三、公共关系专题活动的基本要求

公共关系专题活动题材广泛,内容颇多。要使公共关系专题活动开展得有特色,有一定的影响面,要做到以下几点。

1. 明确的活动目的

任何公共关系专题活动都要有明确特定的目的,在活动中要努力促使其目的的实现。比如,通过开展纪念活动,使人们不忘历史人物对今人的影响,从而达到激励、教育人们的目的。美国通用汽车搞的历代汽车"进步大游行",就是选在汽车发明周年纪念时举行,车队慢悠悠地开出纽约,连贯"走访"了几个城市,所到之处有上万人的观众,意在让人们了解汽车的发展史,宣传通用汽车公司的不朽贡献、可靠信誉、经营宗旨和最新技术成果。再比如,通过发布信息,解惑释疑,消除误会;通过专项服务,联络感情,提高信誉等。

2. 鲜明的活动主题

任何一项专题活动都必须有鲜明的活动主题,它是专题活动目的的具体化,是专题活动的中心。主题要根据组织面临的主要问题、人们共同关心的问题和主客观条件来确定,如理论问题、社会问题,或以纪念某一重大节日、历史事件或历史人物等为主题。

3. 认真策划,周密安排

公共关系专题活动的主题确定之后,就应着手制订活动计划,包括确定活动的时间、地点、形式及规模,确定主持人、报告人、参加人员等。另外,还要安排与专题活动相联系的一些辅助活动。同时,还要组织一支精干的筹备队伍分工明确、密切合作,安排好活动的各项事宜,这是举办专题活动的组织保证。

4. 努力实施,确保成功

公共关系专题活动一般来说影响都很直接,效果也是明显的,但是,一项专题活动成功与否,评价是客观的。因此,要求每一项专题活动都必须既认真努力实施,又要慎之又慎,只许成功,不能失败,否则,稍有疏忽将酿成难以弥补的损失。

6.2 公共关系专题活动的模式

公共关系活动模式是公共关系工作的方法系统,是由一定的公共关系目标和任务以及这种目标和任务所决定的数种具体方法与技巧构成的有机体系。公共关系的工作方法极为广泛和多样,但都没有一种包医百病的灵丹妙药。不同类型的组织机构,同一组织的不同发展阶段,或同一阶段中针对不同的公众对象及不同的公共关系任务,需要我们选择不同的公共关系活动模式。

一、宣传型公共关系

宣传型公共关系是借助媒体开展宣传工作的公共关系活动模式。公共关系活动是一种信息传播活动。这种传播尽管与传统的宣传活动不尽一致,然而仍然需要采用一些宣传的手段和方法来达到信息沟通的目的。通过新闻媒体进行公共关系宣传是更多的组织从事公共关系活动所不可缺少的工具之一。

1. 宣传型公共关系的特点

(1) 目的明确。宣传公共关系的目的就是要宣传组织的方针政策、价值观念、产品服务及有关信息。每次公共关系宣传至少有一个明确的目的,如果有几个目的,必须明确一个主要的目的。宣传媒体、方式、时间等都是根据目的进行选择的。

(2) 时效性强。宣传公共关系活动把有宣传价值的信息及时准确地传递出去,在相应的时间内能起到良好的宣传效果。

(3) 传播面广。宣传型公共关系活动必须借助传播媒体。任何传播媒体的接受公众都不是个别的,而是相应的群体,特别是全国性的报纸、杂志、广播、电视等媒体涉及范围大到全国各地的公众。

2. 宣传型公共关系的方式

根据宣传对象的不同,宣传型公共关系可分为内部宣传和外部宣传两种方式。

(1) 内部宣传。内部宣传是公共关系人员最经常进行的工作之一。它的主要对象是内部公众,目的是可以让内部公众及时、准确地了解与组织有关的各方面的信息,如组织的现行方针和政策,组织各部门的工作情况,组织的发展成就、困难和挫折,采取的行动与措施,外界公众对组织的评价以及外部社会环境的变化对组织的影响等,以便鼓舞士气,取得内部谅解和支持。常用的手段有报纸、员工手册、黑板报、宣传栏、闭路电视、演讲会、讨论会等。例如,北京百货大楼的内部报纸《商海公共关系》、京海计算机公司办的内部刊物《京海纵横》,都是内部宣传的形式。

(2) 外部宣传。外部宣传的对象包括与组织机构有关的一切外部公众,目的是让他们迅速获得对本组织有利的信息,形成良好的舆论。外部宣传的形式有两种:一种是不借助大众传播媒体的宣传,包括举办展览会、经验或技术交流会等;另一种是借助大众传播媒体的宣传。具体有两种做法:一是花钱利用广告做宣传;二是不必支付费用,又易于为公众所接受的形式,即通过新闻节目播出。必要时还可以抓住公众关注的"热点",组织相应的活动,吸引新闻媒体前来报道,如前所述的"制造新闻"。

二、交际型公共关系

交际型的公共关系是指不借助其他媒体,只在"人与人"之间的交往中开展公共关系社交活动的方式。交际公共关系借助于人与人之间的直接接触,联络感情,为组织广结善缘,建立广泛的社会关系网络,形成有利于组织发展的人际关系环境。

1. 交际型公共关系的特点

交际型公共关系实际上是一种通过人际交往进行的传播,特别是注重建立良好的人际关系。其主要特点包括以下几方面。

(1) 直接性和双向性强。在实施交际型公共关系时,公共关系人员与特定的公众是面对面地直接地彼此交流。由于其交往对象十分明确、具体,其交流的内容也就更有针对性,同时能立即得到反馈信息,可以据此调整传播的内容和形式,因此容易收到预期的结果。

(2) 情感性和信息性并存。采用交际型公共关系时,组织与公众之间交流的不仅是有关信息,更突出的是情感。通过彼此的了解和情感的共同加深,更有利于创造"人和"的公共关系环境。

(3) 选择性和稳定性明显。组织为了达到特定的目的,必然要选择具体交际对象和交际方式,一旦与交际对象建立正常的关系后,不会因双方信息与情感交流的时间中断而中断。

(4) 以语言类符号为传播工具。交际公共关系往往不需要专门的媒体传播,主要是通过交谈、函、电来进行,使用的主要是言语(口头语言)、文字(书面语言),还有表情、体态、手势、服饰类语言等。

(5) 个性化的色彩极浓。在交际型公共关系中,公共关系人员与公众都是以个人的姿态参与的,就是说"公共关系"的交往却以"私人关系"的形态来表现。其优点是可以通过"私交"来实现"公交"的目的,缺点是容易使"庸俗关系"乘虚而入。同时,在交际型公共关系中,传播的内容和形式受交际双方个人特质的影响极大,因此对公共关系人员及有关人员自身素质的要求比较高。

2. 交际型公共关系的方式

交际型公共关系的方式可以依交际对象的特征分为团体交际和个人交际两类。

(1) 团体交际。团体交际是指组织与相关组织之间进行的交际活动,主要有联欢会、宴会、茶话会、慰问活动,以组织名义进行的礼仪性函电往来,还有结合记者招待会、座谈会、工作餐进行的交际等。

团体交际的特点如下。

① 虽以组织名义进行,却是通过双方组织成员的个体接触来实施。

② 参加者是各自组织的若干人,容易形成热烈友好的气氛,特别是可以发挥每个参加者的交际才能,以个体才能的互补来促使群体交际收到尽可能好的结果。

③ 活动形式生动活泼,话题范围可宽可窄、灵活多样。

④ 由于时间和场合的限制,不如个体交际深入。

(2) 个人交际。个体交际是组织中的公共关系人员或其他员工个人与相关组织或个人之间进行的交际活动,主要是个人拜访、交谈,有个人签名的函电往来,还有结合商品推销、服务进行的交际等。

这里所说的个体交际和一般人际关系中的个人交际最主要的区别就是目标不同,即这里的个人交际以建立良好的公共关系为目标。它的主要特点如下。

① 以个人为重点进行交际,无论从组织还是实施的角度看,都非常方便。

② 可以多次进行,便于深入地交际,因而也便于取得预期的交际效果。

③ 可以借鉴处理一般交际关系的经验,利于加深已有的"私人关系"。

三、服务型公共关系

随着社会发展,世界经济日益转变为服务型经济。根据公众的需求,社会组织策划各式各样的公共关系服务活动,通过优良、周全的服务活动来赢得公众的好评,塑造社会组织的良好形象,是公共关系工作的又一重要特色。所谓"服务型公共关系",是一种以提供优质服务为主要手段的公共关系活动模式,目的是以实际行动获得社会公众的了解和好评,建立自己良好的形象。

1. 服务型公共关系的特点

服务型公共关系既有服务特征又有浓厚的公共关系色彩,相对于一般意义上的服务与公共关系,其基本特征包括以下几点。

(1) 道德效应与经济效益的统一。服务型的公共关系活动,从其策划依据、社会背景、与公众的切合点到活动的形式和内容,都表现出道德性。从某种角度看,它是一种正义的社会公德活动。有时它表现为社会公德宣传活动。例如,提倡艰苦奋斗,反对铺张浪费;提倡文明、健康、科学的生活方式,反对愚昧、落后的陈规陋习;宣传诚实友爱、尊老爱幼、助人为乐、见义勇为等。有时它表现为开展社会、社区服务，为建设社会安全、环境优美、文体生活健康丰富的社区添砖加瓦。有时它表现为慈善捐助活动。这样的社会、社区性服务，无论其口号还是行为，都会产生一定的道德效应，是社会主义精神文明建设不可缺少的重要组成部分。但是，服务型的公共关系活动又具有经济效益。这主要体现在两个方面：其一，社会组织通过服务创造了良好的营销环境和消费氛围，促进了商品的流通速度，以此赢得眼前的商业经济利润。其二，社会组织借助服务性公共关系活动，塑造了良好的形象，赢得了公众的支持乃至高度评价，为社会组织长期发展准备了消费公众市场，获得了长远的商业经济利润。正因为服务的公共关系活动能够在经济上产生眼前效应与长期效应，因此日益受到有关社会组织的重视，视为新型的竞争方式。服务型公共关系活动这种融道德效应与经济效益于一体的特征，是其商业价值和道德价值双重效应的基础。它要求我们在实际工作中既不能因其道德性而排除其商业性，只讲付出而不讲利润，又不能因其商业性而排除其道德性，只求利益至上而忽略乃至抹杀道德服务。任何只求其一，漠视另一特征的做法，都不符合服务型公共关系活动的要求。

(2) 无形与有形的统一。公共关系中提供的服务产品，既可以是有形的，即实物产品，又可以是无形的，如搬运服务、寄存服务等。从有形性来看，服务型公共关系有时提供给公众的是一种实物形态存在的物质产品，给公众带来明显的实惠感。从无形性来看，服务型公共关系有时并不给公众提供实物产品，而是以"活动"形式提供帮助、协助，这种服务就是"不留下可以触摸到、同提供这些服务的人员分开存在的结果……"对于社会组织而言，无形的服务产品是一种特殊的带有利他色彩的服务劳动过程。因此，公众在接受社会组织服务过程中，如果服务产品是有形的，公众接触较多的是商品或产品；如果服务产品是无形的，公众接触较多的是社会组织的员工。服务型公共关系肩负着塑造社会组织综合形象的重任，既要塑造质量技术形象，又要塑造道德人格形象。因此，在操作上，它必然强调物质产品和服务劳动"活动"的统一运用，既为公众提供优质产品，又为公众提供义务服务，"虚实相互"，有形与无形相辉映，实现公共关系的最优状态。

(3) 综合性与专题性的统一。人类对于服务的要求是十分繁多的，凡是人类涉足的领域都存在服务需求。这样，服务在人类生活中就呈现出繁杂纷纭、种类繁多的色彩。就其形态而言，既有实物产品，又有活动"产品"；既有物质产品，又有精神产品；既有生产技术服务产品，又有生活服务产品……这些不同类型的产品，以其独特的服务"效用"，满足人的某种要求。人类需求的多样性，决定了服务范围的广泛性，使公共关系中服务具有综合性特征。但是，社会组织提供的服务，由于其职能和局限性，不可能充分顾及人类需求的所有方面，往往带有一定的专题性、主题性，即根据公众需求与社会组织的相关程度，组织相应的活动，开展公共关系服务。

(4) 长期性与集中性的统一。公众的服务性需求是永恒的，当一种服务性需求得到满足后，又会产生新的服务性需求，而公众又往往根据社会组织最近提供的服务业务来判断社会组织。因此，社会组织需长期坚持开展服务型公共关系活动。公共关系服务的长期性特征要求我们在实际工作中做到：①制订详尽的年度性乃至中长期的服务战略和计划，规范社会组织的长远性服务活动。②根据公众的需求，合理安排公共关系服务活动的时间，以便在不同时期均能为公众提供服务。③坚持社会组织为公众服务的传统项目，每年在大致相同的时间里,开展内容相同的服务活动,能够使服务活动具有某种"历史悠远性",强化它的长期性特征。在具体操作上,服务型公共关系活动具有集中性、短期性的特征,即它要在某个时间内集中为公众服务,持续时间较短,有一个明显的结束时期,而集中开展的公共关系服务活动又体现了服务战略计划的要求。这样,长期性与集中性得到有机统一。

2. 服务型公共关系的方式

服务型公共关系,根据它与社会组织其他工作的关系,可以分为渗透式的服务型公共关系和单纯的服务型公共关系。

(1) 渗透式的服务型公共关系。渗透式的服务型公共关系是指社会组织渗透于业务、岗位之中开展的优质服务。渗透式的公共关系服务,对社会组织而言是最基本的,它能够把服务与业务结合起来,以服务推动业务工作日趋科学,以业务工作保证服务的真正到位,因此深受公众欢迎。可以说,社会组织所有的业务范围都可以渗入服务,表现出为公众服务的本色。从科研设计到生产、营销都要接受社会组织服务精神的指导,社会组织的领导者、管理者、科研人员、生产人员、营销人员都是为公众提供服务的仆人。所以说,渗透式的公共关系服务主要包括售前服务、售中服务和售后服务。

(2) 单纯的服务型公共关系。单纯的服务型公共关系是指社会组织离开业务岗位而开展的服务活动。从公共关系角度来看,单纯的服务方式,公众看不到其中的"利己"动机,只表现为公众提供服务,更加具有公共关系效果。可以说,凡是公众需要的内容,凡是公众涉足的领域,都是社会组织服务的范围。因此,单纯的公共关系服务范围是十分宽广的,方式、方法是多种多样的,常见的主要包括以下几点。

① 提供相关服务。即社会组织根据公众的实际需求,主动向公众提供一些自己没有义务和责任但又与自己的经营内容相关的服务项目。例如,商店免费为顾客开设商品寄存业务,摩托车厂家为所有牌号的摩托车提供维修服务。虽然顾客的商品不是在本店购买的,车主的摩托车不是本厂生产的,但有了这种服务,公众将深受感动,以后容易成为自己的忠实顾客。

② 组织社会公益服务。即选择符合政策、法律、道德要求的社会热点问题,如环境卫生、社会治安、种植树木等,组织员工义务劳动。这不仅可以树立良好的服务形象,而且可以推动精神文明建设。

③ 开展资助、馈赠服务。当社会公众遇到困难时,社会组织及时组织募捐活动,筹集钱、物,从物质上、精神上帮助公众,这可以完善社会组织的人道主义形象。

四、社会型公共关系

社会型公共关系是指组织利用各种社会性、公益性活动塑造形象的公共关系活动模式。类似普及性的宣传教育、社会福利事业的开拓及开展公益性活动等,都具有社会型公共关系的含义。

1. 社会型公共关系的特点

(1) 内容的公益性。社会主义市场经济条件下的组织,不仅担负着一定的经济使命,而且要承担一定的社会责任,支持社会公益事业,促进两个文明建设。组织为公益事业做出贡献,就是社会型公共关系。北京肯德基公司曾举行了"为了孩子、为了未来"大型义卖活动,义卖活动利润全部捐献希望工程,就是一种公益性公共关系活动。

(2) 影响面的社会性。社会型公共关系活动的内容是公益性的,因此与社会主义倡导的风尚相一致,往往能得到新闻界的热心支持和宣传报道,这必然在较短的时间内扩大组织的影响。同时,社会型公共关系的形式很多,特别是传播先进科学技术知识、赞助体育事业、举行义演等活动,能够使人产生兴趣、引人入胜,不仅给人以深刻的印象,而且引起人们的相互传播,其结果是提高了组织的知名度和美誉度,增加了社会公众对组织的认识和信任。

(3) 利益的长远性。社会型公共关系活动不拘泥于组织眼前的一得一失,而是采取"放水养鱼"的策略,着眼于长远,为组织的发展铺平道路。实践反复证明:经过精心策划的社会型公共关系活动,往往可以在较长时间里发挥效益,具有潜移默化地加深公众对组织印象的作用,是一项战略性的公共关系实践。

2. 社会型公共关系活动的方式

(1) 以组织为中心展开的活动。这是指以组织的重大活动为契机。例如,利用组织开业、周年店庆、搬迁改建等各种专门性社会活动。由于活动的时机、内容、形式可由组织自行控制和选择,组织的话题与社会性话题结合得较自然、紧密,社会型公共关系的效果与宣传型公共关系、交际型公共关系、服务型公共关系的效果融为一体。不过,采用这种方式,需要通过各种手段,如邀请社会名流、各界代表、舆论机构参与,才能引起更多公众的注意和收到更大的效果。

(2) 以社区为中心展开的活动。这是指组织或参加与社区的安定、繁荣、发展有关的各种社会性、公益性、赞助性活动。采用这种方式,可以由组织发起活动,也可以参与、支持由政府、社会团体、其他组织发起的活动。这主要包括赞助体育事业、赞助文化事业、赞助教育事业、赞助慈善事业、大型酬宾活动、大型赈灾活动等。

五、征询型公共关系

这是一种以采集信息、调查舆论、民意测验、监测环境为主要内容的公共关系活动模式。目的是了解社会舆论和民情民意,为社会组织决策提供依据。征询型公共关系活动方式有:组织市场调查、建立信访制度、设立监督电话、处理举报投诉、与新闻媒体建立联系等。征询型公共关系活动具有长期、细致、多渠道的特点,应当经常化、制度化,特别是要灵活迅速地捕捉有关的重要信息,保证社会组织与环境能协调一致地发展。开展征询型公共关系应把握以下几点。

1. 诚心诚意

组织借助征询型公共关系活动加强与公众的直接沟通,目的是树立和巩固组织的形象。为此,组织必须以诚恳认真的态度,虚心地向公众"请教"。同时要主动向公众敞开心扉,倾听公众的批评、意见和建议。只有真心实意地面对公众,开诚布公地联系公众,才能赢得公众的理解、信任和支持,使组织在公众中的形象得以保持和发展。

2. 畅通渠道

征询型公共关系立足于实现组织与公众的双向沟通,使双方能够借助某种中介充分地进行信息交流,达到彼此了解、相互信任的目的。因而,必须切实注重打通组织与公众之间的联系渠道,保证沟通渠道的畅通。渠道不通,信息传输不灵,沟通必然难以到位。国外不少企业重视"建议箱"的作用,许多公司发现建议制度可以有效地降低成本,这对我们不无启发。实践中,我国企业或其他社会组织也可以灵活运用诸如调查问卷、访谈、座谈、对话、意见箱、来访接待等方式多渠道地开展征询型公共关系活动,争取良好的效果。

3. 决策反馈

开展征询型公共关系活动的目的是为了改善组织的公共关系状态,为完善组织经营管理活动提供依据。在充分了解了公众的愿望、要求、建议和意见之后,组织要依据公众民意来改进自己的工作,切实解决组织发展中存在的问题,并及时地把重要情况向公众通报。若缺少这一步,公众就会对组织的诚意和做法有看法,产生对组织的不信任,组织在公众中的地位和形象自然也会随之动摇。为此,组织开展公共关系活动时,应重视对公众意见信息的反馈,凡是公众有疑问的事情,都应"给一个说法",不能"装聋作哑",文过饰非,否则组织就会从根本上失去公众的支持。

6.3 常见公共关系专题活动的组织

在开展公共关系活动中,除了有大量的日常性工作要做外,公共关系部门还要有计划、有目的地开展一些专项活动,也叫作公共关系专题活动。这些活动内容广泛,形式多样,有许多技术性问题需要把握。

一、庆典活动

庆典活动是指公共关系部门举办的庆贺活动、典礼仪式以及具有特殊文化、社会意义的活动项目,其主要形式有:开业典礼、周年纪念、节日庆典等。

1. 开业典礼

(1) 开业典礼的特点及作用。开业典礼一般是指一个组织开张,一所重要机构成立所举行的仪式,它是公共关系专题活动中比较特殊的一项活动。开业典礼有如下特点。

① 它是一个组织诞生的标志,是开展某项重大活动的开始,因此它往往具有特别的意义。如同文学作品的"开篇",戏剧中的"开场",电影中的"序幕"一样,"良好的开端是成功的一半","开张大吉"往往会给公众留下深刻的印象。

② 开业典礼是一个新的社会组织公共关系活动的开始。随着组织与公众的第一次会面,公共关系也随之形成。对这个组织来说,从此就拉开了公共关系活动的序幕。

③ 这种专题活动形式比较正规,声势比较大,隆重、热烈、规格高,容易产生轰动效应。

开业典礼作为社会组织展现自身、赢得公众的一种有效的活动形式,对于联系公众扩大组织的影响,提高组织自身的美誉度具有十分重要的作用。因为,任何一个组织的诞生,总希望自己在社会上能占有一定的地位,能对社会做出一定的贡献,在社会上产生一定的影响。当然,要实现这种目的,不能靠举办一两次活动就能办到,而需要组织长期不懈的、持之以恒的努力,在与社会的长期交往中逐步实现。但是,无论如何,交往关系总要有一个开头,而且这个开头往往具有决定成败的关键意义。开业典礼就是一个组织向社会的第一次亮相。通过这样一种形式,既为展示组织自身形象创造了良好的氛围,又为公众了解组织提供了机会。成功的开业典礼能够给公众留下深刻美好的第一印象,也能沟通组织和公众之间的联系,为以后的长期交往打下良好的基础。

(2)开业典礼的组织和安排。开业典礼是一项比较复杂的专题活动,需要公共关系人员精心地组织和安排。一般来说,开业典礼的组织和安排包括两个方面。首先,是做好开业典礼的筹备事宜。这主要包括以下几项工作。

① 撰写典礼的具体程序。包括宣布典礼开始、介绍来宾、致答谢词、剪彩等。

② 拟定出席典礼的宾客名单。邀请的宾客要具有广泛的代表性,要尽量邀请一些知名人士或新闻记者参加。邀请出席的请柬要尽可能早些发出,以便被邀请者安排时间按时赴会。

③ 确定致辞人员名单,并为本单位负责人拟定答谢词、贺词。

④ 确定剪彩人员。参加剪彩的除本单位负责人外,还应在宾客中邀请地位较高且有一定声望的知名人士同时剪彩。

⑤ 落实各项接待事宜。要把典礼仪式的各项服务工作落实到人,明确任务,提出具体要求,保证人员岗位和不出差错。

(3)典礼进行中及结束后主要包括以下几项工作。

① 典礼仪式过程中为了活跃气氛,可以适当安排一些助兴节目,如鞭炮、礼花、歌舞表演、舞龙耍狮、游艺活动等。

② 为了使上级、同行和公众了解组织,适当组织参加典礼的宾客对本组织的工作现场、生产设施、服务条件、商品陈列等进行参观。

③ 典礼活动结束后,要通过座谈会或留言簿等多种形式广泛征求宾客的意见和建议,以检测效果、总结经验。

(4)举办开业典礼应注意以下问题。

① 准备要充分。开业典礼一般形式比较正规,规模也比较大,举办前尽量要事无巨细、设想周全。只有准备充分,才能有备无患,应付自如。

② 举止要热情。举办开业典礼是组织的第一次亮相,要求全体人员注意礼仪、礼节,对来宾要热情周到,举止文明、落落大方。

③ 头脑要冷静。开业典礼一般气氛比较热烈,受情绪感染,有时会出现一些意想不到的事情,组织者要始终保持清醒的头脑,善于观察苗头,对可能出现的不测,及时引导,巧妙地予以扭转,切不可意气用事或惊慌失措。

④ 抓住时机,有所创新。当庆典过程中出现一些意想不到的事情时,要善于抓住时机,有所创新。上海一家商厦试营业时,一位顾客不慎摔碎了大型导购灯箱。据说,修复灯箱需要6000元费用,可是,这家商厦的经理却提出只需这位顾客赔偿1元人民币,其余部分由商厦承担。这种做法不但使顾客深为感动,而且造成了强烈的社会反响和轰动效应,引得报界、电台等新闻机构纷纷报道和采访。这是抓住时机、有所创新的极好例子。

⑤ 指挥要有序。比较大型的开业庆典活动,人员众多、场面热闹,若组织不好,容易造

成混乱。因此，组织者必须周密安排、明确分工、指挥有序。要建立联系系统，使参加者的情绪受感染，不知不觉地予以接纳，这就要求组织者具有敏锐的观察力和很强的组织能力，善于根据公众情绪变化，不断把气氛推向高潮，提高传播效果。

2. 周年纪念

组织的周年纪念，也是每年一次开展公共关系的极好时机。因为组织的类型、特点、性质不同，所处的具体环境、所具备的条件以及主观追求的目标不同，因此，同开业庆典一样，组织的周年纪念活动形式也是多种多样的。广州中国大酒店在开业一周年纪念活动中以照一张全酒店 2000 名员工参加的"中"字照，作为公共关系活动主题，并以这张照片为主线制成名信片寄往世界各地曾经住过酒店的宾客和赠予社会各界知名人士，以此来联络感情、扩大影响、吸引公众。

组织周年纪念的形式丰富多彩，但是无论何种形式，都必须注意以下几点。

(1) 周年纪念活动必须有明确的主题。如，中国大酒店开业一周年的庆祝活动公共关系人员设计的主题是："中外通商之途，殷勤款客之道。"这就突出了酒店特别为来华经商者提供先进、完善服务的特色。

(2) 注意介绍本组织的成就。周年纪念活动对内可以增强凝聚力，对外也是宣传自己的极好机会。因此，要注意宣传、介绍本组织的成就、本组织生产经营特色、产品质量、经营方针和宗旨以及所取得的经济效益与社会效益。美国通用汽车公司就是通过具有特色的周年纪念活动向公众宣传该公司对汽车发展所做的贡献。

(3) 感谢各界同人及朋友的支持。组织的发展离不开各界的广泛支持，组织可以利用周年纪念的机会，有的放矢地提出感谢的具体单位及单位的主要领导，以此联络感情。

(4) 提出未来的发展计划。要注意说明本组织存在的社会价值以及今后对社会发展的贡献，并表示今后要继续求得社会各界朋友的支持和爱戴。

3. 节日庆典

世界各国、各民族、各地区及组织都有自己的节日，有的是传统节日，有的是具有纪念意义的节日。可以说，所有的节日都值得庆贺，都具有纪念意义，也是开展公共关系活动的大好时机。随着经济发展，我国各地相继举办了一些具有地方特色的节日，如青岛的啤酒节、上海的电影节、潍坊的风筝节和大连的服装节等，这些节日对于塑造地方形象，扩大影响都起着十分重要的作用。

举办节日庆典要注意如下的问题。

(1) 确定举办节庆的时间、地点。节庆的时间应相对固定，不宜朝令夕改。地点的选择应适合节庆的主题。如"桃花节""樱花节"一定要选有桃花和樱花盛开的地方。

(2) 设计每年节庆的宣传口号和节徽。为了使每年的节庆活动有新意，有些节庆的口号可以一年一换，也可采取社会征集的办法来引起更多人的关注。

(3) 周密策划，力求使每一次节庆活动内容和形式都丰富多彩、独具特色。活动方案的形成既可由专家设计，也可采取参加单位提出自己的活动方案后由总负责部门协调。

(4) 具体活动实施，要错落有序、宽松结合起来。节庆活动要在最吸引人的地点、时间举行，同时要注意交通秩序并保证安全。

(5) 要和新闻机构加强联系,准备好宣传、报道方面的材料,加强宣传的力度,使整个活动取得良好的社会效益和理想的经济效益。

二、展览会

组织通过举办展览会,运用真实可见的产品和热情周到的服务,全面透彻的资料、图片介绍和技术人员的现场操作,吸引大量的参观者,使其留下深刻的印象。它是组织重要的公共关系活动之一。

1. 展览会的特点

(1) 形象的传播方式。展览会是一种非常直观、形象、生动的传播方式。展览会通常以展出实物为主,并进行现场示范表演,如在产品展览会上,有专人讲解和示范产品的使用方法。这种直观、形象的活动,容易给参观者留下深刻的印象。

(2) 极好的沟通机会。展览活动给组织提供了与公众直接沟通的极好机会,通常展览会上都有专人解答参观者的问题,并就他们感兴趣的问题进行深入讨论。这样参展单位在让公众了解本组织的同时,还能及时了解公众对本组织传播内容的反映,参展单位可以根据公众反馈的信息进一步做好工作。

(3) 多种传媒的运用。展览会是一种复合的传播方式,是同时使用多种媒体进行交叉混合传播的过程,它集多种传播媒体于一体,有声音媒体,如讲解、交谈和现场广播;又有文字媒体,如印刷的宣传手册、资料;同时还有图像媒体,如各种照片、录像、幻灯等。这种复合性的沟通效果是其他传播媒体无法比拟的。

2. 展览会的组织

举办展览会要精心组织,做好以下细致全面的工作。

(1) 明确展览的主题。每一次、每种类型的展览会都应有明确的主题和目的。只有主题明确,才能提纲挈领,对所有展品进行有机的排列组合,充分展示展品的风采。否则主题不明,眉毛胡子一把抓,很难把展品、各类资料有机地结合起来,杂乱无章,势必影响展览效果。

(2) 搞好展览整体设计。任何一项展览都是一项系统工程,要求必须有一个详细的整体设计。包括:展览场地、标语口号、展览徽志、参展单位及项目、辅助设备、相关服务部门的设置和人员安排、信息的发布与新闻界的联络、对工作人员的培训等,都需要全面设计,周密安排。否则在某一个环节上安排不当,都会影响整个展览的效果。

(3) 成立对外新闻发布机构。成立对外新闻发布的专门机构,负责与新闻界进行密切的联系,展览过程中往往会发生许多有新闻价值的东西,这就需要有关人员以敏锐的观察力去挖掘、去分析并写成各种新闻稿件发表,以扩大影响。同时,要组成专门的机构,专门负责新闻发布的计划,如确定发布内容、发布时机、发布形式等,这样效果会更好。

(4) 进行展览的效果测定。展览的效果一般体现在观众对展品的反映,对组织形象的认识以及对整个展览会从内容到形式的总体看法等方面。为了检验展览会大小,检验举办各类展览活动的目的是否达到,必须对展览效果进行检测。测定的方法很多,如,设立观众留言簿、召开座谈会听取反映,检验公众对展品的留意程度等。

三、赞助会

赞助是指组织对某一社会事业、事件无偿地给予捐赠和资助,从而扩大组织的知名度与美誉度,树立美好形象的活动。赞助会是某项赞助采用的具体形式。

1. 赞助的意义

赞助对组织的发展具有特殊而重要的意义,具体表现为以下三点。

(1) 提高组织知名度。赞助可以使组织的名字伴随所赞助的事件一起传播。如奥运会是举世瞩目的体坛盛会,收看的公众覆盖面非常广,遍布全世界,这样的赞助活动对组织知名度的提高是可想而知的。

(2) 提高组织的美誉度。由于赞助活动所赞助的往往是社会大众所关注、支持的事业,因此赞助可以树立一个组织关心公益事业的良好形象,改变营利性组织"唯利是图"的商人形象。

(3) 履行组织的社会责任。救灾扶贫,支持公益事业,对每个社会成员来说,人人有份,赞助活动正体现了组织在建设精神文明、履行社会责任和义务方面的积极态度。

2. 赞助的类型

赞助活动的类型很多,常见的赞助类型有以下几种。

(1) 赞助体育事业。赞助体育事业主要包括为体育馆捐资和赞助大型体育比赛,其中以后者居多,因为体育比赛是当今的社会热点之一,对其进行赞助,往往可使本组织迅速扩大影响。

(2) 赞助文化活动。主要指赞助电影、电视节目的制作,赞助广播节目、报刊开辟专栏,赞助文艺表演,赞助知识竞赛、艺术节、文化节等大型文化活动。这种赞助活动,不仅有助于社会主义文化事业的发展,有助于全民族文化素质的提高,也有助于培养组织和公众的良好情感,提高知名度。

(3) 赞助教育事业。教育的发展是关系到国家千秋大业的大事。赞助教育事业,既有利于教育事业的发展,也会使组织从中受益。赞助教育的方式,主要有赞助奖学金,赞助学校教学、科研经费、仪器设备、基本建设经费,赞助社会办学等。

(4) 赞助社会福利事业。这主要指为贫困地区、残疾人、孤寡老人和荣誉军人等提供帮助活动。这类赞助体现了组织高尚的道德品质,也是组织向社会表明其承担社会义务和责任的手段。

不管赞助对象是谁,赞助单位向单位和个人提供的赞助物品主要有四类:一是金钱,赞助单位以现金或支票的形式,向受赞助者提供赞助。二是实物,赞助单位或个人以一种或数种具有实用性物资的形式,向受赞助者所提供的赞助。三是义卖,赞助单位或个人将自己所拥有的某件物品进行拍卖,或是划定某段时间将本单位或个人的商品向社会出售,然后将全部所得,以现金的形式,再向受赞助者提供赞助。四是义工,赞助单位或个人派出一定数量的员工,前往受赞助者所在单位或其他场所,进行义务劳动或有偿劳动,然后以劳务的形式或以劳动所得来提供赞助。

3. 赞助会的组织

赞助活动实施之际,往往需要举行一次聚会,将有关的事宜公告于社会。这种以赞助为主题的赞助会,在赞助活动中,尤其是大型赞助中,大都必不可少。赞助会一般由受赞助者操办,也可由赞助者操办。

(1) 场地的布置。赞助会的举行地点,一般可选择受赞助者所在单位的会议厅,也可租用社会上的会议厅。会议厅要大小适宜,干净整洁。会议厅内,灯光亮度适宜。在主席台的正上方,需悬挂一条大红横幅,在其上面,应以金色或黑色的楷书书写着"××单位赞助××项目大会",或者"××赞助仪式"的字样。赞助会会场的布置不可过度豪华张扬,略加装饰即可。

(2) 人员的选择。参加赞助会的人员既要有充分的代表性,又不必过多。除了赞助单位、受赞助者双方的主要负责人及员工代表之外,赞助会应当重点邀请政府代表、社区代表、群众代表以及新闻界人士参加。所有参加赞助会的人士,与会时都要身着正装,注意仪表,个人动作举止规范,以与赞助会庄严神圣的整体风格相协调。

(3) 会议的议程。赞助会的具体会议议程应该周密、紧凑,其全部时间不应超过一小时,其议程如下。

第一,宣布会议开始。赞助会的主持人,一般应由受赞助单位的负责人或公共关系人员担任。在宣布正式开会之前,主持人应恭请全体与会者各就各位,保持肃静,并且邀请贵宾到主席台上就座。

第二,奏国歌。此前,全体与会者须一致起立。在奏国歌之后,还可奏本单位标志性歌曲。

第三,赞助单位正式实施赞助。赞助单位代表首先出场,口头上宣布其赞助的具体方式或具体数额。随后,受赞助单位的代表上场。双方热情握手。接下来,由赞助单位代表正式将标有一定金额的巨型支票或实物清单双手捧交给受赞助单位代表。必要时礼仪小姐要为双方提供帮助。在以上过程中,全体与会者应热烈鼓掌。

第四,双方代表分别发言。首先由赞助单位代表发言,其发言内容重在阐述赞助的目的与动机。与此同时,还可将本单位的概况略作介绍。然后由受赞助单位代表发言,集中表达对赞助单位的感谢。

第五,来宾代表发言。根据惯例,可以邀请政府有关部门的负责人讲话。其讲话主要肯定赞助单位的义举,呼吁全社会积极倡导这种互助友爱的美德。该项议程有时也可略去。至此赞助会结束。

会后,双方主要代表及会议的主要来宾应合影留念。此后,宾主双方稍事晤谈,来宾即应告辞。

4. 赞助应注意的问题

(1) 进行赞助研究。赞助研究即是对赞助对象与本组织的关系以及赞助方式及效果等问题的研究。赞助可以由组织主动选择对象予以支持,也可在接到请示后再做出反应。一般来说,组织要想获得好的信誉投资就应采取第一种主动赞助形式,这就要求对赞助进行认真研究。赞助研究应从组织的政策入手,从需要赞助的事业、事件出发,核算进行赞助的成本以及分析赞助将产生的效果,并且注意防止赞助活动离组织整体赞助的主题太远,保证在赞助活动中,组织、公众和社会同时受益。

(2) 遵循赞助原则。赞助活动要注意遵循一定的原则。主要包括:影响力原则,即赞助活动的影响面要大、影响力要强,要与所赞助的事件成正比例关系;经济力的原则,即所赞助的经费、物质,必须为本组织所能承担的限度,要合理适当,量力而行;政策许可的原则,即赞助的对象、经费的开支等,必须符合国家的政策规定。

(3) 制订赞助计划。在进行赞助研究,遵循一定的赞助原则的基础上,制订切实可行的赞助计划。赞助计划包括:赞助对象的范围、数量,赞助经费的预算,采取的赞助方式与步骤以及赞助宗旨等。赞助计划是赞助研究的具体化,可以控制赞助的范围,防止赞助规模超过组织的承受力,不能浪费,做到有的放矢。

(4) 审核评定赞助计划。审核评定赞助计划是由领导决策机构的成员或有关方面的专家,对赞助计划或方案进行分析讨论审查评定的过程,是一种可行性的论证。审核评定赞助计划包括对具体的赞助方式、赞助款额以及赞助动机的审核和评定。

(5) 赞助计划的具体实施。赞助计划的实施要成立或指定专门机构和人员负责,要与接受赞助的一方签订办理一定的赞助手续。赞助负责人要组织人员切实落实各项具体的赞助项目,并且要监督接受赞助一方合理使用赞助资金,积极实施赞助计划,使赞助与接受双方都获得良好的社会效益和经济效益。

(6) 赞助效果的测定。每次赞助活动完成之后,都应对赞助的效果进行调查测定。把赞助结果与计划相对照,看完成了哪些预定的指标,哪些指标没有完成,并找出各自的原因,为今后的赞助活动提供参考资料。

四、开放参观

1. 开放参观的类型

(1) 专题性参观和常规性参观。专题性参观是有特定的目的、围绕一个专门确定的主题而进行的。常规性参观一般没有特定的主题,是组织常规工作的一项内容。

(2) 特殊参观和一般参观。特殊参观就是对特定公众对象开放的参观。如上级部门领导人的视察,组织学生来单位参观等。一般参观就是对公众对象不加限制的参观。这种参观应事先通过"安民告示"或其他传播手段广泛宣传开放参观的目的、时间及参观须知,争取尽可能多的参观者来组织进行参观。

2. 开放参观的组织实施

开放组织不仅是提高组织知名度、美誉度以及争取社会各界理解与合作的重要手段,而且是激发本组织成员的自豪感与凝聚力的有效措施。因此,许多组织把成功开展多种活动作为公关策划的方式。要使开放参观活动取得良好效果,需把握以下环节。

(1) 确定主题。开放参观活动是一项细致而复杂的工作,涉及组织内部和外部的各种因素,一定要明确开放参观的目的是什么,解决组织什么问题,达到什么样的目标和效果,只有在此基础上,才有可能进一步策划和组织好参观活动,使整个活动有的放矢地进行。

开放参观的主题主要有以下四个方面:①扩大组织的知名度,提高美誉度;②促进组织的业务拓展;③和谐组织与社区的关系;④增强员工或家属的自豪感。

(2) 安排参观内容。要根据主题来安排开放参观的内容。参观的内容一般包括:①情况介绍:事先准备好简明生动、印刷精良的宣传小册子。②现场观摩:让参观者参观现场。

如生产经营设备和工艺流程;厂区环境或营业大厅;员工的教育和培训设施;组织的科技开发(实验)中心;组织服务、娱乐、福利、卫生等设施。③实物展览:参观组织的成果展览室;可以陈列资料、模型、样品等实物。此外,参观活动内容的确定还要考虑到参观者的需要和兴趣。

(3)选择参观时间。开放参观活动时间,主要是针对公众开放参观的时间,应尽可能安排在一些具体有特殊意义的日子,如周年纪念日、开业庆典活动等,使参观者有充足的时间和兴趣来参观,同时要避开一些重大政治事件、新闻事件和节假日。此外还要考虑季节和气候因素,太热、太冷都不宜安排开放参观。要尽可能为开放参观活动留有足够时间做准备工作,较大规模的开放参观活动一般需3~6个月的准备时间,更大规模的或极为特殊的开放参观活动则需要更多时间。另外,由于工作需要,一些部门负责人、党政要员、专家学者、社会名流、外商等的开放参观可以没有时间限制,可根据他们的需要,随时组织参观。

(4)安排参观路线。开放参观的线路由参观的内容来确定,组织是全局开放还是局部开放,由组织的决策部门审定。在此基础上再确定开放参观的路线,并在开放参观路线的拐角处设置路标,有利于参观者按路线有顺序地进行参观,开放参观活动不是一种自由随便的活动,不能任由参观者随意参观,要提前拟好开放参观路线,制作向导图及标志,标明办公室、餐厅、休息室、医务室、卫生间等有关方位。如有保密和安全需要,应注意防止参观者越过所限范围,以免发生意外的伤亡事故影响正常的工作程序。

(5)落实参观者。组织应根据参观活动的目的和主题选择相应公众。对参观公众的邀请,可以通过广告发布信息,还可以向有关公众发出邀请信(函),邀请既要重视目标公众,又要充分考虑一般社会公众,尽可能邀请一些党政要员、社会名流、明星来参观,以制造新闻点。同时还要考虑组织的接待能力,邀请参观的时间不要太集中,应分期分批安排。要编制来宾名册,对参观者进行签到、留言,以便为事后统计做依据。

(6)培训工作人员。开放参观活动要有一些具有一定素质的接待人员和导游从事接待组织工作。要组织专门的接待人员和导游接受培训,使他们不但充分了解组织的情况,具有一定的专业知识,还应具有一定的公关素质,特别是演讲口才、接待礼仪等,这样才能把开放参观活动开展得生动、活泼,有声有色,给参观者留下深刻的印象,为组织树立良好的形象。

(7)准备辅助设施和纪念品。辅助设施有停车场、休息场所、会议室等。参观场所应设路标,对特殊参观者还应根据参观对象进行特别的准备,如用餐、用车等。另外还要准备好象征组织的产品,代表组织形象的小型纪念品。如果是外宾,应多选择一些有地方或民族特色的产品作为礼物。

(8)做好宣传工作。为了配合开放参观活动的有效进行,要积极做好传播宣传工作,尽可能邀请新闻记者参加,为他们的采访报道提供便利。此外,还应准备各种有关的宣传材料,如广告、关于组织和产品的说明书、画册、纪念册,并配备有关的视听材料供参观者播放。

为了使开放参观活动起到应有的效果,说明书或宣传材料应简单、通俗易懂。在开放参观之前,可以先放录像片或幻灯片进行介绍,帮助参观者了解组织的主要概况。然后再由向导陪同参观,沿开放参观线路作进一步解释和说明。一般最好将参观者分成十人以内一个小组,这样既便于组织,又能让参观者听清讲解。公关人员的解说词要写得简明扼要,主要配在图表、数字、模型、样品下方,标语一般写在前面或后面,还可用照片来增加展览的形象性,为小组参观者留下好印象。

(9) 搞好接待工作。开放参观接待工作是针对接待任务进行总体安排并予以执行实施的过程,一般包括以下几项内容。

首先是为开放参观活动所做的安排、协调、引领、衔接工作。包括:①制定总体接待方案;②联系协调相关部门,下达和分配具体接待任务;③按照方案调度车辆,搞好宣传讲解,确保开放参观活动高效、有序运转。

其次是礼仪工作。包括:①迎送;②陪同;③会见;④纪念性礼品赠送,通过礼仪表达尊重和友好。

最后是生活安排及其他有关服务。包括:①住宿与餐饮的安排;②返程票务订购;③物品托运等。通过生活服务,方便参观者活动,进一步体现对参观者的关心和友爱。

(10) 参观后工作安排。参观活动结束以后,还需要进行一系列的公关活动,比如,致函向来宾道谢、登报向各界鸣谢、召开参观者代表座谈会等。目的是听取各方意见和建议,以便改进日后管理。

(11) 组织和策划开放参观的注意事项。组织对外开放参观活动虽然是一件很繁杂的工作,但又是一项很好的公关活动。为了使开放参观活动收到应有的公关效果,在组织开放参观活动时,必须注意以下几点。

① 要结合参观者的要求和组织的自身情况,组织公众参观活动,既要有针对性,又要适合参观者的兴趣爱好。

② 要恰如其分地介绍组织情况,在不泄露机密的前提下,使参观者对组织有较为深入的了解。

③ 要妥善安排参观活动的每一个细节,防止出现不必要的失误。

④ 要虚心征求参观者的意见和建议,积累经验,使开放参观活动产生更加积极的效果。

⑤ 在开放参观过程中,如果参观者提出特殊要求,工作人员要注意先与有关管理人员或负责人商讨后再作答复,以免妨碍正常工作或发生意外问题。

⑥ 搞好食宿交通等后勤保障工作。如果开放参观活动的时间较长,注意中间要安排适当的休息时间。

五、新闻发布会与记者招待会

从政府工作部门来讲,现今中央政府及其所属各部门以及地方政府往往都设立专门的新闻发布机构和专门发布新闻的官员。发布新闻的机构一般称新闻局、处、办公室,发布新闻的官员称新闻发言人。新闻发布对政府来说,就是协调和加强政府各部门同新闻单位和公众的联系,沟通情况,传递信息;解释政府发布的法令、条例、规章及有关方针政策,传达政府的施政意图;协助新闻单位了解政府的各项工作,并从政治上、政策上予以准确地反映,为新闻单位更及时、更丰富、更活跃地宣传提供服务。新闻发布对社会组织来说,其目的在于协调和加强同新闻媒体和公众之间的关系与联系,沟通情况,传递信息;公布和解释本组织的重大决策、行为及有关的规章制度,传达本组织的施政意图,协助新闻单位及时了解本组织各方面的情况。新闻发布会和记者招待会都是当今社会组织新闻发布的一种重要形式,也是当今社会组织重要的公共关系活动。

1. 新闻发布会和记者招待会的区别

新闻发布会是指由政府、企业、团体或个人把新闻记者、有关公众召集在一起,由专人发布消息、回答问题的一种会议形式。记者招待会是只召集新闻记者,而不包括一般社会公众,虽然也发布信息,但更多的是回答记者们问题的一种会议。新闻发布会和记者招待会虽然都是新闻发布的重要形式,但是两者还是有一定的区别。

新闻发布会的主要对象,既包括各大新闻媒体,也包括与新闻发布内容相关的组织和公众。新闻发布会可以只围绕一个主题或某项业务内容进行,如一种新产品的性能、研制、投产和销售,一项新技术的研究、应用和推广,一项计划的酝酿、制订和实施,一项活动的筹备和进行,也可以有综合、广泛的内容,以满足不同对象的需要。一般来说,新闻发布会是单向发布,举办者只是向新闻机构和公众发布新闻,不回答记者的任何提问,但有时可以例外。记者招待会的对象范围要小一些,只包括新闻记者,没有一般社会公众。而且记者招待会的内容除了有新闻发布的内容外,还可以包括当组织受到公开批评而需要得到社会公众的理解并挽回影响,以及组织发生突发性事件需要向公众了解情况等方面的内容。特别突出的一点是,记者招待会是双向沟通的,一方面要有发言人的陈述;另一方面记者可以自由提问,发言人必须给予回答。

新闻发布会和记者招待会虽然有一定的区别,但两者还有很多共同之处。比如:两者是组织与新闻界交往的重要形式,两者都要发布信息,人们往往对两种会议的程序以及形式方法上都有共同的要求。

2. 新闻发布会和记者招待会的基本要求

由于举办新闻发布会和记者招待会不仅是向社会发布某种信息,而且是组织形象的一次"亮相"。因此,各类组织都重视新闻发布会和记者招待会的举办,都要经过周密的研究、精心的策划和准备。一般来说,举办新闻发布会和记者招待会有以下三个方面的要求。

(1) 准备阶段的基本要求。首先,确定会议主题和对会议进行可行性分析。要明确会议将宣传什么?是对一桩事情进行解释还是公布有关信息?如果是发布信息,则需要对发布的消息进行分析研究,看其是否具有广泛传播的新闻价值以及是否合乎时宜,然后决定是否召开。同时要对记者们将在会上提出哪些问题进行预测,在内部统一口径,以免说法不同而引起与会者的猜疑。其次,确定会议的时间和地点。为了获得良好的传播效果,召开会议一般要避开重大节日,也不宜与社会公众普遍关心的社会重大活动相重合。地点一般应选择在交通便利、场地较舒适的市中心某处,但有时也可选择主办单位或某一事件发生的现场。再次,准备好各种会议材料,包括口头材料、文字材料、实物材料等。必要时还可播放录像、展示实物、示范表演、图表解释,以增加记者的感性认识。最后,选好发言人和主持人及落实有关会务事项。发言人应具有一定的权威性。发言人应思维敏捷,口齿清楚,具有应变能力和较强的口头表达能力。主持人应稳重、大方,具有一定的组织能力、控制能力、应变能力和表达能力。有关会务事项包括发请柬、拟定会议程序、准备会议器材、确定工作人员、布置会场等。

(2) 会议进行过程中的基本要求。首先,搞好会议的签到工作,然后按事先的安排把与会者引到会场就座。其次,会议进程要严格遵守会议程序。主持人要充分发挥主持者和组织者的作用,宣布会议的主要内容、提问范围及会议进行的时间,一般不要超过两小时。再次,记者招待会应以记者提问为主,主持人及发言人讲话时间不宜过长,以便记者提问。对记者所提问题逐一予以解答,不可与记者发生冲突,如有外国记者参加,应配好翻译人员。最后,会议主持人要始终把握会议主题,维护好会场秩序。主持人和发言人会前不要单独会见记者或提供任何信息。

(3) 会议结束阶段的要求。首先,尽快整理出会议记录材料,对会议的组织、布置、主持和回答问题等方面的工作进行回顾总结,从中吸取经验和找出不足。其次,收集与会者对会议的总体反映,检查在接待、安排、服务等方面的工作是否有欠妥之处,以便今后改进。最后,统计各到会记者在报刊上发表的稿件,进行归类分析,找出舆论倾向。同时,对各种报道进行检查,若出现不利于本组织的报道,应做出良好的应对策略;若发现不正确或歪曲事实的报道,应立即采取行动,说明真相;如果是由于自己失误所造成的问题,应通过新闻机构表示虚心接受并致歉意,以挽回声誉。

3. 新闻发布会和记者招待会应注意的问题

新闻发布会和记者招待会的举办,除了要符合上述各项要求外,还必须注意以下问题。

(1) 无论何种组织,在举办新闻发布会和记者招待会之前,都应征得所在地区新闻主管部门的同意,办理好报批手续。

(2) 新闻发布会和记者招待会,无论发布什么新闻,都应充分地、慎重地考虑到它对社会的各种影响,不能违背国家的法规,以免出现偏差。

(3) 新闻发布会和记者招待会自始至终都应坚持实事求是的原则。无论是会上发布信息,还是会后与记者交谈,组织所发布的信息内容必须客观、真实,若发现与事实不符应及时纠正。

(4) 举办新闻发布会和记者招待会还要注意经费预算,要考虑组织的经济承受能力,要视组织的财力、物力和人力而为,不可为追求规模和形式不顾一切,否则适得其反。

六、仪式活动

仪式是指在公共关系工作中,特别是在一些比较重大、庄严、隆重、热烈的正式场合里,为了激发出席者的某种情感,或者为了引起其重视,而郑重其事地参照合乎规范与管理的程序,按部就班地举行的某种活动的具体形式。在现实生活里,我们可能接触到的仪式很多,诸如签字仪式、剪彩仪式、交接仪式、庆典仪式等。

当今社会,对组织而言仪式有着重要的作用,它有利于提高组织的知名度和美誉度,塑造组织形象;有利于鼓舞员工的士气,激发员工对本组织的热爱,培育员工的价值观念,增强组织的凝聚力;有利于传递组织的信息,使组织赢得更多的成功机会和合作伙伴;有利于沟通情感,传达意愿,增进友情。讲究仪式礼仪是现代交际的一项重要内容,也是组织成功的关键。

1. 签字仪式

签字仪式是组织与对方经过会谈、协商,形成了某项协议或协定,再互换正式文本的仪式。它是一种比较隆重的活动,礼仪规范也比较严格。

(1) 签字仪式的准备。签字仪式是组织具有"里程碑"意义的大事,应予以充分准备,做到万无一失。

① 准备待签文本。洽谈或谈判结束后,双方应指定专人按谈判达成的协议做好待签文本的定稿、翻译、校对、印刷、装订、盖印等工作。文本一旦签字就具有法律效力,因此,对待文本的准备应当郑重严肃。

在准备文本的过程中,除了要核对谈判协议条件与文本的一致性以外,还要核对各种批件,主要是项目批件、许可证、设备分交文件、用汇证明、订货卡等是否完备,合同内容与批件内容是否相符等。审核文本必须对照原稿件,做到每字不漏,对审核中发现的问题,要及时互相通报,通过再谈判,达到谅解一致,并相应调整签约时间。在协议或合同上签字的单位数量与为签字仪式提供的样本数量一致。如有必要,还应为各方提供一份副本。与外商签订有关的协议、合同时,按照国际惯例,待签文本应同时使用宾主双方的母语。

待签文本通常应装订成册,并以仿皮或其他高档质料作为封面,以示郑重。其规格一般为大八开,所用的纸张务必高档,印刷务必精美。作为主方应为文本的准备提供准确、周到、快速、精美的条件和服务。

② 布置签字场地。签字场地有常设专用的签字厅,也有临时以会议厅、会客室来代替的。布置它的总原则,是要庄重、整洁、清净。

一间标准的签字厅,应当室内铺满地毯,除了必要的签字用桌、椅外,其他一切的陈设都不需要,正规的签字桌应为长桌,其上最好铺设深绿色的台布。

按照仪式礼仪的规范,签字桌应当横放。在其后,可摆放适量的椅子。签署双边性合同时,可放置两张椅子,供签字人就座。签署多边性合同时,可以仅放一把椅子,供各方签字人签字时轮流就座。也可为每位签字人各自提供一把椅子。

在签字桌上,应事先安放好待签文本,以及签字笔、吸墨器等签字时所用的文具。

与外商签署涉外商务合同时,需在签字桌上插放有关各方的国旗。插放国旗时,在其位置与顺序上,必须依照礼宾序列而行。例如签署双边性文本时,有关各方的国旗需插放在该方签字人椅子的正前方。如签署多边性合同、协议等时,各方的国旗应依一定的礼宾顺序插在各方签字人的身后。

③ 安排签字人员。在举行签字仪式之前,有关各方应预先确定好参加签字仪式的人员,并向其有关方面通报。客方尤其要将自己一方出席签字仪式的人数提前给主方,以便主方安排。签字人要视文件的性质来确定,可由最高负责人签,但双方签字人的身份应该对等。参加签字的有关各方事先还要安排一名熟悉签字仪式详细程序的助签人,并商定好签字的有关细节。其他出席签字仪式的陪同人员,基本上是双方参加谈判的全体人员,按一般礼貌做法,人数最好大体相等。为了表示重视,双方也可对等邀请更高一层的领导人出席签字仪式。

由于签字仪式的礼仪性极强,签字人员的穿着也有具体要求。按照规定,签字人、助签人以及随员,在出席签字仪式时,应当穿着具有礼服性质的深色西装套装或西装套裙,并且配以白色衬衫与深色皮鞋。

在签字仪式上露面的礼仪、接待人员,可以穿自己的工作制服,或是旗袍一类的礼仪性服装。签字人员应注意仪态、举止,要落落大方,得体自然,既不要严肃有余,也不要过分喜形于色。

(2) 签字仪式的程序。虽然签字仪式的时间不长,但它是合同、协议签署的高潮,其程序规范、庄重而热烈。主要有以下几项。

① 签字仪式开始。有关各方人员进入签字厅,在既定的位次上坐好。签字者按照主居左,客居右的位置入座,双方其他陪同人员分主客两方以各自职位、身份高低为序,自左向右(客方)或自右向左(主方)排列站于各签字人之后,或坐在己方签字者的对面。双方助签人分别站在己方签字者的外侧,协助翻揭文本,指明签字处,并为业已签署的文件吸墨防洇。

② 签字人签署文本。签字人签署文本通常的做法是先签署己方保存的合同文本,接着签署他方保存的合同文本,这一做法在礼仪上称为"轮换制"。它的含义是在位次排列上,轮流使有关各方有机会居于首位一次,以显示机会均等,各方平等。

③ 交换合同文本。双方签字人,正式交换经有关各方正式签署的文本,交换后,各方签字人应热烈握手,互致祝贺,并相互交换各自方才使用过的签字笔,以志纪念。这时全场人员应该鼓掌,表示祝贺。

④ 共同举杯庆贺。交换已签订的合同文本后,礼仪小姐会用托盘端上香槟酒,有关人员,尤其是签字人当场干上一杯香槟酒,这是国际上通用的旨在增添喜庆色彩的做法。

⑤ 有秩序退场。接着请双方最高领导者及客方先退场,然后东道主再退场。整个签字仪式以半小时为宜。

2. 剪彩仪式

剪彩仪式是有关的组织为了庆贺其成立开业,大型建筑物落成,新造的车船和飞机出厂,道路桥梁落成首次通车,大型展销会、展览会的开幕而举行的一种庆祝活动。

剪彩作为一种庆典仪式,可以在开业典礼中举行,也可举行专门的剪彩仪式,以期引起社会各界的重视。剪彩仪式起源于美国。据说美国人做生意保留着一种习俗,即一清早必须把店门打开,为了使人们知道这是一家新开张的店铺,还要特地在门前横向系上一条布带。因为这样做既可以防止店铺未开张前闯入闲人,又起引人注目、标新立异的作用。等店铺正式开张时才将布带取走。1912年,美国的圣安东尼市的华狄密镇上有一家大百货公司将要开张,老板威尔斯严格地按照当地的风俗办事,在早早开着的店门前横向系着一条布带,万事俱备,只等开张。这时,老板威尔斯十岁的女儿牵着一只哈巴狗从店里匆匆跑出来,无意中碰断了这条布带。这时在门外等候的顾客及行人以为正式开张营业了,蜂拥而入,争先恐后地购买货物,真是生意兴隆。不久,当威尔斯的一个分公司又要开张时,他想起第一次开张时的盛况,便如法炮制。这次是有意让小女孩把布带碰断,果然财运又不错。于是,人们认为让女孩碰断布带的做法是一个极好的兆头,因而争相效法,广为推行。此后,凡是新开张的商店都要邀请年轻的姑娘来撕断布带。后来,人们又用彩带取代色彩单调的布带,并用剪刀剪代替用手撕,有的讲究用金剪子。这样一来,人们就为这种做法起个正式名——"剪彩"。剪彩的人也逐步被一些德高望重的社会名流甚至是国家元首代替。

具体来说,剪彩要遵循以下礼仪规则。

(1) 邀请参加者。参加剪彩仪式的人员主要分为:主办单位负责人和组织仪式的人员,上级领导、主管单位负责人、知名人士、记者等来宾;主办单位企业的员工;有关管理人员和技术人员。通过参加仪式,参加者身临其境,感受项目或展览的重要,从而形成深刻难忘的印象。对仪式的参加者应做好接待工作。当宾客到达时,接待人员要请宾客签到,然后引领他们到指定的位置上。

(2) 做好准备工作。剪彩仪式的主席台要事先布置好,主席台要蒙好台布,摆放茶水和就职人员的名牌。为了增添热烈而隆重的喜庆气氛,可以邀请礼仪小姐参加仪式。礼仪小姐可从本组织中挑选,也可到礼仪公司聘请。对礼仪小姐要求仪容、仪表、仪态文雅、大方、端庄。着装宜选择西式套装或红色旗袍,穿高跟鞋,配长筒丝袜,化淡妆,并以盘起发髻的发型为佳。人员确定后,要进行必要的分工和演练。剪彩仪式的用品如剪刀、白纱手套、托盘应按剪彩者人数配齐,系有花结的大红缎带约2米,馈赠的纪念性小礼品也应准备好。

(3) 剪彩者形象。剪彩者是剪彩仪式的主角,其仪表举止直接关系到剪彩仪式的效果和组织形象。因此作为剪彩者,要有荣誉感和责任感,衣着大方、整洁、挺括,容貌要适当修饰,剪彩过程中要保持稳重的姿态、洒脱的风度和优雅的举止。

(4) 仪式开始。仪式主持人在宣布仪式开始时,声音要高亢响亮。然后,向与会者介绍参加剪彩仪式的领导人、负责人与知名人士,并对他们表示谢意,同时,也对在场的其他与会者表示感谢。感谢还要用掌声表示,主持人把两手高举起一些,以作为引导在场各位鼓掌的暗示。仪式上可以安排简短发言,言简意赅,充满热情,两三分钟即可,发言者一般为东道主的代表,向东道主表示祝贺的上级主管部门、地方政府及其他协作单位的代表。

(5) 进行剪彩。主持人宣布正式剪彩之后,剪彩者应在礼仪小姐的引导下,步履稳健地走向剪彩位置,如有几位剪彩者时应让中间主剪者走在前面,其他剪彩者紧随其后走向自己的剪彩位置。主席台上的人员一般要尾随至剪彩者之后1~2米处站立。当礼仪小姐用托盘呈上白手套、新剪刀时,剪彩者可用微笑表示谢意并随即接过手套和剪刀。剪彩前要向手拉缎带的礼仪小姐点头示意,然后,全神贯注、表情庄重地将缎带一刀两断,如果几位剪彩者共同剪彩,要注意协调行动,处在外端的剪彩者应用眼睛余光注视处于中间位置的剪彩者的动作,力争同时剪断彩带。还应与礼仪小姐配合,让彩球落于托盘中,剪彩者在放下剪刀后,应转身向周围的人鼓掌致意,并与主人进行礼节性的谈话,然后在礼仪小姐引导下退场。

(6) 参观庆贺。剪彩后,一般要组织来宾参观工程、展览等。有时候要宴请宾客,共同举杯庆祝。

七、联谊活动

联谊活动的形式有很多种,如座谈会、舞会、茶话会、文艺(电影)招待会、沙龙、旅游、体育友谊赛等。下面介绍其中的几种。

1. 座谈会

邀请有关人员就某一个或某些问题召开会议,收集对某一问题的反映,就某些方面的问题发表看法,是座谈的形式。座谈会要注意以下礼仪。

(1) 发送通知。会议通知要发送及时,至少在开会的前一天发到与会者手中,因为座谈会大都要求与会者发言,早一天接到通知可以稍做准备。会议通知上要写明召开座谈会的时间、详细地点、座谈内容、举办单位名称。如果用电话通知,最好找到参加者本人接电话,表示郑重;如果托人转告,则不要忘了告知座谈会的主题,以免与会者懵懂而去,打无准备之仗,发生尴尬,这对与会者将是失礼的。

(2) 会前礼仪。座谈会座位的安排,一般是与会者围圈而坐,主持人也不例外,以便创造一种平等的气氛。如果参加座谈会的互相多有不认识的,主持人应该一一进行介绍,或引导他们做自我介绍,以融洽会议气氛。

(3) 会中礼仪。座谈会开始时,主持者应首先讲明会议的主题以及被邀请者的界别,为什么邀请在座的来参加座谈会,以便使座谈者了解自己与这个座谈内容的联系,明确自己对座谈会的重要性,更积极主动地进入角色。如果开始有冷场现象,主持者可以引导大家先从比较容易作为话题的稍远处或外围谈起,然后逐步逼近座谈会主题。采取点名的方法请某人先发言,是不得已而为之的。

座谈会请一定的对象来参加,就是希望大家来了后能畅所欲言,知无不言,言无不尽。话不在长短,而在于能包容较大的信息量。讲话的时候也不要求非得一个个轮着来,讲完一个算一个,像完成任务似的,允许你一言我一语,鼓励大家插话和讨论。但插话时,切忌不着边际地打"横炮",也不要用反唇相讥、唯我独尊的方法和态度发言。要多用探讨、商榷的口气,即使有争论,也是冷静的,而不是冲动和粗暴的语言。

(4) 结束礼仪。座谈会结束时,主持者应总结归纳大家的发言,并对大家发言提供的内容(信息)、态度(表现)做出诚恳的肯定,表示座谈对于某项工作有积极的作用。

最后,要向大家表示感谢。

2. 联欢会

联欢会是一个宽泛的概念,它包括各种组织举办的节日联欢会(如新年联欢会、春节联欢会),各种文艺晚会(如歌舞晚会、电影晚会、戏曲晚会、相声小品晚会)、游艺晚会等。联欢会对于提高组织凝聚力、向心力,活跃员工的文化生活,加强与外部公众的文化沟通,提高组织形象都起着积极的作用。联欢会重在娱乐,但也不可忽视其礼仪,否则会事倍功半。

(1) 联欢会的准备工作如下。

① 确定主题。为了使联欢会起到"教人"和"娱人"的双重作用,要精心确定联欢会的主题,使其有明确的指导思想和预期目标。在此基础上选择联欢会的形式,适宜的形式对联欢会的成功意义重大,联欢会的形式可以不拘一格,可以不断创新。

② 确定时间、场地。联欢会的时间一般应选在晚上,有时也可根据情况选择在白天。其会议长度一般以两小时左右为宜。联合会场地的选择非常重要,最好选择宽敞、明亮,有舞台、灯光、音响的场地。场地应加以布置,给人以温馨、和谐、喜庆、热烈之感。联欢会的座次要事先安排好,一般应将领导安排在醒目位置,其他公众最好穿插安排,以便于交流沟通。

③ 选定节目。要从主题出发来选定节目,尤其是开场和结尾的节目一定要精彩、有吸引力。节目应多种多样,健康而生动,各种形式穿插安排,不可头重尾轻,更不可千篇一律。正式的联欢会上,应把选定的节目整理编印成节目单,开会时发给观众,为观众提供方便。

④ 确定主持人。主持人是联欢会的关键人物,应选择仪表端庄、表达能力强、有一定的组织能力、应变能力,熟悉各项事物的人担当主持人。一场联欢会的主持人最好不少于两人(通常为一男一女)。主持人也不可过多,以免给人以凌乱无序之感。

⑤ 彩排。正式的联欢会一定要事先进行彩排。这样有助于控制时间、堵塞漏洞,增强演职人员的信心。非正式的联欢会也要对具体事宜逐项落实,做到万无一失。

(2) 观众的礼仪规范。观众在参加联欢会,观看演出时应严守礼仪规范,这主要包括以下方面。

① 提前入场。在一般情况下,在演出正式开始之前一刻钟左右,观众即应进入演出现场,注意不要迟到。入场后要对号入座,在自己的座位上就座时,要悄无声息,坐姿优雅。切勿将座椅弄得直响,或坐姿不端。

② 专心观看。参加联欢会观看节目时要专心致志,全神贯注。不能交头接耳,窃窃私语;不能进行通信联络,要自觉关闭手机等移动通信设备,或处于"静音"状态;不要吃东西,不要吸烟,更不能随意走动或大声讲话、起哄等。总之要自觉维护全场的秩序,保持安静,使联欢会顺利进行。

③ 适时鼓掌。当主要领导、嘉宾入场或退场时,全场应有礼貌地鼓掌。演出至精彩处时也应即兴鼓掌,但时间不宜太长,演出结束时可鼓掌以示感谢。对可能表演不佳的演员,要予以谅解,不要鼓倒掌,更不能吹口哨、扔东西等,因为这些做法是非常没有修养的表现。演出结束时,全体演员登台谢幕时,观众应起立鼓掌,再次感谢演员的表演,不能熟视无睹,扬长而去。

3. 舞会

舞会是公共关系交往时的重要形式之一,是一种无声的世界语言,是不同国度、不同民族、不同肤色的人进行交流沟通的一种有益的方式。

(1) 筹办舞会的注意事项如下。

① 确定舞会的时间、地点、规模、邀请对象的范围。组织舞会应尽早确定时间,尽早发出通知。舞会一般安排在晚餐后7~11点为宜,时间一般不要超过三个小时,否则会使客人感到疲劳以至于影响休息和工作。舞会的场地要宽敞、雅洁。舞场的选择应视舞会的规模来确定。舞会邀请的男女客人应大致相等。被邀请的对象一经确定,就应及时发出请帖。正式舞会的请帖至少要提前一个星期发出,以便于客人及早做出安排或回复。举办舞会,最好准备一些茶点、水果、饮料等,以备客人休息时取用。

② 邀请乐队,布置舞场。舞会的音乐伴奏十分重要。节奏明快、旋律优美的音乐,会使人心旷神怡、陶然自得。因此,舞会最好请一个乐队伴奏,有条件的也可以请两个乐队轮流伴奏。若请一个乐队,也可以准备一些唱片及音响设备,以便于乐师们休息时使用。如受条件限制,也可采用放音乐的形式,但应注意音响效果,这对舞会的成功与否有着直接的影响。舞场除了应有一个足够客人跳舞的舞池外,还应有衣帽间、饮料室以及场外停车场。舞场应宽敞雅洁,在场边应安放桌椅,供客人交谈、休息。舞场的灯光应柔和、暗淡,不宜明亮。

③ 确定主持人和接待服务人员。大型的较正式的舞会或有特定内容的舞会需要确定一名主持人,一般舞会可不设主持人,但必须有接待服务人员,做好迎送、接待、引导、协调

等方面的服务工作。

(2) 舞会的一般礼节。交际舞会会场是高雅文明的场所,是较能充分表现一个人的风采和修养的地方,所以也应该注意自己的行为举止。

① 服装要整洁。参加舞会者,一定要注意着装。正式的较高级的舞会,若对方邀请时对着装有一定的要求,则一定按要求着装。即使没有特殊要求,也应注意服装整洁,颜色搭配协调。男士一般穿西装或中山装、皮鞋,女士穿长裙、西服或晚礼服。在舞会中,无论是天气热或是因跳舞过多而出汗,都不可随便脱去外衣。若是冬天,进入舞池前,应先到衣帽间脱去大衣,摘去帽子、手套、口罩等,然后再进入舞池。

② 言行举止彬彬有礼。参加舞会者应注意仪表美,讲究清洁卫生。舞会之前不要吃葱、蒜等带有刺激气味的食物,也不应喝酒、抽烟等。若正患病最好辞谢邀请,以免将病菌传染给其他客人。进入舞场后,说话尽量轻声,不可高声大叫,更不可嬉戏打闹,满口脏话。走路脚步要轻,不可在舞池穿行。一首舞曲完毕后,应有礼貌地让女士先就座。在舞场上坐姿端正,不可跷二郎腿或抖脚。舞场上禁止吸烟。参加舞会一般是男女成对前往,如果没有异性舞伴,也可以单独前往。一般情况下,在舞池中是不可以男士与男士、女士与女士跳舞的。

③ 邀舞的礼仪。在比较正式的舞会上,第一支舞曲响起时,往往是主人夫妇、主宾夫妇共舞。第二支舞曲响起时,往往是由主人邀请主宾夫人,主宾邀请主人夫人共舞。第三支舞曲响起时,参加舞会者可纷纷入场跳舞。在一般的交谊舞会上,则没有以上要求,音乐声响起,男士主动走到女士面前,点头或鞠躬,右手前伸,以示邀请;男士也可轻声问候并征求女士"请您跳舞可以吗?"或"您喜欢这支舞曲吗?"女士同意后起身离座,与男士一起步入舞池。女士一般不要邀请男士跳舞。女士若想和某位男士跳舞,可以用目光或语言暗示。男士邀请女士跳舞时,如果女士的丈夫和亲人在一旁,应向他们招手致意,以示礼貌和尊重。一般情况下,女士不应拒绝男士的邀请。如若女士确实累了或其他原因决定拒绝,应站起身来,委婉地说明原因并致歉。无所表示,让对方难堪是失礼行为。女士拒绝和男士跳舞之后,一般不可再与别人跳舞,即使再想跳,也须等到下一支舞曲开始才能接受他人的邀请。舞场上切忌争风吃醋,在舞会上抢舞伴是极不礼貌的。

④ 舞姿力求优美。跳舞时应注意舞姿。交谊舞的步法以男方为主轴,因此,男士必须熟悉舞步,否则不可贸然邀请,以免踩对方脚或碰撞他人。跳舞时的姿势是:女士的左手轻轻地搭在男士的右肩上,右手轻轻地放在男士的左手掌心上,男士的左手应与女士的右手轻轻相握,右手应轻放于女士的腰部。起舞时动作要轻松、柔和、自如,女士应尽量适应男士的舞步,女士不可过于主动,否则会使男士感到吃力,动作难以协调。如果一方由于不慎无意间踩了对方的脚,应立即道歉。男女双方之间应保持一定的距离,通常间距在15~46厘米为宜。即使是夫妇、恋人也不可靠的太近,以免给人以轻浮之感。跳舞时,眼睛不应目不转睛地盯着对方,这样会使对方感到拘谨、不自在。在舞场上,不要一味地邀请同一舞伴跳舞,以避免另有所图之嫌。

⑤ 礼貌地交谈、致谢。跳舞时,男女双方可以边跳边自由地交谈双方共同感兴趣的话题,但不可询问对方的年龄、收入、婚姻等隐私问题。当音乐结束时,舞步立即停止。男士应陪伴女士坐好后,道谢,然后或交谈或离开。

舞会结束后,应邀者应主动向邀请者致谢,然后握手道别。

4. 文艺演出

邀请公众观看文艺演出、体育表演等活动,既能增进公众对组织的了解和感情,又是一种艺术享受和娱乐、休闲活动方式。组织文艺演出活动的程序如下。

(1) 选定节目。节目的选择既要从活动的目的与可能出发,又要考虑客人的兴趣与爱好,更应注意选择那些具有客人本地区、本民族风格的节目,并对节目内容应有所选择,避免因政治内容、宗教信仰和风俗习惯等问题引起不愉快。

(2) 发出邀请。邀请客人应使用较为讲究的请柬,可附带提示以下文艺演出的主要内容,同时也要考虑场地的容纳量,对节目应备有说明书。倘若有外宾,应用主客双方文字印刷,提前提供给客人。

(3) 座次安排。观看节目的座次,一般根据客人的身份事先做出安排。观看文艺节目,一般第7~8排座位为最佳;看电影,则第15~16排前后为宜;专场演出,应把贵宾席留给主人和主要客人,其他客人可以排座次,也可以自由入座。如对号入座,应将座号与请柬一起发出。

(4) 入席与退席。专场文艺演出,可安排普通观众先入席,主宾席客人在开幕前由主人陪同入场;演出进行中,观众不得退场;演出结束,全场起立向演员热烈鼓掌表示感谢,一般观众要待贵宾退场后方可离席。

(5) 献花。许多国家或地方习惯于演出结束后向演员献花,但应主随客便,主人一般不提示客人献花,更不应要求客人上台与演员握手。如来宾提议献花、接见或照相,主人再陪同客人一起上台。

出席文艺演出应注意:接到请柬后能否出席,应尽早回复主人;如请柬中附有座号,则对号入座;如无,则应到场按身份了解座位分配情况,然后入座;演出中不应交头接耳,用手机交谈,更不能大声谈笑、打哈欠或睡觉;在节目演出中不要鼓掌或喝彩,更不能喝倒彩或吹口哨。

八、宴会

宴会是在社交活动中,尤其是在商务场合中表示欢迎、庆贺、饯行、答谢,以增进友谊和融洽气氛的重要手段。招待宴请活动的形式多样,礼仪繁杂,掌握其礼仪规范是十分重要的。

1. 宴会的种类

根据不同的交际目的、邀请对象以及经费开支(公务宴请和家庭宴请),交际场合常见的宴会形式有如下几种。

(1) 工作宴会。工作宴会又称工作餐,是一种多边进餐的非正式宴请形式。按照用餐时间,可分为早、中、晚餐,工作餐不重交际形式而强调方便务实,不需事先发请柬,只邀请与某项特定工作有一定关系的领导、技术人员和其他有关人员,一般不请配偶,但排席位。工作宴会以干净、幽雅、便于交谈为宜。

(2) 冷餐会。又称冷餐招待会、自助餐,是一种方便灵活的宴请形式。其基本特点以冷食为主,站着吃。一般不设正餐,但可以有热菜,不安排席次,但也设一些散坐,供老弱、妇女使用。菜肴、酒水和饮料连同餐具放在长条菜桌上,供客人自取,也可由服务员端送。这种宴请形式,一是不设固定席位,客人可以自由活动,边走边吃;二是便于接触交谈,广泛交往;三是可以容纳更多的来宾。其布置也比正式宴会简便,可以在室内也可在院子里进行。根据宾主双方身份,冷餐会的规模隆重程度可高可低,还可视财力情况掌握丰俭,举办时间一般安排在中午12时或下午6时,每次进行两小时左右。用餐时要"一次少取,多次取用",要注意社交形象。须知,参加冷餐会,吃是次要的,与人交谈才是主要任务。

(3) 酒会。又称鸡尾酒会。以招待酒水为主,略备小吃。酒会不一定都备鸡尾酒,但酒水和饮料的品种应多一些,一般不用烈性酒。食物多为各色面包、三明治、小泥肠、炸春卷等,以牙签取食。酒水和小吃由招待员用盘端送,也可置于小桌上由客人自取。酒会不设座椅,宾主皆可随意走动,自由交谈。这种形式比较灵活,便于广泛接触交谈。举行的时间亦较灵活,中午、下午、晚上均可,持续时间两小时左右。在请柬规定的时间内,宾客到达和退席的时间也不受限制,可以晚来早退。酒会多用于大型活动,因此,可以利用这个机会进行社会交际和商务交际。

(4) 家宴。即一般在家中设便宴招待客人,以示亲切、友好。它在社交和商务活动中发挥着敬客和促进人际交往的重要作用,西方人喜欢采取这种形式。家宴按举行的时间不同,又有早宴、午宴和晚宴;在宴请形式上又可分为家庭聚会、自助宴会、家庭冷餐会和在饭店请客等几种。家庭聚会是我国目前采用最多的一种请客形式。这种家宴规模较小,形式简单,气氛亲切友好,一般由女主人操办,适合宴请经常往来的至亲好友。自助宴会的特点是灵活自由,宾主可以一起动手准备,大家合作各显其能,边准备边聊天,这种形式比较随便、自然、亲切。家庭冷餐会以买来的现成食品为主,赴宴的客人可以站着吃,也可以坐着吃,还可以自由走动挑选交谈对象。这种形式比较受青年人的欢迎。在饭店请客或请厨师在家中做菜宴客,是较为正规的家宴形式,适用于宴请某些久别的亲友和比较尊贵的客人,或可作为规模较大的婚宴、寿宴等。

2. 宴会的组织

宴会对宾客而言是一种礼遇,必须按规定、按有关礼节礼仪要求组织。

(1) 确定宴会的目的与形式。宴会的目的一般很明确,如节庆日聚会、工作交流、贵宾来访等。根据目的决定邀请什么人、邀请多少人,并列出客人名单。宴请主宾身份应该对等,多边活动还要考虑政治因素、政治关系等。宴请形式很大程度上取决于当地的习惯做法。

(2) 确定宴请时间和地点。宴会的时间和地点,应当根据宴请的目的和主宾的情况而定。一般来说,宴会时间不应与宾客工作、生活安排发生冲突,通常安排在晚上6～8点。同时还应注意宴请时间上要尽量避开对方的禁忌日。例如,欧美人忌讳"13",日本人忌讳"4""9"。在宴会时,应避开以上数字的时日。宴请的地点,应依照交通、宴请规格、主宾喜好等情况而定。

(3) 邀请。当宴请对象、时间和地点确定后,应提前1～2周制作、分发请柬,以便被邀请的宾客有充分的时间对自己的日程进行安排。即使是便宴,也应提前用电话准确地通知。

(4) 确定宴会规格。宴会规格对活动效果的影响是十分明显的。宴会规格一般应考虑宴会出席者的最高身份、人数、目的、主人情况等因素。规格过低,会显得失礼;规格过高,则无必要。确定规格后,应与饭店(酒店、宾馆)共同拟订菜单。在拟订菜单时,应考虑宾客的口味、禁忌、健康等因素。对于个别宾客需要个别照顾的,应尽早做好安排。

(5) 席位安排。宴请往往采用圆桌布置菜肴、酒水。采用一张以上圆桌安排宴请时,排列圆桌的尊卑位次有两种情况:一种是由两桌组成的小型宴会,当两桌横排时,其桌次以右为尊,以左为卑。这里所讲的右与左,是由面对正门的位置来确定的。这种做法又叫"面门定位"。

当两桌竖排时,其桌次则讲究以远为上,以近为下。这里所谓的远近,是以距正门的远近而言的。此法亦称"以远为上"。

另一种是三桌或三桌以上所组成的宴会。通常它又叫多桌宴会。在桌次的安排上除了要遵循"面门定位""以右为尊""以远为上"这三条规则外,还应兼顾其他各桌距离主桌,即第一桌的远近。通常距主桌越近,桌次越高;距离主桌越远,桌次越低。

需引起注意的是,每张餐桌上的具体位次也有主次尊卑之别。排列位次的方法是主人大都应当面对正门而坐,并在主桌就座;举行多桌宴请时,各桌之上均应有一位主桌主人的代表就座,其位置一般与主桌主人同向,有时也可面对主桌主人;各桌之位次尊卑,应根据其距离该桌主人的远近而定,以近为上,以远为下;各桌之距离该桌主人相同的位次,讲究以右为尊,即以该桌主人面向为准,其右为尊,其左为卑。

另外,每张桌上所安排的用餐人数应限于10人之内,并宜为双数。

圆桌上位次的具体排列又可分为两种情况:一是每桌一个主位的排列方法。其特点是每桌只有一个主人,主宾在其右首就座。

第二种情况叫作每桌两个主位的位次排列方法。其特点是主人夫妇就座于同一桌,以男主人为第一主人,以女主人为第二主人,主宾和主宾夫人分别在男女主人右侧就座,这样每桌就形成了两个谈话中心。有时,倘若主宾身份高于主人,为了表示尊重,可安排其在主人位次上就座,而请主人坐在主宾的位次。

(6) 餐具的准备。宴请餐具十分重要,考究的餐具是对客人的尊重。依据宴会人数和酒类、菜品的道数准备足够的餐具,是宴会的基本礼仪之一。餐桌上的一切物品都应十分卫生,桌布、餐巾都应浆洗洁白并熨平。玻璃杯、酒杯、筷子、刀叉、碗碟等餐具,在宴会之前都必须洗净擦亮。

(7) 宴请程序。迎客时,主人一般在门口迎接。官方活动除男女主人外,还有少数其他主要官员陪同主人排列成行迎宾,通常称为迎宾线,其位置一般在宾客进门存衣以后进入休息厅之前。与宾客握手后,由工作人员引入休息厅或直接进入宴会厅。主宾抵达后,由主人陪同进入休息厅与其他宾客见面。休息厅由相应身份的人员陪同宾客,服务员送饮料。

主人陪同主宾进入宴会厅,全体宾客入席,宴会开始。若宴会规模较大,则可请主桌以外的客人先就座,贵宾随后入座。若有正式讲话,一般安排在热菜之后甜食之前由主人讲话,接着由主宾讲话,也可以一入席双方即讲话。冷餐会及酒会讲话时间则更灵活。吃完水果,主人和主宾起立,宴请即告结束。外国人的日常宴请在女主人作为第一主人时,往往以她的行动为准。入席时,女主人先坐下,并由女主人招呼开始进餐。餐毕,女主人起立,邀请女宾与其一起离席。然后男宾起立,随后进入休息厅或留下吸烟。男女宾客在休息厅会齐,即上茶或咖啡。主宾告辞时,主人把主宾送至门口。主宾离去后,原迎宾人员按顺序排列,与其他宾客握手告别。

案例分析

周大福珠宝集团九十周年峰会

一、案例介绍

在周大福珠宝集团九十周年之际,集团以"传·创·共享"为主题,于2019年4月7日至2019年4月12日在星梦邮轮(世界梦号)上开展了会议、颁奖、酒会团建等一系列活动,行程共6天5夜。邀约对象包括集团领导、员工,长期合作供应商伙伴、加盟商伙伴。从未来感电影海报拍摄及开通专题公众号等前期宣传工作,到船上活动执行,共计12个子项目诞生在整个项目中。整体活动形态年轻化、多元化,把品牌90年来的传统传承之美、创新创意之路、分享共享之心,转化为一套极具"90后"态度的沟通语言,让整个品牌的产业纽带内所有参与者产生更深的情感共鸣,更深度解读"传·创·共享"这个峰会主题。

1. 项目调研

每年的峰会都由丰富多彩的活动组成,比如大气的颁奖典礼、精彩的项目发布会以及演唱会舞台美术级别的联欢晚会等,每一次都在打造超越往届的极致体验。集团在迎来九十周年华诞之际,选定于邮轮上举办峰会,一场尝鲜体验之旅正式开启。星梦邮轮是首个亚洲本土豪华邮轮品牌,而世界梦号作为星梦邮轮品牌旗下的豪华邮轮,在市场上运营只有约2年,对于服务包船出游的品牌客户,当时仍处于摸索阶段,对于活动策划执行的统筹方而言,这是一场巨大的挑战。在有限的场地空间中,如何保证10多个活动的风格调性、体验、互动方式都带来全新的惊喜感受?如何灵活运用邮轮空间、设施、设备?如何合理安排领导出席活动和流程彩排?如何在网络信号不佳的海上,保证活动照片和传播素材能在最短时间内发布?

2. 项目策划

子项目一:九十周年主题海报拍摄——未来感、科幻、电影。以"探索,扭转未来"为灵感,邀请影视特效化妆师、先锋摄影师、电影海报后期团队,创作极具科幻质感的时尚大片。三大集团董事身穿宇航服跳跃时空,一众高管化身宇宙领航员探索未来。

子项目二:荣耀盛典——隆重、荣耀、感动。以"帝王花"作为视觉载体,凸显荣耀之感。通过深度挖掘销售精英与管理精英背后的案例和故事,再现传承至今的精英精神。重点突出加冕时刻,通过生动的故事演绎和隆重正式的氛围,让与会者产生信念与情感的共鸣,形成价值认同。

子项目三:供应商大会——新中式、轻松。本次供应商大会以竹作为主视觉代表元素,竹象征着坚韧专注、蓬勃向上、富足的美好寓意。除常规致辞和表彰环节外,企业为每一位与会来宾现场准备了一套手工竹编圆环,通过简单的制作后,邀请所有人上台把作品放置于"竹树"形态的装置上,融汇所有人的圆环组件,成了一个艺术美陈置景。

子项目四:项目吐槽(推介)会——活泼、幽默、综艺化。本次项目吐槽(推介)会以仙人掌作为主视觉元素,其充满尖锐感的外表下却拥有强大的生命力,周大福集团以综艺形式举办项目推介会,通过新颖幽默、年轻化的吐槽文化,让企业各层代表员工自由提出在推广相关工作中遇到的问题,每个部门高层领导总结探讨,进而架起员工与企业的情感桥梁。

子项目五:王者盛宴——华丽、优雅、仪式感。本次王者盛宴以牡丹花作为主视觉元素,因为本场晚宴的主角们均是年度销售王者,所以利用牡丹花来表彰他们在销售工作中的出色表现。现场置景以巴洛克风格为主,华丽尊贵。对王者盛宴的每一个流程和细节都严格把控,追求每一处都让参与人群体验无限荣耀,感受到尊贵身份。

子项目六:加盟商派对——电音、狂野、迷幻。本次加盟商派对以蕨类植物为元素,融入幻彩设计。蕨类植物不论何种地域环境,都容易蔓延生长的特性,代表着周大福集团与加盟商不断开拓市场版图。流程环节创意结合颁奖与游戏,为加盟商合作伙伴带来一场野性十足的狂欢派对。电音派对全场互动,配合DJ(唱片骑师)现场打碟、特型演员互动、互动气球等,惊喜不断。

子项目七:多品牌推介会——热情、积极、欢乐。本次推介会以向日葵作为主视觉元素,取其向阳而生之意,向日葵代表周大福多品牌发展战略之势。各子品牌负责人以不同风格的歌舞剧方式,演绎不同品牌的故事,诠释别样的品牌态度。区别于平常的推介会内容,整体舞美编排丰富,让每一位内部员工及加盟商代表以更娱乐化的方式,读懂每一个全新的品牌。

子项目八:精灵派对——亲子、趣味、玩乐。整体以"精灵岛"故事作为序章,贯穿整个派对。为员工及其家人创造各式主题互动摊位,将每一位"周大人"和小小冒险者们带入派对主题氛围。"精灵巡游"环节配合轻松愉快的音乐,加强现场游园效果。

子项目九:精英分享会——诙谐、风趣、次元感。本次精英分享会锐意创新,由千万级销售及业务经理组成的精英特工进行提案,以故事案例讲述销售、经营等方面的成功经验,形成榜样力量。共同讨论分享案例及方法,进一步形成销售经营等方面的传播力,促进销售店员的业绩提升。视觉包装上专门拍摄特工大片,使其表现形式更具综艺感,摒弃枯燥单一的销售培训会议方式。

子项目十:"90能说go汇道"——激烈、竞技、脑洞大开。本次"90能说go汇道"项目以食人花作为主视觉元素,开创周大福辩论综艺节目,形式创新,让员工敢于发声,多维度去看待事情。前期设有集训环节,邀请专业辩论导师进行指导,在初赛阶段设置非常多尖锐且能反映基层所思所想的题目,其中包括"在工作中,会做事更重要,还是会汇报更重要""在工作中,运气更重要,还是实力更重要""面对领导的求生欲测试,做自己还是演戏"等让人拍手称赞的大胆辩题,以环环相扣的赛制角逐出最强16人,分成4支战队,进行船上巅峰之战。最终,以本次峰会主题"传·创·共享"衍生出决赛与总决赛辩题"人工智能是不是成就人""现实社会是共享好,还是独享好",让辩手围绕主题畅所欲言,同时让其对主题有更深层次的理解。

子项目十一:慈善午宴——欢愉、公益。本次慈善午宴,在轻松愉快的午餐聚会时光中加入公益竞拍等慈善元素,来自全国各地的周大福亲朋好友齐聚一堂,分享周大福集团九十周年华诞喜悦的同时为公益助力,拍卖产品均为限量款,嘉宾热情高涨,践行周大福的企业使命和"取诸社会,用诸社会"的信念。

子项目十二:甲板烟火派对——激情四射、狂欢。本次甲板派对整体调性以科技、未来感呈现,融合银色及锚射元素,展示出品牌时尚潮流愿景。各地区提供一个精彩节目表演,开放式的活动现场拉近了高层领导与员工的距离,他们共同驻足于甲板观看璀璨绚丽的烟火表演,共享美好的绽放时刻。

3. 项目执行

(1) 执行架构情况。船上涉及活动执行日有4天,共11个落地项目,受众超过3000人。其间需协调的对接方众多,包括品牌方、游轮(场地方)、旅行社、海关(中日两地)、执行技术团队等。

(2) 执行人员情况。前期项目筹备组人员超过60人,登船参与执行人员超过120人。

(3) 执行要点概述如下。

① 沟通执行:船上直播运营团队、餐饮团队、AV设备团队均为外籍人士,需要用英语沟通;另外,涉及日本报关事宜,需要使用日语沟通。

② 多方合作运营推进:多方分管嘉宾不同板块,包括交通、餐饮、当地游等,公关公司作为活动策划统筹方,也是信息汇总方。

③ 11个项目4天完成:执行高峰期为4月8日,1天执行5个项目,子项目二至子项目六在同一天进行。

④ 120天项目筹备:从创意方案到执行落地共计约4个月时间。

⑤ 128人:包括执行团队、搭建技工、美陈师、导播团队、AV团队、摄影摄像团队、化妆造型团队、外籍特型演员、导演及舞蹈团队等。

⑥ 113条视频制作:单拍摄日程共计超过22日,后期制作时间2个月。

⑦ 350项设计:共安排了8名设计师负责整体视觉包装设计。

⑧ 617项物料制作及采购:物资总占用仓库超过100平方米。

4. 项目评估

(1) 现场效果。本次峰会主要目的是弘扬"传·创·共享",通过年轻化的形式,综艺感十足的创意环节,激发员工们的创造力与想象力。所有项目参与人数均超出原定人数,多个项目出现观众过多,需要在邮轮大堂设置分会场转播以满足大家参与热情的情况。

(2) 受众反应。一众与会嘉宾表示从来没有参与过内容如此丰富的峰会,每一天的惊喜都应接不暇。其中项目吐槽(推介)会被周大福集团的一位董事公开点评:"这是我职业生涯里面参与过最有趣的一次会议。"

(3) 市场反应。与会嘉宾中有大量珠宝业界的深度从业者,更有大量前线的销售精英通过自传播渠道让行业和消费者了解到周大福珠宝集团九十周年峰会精彩纷呈内容,感受到品牌形象;同时,邮轮运营方通过这一次的合作打造了全新的服务体系,为后面更多希望购买包船服务的品牌提供了一套完整的合作模板,树立了行业典范。

(资料来源:金旗奖编委会.2019最具公众影响力公共关系案例集[M].北京:中国财富出版社,2020.)

二、思考·讨论·实训

（1）周大福珠宝集团九十周年峰会有何亮点？

（2）请从现代企业的公共关系活动的策划与创意要考虑的因素分析此次活动的成功之处。

实训项目

项目6-1：专题公共关系活动各岗位规范训练

【实训目的】 熟悉在开业庆典、参观等特定公共关系活动中的各岗位工作要求，提高在这些特定公共关系活动中的业务能力。

【实训时间】 4课时。

【实训地点】 专业实训室。

【实训步骤】 可以把全班学生分成若干组，必须男女适当搭配，让他们在组内完成分工，然后事先给定场景，给每一个小组一定的准备时间，在进行模拟时，教师应该在旁边给予一定的点评，如果能够评比，效果更好。

【实训场景】 以下场景供学生参考。

（1）某商场开业，你作为迎宾组负责人，将如何组织开展工作（不是工作计划，要能模拟出实施场面）。

（2）某车展开幕，本次车展来了许多知名宾客进行参观，你作为本次车展的解说员，将为这些知名宾客进行解说，你将如何开展工作（这些知名宾客以演员、歌手为主，可以让一些同学扮演宾客）。

【实训手记】 通过训练，我的收获是＿＿＿＿＿＿＿＿＿＿＿＿＿＿＿＿＿＿＿。

项目6-2：举办企业标识展览会

【实训目标】 通过模拟训练让学生掌握展览会的组织和相关礼仪。

【实训学时】 1学时。

【实训地点】 实训室。

【实训准备】 企业标识、展板、实物、文字说明等。

【实训方法】 5～6人为一组，分组进行准备。经过一周的准备后，进行展示，每组一块展板，安排一名学生进行讲解。要求：

（1）尽可能收集一些企业的标识；

（2）设计布置展台；

（3）设置签到席。

【实训手记】 通过训练，我的收获是＿＿＿＿＿＿＿＿＿＿＿＿＿＿＿＿＿＿＿。

项目6-3：模拟组织开业庆典

【实训目标】 掌握开业庆典的组织和相关礼仪规范。

【实训学时】 2学时。

【实训地点】 公共关系实训室。

【实训准备】 布置会场、挂横幅、准备致辞等。

【实训方法】 模拟某企业开业庆典仪式,使仪式落实在某个商业组织上。要求:

(1) 编制一份庆典仪式程序,仪式按照程序进行;

(2) 重要领导和来宾名单的单位、职务可由学生自己拟订,分别扮演相关角色;

(3) 编制一份庆典仪式程序;

(4) 庆典结束后,学生评析,教师总结;

(5) 实训可分组进行,让学生轮流模拟演示各个角色。

【实训手记】 通过训练,我的收获是_____。

项目6-4:模拟签字仪式

【实训目标】 掌握签字仪式的程序以及相关礼仪。

【实训学时】 2学时。

【实训地点】 公共关系实训室。

【实训准备】 准备有关签字仪式的道具,如文本、文件夹、旗帜、签字笔、签字单、吸水纸、酒杯、香槟酒、横幅、照相机、摄像机、会议桌子等。

【实训背景】 中国清泉饮品公司将迎来一批来自美国的摩尔集团商务考察团,清泉饮品公司准备向摩尔集团订购2条先进的罐装流水线设备。在这次考察活动中要进行谈判,将签订合同,举行签字仪式。

【实训方法】 草拟一份签字仪式的准备方案,布置签字厅并模拟演示签字仪式。要求:

(1) 实训分组进行,学生分别扮演相关角色;

(2) 参加实训的双方须简单演示见面礼仪,在着装上适当修饰。

【实训手记】 通过训练,我的收获是_____。

项目6-5:组织中餐宴会

【实训目标】 掌握组织中餐宴会的要求和规范。

【实训学时】 2学时。

【实训地点】 多功能餐厅。

【实训准备】 会场背景资料、材料(气球、彩带、花束)、餐桌、餐具、数码摄像机或照相机等。

【实训方法】 以寝室6个人为单位,团体分工合作,分别展示餐会会场布置、餐桌摆放、座次牌摆放,说明这些设计摆放的理由。

然后,用数码摄像机(或数码照相机)记录整个过程,然后大屏幕回放,学生自我评价,授课教师总结点评学生存在的个性和共性问题。最后评选"最佳设计团队"。

【实训手记】 通过训练,我的收获是_____。

课后练习

1. 什么是公共关系和专题活动,它有哪些作用和特点?
2. 公共关系专题活动有哪些模式?请分别介绍一下。
3. 常见的公共关系专题活动应如何组织?
4. 如何针对不同的目标公众开展相应的公共关系活动?
5. 就你身边值得纪念的日子模拟举办一次庆典活动。
6. 力士有限责任公司为了推广自己的新产品,与一家百货商场达成协议,拟订在该商场门前广场举办新产品展示会。在活动方案拟订后,由公司的公共关系部承担本次活动实施的筹备工作。请问,应该从哪些方面入手?
7. 清泉饮品股份有限公司一直热衷于社会公益事业。最近,公司董事会决议赞助2006年在德国举办的"世界杯"足球邀请赛,请结合本次活动说明组织社会赞助活动应注意哪些问题。
8. 有人说"制造新闻"是提高社会组织知名度的灵丹妙药,你认为呢?
9. 请自找一个合适的主题,模拟举办一次记者招待会。
10. 请组织一次旨在展示应届公共关系毕业生形象,为用人单位提供信息的新闻发布会,请写出具体方案并组织实施。
11. 假如你们班的一位同学发行了个人演唱专辑,你们决定举行新闻发布会,请你为发布会策划并模拟举行发布会。
12. 如何成功地策划一次对外开放参观活动?
13. 案例思考。

"灯光佳节"活动

在伯内斯一生无数的公关实践中,最为人称道的就是他发起的"灯光佳节"纪念活动。1929年10月21日晚,在爱迪生家乡的威肯斯庄园里,明亮的灯光把漂亮的葡萄架照耀得分外美丽。这里正在举行庆祝爱迪生发明灯泡15周年的"灯光佳节"纪念活动。

在人群中,人们注意到,当时的美国总统赫伯特·胡佛、"汽车大王"亨利·福特及其他的一些政界人物、社会名流都在其中。

这项活动是伯内斯精心策划的。爱迪生作为美国伟大的发明家,被视为美国独立精神和科学创造精神的代表,纪念他的活动当然是大家都很愿意参与的。

晚上9:30,纪念活动达到高潮。所有的灯光一下子全都熄灭了,露天庄园中的人们在漆黑的夜空下只能看到微弱暗淡的星光。为了纪念爱迪生,全世界许多公用事业公司都在这一刻切断了全部电源,为时1分钟。在这一分钟里,淹没在黑暗中的人们真切地感受到了伟大的发明家爱迪生带给人们的福祉。

"灯光佳节"纪念活动举办得如此成功,以至于美国邮政总局专门为此发行了一枚2美分的纪念邮票。这个活动被人们盛赞为"和平时期美国所举行的最盛大的宣传活动"。1984年,电视台的节目主持人就公共关系的起源问题采访伯内斯时说:"您使托马斯·爱迪生、亨利·福特、赫伯特·胡佛及众多的美国人做了许多您让他们做的事,您使全世界在同一时刻灯光齐暗。这无疑是一种极为强大的力量。"

伯内斯说:"我从来不把它看成一种力量。我只不过是把人们引导到他们希望去的地方罢了。"

从这里可以看出,伯内斯在公关实践方面表现突出。1985年,93岁高龄的伯内斯仍在进行公关咨询、写作及会见来宾。伯内斯在公关研究方面的贡献也是卓越的,他花费了毕生精力研究公共关系理论,不断探讨公共关系的真谛。他撰写的公共关系书籍达16部,并通过开设公共关系课程培养了一大批公关实践人才,故而,人们把他称为"现代公共关系之父"。1990年,美国《生活》杂志把他列为影响20世纪社会发展进程的100个重要人物之一,盛赞他"构想并设计了现代公关事业"。

(资料来源:佚名.伯内斯纪念爱迪生的"灯光佳节"活动[EB/OL].[2011-09-28].http://www.docin.com/p-265157614.htm.)

思考讨论题

(1) 现代公共关系之父伯内斯精心策划的此次公共关系活动,为什么能产生较大的轰动效应?

(2) 本案例对你有何启示?

14. 案例思考。

美的"为中国妈妈发明"

家、年夜饭、团圆都是春节的主题,但你有没有注意到:人们团圆之际,总有一个人在不停地忙碌,过年反而是她最累的时候。美的厨电2018年春节广告短片一开始,便刻画了一个让大家深有同感的"中国妈妈",她爱发号施令,早早让老伴起床;爱挑剔,三斤八两的鱼不满意,要四斤;不爱领情,儿子想帮忙反而让他出去;不讲道理,说儿子只知道玩手机。看到这里,很多人都有共鸣:"我妈也是这样的!"可是,当一家人围坐在一起的时候,妈妈却缺席了。这一整天,她不是在做饭烧菜,就是在忙着收拾碗筷,家人看到的只有她忙碌的背影。这其实是很普遍的场景,文案写道:"她总是忙着照顾我们,却忘了,自己也需要被照顾;你看到,丰盛的年夜饭,却看不到,她从早忙到晚的爱与付出;她,一年有364天都在期盼团圆,不应在团圆的这一天缺席……"广告诠释了"为中国妈妈发明"的品牌定位,这也是蒸汽油烟机的发明灵感来源:通过科技,帮妈妈们节省消耗在厨房的清洗时间,让妈妈有更多时间参与家庭活动,帮儿女解决妈妈缺席的问题。只有都在一起,才是团圆。

图6-1 美的厨电暖心短片《在一起,才是团圆》

美的厨电暖心短片《在一起,才是团圆》,如图6-1所示。

(资料来源:佚名.美的春节广告太煽情了[EB/OL].[2018-02-25].https://www.sohu.com/a/223922141_488716.)

思考讨论题

(1) 美的厨电公关广告属于哪类公共关系专题活动模式?

(2) 美的厨电公关广告的成功之处何在?

15. 案例思考。

世界杯营销复盘：法国队夺冠,华帝已经不慌了

2018年7月16日凌晨,本届世界杯法国队以4∶2战胜克罗地亚登顶夺冠,时隔20年再次捧起大力神杯。随后,作为法国队官方赞助商的华帝宣布"法国队夺冠华帝退全款"活动正式启动退款流程,历时一个多月的营销活动终于进入收尾阶段。

据悉,活动期间"夺冠退全款"指定产品的线下渠道销售额为5000万元,由经销商负责免单退款;线上销售额为2900万元,由华帝总部承担。据统计,华帝活动期间销售额约为10亿元,营业利润约为4.3亿元,通过营销获得的利润增长为0.99亿元,足以覆盖"夺冠退全款"营销活动的支出,并且小有结余。

毫无疑问,华帝这一次世界杯营销之战大获全胜,品牌、销售双丰收。从"法国队夺冠、华帝赔全款"的口号开始打响,到经销商"跑路"风波,到启动退全款,华帝这个厨电界新晋网红可谓是风头一时无两。

目标：品牌营销

2018年3月,华帝与法国足球队签约,成为法国队的官方赞助商。华帝在宣传造势中称"这是华帝走向国际化的一小步,更是引领中国高端智造登上更高的世界舞台的一大步"。

换言之,华帝赞助法国队的目的是打造品牌、走向国际化,从而促进线上线下的销售,此次"法国队夺冠、华帝赔全款"的借势营销就是最好的例证。

结果：销售、品牌双增长

在此次营销活动中,华帝的收获如下。

(1) 活动期间,华帝线下同比增长20%左右,线上同比增长30%以上。天猫"6·18"当天,华帝转化率在大家电行业前20个品牌里第一,单日最大增幅高达525%。

(2) 周一A股早盘,华帝股份开盘大涨7.19%。

(3) "退全款"结束后,华帝预期结余2000多万元。

(4) 从搜索指数来看,只花了7900万元的华帝,远超投入数亿元的海信、蒙牛等的效果。

(5) 活动期间,受"经销商跑路"的影响,华帝遭受赔不起全款的质疑。

总结：风险与收益并存,借势营销容易暴露问题

总的来说,华帝在此次世界杯期间的营销活动可谓是大获全胜,同时收获了口碑和销量,但从细节上来说还有很多处理不当的地方。

首先,找准了法国队这个夺冠热门,诚意十足。与美菱的"比利时进入决赛,指定型号打5折,夺冠退全款"及万和的"阿根廷晋级返现,金靴享5折,夺冠全免单"相比,华帝的营销简单直白,更有诚意。

其次,风险可控。作为业绩优秀的上市公司,华帝完全有能力兑现承诺。在法国队夺冠之前,华帝品牌公关对退款总额的预估在1.2亿元左右,且表示实际成本完全可控,如今不到7900万元的退款总额更可轻松完成。

再次,言出必行。7月16日凌晨法国队夺冠后,华帝即刻启动退全款,给出了详细的退款方案,并提供退款咨询服务。

最后,危机公关能力不足。6月29日,华帝第二大经销商失联,谣言四起。受此影响,华帝股价连跌,16个交易日股价跌幅高达32.77%,市值蒸发57.6亿元。

分析:营销大战一触即发,家电企业应做好准备

对传统家电企业来说,华帝此次世界杯营销活动树立了借势营销的良好榜样,表明传统企业也能玩转新媒体营销,但传统企业面对突发事件的处理能力也有待提高,此次华帝"经销商跑路"事件也给依赖线下经销商的传统家电企业敲响了警钟。

(资料来源:张含.世界杯营销复盘:法国队夺冠,华帝已经不慌了[EB/OL].[2018-07-16].https://www.iyiou.com/p/76988.html.)

思考讨论题

(1) 企业在开展赞助活动时要注意什么?

(2) 策划活动中,如何以企业行为带动社会行为,使品牌得到更大范围的传播和认同?

(3) 本案例对你有何启示?

16. 案例思考。

麦当劳"为爱麦跑"开跑5周年　安踏儿童助力公益

2018年8月25日,由麦当劳主办、安踏儿童首席赞助的公益活动"为爱麦跑"在北京园博园热力开跑。安踏儿童总裁林翔华先生亲临现场,并为5公里组别的亲子家庭鸣笛起跑。据悉,"为爱麦跑"于2014年由麦当劳中国发起,中国宋庆龄基金会公益支持,旨在通过亲子跑这项运动拉近父母与孩子距离的同时,培养孩子的体育与公益精神,助力"麦当劳叔叔之家",为异地就医的家庭提供医院附近的免费临时住所。

作为活动的首席赞助商,安踏儿童已是连续两年助力该公益项目。活动当天,家长与孩子纷纷穿着红白亲子装和红白袜上阵,完成2.5～5公里的征程。从去年开始,这套有爱的亲子装就由安踏儿童特别设计,预计今年将有四万多人穿着安踏儿童赞助的亲子T恤,用脚步助力公益。除了亲子装的赞助,安踏儿童还在活动现场设置了体验区,为孩子们准备了"趣味跑酷""欢乐竞速""主题拍照"等有趣的互动游戏,并提供专业运动指导和跑步装备推荐,让孩子和家长们更深入地了解跑步知识及装备的选择攻略。

2017年安踏儿童发布"顽出成长"的品牌主张,提倡儿童运动趣味化、亲子化,并在线上线下全面践行该理念——通过开展"玩运会""儿童成长学院""给妈妈的一封信""粉丝妈妈"等一系列活动,让家长意识到陪伴和运动对孩子成长的意义,让孩子们在"玩"中收获健康体魄和健全心智。此外,安踏儿童还尤其热心公益,并注重培养孩子的公益意识。

此前,安踏儿童就将2017年"顽运会"的门票收入全数捐入"真爱梦想——安踏茁壮成长公益计划专项基金",为偏远地区的孩子购置运动装备,收获业内好评。

而在助力孩子"顽出成长"的努力中,安踏儿童也十分关注行业内外其他品牌的亲子类公益、体育活动的动向,并积极展开跨界合作,给予支持。助力麦当劳"为爱麦跑",就是安踏儿童践行自身理念、推动跨界合作的经典案例。

在本次跨界合作中,麦当劳是全球餐饮巨头,安踏儿童是国内儿童运动领域的翘楚,两大品牌虽然基因不同、领域各异,但都关注着儿童身心的健康成长,有着彼此契合的理念。

麦当劳中国首席执行官张家茵表示:"麦当劳致力于推动一代又一代儿童健康快乐地成长,汇聚越来越多的爱心,为异地就医的患儿家庭提供关爱和支持。"这一观点与同样关注儿童成长的安踏儿童不谋而合——安踏儿童总裁林翔华表示："'顽'是孩子的天性,让孩子体验运动乐趣的同时,也收获健康体魄、活泼性情,以及关爱他人的能力,是我们与麦当劳携手的初衷。"

继"为爱麦跑"北京站首发后,广州、上海、杭州、深圳等共14个城市将陆续开跑。安踏儿童将全程陪伴,与数万亲子家庭一起助力"麦当劳叔叔之家",一道"顽出成长"!

(资料来源:龙谋的冰球世界.安踏儿童助力"为爱麦跑",用公益浇灌儿童心智成长[EB/OL].[2018-09-27].http://k.sina.com.cn/article_6586063961_1888f5c5900100clip.html.)

思考讨论题

(1) 试分析本次公共关系活动的亮点所在。

(2) 本案例对你有何启发?

17. 案例思考。

伊利金典有机光影展

伊利金典有机光影展依托金典有机品牌资产,展开线上线下结合的整合推广活动,借助代言人吴青峰的影响力,打造金典有机春日快闪,通过将有机与科技进行结合,展开场景营销体验,围绕金典有机打造不同主题的光影空间体验。

(1) 项目调研。金典有机十余年品牌资产积淀,多个权威机构、平台认证有机品质,包括G20峰会有机品质护航,金典有机&WWF(世界自然基金会)湿地保护项目联合公益背书,彰显实力。

金典有机不断通过视觉、体验、内容等多个维度诠释品牌态度,但是在品牌塑造上一直以花花草草的形式与消费者见面,持续向消费者展示品牌的高端品质,缺少与年轻消费群体的交流与沟通,在形式上比较单一。因此,在本次活动的规划上,HBC决定寻找一个能够突破以往固有形式的事件性活动,用年轻的形式、年轻的语言与消费者沟通,打造一场视觉与内容的有机盛宴。

(2) 项目策划具体包括以下内容。

① 策略。以有机为核心,展开品牌说教及利益点体验,打造未来有机的传播理念,引领行业标杆;沉浸式的场景体验,围绕金典有机品牌资产,依托金典有机品牌形象展开场景营销;聚焦核心人群开发有机体验,强化金典与年轻群体的交流;整合现有资源,通过线上线下结合的方式,形成传播闭环,自然有机融合科技体验,多维度诠释金典有机。

② 内容。具体包括如下几个方面。

一是线上传播:在活动前期进行传播预热,通过微信、微博平台发布预热海报,通过抖音发布预热小视频,扩大活动声量,官微创建"天赐有机,尽在金典"话题,与消费者进行有机交流,线上沟通,为线下引流;线上H5预热招募,趣味小游戏增强消费者参与感,为线下活动集客。

二是活动落地:围绕金典有机打造不同有机光影体验空间,将自然有机融合科技体验,打造五大不同体验区域,分别融入不同有机主题,跟随当下"打卡"文化,为线上公关传播输出素材,刺激消费者自主传播。

三是KOL直播:活动中,邀请知名KOL现场直播,与线上消费者互动,传递品牌价值。

四是活动收尾：线上输出活动长图、海报、九宫格图片等传播素材，制作朋友圈、抖音平台传播小视频，扩大活动影响力；明星官微证言。

（3）项目执行步骤如下。

① 活动落地：选择时下年轻人喜爱的光影秀活动，伊利金典有机光影展场景体验吸引了核心人群年轻人，打造了成功吸引年轻人的沟通体验方式。

在北京、厦门、深圳三个城市，打造三城五场事件活动，围绕金典有机打造不同有机光影体验空间，将自然有机融合科技体验，分别打造五大不同体验区域，包括有机时尚光影空间、有机音乐光影空间、有机生态光影空间、有机未来光影空间、有机美食体验空间，分别融入不同有机主题，将代言人形象、湿地保护、科技体验、美食体验融为一体，跟随当下"打卡"文化，为线上公关传播输出素材，刺激消费者自主传播；发布金典有机和《歌手》联名礼盒及吴青峰限量签名水杯。

② 社交分享"主播网红＋社媒"双核模式，强社交关系分享式传播。

③ 红人效应："网红发声引导＋图文落地页＋'粉丝'互动"打通品牌、网红与"粉丝"之间的连接渠道，传递信息更丰富。

④ 精准投放：以大数据挖掘为基础，金典有机推广信息只被推送到有需求的用户面前，多维度定向直达目标客户，实现精准投放。

⑤ 品效合一：二次转发和PC端流量免费，选择基于强社交关系的分享式熟人传播，用户信任度高。

（4）项目评估。光影技术深受目标顾客群的喜爱，全场有机布展，更是加深了消费者对金典有机品牌的了解。在场地的选择上，企业选择地标性的建筑，人流量大、影响力广，大大增加金典有机的宣传力度。

伊利金典有机光影展总影响人数超5000万人；线上H5及微信、微博转发浏览量超1.1万次；线下活动影响人数超14万人；整体试饮品发放超180提。

本次伊利金典有机光影展在金典有机原有基础上增加了科技体验，在落地时，大胆采用了体感、全息、投影等科技体验项目，将自然与科技融合；同时，本次活动在传播渠道上实现了全网联动，增加了KOL直播环节，实现线上与线下的闭环营销，多方位传播。

（资料来源：金旗奖编委会.2019最具公众影响力公共关系案例集[M].北京：中国财富出版社，2020.）

思考讨论题

（1）试分析为什么伊利金典有机光影展活动能取得很好的公共关系传播效果。

（2）本案例对你有何启发？

18.案例思考。

2018广州Acura品牌之夜

2018广汽Acura（讴歌）品牌之夜志在传播I'm Different的全新品牌观、Live Crazy的传播概念以及RDX"全天候飞航SUV"的产品定位，最终选择在海拔3000米的雪山上，打造2万平方米的户外场地，以全地貌呈现雪山汽车品牌发布会。

（1）项目调研

① 背景。2018广汽Acura品牌之夜主要向媒体和特约店代表诠释产品价值，最大化

传递上市信息，同时帮助品牌持续获取关注，扩大曝光量。

② 可行性研究。主要进行以下方面的可行性研究。

一是场地。面对雪山地质松软、地势不平、高反、高寒、狂风、雨雪、霜冻等问题，企业如何完成舞台搭建？面对从未开垦过的原始地貌，如何在保证项目效果的同时最大化保护自然地貌不被破坏？周边配套设施极度不完善，实施过程中如何解决物料运输及电力问题？气候变幻莫测，该采取怎样的方式为来宾做好保暖措施？

二是形式。基于"全天候飞航SUV"的产品定位，现场在玉龙雪山上演一场裸眼3D（三维）户外实景秀。邀请北美JetPack（喷气式飞行器）飞行员实地飞行，紧贴产品卖点，彰显广汽讴歌全新产品不俗实力，引发媒体自主传播。

(2) 项目策划

① 目标。重塑广汽Acura品牌形象，提升品牌好感度。为全新RDX发布最大化制造上市话题，迅速扩大受众认知，构筑产品形象。

② 策略。玉龙雪山有山有水有知名度且具有一定流量，品牌代言人姜文引领潮流，备受关注且有一定影响力，RDX产品定位"全天候飞航SUV"，所有这些与众不同元素的组合，形成了这场Live Crazy的发布会。

③ 受众。受众主要有以下几类。

一是目标消费人群。追求个性、希望突破自己、与众不同的一群人，他们有着较强的社会责任感，始终以积极的态度面对生活的挑战。

二是全国媒体。通过场景、舞美以及内容和形式上的重磅出击，生动地诠释全新品牌世界观，制造记忆点，激发媒体嘉宾自主助力车型的市场传播。

三是特约店代表及大客户。他们是富有远见且洞悉市场的探索先锋，对行业动态以及市场风向有着敏锐的判断。

④ 传播内容。具体包括以下三个方面。

一是预热期：以新闻稿、倒计时海报以及媒体联合海报为主要传播内容。

二是上市发布会：以图文稿件、活动直播以及价格长图为主要传播内容。

三是后续期：以价格引导稿件以及品牌解读稿件为主。

⑤ 媒介策略。具体包括以下方面。

一是预热期：全国媒体同发上市预告；中青代KOL、专业媒体朋友圈发布媒体联合海报；官方微信微博推送倒计时海报。

二是上市发布会：发布RDX上市稿；活动全程直播；朋友圈发布价格长图；官方微信微博推送上市新闻稿。

三是后续期：中青代KOL解读品牌精神，落地RDX产品传播；网络媒体分析产品配置及价格引导；行业媒体深度分析市场环境，背书讴歌及RDX。

(3) 项目执行

① 实施细节。丽江物资相对匮乏，为满足2万平方米的场地用电，企业从广州调用了三台发电车。为在活动现场呈现冰晶元素创意，企业从北京运了100吨冰块到丽江，并在现场搭建两个冰库来确保冰块的温度。

考虑到气温低，除了羽绒服外，企业还在每个嘉宾的座椅上都放置了自动加热坐垫和暖手礼包。

② 项目进度。经过7次场地勘察,最终确认场地。

为了保护原始地貌,现场以架空方式搭建了9米高的舞台,700位搭建工人从早上6点到晚上10点,连续工作月余,才有了现场2万多平方米的活动场地。

③ 控制与管理。在施工管理方面,规划施工车辆固定路线,对道路进行施工,减少行车对当地植被的破坏。在场地附近铺设防护网,以防止对周边环境造成影响。控制施工噪音,尽量减少对周边的影响。

在环境保护方面,施工期间,禁烟禁火,规范活动范围,减少对地表植被的破坏。同时搭建临时卫生间,规范垃圾收纳与处理。

项目结束后,撤场周期长达15天,将现场垃圾全部清除干净。

后续还将地表全部铺上草皮,撒上草种,洒水车每隔两周进行一次浇水,持续6个月,以保证植被的成活率。

(4) 项目评估

① 效果综述。2018广汽Acura品牌之夜在11月6日选择玉龙雪山为活动场地,配合60米宽和9米高的超级大屏、奇幻的三层递进空间、山水造景实景3D投影,震撼的高空威亚表演、水舞、鼓阵,以及喷气飞人高空飞行秀,被媒体称赞为"迄今看过的最震撼人心的汽车发布会"。与以往的室内发布会相比,此次发布会堪称广汽本田有史以来最具挑战的发布会。

② 现场效果。现场几乎百分百还原创意方案,山水造景与自然环境完美融合,引发现场嘉宾主动在社交媒体上分享传播本次活动,并结合参会体验给出高度评价。真正实现了讴歌品牌 I'm Different 的品牌调性。

③ 媒体统计。邀请430家媒体470人参加,相关报道7463篇,广告价值14517万元,视频直播浏览量316万人次。

(资料来源:金旗奖编委会.2019最具公众影响力公共关系案例集[M].北京:中国财富出版社,2020.)

思考讨论题

(1) 2018广汽Acura(讴歌)品牌之夜户外发布活动亮点体现在哪些方面?

(2) 请上网收看2018广汽Acura(讴歌)品牌之夜发布会视频,谈谈你的感受。

 思政园地

请扫描以下二维码,了解思政要求。

思政园地6.pdf

任务 7 企业形象塑造

成功的形象比实际成就更有价值。

——[美] 德瑞克·李·阿姆斯壮

任务目标

- 掌握企业形象塑造的方法,并能进行企业形象塑造的策划与实施。
- 初步具备 MI、BI、VI 设计能力。
- 能成功地进行企业形象定位和设计。
- 掌握导入 CIS 的步骤、方法。

 案例导入

"我善治木"的谭木匠

谭木匠已经成为木制品市场上叱咤风云的大品牌,在全国拥有 900 余家连锁店,遍及 31 个省、自治区、直辖市及 300 多个城市,并把店开到了新加坡、马来西亚,产品远销欧美、日本、东南亚等数十个国家及地区,以及中国香港地区、中国台湾省。

(1) 独具特色的理念识别。中国人使用木梳已经有几千年的历史,从古至今,梳子能够体现主人的品位和气质,承载人们对梳理愁绪的联想。然而工业文明导致大批塑料梳子的生产和使用,使梳子沦为一种没有底蕴和技术含量的低廉日用品。近年来,随着保健、防静电等功能要求的提出,木梳和牛角梳逐渐成为消费者青睐的对象,然而国内大多数厂家生产的木梳、牛羊角梳工艺落后,制作粗糙,高端市场还是一片空白。

谭木匠抓住顾客的潜在需求,以独特的文化品位和高品质的木梳塑造品牌形象,创造了一个巨大的市场"蓝海"。

谭木匠依靠传统木梳行业的底蕴,提炼出"我善治木""好木沉香"的理念,把中国古典文化和人性情感注入了产品中。具有古典气息的谭木匠品牌、古朴的购物环境、造型精致独特的小梳、精心设计的包装袋、以"用情梳心、真爱相随"为主题的七夕节促销活动、以"感恩"为主题展开的征文活动……这些无不散发着谭木匠的传统文化气息。谭木匠把木梳的效用重心由顺发功能转向文化和情感,将小木梳的艺术性、工艺性、观赏性、收藏性与实用性相结合,使小木梳从日常用品提升为寄托情感的艺术品。对于谭木匠的核心消费群体女性顾客,谭木匠将传统文化与流行时尚相结合,让谭木匠的小梳子、小镜子、小布袋子,成为"小资"女性的标志和最爱,给予她们文化上的认同和情感上的满足。

(2) 耳目一新的视觉识别。品牌视觉识别在品牌传播时通过图案、造型等向消费者传播品牌的诸多信息,会给消费者留下直观、深刻的印象。谭木匠的品牌视觉识别系统令人耳目一新,文化气息扑面而来,也很好地诠释了谭木匠的品牌文化内涵。

谭传华曾经想过"先生""小姐""三峡"等许多品牌名称,但是效果并不理想,最后才启用"谭木匠"这个品牌名。没想到"谭木匠"这三个普通的字,却把木梳浓厚的乡土情结体现得淋漓尽致。"木匠"是对中国传统木工手艺人的称呼,本身就有一股乡土味,"木匠"前冠以"谭"字,符合中国传统商号的起名习惯,就给人一种沧桑厚实的历史感,使许多消费者把这家新开的"小作坊"误认为是一家历史悠久的"老字号"。同时,檀木在中国民间是吉利的象征物,有避邪驱邪的功用,"谭"与"檀"谐音,正好给人以美好联想。谭木匠的标志设计也别具一格,"谭"用隶书,"木"是几块模板搭成,"匠"则配以木工作坊劳作图,极具中国传统文化特色。如图7-1所示。

图7-1 谭木匠的标志

一把小木梳传递出浓郁的传统文化底蕴,也造就了一个神话。如今,很多人都期望着拥有一把刻有"谭木匠"字样的木梳以及那块"我善治木"小木牌。

(资料来源:佚名.谭木匠:"我善治木"的文化营销[EB/OL].[2010-11-22].http://www.cnadtop.com/brand/salesTrend.)

"谭木匠"的形象塑造是十分成功的,它深刻地说明,现代企业的竞争越来越归结为形象的竞争,企业形象已经成为企业的无形资产,在企业的发展中起着越来越大的作用。谁拥有了良好的组织形象,谁就能赢得公众的支持,谁就能拥有市场,并获得了源源不断的利润,且能使其产品和组织在激烈的市场竞争中立于不败之地。

7.1 什么是企业形象

一、企业形象的界定

为了能更好地理解什么是企业形象,下面介绍一些知名品牌。

1990年年底,英国一家企业形象顾问公司进行了一项大规模的有关世界名牌的市场调查,他们访问了1万多名消费者,分别来自美国、日本以及9个欧洲国家。市场调查的目的就是向这1万多名消费者询问,能否在调查员所提供的6000种"甚有来头"的品牌中,选出这些国家和地区排名前十的"品牌之星"。结果,这1万多名消费者不负众望,选出了10种红极一时的品牌,排列顺序为:可口可乐、索尼电器、奔驰汽车、柯达胶卷、迪士尼乐园、雀巢饮品、丰田汽车、麦当劳汉堡包、IBM计算机、百事可乐。

以上调查因为是针对西方国家的消费者,所以并不能完全反映出我国消费者心目中的名牌。但是我国消费者对以上品牌并不陌生,尽管其中有的品牌目前已经没落甚至已经消失。在这些商品中,不是美国货就是日本货或者是德国货。那么为什么这些名牌商品能够在市场上得到消费者的认可?这里自然有它的道理。

首先,这些商品都拥有稳定和可靠的质量、良好的信誉和优质的服务;其次,这些企业经常参与各种社会公益活动,不仅能给人们一种信赖和好感,而且给人以一种实力雄厚的印象;此外,这些商品还有鲜明的标志和统一的包装等。也就是说,它们都有着良好的企业形象,而企业形象往往是通过产品形象表现出来的。例如,一提起可口可乐,人们便能想到那种具有特殊口感的饮料以及对各种大型体育活动的赞助,当然也忘不了它在商品包装上的 Coca-Cola 的标准字体、白色水线和红底色的图案;同样的,一看见黄色的 M 字形,人们就会想到这里出售的汉堡包,它代表的是麦当劳。

那么,究竟什么是企业形象?从消费者角度看,企业形象是指人们对企业所具有的情感和意志的总和。这个定义包含以下几点内容:第一,从消费者角度看,企业形象只是消费者心目中对企业的一种看法和认识。因为情感是人们对客观事物的一种态度;意志是人们的一种有目的的行动。它们都是一种心理活动,这种心理活动是以满足人们的需求为基础的。由于企业与人们的需求之间的关系不同,因而对企业形象有不同的好恶态度。因此,通过满足人们的不同需求,尽快使人们能了解企业,并对企业产生好感和信赖,这是树立企业形象的重要手段。第二,消费者心目中的企业形象是很难用数字来加以具体描绘的。

如果从企业角度来分析,企业形象的定义则是:企业形象是潜在销售金额,也是潜在的无形资产。这段定义包含以下几点:首先,指出了企业之所以要千方百计努力塑造良好的形象,其根本目的在于要不断扩大销售金额,特别是大力挖掘尚未开发的潜在销售额。其次,从企业角度看,企业形象的价值是可以用数字来进行计算的。以上两则企业形象的定义都是从不同角度对同一客观事物进行具体描述的,它有助于我们对企业形象的概念进行认识。

二、企业形象基本特征

1. 多面性

企业形象不是挂在墙上的一幅单调的平面绘画,它是社会空间中的企业组织在公众心目中的立体反映。由于公众的层次不同,观察的角度不同,需求不同,每个人都可能从个人的需要出发,站在特殊的角度来观察同一个企业的行为。例如,政府官员与普通消费者公众对一个企业组织的评价取向往往不同,政府官员注重企业的总体价值、社会价值和长期发展价值,而消费者公众则更多地注重产品本身的价值。从总体上来看,不同的企业其社会存在的价值不同,目的也不同。所以不能对所有企业提出同样的形象要求。一般来说,企业形象可分为内部成员心目中的企业形象和社会公众心目中的企业形象。如果再深一步探讨,又可以从不同角度的观察者出发,提出多种多样的企业形象要求,这说明每一个企业的形象都存在着多面性。

2. 相对稳定性

企业的形象表征及行为一旦在公众心目中形成了定式,便使公众形成一种态度取向,态度的相对稳定性便决定了公众对企业形象感受的相对稳定性。人们的认识过程不仅仅是观察,更重要的是感受,而感受最容易使人们形成固定的经验,经验是不易改变的。例如,某食品公司出售了一次腐烂变质的食品,便立刻在受害者和耳闻目睹者的心目中形成了不能再购买该公司产品的经验。由此可见,企业的形象一旦形成就具有稳定性。然而,这个稳定性也是相对的,并不是一成不变的,可以通过具体的公共关系活动来改变公众的态度,引导公众的行为,不过需要多花费一些气力。

3. 可变性

人们对某一事物形象的形成有赖于信息的刺激,人们对这一事物形象的改变也借助于信息的刺激,就一般认识规律来说,事物对人们的刺激使人们产生了对该事物的认识、理解、评价,从而在心目中形成了该事物的形象。同样的道理,要想改变这一形象也是可能的,只是需要一个更加强烈的刺激而已。企业形象的形成与改变也是同样的道理。

4. 阶段性

所谓阶段性,是指企业形象一旦在公众心目中形成就能相对稳定一个时期。在这期间要想改变它,也并非一朝一夕、轻而易举就能完成的,需要在一系列有效的公共关系活动之后,才能使企业的形象出现明显变化。新形象与旧形象的关系是一个取代和被取代的关系,形象的发展是间断的、跳跃的。良好的企业形象是一个组织全体人员,尤其是公共关系人员共同努力的结果,但并不是与特定的企业永远相伴而行的。对于良好的、理想的形象需要巩固、保护,对于不良的形象需要及时地、尽快地改善,这就要求公共关系人员要经常向社会公众输送企业更新的信息,以取代旧的形象,建立新的理想形象来引导公众的态度取向。

7.2 企业形象的完善

企业形象是社会进入工业文明时代后提出的新课题。现代企业把树立良好形象作为企业文化建设和企业发展战略的重要组成部分。企业形象的塑造与完善可以从以下几个方面入手。

一、管理形象的塑造

企业管理形象是企业形象的重要组成部分,超一流的企业无不得益于卓越的企业管理。卓越的管理不但能提高企业的产品和服务质量、工作效率等,而且能使人产生良好的印象,从而消除危机隐患。例如,"肯德基"快餐为了预防与顾客发生矛盾和纠纷,严格执行三条铁的纪律:一是餐厅制作炸鸡严格按"七、十、七"操作法进行,即将一袋鸡放到鸡蛋液中浸 7 下,再放干粉里滚 10 下,最后再按 7 下;二是鸡块炸出超过 1.5 个小时就不能再卖,不管剩下多少都要扔掉,不准作廉价处理,不准给员工吃;三是运用科学手段保证炸鸡分量。在制作过程中,餐厅运用计算机控制器选用肉鸡体重均达 1.13~1.23 千克,保足分量。这些做法无疑使"肯德基"强化了管理形象,为预防危机事件提供了有益的保证。

1. 加强质量管理

产品质量是企业的生命,是影响企业形象的重要因素,是企业形象的"窗口"。加强质量管理,必须建立、健全质量保证体系,质量管理机构和人员解散了的要迅速恢复,没有的应尽快建立;从产品设计、工艺流程到销售全过程,都要有严格的质量考核,并与经济责任制挂钩;要重点抓质量,逐步做到质量标准国际化、管理标准化、考核严格化、体系规范化;要大力推进质量管理与国际惯例接轨,积极推行 ISO 9000 系列标准;要广泛开展质量减损活动,努力降低废品率,提高一次性投入及产出的合格率。

2. 加强销售和供应管理

针对目前我国企业管理中营销环节薄弱的现象,应把加强产品营销和物资供应管理作为修复和维护企业经济效益提高的一项基础工程来抓,这也是企业管理形象的重要方面。要严把"三关",即严把产品销售和物资采购定价关、销售货款回收关、物资进厂验收关。要加强产销合同与物资供应的计划管理,避免盲目生产、销售和采购,以加速资金周转。

3. 加强基础管理

加强基础管理就是要健全技术、管理和工作标准体系、定额管理体系、原始记录和台账体系,力求先进合理、科学可靠。计量工作要准确、严格,必要的计量检测设备要配齐。企业的各项基础制度和专项制度要健全并认真贯彻执行。要建章立制、严格考核、常抓不懈,依法从严治厂。

二、企业家形象的塑造

"形象"就其本意来讲是指形状相貌。这种形状相貌是"能够引起人的思想或情感活动的具体形状或姿态"。从这一角度来说,形象最突出的特征是它的具体化和感性化。企业家的形象当然也毫不例外地包含了这两方面的内容。

1. 良好的外在形象

企业家良好的外在形象是从仪容仪表和言谈举止两方面集中体现出来的。日本松下公司的创始人松下幸之助被誉为"经营之神",为了事业的缘故,他曾经整天忙碌,不修边幅,并且对此未感到有什么不妥。一次,在他理发的时候,理发师毫不客气地批评他:"你是公司的代表,却这样不重视仪表,别人会想:连人都这样邋遢,他的公司会好吗?"松下幸之助觉得这话有道理,从此开始重视起自己的仪表。可见,适当的装束,良好的仪容,对一个企业家来说并不是可有可无的。企业家作为法人代表,经常要代表企业出现在各类公众面前,个人的外在形象往往会影响公众对这个企业组织的看法。良好的仪容可以使公众感受到企业家的积极态度和进取精神,感受到他的自信心和自豪感,并联想到他所在的企业或机构正处于兴旺发达的状态,由此就会对企业的前景充满信心。

适当得体的衣着是最显著的外在形象,企业家如果因为这方面的原因而使整个外在形象受到损害,是十分不值得的。企业家注重衣着服饰,与其过分地追求豪华、高档、时髦,莫若更注重其合体、整洁。从创造一个诚实、可信、稳重的企业家形象来说,豪华、时髦的装束并无益处。美国一位颇有成就的企业家曾写过一部《成功的形象》的著作,专门谈到了在公众面前的企业家衣着问题。他认为:对企业家来说,最保险的选择应该是那些在样式、色泽上都倾向于保守一点儿的服装。

仅仅是仪表端庄、服饰合体并不是企业家良好外部形象的全部,也未必就具有富于魅力的风度。从根本上说,风度是人的心灵的表象化,是人的精神世界的外部感性形式。风度不仅包括衣着服饰,更重要的是言谈、举止、作风等诸方面,所以最终还要从提高内在的知识水平、文化修养来完善外在形象。

语言文字的表达能力是公众认识、了解一个企业家的重要途径。通过语言文字能力,公众可以了解到一个企业家的学识才华。同时，这种能力也是企业家与各种公众对象交流沟通的必要条件。美国汽车业的卓越企业家亚柯卡曾经指出：演讲是一个成功企业家必不可少的素质之一。当他刚刚被任命为福特公司全国卡车训练部经理时，非常害怕在众人面前讲话，畏畏缩缩，十分胆怯。后来，他到卡耐基学院的公开演讲班学习，掌握了公开演讲的基本技巧，成为超级企业家。他在自传中写道："作为一个经理，除了决策，还必须会动员群众。和你手下的人沟通思想最经常的办法是向他们集体讲话，被称之为动员一大批人的最佳办法的公开演讲和个人谈话是完全不同的。""一个人有才智而不把自己的想法告诉公司的董事会或委员会，那也是一种耻辱。"任何企业家要赢得公众的信赖、尊敬，就必须下决心提高自己操纵语言文字的能力，努力成为一个既能干也会说的现代企业家。

企业家必须谙熟礼仪规范，注意自己的举止，因为企业家的一举手、一投足都关系到企业形象。"一口痰"吓跑了外商的现象是值得我们警示的。

当然，企业家真正的能言善辩和举止得体是以深厚的知识素养和广博的学识为基础的。

2. 优秀的内在素质

人的形象、内涵是极其丰富的，一个人的知识、修养、志向、心灵都是形象的组成部分。

在某种意义上，优秀的内在素质更重要。对于企业家形象而言，培养优秀的内在素质尤其重要，它比外在形象具有更长久、更深刻的影响力。企业家优秀的内在素质主要体现在如下几个方面。

（1）学识。在今天的知识经济时代，仅凭苦干、缺乏谋略的经营者充其量不过是一个小业主。作为一个企业家，没有知识与智慧就很难成就大业，而能够使公众折服的是企业家的博学与智慧，学识是企业家素质中最重要的基础；否则，不学无术必然给公众利益和人民事业造成损害。古人云："不学无以广才。"今天的企业家面对着更复杂的市场环境、更复杂的决策因素、更复杂的管理对象，因此需要多方面能力才能胜任自己的工作。学习是企业家获得成功的必要准备，是企业家增长才干的重要途径，是企业家树立良好形象的重要组成因素。从某种意义上说，学习是企业家所有投资中最重要的投资。中国有句古话，叫作"如虎添翼"。如果说企业家是在市场经济的大潮中称雄的猛虎，那么学识就是企业家乘风扶摇的双翼。

（2）决策。决策是企业经营管理的重要步骤，是企业运营过程中具有战略意义的重要环节。对于企业家而言，决策是他全部活动中最重要、最核心的工作内容。决策不仅是企业家素质的集中表现，同时也是企业家形象的组成内容。由于决策具有战略意义，一个成功的决策往往能够为企业奠定辉煌的前途，颓势中的一项正确决策往往能使企业挽狂澜于既倒，这样自然就确立了企业家在企业中的权威核心地位，因此而赢得下属的敬佩和信赖。关于决策的具体行为，不同的企业家有不同的做法，这是由他们的个性、习惯、经历以及企业性质、经营方式的不同所决定的。通常说，没有优劣长短之分，如有的企业家喜欢"快半拍决策"，而有的企业家喜欢"慢半拍决策"，不同的决策风格都有独到之处。英国石油公司董事长彼得·沃尔特因"快半拍决策"而获得成功。他曾讲过这样一件事：1967年埃以战争爆发后，一位船商主动打电话到英国石油公司总部，询问该公司是否租用他的商船，如果在12小时内得到肯定答复，他将出租全部商船。当时，彼得·沃尔特只是公司的副总裁，按照惯例无权给对方答复,但时值周末,又找不到更高一级的决策人,所以沃尔特决定租用他的船。此时,因埃以战争,油船价格涨了3倍,而在沃尔特果断处理了这个电话两天后,油船价格又涨了1倍。对此,沃尔特说:"如果当时采用其他办法处理这个电话,今天我就不会是董事长了。"日本的松下幸之助是运用"慢半拍决策"很成功的企业家。从创业一开始,松下就不以开创新技术取胜,而是采取"追随战略"。该公司拥有23个生产技术研究所,但松下要求它们完成的任务不是开发新产品,而是分析竞争中的产品,筹划怎样做得更好,以后发制人获得成功。例如,索尼公司开创了磁带录像技术,在磁带录像市场上最初处于领先地位。松下公司通过市场调查了解到消费者需要比索尼生产的两小时录像带更长时间的产品,于是就设计生产出一种更加紧凑的磁带录像机,而且性能可靠,价格比索尼公司的产品低10%~15%。很快,松下公司的录像机产量超过了索尼,扩大了市场占有率,实现了"后来者居上",这就是"慢半拍决策"的效用。不论采用哪种决策方式,事实上都是多种因素制约的结果,而保证决策成功的根本原因是企业家的学识、智慧、经验。一个决策很少失误的企业家,必然会为自己树立起值得信赖、富有权威、见地卓越的良好形象。

(3)用人。古今中外卓越的领导人无不注重使用人才,善于用人是一切事业成功的秘诀之一。对于现代企业家来说,用人更具有至关重要的意义,因为在市场竞争中取胜的最本质的实力是人才的实力。美国通用汽车公司前总经理斯隆说:"把我的财产拿走吧,但要把我公司的人才留下,5年后我将使被拿走的一切失而复得。"可见用人之道与企业家的成功休戚相关。不仅如此,用人也是企业家内在素质的组成部分。有句经验之谈说:要了解一个人就看看他交的朋友,要评价一位领导就看看他任用的干部。这句话用于企业家,也同样是有道理的。从树立良好的形象的角度看,用人往往是一个企业家是否心底无私、心胸博大、富有魄力的标志。正所谓"小智者善于治事,大智者善于治人",治人是治事的前提,企业家的管理与决策无疑也包括对人才的管理和任用。爱才不易,用才更为不易,特别是那些有缺点的"才"、犯过错误的"才"、能力超过自己的"才"、与自己有过嫌隙的"才"。人们总是把用人不计前嫌、不避宿敌看作一个领导者人品高尚、胸襟宽广的标志。可以说,"用人不避仇"是企业家最优秀的品质之一。当然,要真正做到"用人不避仇"是很难的,而唯因如此,一个真正做到这一点的企业家往往会赢得更多的尊重和敬仰。

(4)廉洁。廉洁是企业家获得良好公众评价的主要基石。中国民众重视领导的廉洁品质的传统价值观念,已经深深根植于中国文化之中。因此,企业家必须十分重视廉洁问题,以保证自己在公众中的良好形象,否则,即使因经营有方取得事业成功,也会由于掉入金钱物欲的陷阱而毁灭自己。廉洁永远是一个人立身处世的基石,也是一个企业家不可忽视的自我修养和良好品质,这是企业家们必须注意的。

三、员工形象的塑造

对于一家公司来说,如果其员工个个精神焕发,衣着整洁,语言文质彬彬,待人落落大方,热情周到,那么每一位光顾该公司的人都会有一种心情愉快的感觉,从而有很高的"回头率",也更利于其业务活动的开展。相反,如果公司员工精神萎靡、衣冠不整、语言粗俗、态度冷淡,就会给人一种该公司毫无生命力的感觉,从而使该公司在客户、顾客公众中的印象较差,以致无人愿意与之合作,公司最终将走向衰败。实践证明:员工形象好的企业与顾客发生纠纷少,一旦发生也极易解决,使企业远离危机。因此,良好的企业员工形象对于每一个现代企业都是必不可少的。

1. 职业道德

职业道德被认为是企业员工形象的一个基本要素,不容忽视。好的职业道德相应地要引发优良的服务态度、积极的精神风貌、得体的装束仪表;败坏的职业道德则与低劣的服务态度、消极的精神风貌和不宜的装束仪表紧密相连。职业道德可分为两个方面:一是对企业追求的目的及企业内外利益关系的认识。具备高尚职业道德的企业员工,不将利润作为企业追求的唯一目的,而是将比金钱更高更远的价值观作为企业追求的目的。他们在处理国家、集体、个人利益关系问题上,以国家和集体利益为重,将三者统一起来认识。二是企业员工的劳动态度。具备高尚职业道德的企业员工热爱本职工作,以主人翁的姿态进行劳动,严格遵守劳动纪律,努力发挥主动性和创造性。对于一个企业而言,如果高尚的职业道德已成为员工的共识,那么就等于为良好的员工形象的树立提供了强大的思想动力和坚实的行动基础。

2. 精神风貌

良好的企业员工形象的构成倚重于企业员工积极的精神风貌。一个企业的员工想在广大顾客心目中留下积极、团结、振奋、踏实、创新的良好形象,必须做到具有当家做主的主人翁精神、脚踏实地的求实精神、锐意改革的探索精神、亲密无间的合作精神、力争进步和发展的进取精神。当今世界上的一些著名企业无不重视对企业员工精神风貌的塑造,以期变精神为物质,为企业创造更大的财富。日本日立制作所自1910年创办至今,一直深受第一任总经理浪平先生提出并实施的"浪平精神"所影响。所谓"浪平精神",包括诚实、独创、积极进取与齐心协力、团结一致。在"浪平精神"的熏陶下产生了一代又一代"日立人",他们勇于认错,敢于承担责任,能独立思考,积极主动地工作。正是"浪平精神"孕育了"日立人",又正是"日立人"缔造了"日立的王国",并且使之不断地发展和壮大。由此可见,一个企业的员工如果拥有了这样一些精神,就等于为这个企业增添了一笔巨大的无形资源,对内能够鼓励企业出人才、出技术、出成果,对外能给广大顾客留下深刻的印象,二者凝聚成一股巨大的合力,从而推动企业的进步和发展。

3. 装束仪表

装束仪表指的是企业员工的衣着服饰、外表风度等,它是构成员工形象的四大要素中最直观的一个要素。人们都知道,人际交往中"第一印象"很重要,而顾客等公众对企业员工形象的第一印象就来自其对员工装束仪表的评价。一般来说,一个企业的员工尤其是那些经常与顾客打交道、最能代表企业员工的整体形象的职员,如公关人员、管理人员、服务人员、接待人员等,如果服饰整洁、举止大方、风度得体,则较易在顾客心目中留下良好的"第一印象",从而对塑造企业员工整体形象产生积极的推动作用。装束仪表作为企业员工形象的构成要素,主要表现在两大方面:一是衣着服饰;二是仪表风度,二者交相辉映,必不可少。企业员工要做到举止大方、彬彬有礼、言谈适度、精神饱满,才能给公众留下良好印象。我们来看看日本已有近300年历史、拥有资产200亿日元的三越百货公司是如何做的。三越公司经商非常注重礼貌服务,每天开业时,公司各分店的员工都在门口站立两行,

90°鞠躬,向顾客行迎宾礼;顾客进到商店后,售货员做出迎客姿态,以示欢迎;顾客挑选商品时,售货员迎上去向顾客行礼说"欢迎您",并主动介绍商品;顾客多的时候,对其他顾客打招呼,说"请您等一等";顾客走的时候,售货员行礼并说"谢谢!欢迎您再来"。各分店的员工从进店开始,就在顾客言行、衣着、仪容上时时留意、处处留心,顾客乐于掏腰包。三越的员工以得体的风度、礼貌举止赢得了顾客。此外,员工还要具备熟练的工作技巧、庄重而热情的服务态度、严谨的工作作风、礼貌而令人愉快的语言。员工只有全方位地完善自身的形象,才能使企业拥有全新的"自我"。

四、服务形象的塑造

塑造良好的服务形象已成为现代企业最重要的任务之一。在现代社会里,消费者不为单纯的告知性广告所动,要求有一种被关心、被了解、被个别化服务的感觉。服务形象的好坏,不仅影响企业现实的产品销售,而且影响企业的整体形象,影响企业的竞争能力。一个企业良好的服务形象应从以下方面体现。

1. 无差错

完成本行业(或本单位)所规定的服务项目,向顾客提供无差错的服务是形象塑造的基本要求。客观地说,企业员工在工作中出点差错是难免的,但是,这种差错哪怕只占企业全部工作的1%,对于接受它的公众来说,企业的服务也不能算是100%优质。要创优质服务,服务者就必须认真对待服务工作的每个环节,在服务中不出差错。当然,金无足赤,人无完人。当企业的服务中一旦出差错时,服务者的态度就成了决定服务优劣的关键。对能知错改错的态度,公众通常是能够谅解和接受的。优质服务最忌讳的就是不正视和纠正服务中的差错。不正视错误和承担责任,就不能积极地纠正错误,确保今后的服务质量。因此,创优质服务,塑造形象,除了在服务中力争不出差错外,要紧的就是有一个知错就改的态度。

2. 热情高

清朝著名画家郑板桥一天到一座寺院游玩,管接待的和尚看来客是个其貌不扬的小老头,随便说了一句"坐",又对司茶叫了一声"茶",就了事了。当郑板桥仔细欣赏几方碑刻的时候,和尚估计这老头可能是个读书人,于是就改口对郑板桥说"请坐",回头对司茶说"泡茶"。后来,寺里来了一伙达官贵人,其中有人认识郑板桥,尊敬地喊"郑先生"时,和尚这才知道小老头就是大名鼎鼎的郑板桥,马上跑上前去,打躬作揖,口里说"请上座,请上座",回头大声对司茶喊"泡好茶"。当郑板桥要走时,和尚拿出纸笔,请郑板桥留下墨宝。郑板桥挥笔写下"坐,请坐,请上座;茶,泡茶,泡好茶",活灵活现地勾画出这个和尚对"卑贱者"鄙视、对"高贵者"讨好的嘴脸。在现代企业经营中,应热情友好、办事热情,急顾客之所急,想顾客之所想,对每一位顾客和每一笔生意都表现出极大的热忱,一视同仁,绝不能像那位和尚那样把人分为三六九等。就服务而言,热情包括情感上的热烈,如用微笑表达欢迎顾客的愿望等;也包括行为上的主动,如乘务员遇行动不便的旅客下车时主动搀扶一把等。前者毋庸赘言,后者则应提醒服务者重视。要做到尽职尽责,服务者就要在服务中克服惰性,争取主动。有位宾馆服务台的工作人员告知一位老者要找的人住在6楼时,眼看着老人吃力地攀上了楼梯。有人问服务员为什么不告诉老人在拐弯处可乘电梯上楼,服务员一脸疑惑地答:"他又没问我电梯的事。"像这种等着顾客张嘴要的服务,绝不能算热情。

3. 善突破

这是指突破规定的服务项目。作为服务,不一定是写在服务公约上的,而是由顾客随时产生的需求决定的。有位先生曾光顾美国著名的花旗银行,向一个营业窗口的职员提出将一张旧的百元钞票换成一张崭新的,像这样不在服务公约之内的服务项目,即使拒绝提供也无可非议。但是,那位接待他的职员欣然接受了他的需求,并接连打了好几个电话,才在其他营业窗口内找到了一张同面值的新钞。最后,一个小纸盒被递到这位先生面前,里面除了一张新钞外,还附了张字条,上面写着:"谢谢您想到了我们。"这种把本是额外的服务也当作分内的并尽心尽力去做好的服务,就是优质服务。

4. 技艺好

服务的特点之一是具有颇高的技艺性。以烹饪业来说,绵延上千年的中国烹饪,为中华子孙留下了丰富的饮食文化。中国的八大菜系技艺超群,各有千秋,闻名遐迩,长盛不衰,使中国烹饪技艺居世界之巅。技艺是服务的技术基础,不只烹饪业具有颇高的技艺性,商店售货也有很高的技艺性。当好一个营业员,为顾客提供优质服务,也并非轻而易举,需要掌握一定的技巧。不掌握一定的技巧,光凭热情是不能搞好服务的。北京百货大楼的张秉贵同志在生前50年的柜台生涯中,练就了"一口清""一抓准"的娴熟技艺,博得了广大顾客的称赞。一位年逾古稀的老人送来一张诗笺,上面用毛笔恭敬地写着赞美的诗句:"首都春浓任春游,柜台送暖遍神州,燕京八景添一景,秉贵技艺领风流。"张秉贵的"一团火"精神和超群技艺如同一团圣火,越烧越旺。北京百货大楼模范售货员杜学昌以张秉贵同志为榜样,刻苦钻研服务技艺,总结为"一看准""一拿准"的绝活。当顾客走近柜台,不用询问,杜师傅凭经验就能准确判断出适合这位顾客穿着的服装型号、款式。如果顾客为别人代购,只需说出身高、体重、脸形、年龄、职业等特点,就能为顾客选出合适的服装。使顾客高兴而来、满意而归。杜师傅正是凭借这种娴熟的服务技艺,塑造了良好的服务形象。

5. 举止雅

行为美是服务美的表现形式之一,是由服务者的形象美、举止美构成的。抽象的服务美是通过服务者的形象美、举止美而具体地表现出来的。微笑服务就是行为美的具体内容之一。一个发自内心面带微笑的营业员,会使服务对象产生亲切感和依赖感。一个面容冷淡的营业员则会使顾客望而生畏、避而远之。外国一些服务行业把"微笑"作为工作的座右铭,认为:"微笑是打动人的心弦的最美好的语言。""微笑是通往世界的护照。""笑脸相迎将使你的工作生辉。"在旅店业最萧条的时候,希尔顿酒店创始人希尔顿号召全体职员把微笑献给顾客,把周到的服务洒向顾客,微笑使希尔顿走出困境。在顺利时期,希尔顿又对员工说,第一流的服务员的微笑比第一流设备重要,微笑好比花园里春天的风和阳光。微笑使希尔顿长盛不衰。高雅得体大方,衣冠整洁,很有精神,就能给顾客以美好的印象,体现出一种礼貌,体现出高度的文明美;反之,不修边幅,无精打采,就会显得对顾客不礼貌、不尊重,既没有美的形象,也无法创造出美的服务形象。

6. 语言美

语言是人们交流思想感情的工具。服务者与服务对象之间的交流主要是通过语言来进行的。服务者的语言美，可以立即吸引顾客，缩短二者的距离，给人以美好的印象；服务者的语言不美，就会增加二者的矛盾，给人留下不良的印象。服务人员说话和气、善言待客，是塑造服务形象的基本要求。常言说得好："善言待客三冬暖，恶语伤人六月寒。"服务中的语言由招呼顾客的礼貌用语和介绍商品的业务用语组成。服务人员要有丰富的商品知识和对顾客认真负责的求实精神，只有这样才能真正做到语言美。

7. 全方位

向顾客提供周到的、全方位的服务是塑造企业服务形象的重要方面。企业应该将服务视为义务，随时为公众排忧解难、提供方便，使公众得到尽可能周到的服务。甚至公众自己都没想到的，也要替他们想到。广州中国大酒店曾接待一个由145人组成的会议团体。一天，这批客人去郊区参观，正遇大雨。酒店客户部得知他们傍晚返回后，紧接着要参加另一个活动。考虑到穿脏鞋参加这种活动很不协调，酒店的员工就为他们准备好了145个标有房间号的塑料袋和145双干净的鞋在门口迎候。客人一下车，员工们就递上干净的鞋，并将又湿又脏的鞋对号装入袋中，而当客人准备出发参加晚上的活动时，他们的那些脏鞋已一尘不染地、整齐地摆在了面前。这种处处替公众着想且无论是分内分外、是否有报酬，只要公众需要就尽可能提供的服务，就是优质服务，就是良好的服务形象的最动人之处。

五、信誉形象的塑造

对于一个人来讲，信誉是第二生命。对于一个企业来讲，信誉则是得以生存与发展的基础。强化信誉形象，可以使企业吸引更多的目标公众，开拓更大的目标市场，取得社会公众的信任和支持，加强与社会各界的友好往来，使企业形象日臻完美。

1. 广告信誉

广告信誉是当今企业赢得市场竞争的重要环节。所谓"广告信誉"，亦即综合反映于企业广告中的企业实施广告竞争战略的指导思想、行为准则以及广告主的经营思想与商业道德。由于商业广告带有说服的特性，因而也就存在被利用作为商业冒险、投机甚至商业诈骗的手段的可能性。所以，在消费者日益成熟、购买行为日渐理性化的今天，一家优秀的具有长远经营战略的企业，必须构建自身的广告信誉形象。这就必须注意以下原则：一是真实。广告制作者要以实事求是的态度向消费者客观地介绍商品和服务，给消费者提供真实信息。广告用语要清晰，不哗众取宠、言过其实，避免出现只体现语言功夫，不见实际效果，让群众难以信任的广告。为了给人"真"的感觉，选择编有全国统一刊号和品位、档次较高的报刊作为广告发布媒体，这是强化广告信誉不容忽视的。还要注意广告信息的全面。做广告不能吹得天花乱坠，只说长处，回避短处，有时适当地"揭短"，向公众全面地介绍，反而能给人真诚、可信赖的良好印象。二是新颖。广告形象的树立要在广告的策划创意方案及平面设计方面不落俗套，并综合使用色彩与美学知识，使广告形象赏心悦目、美不胜收，使人富于联想，产生心情愉快的感觉。三是独创。要抓住一般广告所忽略但又能深深打动顾客心理的诉求点，引发消费者的独特感受。还可以在广告媒体上独创，除四大基本媒体以外,开发多种新奇的广告媒体,如电子信息媒体、工艺品等。此外,企业还要注意诉求对象的独创、广告风格的独创等,只有这样才能塑造出充满生机与活力的广告形象。

2. 合同信誉

市场经济是契约经济,市场经济讲究市场信誉。人们在法律的约束下,履行着契约中规定的权利、责任和义务。合同履约率的高低反映了企业市场行为端正的程度。合同履约率高,则赢得市场信誉就高;反之,企业就会逐渐失去用户的青睐和协作者的合作。因此,企业的合同形象决定企业能否正常连续运转以及是否能在其生存中进行物资、能量及信息的交流。设计合同形象可从以下方面着手:一是要进行科学的可行性研究,培养员工掌握较完善的法律知识和高度的法律意识;对外签订经济合同时,以严谨的态度,考虑双方情况及履约的可能性和无法履约的风险,塑造严肃认真的工作风格。二是要有健全的保障机构。在企业内设立专门的合同管理机构,对合同的订立与履约进行持续的、动态的控制与管理,密切与客户及其他往来者的联系,发现问题时协商解决,从而最大限度地减少合同纠纷。三是要重视宣传,定期对外公布合同履行情况,向公众宣传自己"坚实、稳固、安全"的合同信誉。

3. 风险信誉

风险信誉是指以维护消费者利益为出发点,将消费者的购买行为所可能带来的风险由企业承担或通过各种措施使购买风险尽可能降低。塑造风险信誉形象就是要以"让顾客的风险降为零"为不懈追求的目标,要从以下几个方面着手进行:一是提高员工的质量意识和危机意识,使全体员工都关心产品的质量,使销售过程中的退换行为减少。二是杜绝假冒伪劣产品,树立一切为顾客的形象。一方面,可以促使采购人员摒弃假冒伪劣产品,减少因损害消费者权益而引起的纠纷。另一方面,要改善服务人员的服务态度,使消费者的重复购买行为增加,使企业生意走向兴隆。三是建立、健全退换服务等售后服务制度,真正做到顾客购买无风险。

4. 计量信誉

计量信誉形象是不容忽视的。塑造良好的计量信誉形象应从以下几方面入手:一是方便。产品净包装的确定应本着方便消费者的原则,分为大、中、小型包装,以满足不同消费者的需要。二是准确。产品的实际净含量必须与标签所注含量相一致,其误差不得超过国家规定的范围。被国家计量管理机关判为不合格产品,将使企业形象严重受损。三是真实。产品的各种成分的含量应科学、合理,并与产品说明书相符。如果产品实际成分与说明书不一致,成分量不足,消费者将会有一种被欺骗的感觉,从而使企业的知晓公众、行动公众转化为逆意公众,这将给企业以沉重打击。此外,企业还要设立计量合格监督机构,受理消费者的投诉,建立退赔制度,在公众中树立公正、公平的良好的计量信誉形象。

总之,对企业形象的塑造是一项系统工程,其中不仅涉及多种学科的知识,更要求巧妙地对这些知识进行运用,在这个形象制胜的时代,只有重视形象塑造的艺术,才能在激烈的竞争中立于不败之地。

7.3 CIS：企业形象塑造的利器

CIS 简称 CI,全称为 corporate identity system,译为"企业识别系统",也可译为"企业形象统一战略"。从企业的生产经营活动方面来看,CIS 就是企业将经营思想、企业文化、企业精神,运用整体传达系统,尤其是透过视觉传达设计,传给企业公众（包括企业内部员工）,使其对企业产生统一的认同感和价值观。CIS 从设计的观点来看,就是将现代化设计观念与企业经营管理理论结合起来,以塑造企业的个性,突出企业精神,使消费者产生深刻的印象和认同,以达到企业的经营目标。20 世纪 50 年代初,美国 IBM 公司总经理小托马斯·沃森采取公司名称＝商标名称,首次推出一整套企业识别系统。这一措施使 IBM 公司获得了极大成功。小托马斯·沃森认为 IBM 公司有必要在世界电子计算机行业中树立一个巨人形象,这一形象要涵盖公司的创造精神和开拓精神,从而有利于市场竞争,跻身世界性大企业之列。设计师把公司的全称"International Business Machines"浓缩成 IBM 三个字母,选用蓝色为公司的标准色,以此象征高科技的精密和实力,创造出富有美感的造型,通过 CIS 设计塑造了 IBM 公司企业形象,并使之成为美国公众信任的"蓝色巨人",在美国计算机行业长期居于首屈一指的霸主地位。IBM 标志如图 7-2 所示。半个多世纪以来,CIS 风靡世界,被欧美、日韩等国际企业普遍采用,成为创立国际名牌的现代经营策略,国际行家们称为"赢的策略""长期开拓市场的利器"。

CIS 于 20 世纪 80 年代传入我国,由广东太阳神集团有限公司率先导入（其标志如图 7-3 所示）,经过多年发展,已为国内广大企业所接受并成为发展潮流,涌现出海尔、长虹、康佳、格力、科龙、健力宝等众多国内著名品牌,成为振兴民族经济的杰出企业代表。

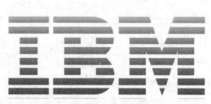

图 7-2　IBM 标志

图 7-3　太阳神企业标志

一、CIS 的组成与设计

CIS 由三部分组成,即理念识别(mind identity,MI)、行为识别(behavior identity,BI)及视觉识别(visual identity,VI),三者相辅相成,缺一不可,它们是 CIS 的三个支撑点。

MI 是企业识别系统的核心,是主导要素,是企业在长期发展过程中形成的、具有独特个性的价值观体系,是企业宝贵的精神资产与不断成长的原动力。VI 是 MI 的视觉化体现,而 BI 则是 MI 的行为化延伸的展现。三者完善的融合组织是塑造企业形象的有效手段。若 BI 丧失 MI,企业职工就会说不清本企业怎样发展,也道不明怎样去做,企业行为很可能陷入不自觉状态。若VI不能表达MI,则缺乏精神内涵的视觉冲击力,犹如无根之花草。反过来,MI离开了BI与VI,也就成了一句空口号或一张废纸。

1. MI是企业之"心"

(1) 理念识别的含义与内容。理念识别是企业识别系统的核心,这不仅是企业经营的宗旨与方针,还应包括一种鲜明的价值观,对外它是企业识别的尺度,对内是企业家内在的凝聚力。系统的CIS工程,从理念识别开始,不管从理论结构还是操作程序上,它都是一个起点。

一个企业的理念识别系统包括企业使命、经营理念、行为准则和活动领域四项。

① 企业使命。企业使命是企业依据什么样的社会使命进行活动的基本准则。

② 经营理念。经营理念是企业依据何种思想来经营的基本政策或价值观。

③ 行为准则。企业内部员工应该如何行动,则是企业的行动基准,表达了员工应具备的基本心理准备和活动状态。

④ 活动领域。活动领域是指企业在何种技术范围活动或在何种商品领域展开活动。为了确立企业的识别性,必须明确地处理这些理念项目,如果有必要,则必须重新构筑。

(2) 理念识别的定位模式。CIS追求企业的差异性,强调独特的企业形象的塑造。而企业差异性首先来自企业理念的个性化,企业不同理念决定了企业不同的形象定位。其模式主要有如下几类。

① 目标向导型。用精练、概括的语言提纲挈领地反映追求的精神境界和经营战略目标,它们的目标十分广泛。例如,宝山钢铁公司——创造新的文明;美国劳斯公司——为人类创造最佳环境。

② 团结创新型。用精练、概括的用语反映企业团结奋斗的优良传统以及拼搏、开拓、创新的团体精神和群体意识。它的主要目标是企业内部公众。例如,上海大众汽车有限公司——十年创业、十年树人、十年奉献;日本住友银行——保持传统更有创新。

③ 产品质量技术开发型。用简洁、精练、概括的用语突出强调企业名牌产品的质量,或强调尖端技术的开发意识,以此来代表企业精神,展示企业形象,有效传达企业对社会的贡献。例如,上海英雄股份有限公司——至尊英雄,卓越风范,赶超一流;日本卡西欧计算机公司——开发就是经营。

④ 市场营销型。它的目标是企业外部公众,强调市场的覆盖和开拓,争创最佳的经济效益。例如,美国麦当劳公司——顾客永远是最重要的,服务是无价的,公司是大家的;施乐伯进货公司——物美价廉。

⑤ 优质服务型。它的目标是企业外部公众,它着重强调的是:顾客是上帝。

(3) 企业理念的应用形式主要包括以下几点。

① 标语、口号。标语用于横幅、墙壁、标牌上,陈列于各处或四下张贴使员工随时可见,形成一种舆论气氛和精神氛围。口号是用生动有力、简洁明了的句子,呼之于口,使之激动人心,一呼百应。标语和口号表达方式可以是比喻式、故事式、品名式和人名式等。以下列举几家知名企业有代表性的标语和口号:亲如一家(美国德尔塔航空公司);品不良在于心不正(日本日产公司);爱心、热心、耐心、诚心(北京西单购物中心)。

② 广告。企业理念一般比较稳定,而广告语可以根据不同时期、不同地域、不同环境

加以灵活改变。例如,摩托罗拉的广告语"飞跃无限";孔雀咖啡"味道好极了"等。

③ 企业歌曲。优秀的企业歌曲能激起人们的团结、奋进、向上的激情,聪明的企业家用音乐这一艺术形式向职工进行巧妙的灌输,向社会各界广泛宣传。美国 IBM 公司每个月唱《前进,IBM》,日本声宝公司每天早晨齐唱《声宝企业颂》,北京同仁堂集团、北京长城饭店也有自己的企业歌曲。

2. BI 是企业之"手"

(1) 行为识别的含义与内容。理念识别系统是 BI 的基础和动力,它规划着企业内部的管理、教育以及企业对社会的一切活动。对内的活动包括:干部教育、员工教育(这里又包括服务态度、服务技巧、礼貌用语和工作态度等)、工作环境等项目。对外活动包括:市场调查、产品销售、公共关系、广告宣传、促销活动等。各企业积极参与社会事件和公益文化活动,也属于活动识别的范畴,其目的主要在于赢得参与活动的社会公众的认同。

(2) 行为识别的传播与推广。行为识别的传播与推广,关键是 CIS 意识的传播,即所谓内部的传播与交流。美国施乐公司原董事长马库罗曾认为:"以设计来统一企业的形象必须由最高经营阶层至基层员工彻底实施,内部统一之后,方能对外诉求。"所以在企业向外传播 CIS 之前首先要对企业的内部员工做一次完整的说明,使他们了解企业导入 CIS 的主旨。只有先搞好内部关系才能调动广大员工的积极性、创造性,使他们积极参与到 CIS 构建的行动中,为塑造企业形象而努力工作。

BI 的各项活动应该是从人的角度出发,以人为本,使活动充满人情味,有关心人的亲切感,这对于公共关系、促销等活动是非常重要的。同时,应当让企业的宗旨、企业精神及形象设计深入生活领域中,因为生活领域比销售领域更宽广,更有潜在影响力。CIS 深入生活领域应当不是强制性的,而是让人们在不知不觉中接受的,默默地体味到企业的关怀,树立起良好的企业形象。例如,福特汽车的关怀是这样向世人传达的:在汽车的斑马线上,一位白发苍苍的老人正准备过马路,但车水马龙,谁也不肯停下一会儿,这时画外音:"人人都有老时。"这是一则成功的广告,虽未直接推销自己的产品,却给人留下了深深的思考,并留下了关心他人的福特汽车的企业形象。而在行为识别系统中对内部员工进行的教育训练等活动一定要通过媒体传达出去,才能起到双重效果。例如,某商场为适应商品市场的竞争,对本商场员工进行教育和培训,内容包括:①店史及未来发展规划教育;②商店仪容、仪表和道德规范教育;③销售技术(迎接顾客,提示、介绍商品,包装、捆扎商品,商品结账,欢送顾客)教育;④收付款方法;⑤商品知识;⑥商品管理、商品分类、商品补充、商品整理、盘点等;⑦商品陈列;⑧采购业务;⑨票据的使用和填写等的"岗前教育计划",然后通过广播报刊的宣传,为企业树立了良好的形象。

3. VI 是企业之"脸"

VI 是理念识别的具体化和视觉化。它是通过组织化、系统化的视觉表达形式来传递企业的经营信息。视觉识别的内容较多,涉及面广,效果也最直接。它的基本要素有企业名称、标志、标准字和标准色等,并把它应用于产品、包装、办公用品、交通工具等处。所有这些视觉因素,一方面组成了企业的视觉系统;另一方面又直接影响人们的视觉角度,以及留下什么样的企业形象。

有设计专家认为,在 CIS 设计工作中,标志、标准字、标准色的设计任务最艰巨,因为这是整个 CIS 的核心,也能较好地体现设计师的设计水平。标志、标准字和标准色三要素是一家企业的地位、规模、理念等内涵的外在集中表现,也是 VI 的核心,构成了企业的第一特征及基本"气质",同时也是进行广泛传播及取得大众认同的、可辨性较高的符号,CIS 中视觉形象识别皆据此演变而成,因此这三者便成为 CIS 设计的核心。

(1) 标志——商业传播的符号。标志,又可分为企业标志和品牌,是企业或商品的文字名称、图案记号或两者相结合的一种设计,用以象征企业或商品的特性。标志经注册后,国家以法律形式加以确认。标志作为一种特定的符号,是企业形象、特征、信誉、文化的综合与浓缩,它虽然只是一个代号,但却传播着十分丰富的内容。标志要发挥传播作用,使被传达者在理解标志这一符号的本义后产生主动行为(如使消费者增添对企业的好印象,使投资者感觉到信心等),就要求"制码"和"解码"的过程中信息都不失真,即不损害标志所代表的原意。由于被接受者的"解码"过程是被动的,他只是以自己的价值观和自觉的标准来理解,这就给传达者——标志的设计者提出了更大的难题。一方面,他必须深刻地理解标志所代表的象征和意义:企业的地位、规模、宗旨、理念、战略、风格等内容;另一方面,他还必须将所设计的标志切中被传达者的心理,唤起他们的共鸣。为了达到这两方面的要求,设计者最要紧的是具备一种建立于人的视觉经验、心理经验上的创造性的思维实践,即创意。这一设计的创意表达了他在理解了传达内容后所产生的意念,它不仅仅是靠感性认识就可以完成的,而是一次有依据、有理性的创造。

(2) 标准字——美感与均衡的表现。标准字是指由特殊铅字组成或是用经过特别设计的文字来表现的企业厂名或品名。现在,国外用普通铅字简单地排出企业名称或商品名称的标准字几乎没有,很多国外名牌企业在进军我国大陆市场时,也都将其品牌译成汉字并用独特的字形予以表现,如 Coca-Cola 公司就从四千多个中文译名中煞费苦心地翻译为"可口可乐",并选用特定的字形加以表现,给中国消费者以独特的视觉识别。标准字作为一种符号,和标志一样,也能表达丰富的内容,因而在设计时也绝不能掉以轻心。

设计专家们发现:①"由细线构成的字体"易让人联想到纤维制品、香水、化妆品类;②"圆滑的字体"易让人联想到香皂、糕饼、糖果;③"角形字体"易让人联想到机械类、工业用品类。

英文字母的各种变形有着各种意味,中文汉字的书法源远流长,其各种字体的形式意味就更丰富了,如隶书的厚实严肃,草书的飘逸灵秀,各种"书"中又分"体",各"体"又有各种风格,如楷书中的颜体庄重博大,柳体空灵洒脱、变化无穷,有着广阔的创作天地,即使不是书法,字体设计上也同样可以下功夫,如"雪碧""芬达"的标准字,将字体的比例、形状、弯曲等,都处理得精致美观,尤其是雪碧中"碧"字一点,是柠檬形象的高度抽象。在标准字的设计中,最主要的是要注意各个字的协调配合,均衡统一,使之具备美感和平衡。

(3) 标准色——企业竞争的手段。标准色是企业经过特别设计选定的代表企业形象的特殊颜色,一般为 1~2 种,不超过 3 种为宜,广泛地应用于标志识别、广告、包装、制服、建筑装饰、展品陈列、旗帜、事务用品等应用设计项目上,是企业视觉识别重要的基本设计要素。近年来，有一个民间社团组织正在逐步引起公众的关注，这便是绿色和平组织。除了人们社会环境意识的提高外，绿色和平组织能迅速崛起，在世界造成巨大影响力，其中有一成功要素也不容忽视，这便是绿色和平组织采用的色彩战略。绿色和平组织以绿色作为组织的标准色，将它统一用在招贴画、宣传车等上面，再加上绿色意味着自然，象征着和平、宁静，结果给公众留下很深的印象，形成极大的号召力。心理学家经调查研究发现，各种颜色对人的感觉、注意力、思维的个性都会产生不同的影响。五彩缤纷的色彩为视觉形象的识别提供了基础，成为组织塑造个性形象的有效手段之一。CIS 中的 VI 部分色彩的选择，也成为企业形象体现的重要手段。标准色设计应遵循以下原则。

第一，企业的标准色设计应当突出企业风格，体现企业的性质、宗旨、经营方针。如海王集团股份有限公司，选用蓝色为公司标准色，象征着向海洋进军的公司目标，借蓝色冷静、理智、幸福的形象，体现企业对高科技的追求，为人类的健康美好而创造的决心。又如美国航空公司，在其广告、公司员工服装、飞机内部以及机票上都使用红、白和蓝的公司标准色，这三种颜色正好是美国国旗所使用的颜色，这清楚地表明了公司作为美国运输者的地位。

第二，标准色的设计要制造差别，鲜明地显示企业的独特个性。例如，郑州是九州通衢之地，商战非常激烈，各商场在竞争中也打色彩战，最集中的体现是在员工制服颜色的选用上。商城大厦选用翠绿色，紫金山百货大楼选用邮差绿，市百货大楼则选用藏青色，商业大厦选用橘黄色，后开业的华联商厦也在制服色彩上动脑筋，经营者认为："我们绝不步人后尘，只要那五家用过的色系，我们绝不再用！"他们请来曾两次获得国际优秀奖的年轻设计师黄波，比较挑选了一个月，最终选用浅青莲为制服色彩，从而与其他商场制造差别化，提高市场竞争力。

第三，标准色的设计应当有利于企业产品的销售促进，打开市场，与消费者的心理相吻合。如日本第一劝业银行，以心的形象为中心，公司的各种标识统一使用标准色红色，象征着热情周到的服务。而美国 TCBY 连锁店，以经营各种酸奶为特色，所有连锁的分号一律以绿和灰黄相间搭配装饰，TCBY 选择这两种颜色的原因是"它们象征着天然和健康"，十分有利于吸引顾客前来饮用。又如日本大阪煤气公司也选用蓝色为标准色，煤气是火的根源，是危险的，出售危险商品的企业都渴望安全，为人信任，蓝色是水色，有灭火的形象，同时蓝色的形象镇定、平静，这样大阪煤气公司以蓝色为标准色，显示着安全可靠，能博取人们的好感。

第四，标准色的设计应当迎合国际化的潮流。在迎接国外企业的挑战中，我国的企业势必要走出国门，打入世界市场，因此，设计也应符合国际潮流。现在世界上企业的色彩正在由红色系渐渐转向蓝色系，追求一种体现理智和高技术精密度的色彩象征。日本设计界认为："日本企业正一步步向国际化前进着，不仅以红色的热情，而且以蓝色的理智作为目标的现象正明显地出现。"日本已先行一步，我国企业更应多加借鉴，迎头赶上。一些组织标志如图 7-4 所示。

传统的 CIS 战略理论认为，CIS 构成要素为 MI、BI 和 VI。随着人们对 CIS 战略研究的不断深入，有的学者提出了大 CIS 战略，即 CIS 的构成要素还包括环境识别系统、听觉识别系统、味觉识别系统、信息传播系统。但必须强调的是，MI、BI 和 VI 是 CIS 战略最基本

凤凰卫视

奥迪汽车

汇源果汁集团

古井贡酒集团

可口可乐

李宁公司

苹果公司

肯德基

日本第一劝业银行

阿里巴巴

京东

华为

北京冬奥会会徽

北京冬残奥会会徽

图 7-4 主要标志一览

要素,其中,MI 是 CIS 的灵魂,是 CIS 的动力和基础,决定着 BI 和 VI,BI 和 VI 的执行与推动都有赖于 MI;BI 是 MI 的动态显示,是 MI 的具体落实;VI 是 MI 和 BI 的外观显现。人们将三者的关系做了形象的比喻:如果把 CIS 比作一棵树,那么 MI 就是树的根部,BI 就是树的躯干、树枝,VI 就是树叶、花与果实;如果把 CIS 比作一个人,那么 MI 就是人的心、脑中枢神经,BI 就是人的躯干、四肢,VI 就是人的面部。这些比喻形象地说明了三者之间的密切关系。

二、导入 CIS 必须遵循的原则

1. 长期性原则

CIS 是指一种从全方位推出组织形象的系统战略。一个成功的 CIS 导入会长期影响这个组织的生存与发展,因此,它不是简单的纯视觉化的外部形象传达,而是关系到组织前途与命运的设计。CIS 设计中的 MI,涉及社会学、伦理学、人类学、心理学、哲学、美学、管理学等多种学科知识。它的 BI 涉及经济学、管理学、管理工程学、管理心理学、人体工程学、行为科学等学科。它的 VI 涉及广告、美学、测量、文学、绘画等专业技术。这就要求既有一定理论功底,又有实践经验的专家精心设计才能顺利完成 CIS 的导入。当一个 CIS 设计完成,它必须成为组织未来相当长的时间运作行为的全部依据。据美国哈佛大学几位教授对 80 多家日本企业的研究发现,企业的理念是企业的灵魂所在,是企业成功的关键。托马斯·丁·彼得斯和小罗伯特·H.沃特曼对美国 43 家优秀企业的调查研究表明:那些经营好的公司都有一套非常明确的指导信念。实践证明,正确的理念是组织存在和运行的精神支柱,对组织长期发展具有一系列的功能与作用。

2. 同一性原则

同一性是指组织向外界传达的任何信息都必须突出组织的同一形象,包括组织外显标识的同一性,组织理念系统和行为系统与形象的同一性。这种同一性能形成优势相加的效果,能有效地提高组织的知名度和美誉度。例如,从 1950 年起,欧米茄手表就开始运用新的经营及推销战略。为了塑造欧米茄统一的世界形象,形成世界规模的销售网,它首先与各国的总代理商协议设立欧米茄产品的高级专卖店,由欧米茄总公司统筹规划、设计、整修、建筑的统一模式。比如,设计研究展示欧米茄传统风格的橱窗装饰、金库、装饰架、照明器等,务必使销售店的形象与欧米茄总公司的形象完全一致。

3. 个性化原则

corporate identity system 中的 identity 一词本身就含有"个性""特性"的意思。在设计和导入 CIS 时,不论是组织的经营宗旨、管理制度、行为规范,还是组织的名称、标志、广告、口号等,都要有自己鲜明的特色。这时,VI 设计对组织理念的精神内涵的修辞和表达,就更需要有组织特殊的风格,这也是组织理念识别中有关差异性原则的要求。在发达国家中,企业普遍注重采用高科技手段来提高和完善产品质量,同类产品中的技术差异微乎其微,这样便可以企业形象占领市场。新型企业形象所包容的独特的企业理念成为对外竞争、对内强化管理的一个战略重点。从日本吸收消化美国经验,同时联系本国实际而创造出全新的企业战略的 CIS 看,日本成功企业十分重视 CIS 中企业理念的内功提炼。无论是从政治理念,还是到文化理念、哲学理念、经营理念以及设计理念等角度,例如,"和""同""忠"等传统价值观念为核心的企业理念,都集中体现了一个核心,即重视人的作用。日本企业界指出,日本企业文化是以人为中心的文化,日本企业的理念是尊重人,相信人,承认从业人员的贡献,培养从业人员的精神文化素质和现代心理,激励自主性和创造性。这样的企业具有传统性与现代性结合、激励性与自主性结合、个体性与整体性结合、稳定性与创造性结合的特征。美国的 CIS 偏重于制度建设,强调一个"理"字。韩国则在 CI 后加上了使命(mission)和任务(project),形成了自己的 CI 理论体系,即 CIP,并以此作为参与国际大竞争的新手段。所以,CIS 在不同时代与不同环境中光彩夺目,备受众多企业青睐。例如,IBM、可口可乐、华为、腾讯等企业都根据本企业在社会中的不同地位、不同奋斗目标,设计了带有鲜明个性的标志。

4. 创新性的原则

CIS 的设计有新鲜、奇特、超群、别致的创意和独特性。美国设计界有一条这样的原则:不允许模仿他人的设计,要不断地创新。有生命力的 CIS 设计往往和"新"字分不开,只有意境新、形式新、构思新的设计才能打动人、吸引人,使人过目不忘,留下深刻的印象。以视觉传达设计为例,如太阳神以鲜红圆日下屹立一个乌黑人形的图案,体现出健康向上、以人为本、不甘现状、奋力开拓的整体形象。又如,可口可乐以红色背景衬托白色花体字母组合,横穿一条波浪形线带,宛如一艘白色巨轮在红色海洋破浪前进,产生挡不住的冲击和震荡。这些图案形象醒目,设计新颖,令人耳目一新。当然创新不仅体现在视觉符号系统上,也要体现在理念识别系统和行为识别系统上。

5. 可操作性原则

企业理念是一种意识,一种经营战略,即指企业的经营宗旨、经营方针和价值观。它是企业的灵魂,是企业运行的依据,具有导向力、凝聚力、激励力、辐射力。它不是一般的抽象思维的哲学,也不是一种宏观的世界观和方法论,它必须切合 CIS 的实践并便于操作。CIS 的可操作性还表现在企业的理念系统应该有行为系统做保障。一些企业虽然拟定了一系列企业理念,却没有具体规划行为识别系统,造成理念成为时髦空洞的口号。如某商场提出的"××商场,购物天堂",就违背了可操作性的原则。

CIS 具有极强的可操作性,还表现在它不仅需要内部职工的参与和认同,而且需要企业通过传播沟通系统将企业经营理念、企业文化和企业经营活动推向社会,让更多的社会公众认同,否则,企业就很难在公众中树立良好的形象。

三、CIS 导入的作业程序

CIS 导入的程序是指一个企业具有一定规模的一项正式的活动,从调查分析到执行实施、反馈评估全过程的先后次序和具体步骤,在 CIS 导入中建立一套系统的科学程序,有助于提高 CI 导入的效率和质量。CIS 从立案导入到实施管理是一项复杂而又具体的系统工程。企业要想获得良好的 CIS 成效,首先要制订良好的 CIS 导入计划。CIS 的导入虽然会因各企业特点和问题而有所不同,但总要遵循大致相同的导入程序和原则才能完成企业形象的塑造。下面详细介绍一下 CIS 导入的作业程序。

1. 提案阶段

(1) 明确导入 CIS 的动机与目的。确定企业内外部的需求背景,针对具体企业的运营与设立状况选择时机,同时明确导入的目的与目标。

(2) 组建负责 CIS 的机构。由发起人召集最初的参与人,委托专业公司,由企业、专家顾问、专业公司三方组成 CIS 委员会,并设常务机构。

(3) 安排 CIS 作业的日程。按照 CIS 作业的四个阶段,根据企业的具体情况拟定作业项目与进度安排,提交讨论并最后确定、制表。

(4) 预算导入 CIS 的费用。仔细进行各项作业的预算,编制出 CIS 预算书,提交企业主管与财务主管审核。

(5) 完成 CIS 提案书。按规范完成 CIS 提案书,充分说明导入 CIS 的原因、背景、目的、负责机构的设想、作业安排、项目预算,使推进方针与期待结果明确化。

2. 调研阶段

(1) 确定调研总体计划。制订调研计划,其中包括调研内容、调研对象、调研方法、调研项目、调研程序与期限、调研成果形式。

(2) 分析与评估企业运营状况。分析企业各种相关的报表与调查资料,走访有关人士,诸如企业主管、财务主管、营销主管,充分掌握资料、分析研究。

(3) 企业总体形象调查与视觉项目审查。采取定性与定量两种形式,就企业的基本形象、特殊形象对企业内外进行采访和问卷调查,收集视觉形象项目,分析比较,广泛征求意见,得出审查意见。

(4) 调查资料的分析与研判。对经济情况与形象调查的所有资料进行整理、统计,对企业经营实态与形象建设现状做综合的研究与评估,明确企业目前的问题点。

(5) 完成调研报告书。将调研成果记述在系统的报告书中,提交企业主管、相关部门主管、CIS 委员会全体成员讨论、审议。

3. 开发设计阶段

(1) 完成总概念书的企划。根据调研结果导入 CIS 的基本战略方针,对企业理念、识别系统的开发设计提出基本设想,对企业主管或董事会解释总概念书的内容并确定总概念书。

(2) 创立企业理念。提出具有识别意义的企业理念,其中包括企业使命、经营观念、行动准则与业务范围等,并提供理念教育规范的行为特征,创作企业标语、口号、座右铭、企业歌曲等。

(3) 开发设计视觉识别系统。确定企业命名或更名策略,将 CIS 概念体现在基本因素的设计中,再以基本设计为准,开发应用设计要素;商标与包装设计须认真开发;对新设计方案进行技术评估与形态反应测试、修改,举一反三,最后确立;编印 CIS 设计手册。

(4) 办理有关法律行政管理手续。企业名称登记或更名登记,商标核准与注册登记。

4. 实施管理阶段

(1) 实施内部传播与员工教育。完成 CIS 委员会的改组与工作交接;制订内部传播的计划;准备教材教具;实施员工 CIS 教育;定期发行 CIS 通信,动员大家普及 CIS 知识的企业内部公共关系活动。

(2) 推行理念与设计系统。按计划举行各种公共关系活动,对外树立企业新形象,扩大知名度与提高美誉度,对内推行贯彻理念,鼓舞员工士气,发扬敬业精神;同时向企业有关部门、人士宣传新设计系统,督导应用,并定期进行检查。

(3) 组织 CIS 对外发布。制订对外发布计划、选择媒体、安排时间与频率、确定发布内容、合理预算,完成发布计划。

(4) 落实企业各部门的 CIS 管理。将 CIS 落实到企业相关部门的实际工作中,融入日常企业管理的制度中。

(5) CIS 导入效果测试与评估。制定督导与定期测试评估制度,定期完成对内对外企业形象建设效果测试,进行效益统计,并制定改进方案。

四个阶段的规划囊括了 CIS 作业的主要内容和程序,这四个阶段是一个相互衔接的过程,每个阶段都有其特定任务与工作重点。

案例分析

"国航"的 CIS 设计

一、案例介绍

中国国际航空公司 CIS 设计,由广州亚太 CIS 研究所企划。目前,国航确定的核心理念"服务至高境界"已通过大众媒体对外广泛宣传。国航 CIS 的设计主题是以"服务"为核心,以顾客满意为目标,以公司发展远景为导向,将建立一套完整的国航思想价值观体系,使之为打造国航服务品牌,有效提升国际竞争力发挥作用,如图 7-5 所示。

1. 国航 MI 设计

国航的 MI 设计主要包括企业使命、经营理念、经营哲学、行为基准、企业精神、核心价值观等。

(1) 经营理念——爱心服务世界(图 7-6)。

(2) 企业精神——创新导航未来(图 7-7)。

(3) 导入模式——"服务品牌型"CI(图 7-8)。

2. 国航 BI 设计

国航的 BI 设计(图 7-9)包括以下方面。

国航行为基准:求新、求快、求实、求远;服务准则:"五心服务"(真心、诚心、热心、细心、耐心);"四心结果"(让顾客放心、顺心、舒心、动心);服务模式:共享式满意服务。

经营者形象:仪表庄重,领导风范;求新求变,观念超前;人本管理,经营有方;魅力出众,形象代言。

管理层形象:以德为先,业务精良;现代意识,行为规范;求新求变,求快求远;管理出色,形象表率。

员工形象:爱岗敬业,精业诚信;学无止境,文明礼尚;充满激情,充满活力;爱心服务,共塑形象。

(1) 国航"爱心服务世界"创意流程(图 7-10)。

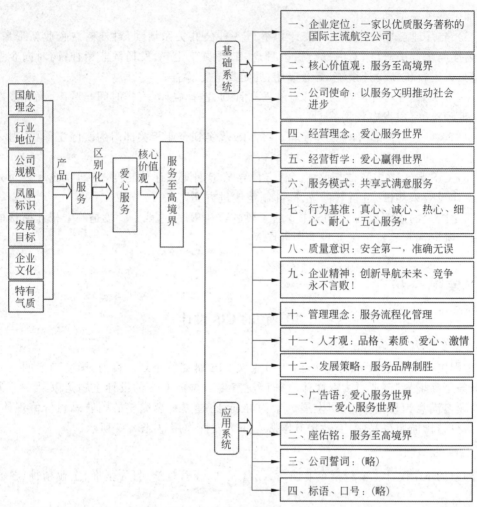

图 7-5 国航 CIS

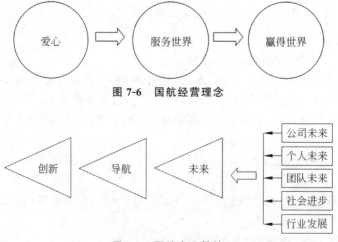

图 7-6 国航经营理念

图 7-7 国航企业精神

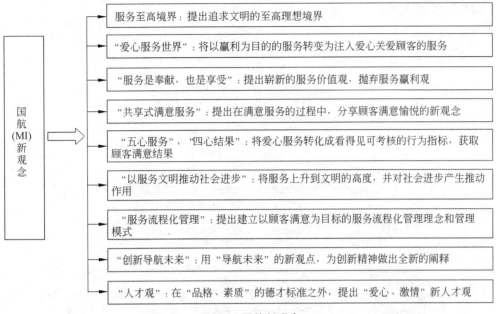

图 7-8　国航新观念

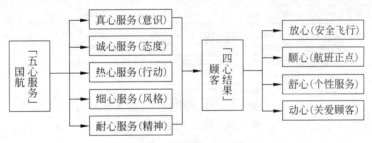

图 7-9　国航的 BI 设计

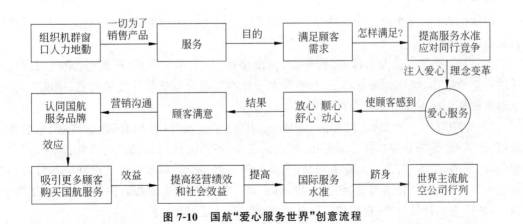

图 7-10　国航"爱心服务世界"创意流程

(2) 国航 BI 的导向作用(图 7-11)。

图 7-11　国航 BI 的导向作用

3. 国航 VI 设计

国航的 VI 表现为静态识别符号,是具体化、视觉化的传达形式,项目最多,层面最广。包括以下内容。

(1) 基本要素。企业名称、品牌标志、标准字体、标准印刷字体、标准色、象征图案(吉祥物)、企业歌曲、精神标语及口号、标志和企业标准字组合系统及其使用规范、标准字与企业形象象征图案的组合系统及使用规范等。

(2) 应用要求。产品设计、招牌、旗帜、标志牌、包装设计(包括封套、包装盒、包装箱、胶带、包装纸、手提袋等)、办公事务用品(包括名片、各种文具用品、信封、信纸、请柬、贺卡、明信片、证书、奖牌、赠品等)、业务用品(包括各种表格、发票、单据等)、室内环境与设备(包括室内造型设计、办公室布置、橱窗布置、标示牌、部门牌、公告栏等)、陈列展示(包括展会设计、展板等)、建筑外观(包括建筑物外装修、装饰、环境设计)等。

(资料来源:亚太 CI 战略研究所. 中国国际航空公司——"服务品牌型"CI,2003;杨明刚. 营销策划创意与案例解读[M]. 上海:上海人民出版社,2008)

二、思考·讨论·训练

（1）结合中国国际航空公司的CIS导入谈谈三大构成要素之间的关系。
（2）中国国际航空公司的CIS导入有何特色？

实训项目

项目7-1：进行所在组织CIS设计

【实训目的】 掌握CIS设计的方法和技巧，塑造良好的企业形象。
【实训时间】 2学时。
【实训地点】 多媒体教室。
【实训步骤】
（1）把学生分成几组，并每组派组长1人。
（2）查资料：世界知名企业或学校的CIS设计经验；本单位的历史、现状。
（3）小组同学分工设计与策划，并在小组内讨论，形成一个综合策划方案。
（4）小组同学合作演练、解说策划方案。
（5）全班同学讨论设计演练效果、教师点评。
【实训手记】 通过训练，我的收获是：＿＿＿＿＿＿＿＿＿＿＿＿＿＿＿＿＿＿＿。

项目7-2：房地产公司的形象宣传

【实训目的】 由于受美国次贷危机的影响和中国紧缩宏观调控政策的实施，中国的房地产业面临着严峻的考验，一些中小经营不善的房产商也面临倒闭的风险，房地产公司如何在环境变坏的情况下立于不败之地，而且能脱颖而出，提升自己公司的形象成为本次活动的宗旨。
【实训时间】 2学时。
【实训地点】 多媒体教室。
【实训步骤】
（1）全班分成以6人为单位的若干小组。
（2）查阅资料：中国房地产业的发展现状，包括行业经营竞争和形象推广模式。
（3）结合本公司特点策划公司形象推广战略。
（4）小组成员分角色介绍、展示公司的理念、产品。
【实训手记】 通过训练，我的收获是：＿＿＿＿＿＿＿＿＿＿＿＿＿＿＿＿＿＿＿。

课后练习

1. 什么是组织形象？组织形象有哪些特征？
2. 聘请品牌代言人是一种为企业广为接受的有效塑造企业形象的手段，在现代社会，企业与品牌代言人更是相互辉映。是乔丹为NIKE带来了辉煌还是NIKE捧红了乔丹？

是杰克逊为百事带来了活力还是百事赋予了杰克逊激情？

(1) 你怎么看企业聘请名人做形象代言人？

(2) 企业应该聘请什么样的人做形象代言人？

3. 请从组织形象构成要素角度，将中国银行与你所在区域的信用社或城市商业银行进行比较。

4. 视觉识别系统的基本要素设计与方法有哪些？

5. 理念识别系统的定位模式和应用形式有哪些？

6. 行为识别系统的传播与推广方式主要有哪些？

7. 假设海尔不再用"真诚到永远"的理念，请你与同学们合作为海尔设计一条新理念（精神或目标）。并设计这一理念如何通过 BI 得到体现和贯彻。

8. 观察社会上各种组织的标志、宣传口号，体会并分析其中所反映的企业经营理念。

9. 组织学生收集有关 CIS 的资料、实例，举行研讨会，相互启发，加深理解。

10. 参观 CIS 导入工作做得好的企业，请企业管理者讲解他们是如何开展这方面工作的，取得了哪些效益，有什么体会。

11. 案例思考。

"谢谢您想到了我们银行"

美国花旗银行是世界最大的银行之一，每天的营业额高达数亿美元，业务十分繁忙。一天，一位陌生的顾客走进豪华的银行营业大厅，只是要求换一张崭新的 100 美元钞票，准备当天下午作为礼品用。接待这位顾客的银行职员微笑着听完他的要求后，请他稍候，立即先在一沓沓钞票中寻找，又拨了两次电话，15 分钟后终于找到了一张这样的钞票，并把它放进一个小盒子递给了这位顾客，同时附上一张卡片，上面写着"谢谢您想到了我们银行。"事隔不久，这位偶然光顾的顾客又来了，这次来是在花旗银行开立账户。在以后的几个月中，这位顾客所在的那个律师事务所在花旗银行存款 25 万美元。

(资料来源：佚名.金融公关案例汇总[EB/OL].[2018-05-13].https://ishare.iask.sina.com.cn/f/6sfB6HpcCrD.html.)

思考讨论题

(1) 请从企业形象塑造的角度评析花旗银行的上述做法。

(2) 本案例对你有何启示？

12. 案例思考。

中国移动的企业形象设计

中国移动通信集团公司（简称中国移动）是一家基于 GSM 网络的移动通信运营商，是中国唯一专注于移动通信运营的运营商，拥有全球排名靠前的网络和客户规模。

中国移动的标志是一组回旋线条组成的平面，造型为六面体的网络结构，象征着移动通信的蜂窝网络。线条纵横交错，首尾相连，由字母 C、M、C、C（China Mobile Communications Corporation 的首字母）变形组合而来，两组线条犹如握在一起的两只手，象征着和谐、友好、沟通。中国移动一直致力于通过自己的服务，拉近人与人之间的距离。线条组成的图案糅合在圆形(地球)之中,寓意中国移动四通八达、无处不在。

全图以沟通为诉求点,流畅的线条上下贯通、左右结合,体现出中国移动作为信息传递与情感交流的沟通纽带是值得信赖的企业,是中国移动"正德厚生、臻于至善"企业核心价值观的集中体现。

中国移动CIS将企业经营活动以及运作此经营活动的企业经营理念或经营哲学等企业文化,运用视觉沟通技术,以视觉化、规范化、系统化的形式,通过传播媒介传达给企业的相关者,包括企业员工、社会大众、政府机关等团体和个人,以塑造良好的企业形象,使他们对企业产生一致的认同和价值感,以赢得社会大众及消费群的肯定,从而达成产品销售的目的,为企业带来更好的经营绩效。

(1) 中国移动MI。中国移动MI包括以下7个方面。

① 企业价值观:正德厚生、臻于至善。"正德厚生、臻于至善"既体现了中国移动独有的特质,又阐释了中国移动历来的信仰。"正德厚生、臻于至善"就是要求中国移动以人为本打造以"正身之德"承担责任的团队;就是要求中国移动成为以"厚民之生"兼济天下、承担社会责任的优秀企业公民;就是要求中国移动培养精益求精、不断进取的气质,锻造勇于挑战自我、敢于超越自我的精神。

② 企业使命:创无线通信世界,做信息社会栋梁。

③ 中国移动的愿景:成为卓越品质的创造者。

④ 企业经营宗旨:追求客户满意服务。

⑤ 企业精神:改革创新、只争朝夕、艰苦创业、团队合作。

⑥ 企业服务理念:沟通从心开始。

⑦ 实施"新跨越战略":做世界一流企业,实现从优秀到卓越的新跨越。

(2) 中国移动BI。中国移动作为国务院直接管理的国有特大型骨干企业,肩负着我国通信业改革和走向世界的重任,在企业运作上要与新的企业运作模式要求相适应。例如,中国移动上海公司全力打造"移动世博"。松江移动分公司开展了"迎世博提效行动",着力提升营业厅的服务质量。而且世博会期间,中国移动上海公司在世博园区内搭建一个4G网络,让大家感受4G的技术。加上世博园80个移动信息亭,无处不在提供无线向导。

(3) 中国移动VI。"全球通(GoTone)"是中国移动的旗舰品牌,知名度高,品牌形象稳健。拥有众多的高端客户,伴随着中国移动业务的迅猛发展和中国移动全体员工的不懈努力,全球通已经成为国内网络覆盖最广泛、国际漫游国家和地区最多、功能最完善的移动信息服务品牌。

"动感地带(M-zone)"是中国移动为年轻人群量身定制的移动通信客户品牌,不仅资费灵活,还提供多种创新的个性化服务,给用户带来前所未有的移动通信生活。

"神州行"是中国移动旗下规模最大、覆盖面积最广的品牌,也是我国移动通信市场上客户数量较多的品牌。"神州行"标志由卡通形象、品牌名称、品牌口号及底色框四部分组成。标志主要由绿色和黄色构成,绿色代表神州大地,黄色象征阳光普照大地;"轻松由我"作为品牌口号,从功能和情感角度体现品牌利益点,传达出客户的生活追求,同时结合卡通形象,通过生动、活泼的设计营造出轻松、自由的氛围;英文easy own中easy代表轻松,own一语双关,代表自己及拥有,体现出"轻松由我"。整体标志显得亲切、活泼,体现了"神州行"给客户带来的轻松、便利和沟通感受。

（资料来源：佚名.CIS 企业形象设计案例分析——中国移动通信[EB/OL].[2020-10-28].https://max.book118.com/html/2020/1028/5231310102003014.shtm.）

思考讨论题

（1）中国移动的 CIS 导入为什么成功？

（2）本案例对你有何启示？

 思政园地

请扫描以下二维码，了解思政要求。

思政园地 7.pdf

任务8 公共关系危机管理

> 虽然所有组织都认为,做好事前预防是最重要的保险措施,但是无论怎样,危机管理还是成为公共关系实务中最受人重视的技能。各种各样的组织,早晚都会遇到危机。
>
> ——[美] 弗雷泽·P.西泰尔

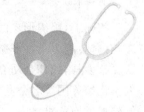

任务目标

- 树立科学的公共关系危机观。
- 能够正确分析公共关系危机的成因。
- 能够积极地进行公共关系危机的预防。
- 正确地处理公共关系危机。
- 科学地开展公共关系危机传播。
- 能够进行网络危机的预防和处理。

 案例导入

百事成功的公共关系危机管理

2020年6月，主要生产乐事薯片的百事公司北京分厂出现8例新型冠状病毒性肺炎确诊病例。此消息一出，不少网友担忧是不是乐事薯片不能吃了，就连百事可乐也受到了牵连。百事公司并没有让消极影响持续蔓延下去，很快就做出了回应。在北京市新型冠状病毒性肺炎疫情防控工作第128场新闻发布会上，百事公司大中华区集团事务部企宣总监樊志敏通报：百事公司北京大兴磁魏路分厂出现确诊病例，已第一时间启动应急预案，采取停产停工、产品封存、环境消杀、人员隔离等措施，并对产品及厂区环境进行了全方位取样调查。紧接着百事中国和乐事官方微博发布相关说明。

第二天，疾控专家冯子健回应相关事件："目前还没有发现工人污染了薯片，另外，国际上目前没有发现通过进食感染新冠的情况。此外，在室温条件下，病毒在干燥的食品上存活的时间是非常短的，即使有沾染，也会很快就丧失活性。"当天晚上，百事公司在微信公众平台还发布了一份声明："有担当、有信心的百事公司，一直与您同在。"

通过紧锣密鼓的操作，百事公司不仅没有陷入公共关系危机，反而在公众心中加深了负责任、有担当的企业形象，这次事件可以说是一个公共关系危机公关成功的案例。

（资料来源：张耀珍.公共关系学：理论、方法与案例[M].北京：人民邮电出版社，2021.）

实际上，组织形象时刻都会受到各方面因素的影响，并非总是处于理想的稳步发展状态，有时会因为某种非常性因素而导致公共关系危机。特别是在当今社会里，由于影响因素复杂多样，组织所处的社会环境变化加剧，各种组织出现形象危机的可能性也在不断增大。正如英国著名公共关系专家弗兰克·杰夫金斯所说："今天我们生活在化学、核能、电气外加恐怖危机之中，必须承认，如不采取措施防止最大可能的危机，任何事情都可能发生。"公共关系危机会给组织造成危害，轻则影响企业正常运营，重则危及企业的发展甚至生存，或给相关公众带来极大的损失，给社会环境造成极大的破坏，因此，公共关系危机的预防和处理就成为企业经营管理工作最重要的一个方面，任何企业必须引起高度重视。

8.1 公共关系危机概述

为了更好地预防和处理公共关系危机,我们首先要明确公共关系危机的含义和特征,树立科学的"危机观"。

一、公共关系危机的含义

我们通常所说的危机,往往是指由非常性因素所引起的某种非常事态,其外延非常广泛,如经济危机、商务危机、管理危机、人力资源危机等。企业公共关系危机是各种危机中的一种特殊类型,它是由企业内外的某种非常性因素所引发的组织形象非常事态和失常事态,也是一种特殊的组织形象状态。从一般意义上来说,企业公共关系危机是指企业与其公众之间因某种非常性因素引起的、表现出某种危险的非常态联系状态,它是组织形象严重失常的反映。企业公共关系危机可导致企业与公众关系发生变化,使企业的正常业务受到影响,生存和发展受到威胁,组织形象遭受严重损害等。

企业公共关系危机的出现总是以一定的企业公共关系危机事件为标志的。所谓企业公共关系危机事件,一般系指企业内外环境中突然发生的恶性事件,故又有突发性事件之称。各种突发性事件,依其强度不同,可分为一般突发性事件和重大突发性事件两种。一般突发性事件主要指企业经营管理活动中的各种纠纷,包括企业内部纠纷、企业同消费者的纠纷、企业同其他社会组织或其他社会公众的纠纷等。重大突发性事件主要是指重大的工伤事故、重大的经营管理决策失误、天灾人祸造成的严重人身财产损失、假冒伪劣商品给企业和公众带来的严重危害等。无论是一般性突发事件还是重大突发事件,它们都是企业公共关系危机存在的表征,是看得见、感受得到的企业公共关系危机的表现。

二、公共关系危机的特征

1. 必然性与偶然性

危机的必然性是指危机不可避免,亦即"只要有组织形象存在,就会有企业公共关系危机";危机的偶然性是指危机的爆发往往是由偶然因素促成的。必然性是组织形象作为开放复杂系统的结果,偶然性则决定于系统的动态特征。

组织形象是个覆盖面广、结构复杂、层次众多的大系统,包含了许多彼此联系的复杂的子系统,是一个多输入、多输出、多干扰的多变量系统。加之组织形象诸要素中人员占主导地位的因素,使之成为典型的主动系统,而主动系统就更具复杂性与不确定性。从控制论角度而言,任何一个大系统的一个部件和子系统都要为实现一定的功能而形成多层、多级或多段控制结构,而信息则是控制过程不可缺少的因素。若缺乏足够的信息,控制会顿成无本之木。众所周知,信息传播是组织形象塑造不可或缺的因素,这一过程,从控制论角度看,是一种控制过程,即企业主体主动影响公众客体并希望达成和谐经营状态之目的的过程。从信息论角度看,就是信源通过信道向信宿传递并引发反馈的过程。信息在传递的过程中由于噪音的干扰势必产生失真现象,失真即有误差。古人云:"差之毫厘,谬以千里。"

故误差导致错误,错误导致危机。任何策划和决策都是以信息为基础的,且方案或决策的执行过程也是一个信息过程,而信息失真现象的存在,就为这一系列活动埋下了无法避免的隐患,这就是危机必然性的根源。所以说危机具有不可置疑的必然性特征。无论组织形象系统采取何种控制结构形式,信息经过多层次、多渠道、多阶段的传输之后,其失真现象必趋于严重,结果自然是系统的稳定性减弱。

危机的偶然性也不难理解。由于组织形象大系统是开放的,每时每刻都处于与外界的物质、能量和信息的交换和流动之中,其任何一个薄弱环节皆可能因某种偶然性因素而致失衡、崩溃,形成危机。打个比方,这就像已枯死的树枝,暂时可以在原位保持原状,但由于它暴露在外界环境种种力量作用之下,故可因偶然事由导致其原有地位与状态的改变:它可能被一阵强风吹落,可能被一场野火焚烧,也可能因禽兽的碰撞或登临而断裂,如此等等。

2. 突发性与渐进性

企业公共关系危机总是在意想不到、没有准备的情况下突然爆发的,它具有突发性特征。在本质上企业公共关系危机的爆发是一个从量变到质变的过程,也就是说,酿成企业公共关系危机的因素经过一个累积渐进的过程,通过一定的潜伏期的隐藏和埋伏后,如果未能得到有效控制,它就会继续膨胀。至一定程度后,就会形成企业公共关系危机的总爆发,并迅速蔓延,产生连锁反应,使公众与企业关系突然恶化,大量的顺意公众变成逆意公众,产生强烈不满。由于来得突然,又有很强力度,往往使企业措手不及,给企业造成很大冲击,使之有突临泰山压顶之感。

危机的突发性与偶然性有关联,而渐进性与必然性有联系。认识这一特征,一方面可以使我们加强防微杜渐工作;另一方面则应随时准备应付突如其来的危机事件。

3. 破坏性与建设性

危机在本质上或事实上固然起破坏作用,须尽力防范和阻止。但危机既然爆发了,一般足以表明系统中存在不可轻视的问题,这就为企业检视自身状况做了最有力的提示。而祸福相依的辩证法告诉我们,危机的恰当处理也会带给企业新的收获。

这一特征可以从协同学角度来论证。协同学的创始人哈肯认为,一个系统的稳定性总是受两类变量的影响:一类变量在系统受到干扰而产生不稳定性时,它总是企图使系统重新回到稳定状态,起着一种类似阻尼的作用,且衰减得很快,简称为快变量;另一类变量在同样的情况下总是使系统离开稳定状态走向非稳定状态,表现出无阻尼现象,且衰减得很慢,故称慢变量。当系统处于不稳定状态时,快变量使系统达到一种新的稳定平衡状态。如果原来的稳定平衡状态是一个无序状态,那么这个新的稳定状态就意味着有序的产生与形成。如果原来的稳定状态已经是一个有序状态,那么新的稳定状态就意味着更新的有序状态的出现,意味着系统的进化。

协同学的这一观点既能说明危机的必然性特征,又说明了危机的建设性特征。在企业公共关系危机这种不稳定状态中,企业公共关系危机工作就起着快变量的作用——维持企业这一系统的稳定性。强有力的企业公共关系危机管理工作必定会在原本无序的经营状态中建构更佳的形象大厦,或使原本有序的经营管理更上一层楼。

认识危机的破坏性,才不会掉以轻心,麻痹大意。认识危机的建设性,才会采取主动姿态,沉着冷静而满怀信心地面对危机,从中寻找并抓住任何可能的机会。总之,只有勇于面对并善于应对危机者,才有可能正确地认识到企业公共关系危机在破坏组织形象良好状态的同时,也为企业建立富有竞争力的声誉、树立企业的形象和处理企业的重大问题创造了机会。

4. 急迫性与关注性

企业公共关系危机总是在短时间内猛然爆发,具有很强的急迫性,一旦爆发既造成巨大影响,又令人瞩目。它常常会成为社会和舆论关注的焦点和热点。一时间,它可以成为一般公众街谈巷议的话题,成为新闻界追寻报道的内容,成为竞争对手发现破绽的线索,成为主管部门检查批评的对象等。总之,企业公共关系危机一旦出现,它就会像一枚突然爆炸的"炸弹",在社会中迅速扩散,对社会造成极大的冲击;它就会像一根牵动社会的"神经",迅速引起社会各界的不同反应,令社会各界密切关注。因此若控制不力或行动迟缓,必然产生严重后果,所以必须牢记"兵贵神速"这一兵法格言,强调企业公共关系危机管理方案的时效性。

三、企业科学的"危机观"

企业公共关系危机事件的出现具有较大的随机性,不好预测,而且受到不可控因素的限制,来势凶猛,任何企业都希望与之无缘,但是只要企业组织存在,就可能出现危机事件。日本地震学家有句警语常被公共关系界引用:"大地震经常发生在人们忘记地震的时候。"很多企业都心存侥幸:这种事情不会发生在自己头上,实际上,零风险的企业是不存在的,高管制行业(如城市供水、核电站、制药业)、财务变更期(如公司兼并)、高知名度的企业及其老板、上市公司、进步性企业、排名在行业前三名的企业、刚起步的企业、连锁企业等最容易惹上危机。这些危机有时是事出有因,有时是飞来横祸,有时是不白之冤……总之都是以破坏企业组织形象为代价的。

因此,在思想认识上,公共关系人员要高度重视企业公共关系危机管理工作,而要搞好这一工作,就离不开科学的观念。科学的公共关系危机观念,不仅反映了公共关系人员的业务素质,而且是策略化、实效化、艺术化处理公共关系危机的保障。那么,对待公共关系危机事件,企业经营者和公共关系人员应具备哪些基本观念呢?

1. 预防是解决危机的最好方法

"预防是解决危机的最好方法",这是英国著名危机专家迈克尔·里杰斯特的名言。它同样适用于企业公共关系危机。居安思危、未雨绸缪是对待公共关系危机的一条重要法则。众所周知,企业公共关系危机事件的发生,不仅给企业组织带来有形的物质财产损失,也会给企业带来无形的形象信誉破坏。因此,公共关系人员在对待危机事件的问题上,应该具有高度警觉的"防火意识",在这种意识的支配下,企业公共关系人员应该在日常工作中,按照企业的各项规范与制度要求,一丝不苟,使企业组织远离危机事件。这是公共关系人员对待危机事件的上上之策,是第一道防线。

但是,由于种种原因,有些危机事件是"防不胜防"的。此时第二道防线应及时发挥作用,即果断采取措施,把潜伏的危机事件消灭在萌芽阶段。一般而言,除了一些自然灾害、机船失事、火灾等非人为危机外,大多数危机事件都有一个演进过程,先由失误而形成危机隐患,由隐患而形成"苗头",由"苗头"而发展为抗争,然后爆发出危机事件。优秀的经营者和公共关系人员不会坐视危机事件的前期酝酿、恶化,等危机事件爆发出来后才着手工作,而是以消除隐患、扑灭"苗头"为首选之责。例如,在我国某市一家皮鞋店曾发生过这样一件事情,一天经理发现不久前进的一批鞋是劣质品,他赶紧让仓库保管员和柜台营业员清点存货,发现已经售出了六双。怎么办?按照惯例,应该是封存库存,与货主交涉办理退货,已售出的如有顾客找上门来,则同意退款。但这位经理不满足于这样做,他做出了几条旨在化解危机于萌芽之中的主动出击措施:首先,在店门口贴出启事,公开亮丑,向顾客致歉,恳请购买者前来退换。其次,发动营业员回忆,如有线索,经理携款登门致歉。几天后,先后有五双劣质鞋被换回来了。可是一周过去了,第六双鞋仍不见踪影。最后,经理亮出第三招,花钱到市人民广播电台播出"寻人启事"——"由于本店不慎,在进货中混进了一批劣质牛皮鞋,已售出的六双中追回五双,望第六双鞋的买主闻讯后前来鞋店办理退货,本店经理将当面致歉"。

这位经理没等公众找上门来就主动出击,使一场可能破坏企业形象的危机事件,不仅及时化解了,而且有效地树立了自己诚实可信的形象。

2. 正视问题,认真对待是处理公共关系危机的"出发点"

对待危机事件,公共关系人员理应"洞察秋毫",然而他们不可能"火眼金睛",有些危机事件突如其来,突然爆发出来了。

面对公共关系危机事件,任何愤怒、隐瞒、掩盖,都于事无补。此时企业最明智的办法是,面对事实,正视事实,实事求是,认真对待,要敢于公开,善于及时地向社会公众开放必要的信息通道,以尽快求得公众的谅解和信任。

企业要采取"三不主义"的态度,即对危机事件不回避,对危机事件造成的后果不避重就轻,对自己应该承担的责任不推卸,实事求是地解决危机问题。

美国许多管理成效好的公司都牢固树立了这一观念,它们做到:

- 一旦发现问题,就毫不犹豫地正视它;
- 一旦感到情况不妙,就进行彻底大检查,以便在清理过程中能发现爆发危机的原因;
- 一旦发现危机来临,立刻通过传播媒体及时向社会各界通报危机的真实情况;
- 一旦危机已经来临,就集中所有部门的意志和力量去对待,在任何关系到公司生死存亡的形式下,没有比求生更重要的了。

实际上,危机事件出现后,其规模有一个由小到大的发展过程,公众态度有一个由轻度不满到严重敌视的变化过程。在此初发阶段,如果能面对事实,面对公众,做出相应的改进措施,企业组织就能赢得公众的谅解,得以重整旗鼓,顺利发展。

美国纽约长岛铁路公司,是一家历史悠久、规模较大的公司。然而该公司一度声誉不佳,乘客对公司的服务与管理颇有不满,公司每星期收到的批评信竟达200多封。此时汤姆斯·古德法罗走马上任,接任该公司总经理。针对公司面临的困境,古德法罗采取了一系列"洗心革面"的措施。除在管理上查缺补漏之外,他把重建声誉的重点放在公共关系方面。公司为此提出了新的口号:"诚实是最好的办法。"从此,每当有麻烦事出现的时候,公共关系经理在新闻记者到来之前就将实情告诉乘客。火车误点,公司马上查出原因,尽快通知乘客。有一次因为罢工,交通堵塞,车厢每一个座位上都放了一个短笺:"星期三夜里乘车可能多有不便,因为……"

公司还努力使长岛铁路公司在乘客心目中显得富有人情味。在决定重新油漆车站时,他们特地邀请当地居民和乘客挑选颜色。开始油漆那天,他们精心布置了工作现场,又邀请了当地的新闻媒体前来采访。公司领导人同被邀请来的社区主要官员、社团领袖和工商界人士一道,穿着工作服一起动手油漆。第二天,几家报纸均以醒目的版面和标题报道了此事,并配有照片。此举在读者中赢得了良好的反响,认为长岛公司的"洗心革面"确有诚意。公司还采纳公共关系人员的意见,将无人认领的雨伞借租给乘客使用。公共关系人员将此事写成新闻稿,并特别等到4月份再寄投到报社,以应"四月天,阵雨天"的民谣。

将重建活动推向高潮的是这家公司隆重庆祝其125周年的庆典活动。为此,公司广邀乘客代表、社区居民、新闻媒体和社会各界人士前来参加庆典。新闻媒体将此事做了大张旗鼓的报道。

就这样只用了一年的时间,长岛铁路公司就在乘客中恢复了声誉,客运业务蒸蒸日上,利润成倍增长。为此该公司荣获《公共关系新闻》杂志颁发的"年度成就奖"。该杂志还将其事迹翔实报道,一时间广为传诵。

3. 及时果断,处乱不惊,方能化险为夷,安度"危险期"

危机事件发生后,企业组织可能会"四面楚歌",新闻记者、政府官员、顾客公众等,都会来指责企业组织,一时间可能"风雨俱来",新闻曝光,政府批评,公众意见信等纷至沓来,企业组织压力极大,处于"危险期"。但是"危险期"不可能一直延续下去,总有一个"终期"。这主要是因为社会在不断变迁发展,新生事物、新的危机事件层出不穷,公众不可能只关注某一社会组织、某一危机事件,他们的关注热点会随着时间流逝而变化。但是在公众关注焦点未转变之前,企业组织如同危重病人一样,处于"危机期",公众高度敏感,措施不当,或稍有不慎,都可能激起公众的群愤之情,严重的还会断送企业组织的生存权。

反之,若能及时采取有效措施,及时化解危机,那么企业组织就能迅速赢得公众的谅解,重新获得公众的信任,顺利度过危机,获得新的生存机遇和发展机会。

处理公共关系危机的第一定理就是:动手越早,危机越小。1996年美国国庆前夕,一位82岁的美国老人竟从百事可乐罐中倒出了一个注射器,这件事迅速成为各媒体的头条新闻。5天后美国先后有几十个州发生同类事情,公众惊慌加剧,百事可乐暑期销售直线下跌了3%。由于时间发生在星期五,总裁不在总部,等到星期一总裁处理这件事时,事态已近失控。好在接下来,百事在公共关系公司的帮助下,完成了几个漂亮"动作",才使百事转危为安。百事最先慰问了那位老人,并带老人参观了封闭的生产车间,告诉老人及随行的记者,在生产线上,注射器和其他杂物绝不可能进入罐中。同时公司总裁在电视上发表演说,对因此事件引起的公众不安道歉;告诉公众百事公司正对此事件进行调查,百事公司是一个负责任的公司,如事件属实公司将做出赔偿;总裁最后再次强调,他坚信百事99%不可能发生这样的事。由于百事态度真诚,媒体和公众慢慢站到了百事一边,怀疑此事件是有人故意陷害。

真相既出,百事马上在媒体上打出"感谢美国"的大幅广告,百事可乐的销量反而比事前上升了1%。

在这方面新加坡航空公司面对"中国台北空难事件"干净利落的善后工作堪称典范。2000年10月31日晚23时18分,中国台北机场一架新加坡航空公司飞机爆炸起火。在空难发生的30分钟后第一条新闻报道出炉;两个小时后新加坡航空公司召开第一个新闻发布会,给出伤亡数字;4小时后公司总裁公布正在进行的调查内容;22个小时后,所有罹难家属到达事故现场;25个小时后,总裁来到中国台北;48个小时后,仅新浪网就有140篇空难的跟踪报道;50个小时后,死难家属拿到第一笔救援费……

4. 通过危机事件处理可以让坏事变好事,危机成良机

"危机"一词在汉语中大有讲究,一方面,代表着危险的境遇;另一方面,代表着大量的机会。这就是说,我们能以危机为契机,精心策划,则不仅能化险为夷,转危为安,而且能变危机为良机,变坏事为好事。古人云:"福兮祸之所伏,祸兮福之所依",讲的就是这个道理。危机事件既已发生,就要认真处理,利用它来完善企业组织的形象,这是完全可能的。因为危机事件期间,企业组织成为新闻组织报道的热点对象,也是公众议论的热门话题,虽然公众开始是带着恶意来关注企业组织的,但是这毕竟也是一种关注。因此这为强化企业组织的形象提供了一个机会。这好比一件衣服被不小心烧了一个洞,自然不是值得庆幸的事,但也成为裁缝师施展艺术才能的机会,优秀的裁缝师不会只是简单地把洞补好,他会利用补洞的机会,在洞处补出一朵美丽的鲜花或者一个可爱的小动物,从而使衣服变得比以前还好看。在危机事件过程中,要善于变坏事为好事,使本来不利于企业组织的危机事件,演化成宣传企业组织的机遇。

具体而言,"变坏事为好事",应视危机事件的性质不同而确定不同的目标。常见的情形主要有以下几种。

(1) 无中生有的危机事件。如果是无中生有的危机事件,企业不仅要澄清事实,而且要进一步强化形象,发展形象,通过危机事件的处理,使各方面的社会公众更加信赖企业组织。如一年初夏,大连市民都不敢吃猪肉,因为听人说吃了猪肉会得病,其实猪肉是经过严格检疫的,这完全是公众的误解。但这种情况持续下去,对大型的猪肉零售企业冲击尤其大。如大连商场,作为一家大型商业零售企业,每天销售猪肉十几吨、几十吨,由于人们不敢买肉,其营业额大幅度下降。为改变不利局面,大连商场把市卫生防疫站的领导及工作人员请来对其经营的猪肉进行检疫,再通过电视台的新闻节目进行现场报道,公布检疫情况,该商场还推出两次检疫新举措。卫生防疫站经过认真考核在全市指定了4个"放心肉店",大连商场是其中之一。这些做法使商场的猪肉销售走出低谷,重新树起了国有商业企业的良好信誉。

(2) 企业自身不当引起的危机。如果确实是企业组织自身不当而引发的危机,企业不仅要主动承担责任,而且要采取果断措施,塑造一种"脱胎换骨"的新形象。古人云:"君子之过也,如日月之食焉。过者,人皆见之;更也,人皆仰之。"人是这样,一个企业也是如此。企业的发展过程中,因为工作不负责、失误而造成对公众的损害,只要能"闻过即改",仍然能赢得公众的理解与信任——一种基于企业组织新形象之上的理解与信任。1991年6月,刚刚成立6年,准备在海外市场上大展拳脚的中华自行车公司遇到了麻烦。负责爱尔兰市

场销售的负责人紧急向公司通报：爱尔兰一位12岁的小姑娘骑着中华自行车（童车）摔伤。总经理听到汇报后，紧急赶赴爱尔兰处理此事。经过调查，发现导致小女孩摔成轻伤的主要原因有两个：一是在崎岖的路面上骑车；二是该童车的前轮胎钢圈变形。虽然该童车已售出一年多，保修期已过，但中华自行车公司必须承担轮胎钢圈质量而造成的责任。此时当地的媒体已把"中华自行车质量事故"炒得沸沸扬扬，人家有充分的理由表示对经济欠发达、改革开放不长时间的中国产品质量的怀疑，更密切地关注着中国人对于此事件的处理，中华自行车的海外销售代理公司也开始怀疑：与中国的企业合作是否稳妥。中华自行车辛辛苦苦培育出的爱尔兰、英国等地的市场开始动摇。公司总经理在慰问伤员及其家长后，立即做出如下决定：一是承担伤员一切医疗费并给予一定赔偿；二是一个星期内将4000多个爱尔兰用户所购买的该型号童车的钢圈全部更换（仅此一项公司用去港币100多万元）。这两项承诺立即在当地引起强烈反响，"认真的中国人""勇于承担责任的企业"等文章屡屡见诸报端，受伤的小姑娘及其家长对此事的处理结果深表满意，经销商们信心大增，销售市场销售回升。中华自行车并未就事论事，仅仅满足于做好"善后"工作，而是在企业内部掀起了一次"小题大做"、举一反三、深刻反省自我的活动。公司提出："不熟练掌握操作技术是员工之耻；不坚持控制产品质量是管理者之耻；不跻身先进行列赢不得消费者的满意和赞赏，是公司之耻。""三耻"活动强烈地震撼了每一个公司员工，也通过活动赢得了消费者的心，占领欧美市场成为中华自行车公司的坚定信念和自觉行动。中华自行车公司的相关活动开始全面进行。一年后，中华自行车在爱尔兰的销售量增长了整整10倍。5年后，深圳中华自行车（集团）股份有限公司一举登上"全国最大百家机电产品出口企业第一名"的宝座。

总之，让每个企业以积极正确的心态面对不可知的命运，并在"危机"突如其来时能做出正确决策，是企业公共关系危机管理的最终目标。企业组织只有树立以上四个公共关系危机观念，才能更好地处理危机，重塑企业形象。

8.2 公共关系危机的成因

分析组织公共关系危机产生的原因，对于制定正确的预防和处理对策有着十分重要的意义。组织公共关系危机产生的原因很多，一般来说，大致可以分为企业内部环境成因和企业外部环境成因两个方面。

一、企业内部环境成因

内因是条件，外因是根据。从企业内部环境角度剖析企业公共关系危机的产生原因，无疑为企业公共关系危机管理奠定了坚实的基础。引起企业公共关系危机的内部环境原因主要有以下几个方面。

1. 企业自身素质低下

企业自身素质低下不仅可能引发企业公共关系危机，而且在企业公共关系危机出现之后也难以自觉有效地处理危机。就企业自身素质构成来说，企业自身素质低下的核心是企业组织人员素质低下,包括领导者素质低下和员工素质低下。这两类人员素质低下都有引发企业公共关系危机的可能。特别是如果企业领导者自身素质低下,导致企业公共关系危机的可能性更大。现阶段由于我国的企业家正在逐步向职业化过渡,有些企业领导人知识结构不完善,素质低下,水平较差,对内部员工缺乏威信和感召力,不能激发员工的工作积极性,使企业缺乏凝聚力;同时,对外部公众缺乏平等意识和必要的尊重,有的耻笑外部公众,有的冷待外部公众,有的甚至谩骂、殴打外部公众。如西安香格里拉大酒店丹麦籍总经理在饭店大堂当众殴打一位中国顾客而引发的企业公共关系危机即属此类。在企业经营中员工素质也很重要,员工素质必须与其所从事的事业相匹配,企业"桶"最低的一块木板必须与其"水平"和容量相称。如若不然,"一条鱼搅得满锅腥"的现象就会出现。如北京的国贸中心惠康超级市场员工对两名顾客强行搜身;沈阳商业城店员手操电风扇殴打顾客的电风扇风波;北京花花公子商店领班追打女顾客案等,诸如此类的事件、风波充分暴露了企业员工素质低下、亟待提高的问题。企业员工素质低成为制约企业发展的瓶颈,这个问题不解决,企业随时都有可能与公众发生纠纷,产生危机,并因而成为舆论的焦点,这是每个企业最不希望看到的。

2. 企业管理缺乏规范

这里讲的规范主要是指企业的管理制度和员工行为规范。管理缺乏规范的含义有两个:一是指企业组织基础工作差,管理的规章制度不健全,以至于工作无定额、技术无标准、计量无规矩、操作无规程,给组织管理带来极大的麻烦,也给公众带来诸多的隐患;二是指员工的行为无规范,以至于员工工作不讲质量,不讲服务礼节,不讲商务信誉,不讲职业道德,甚至严重损害公众利益和伤害公众感情,这些都有可能成为引发组织形象危机的祸根。

3. 企业经营决策失误

企业经营决策失误也是造成企业公共关系危机的重要原因之一。在现代社会中,企业的经营决策都应自觉考虑到社会公众、社会环境的利益和要求,不能有损于公众,有损于环境,否则,即属于决策的失误。经营决策失误情况繁多,主要体现为方向的失误、时机的失误、策略的失误等。各种失误都可能导致企业公共关系危机的出现,特别是其中的方向性和策略性失误更是导致企业公共关系危机的关键原因。如背离公众和环境的利益与要求做出决策,或采取有损公众和环境的策略实施各种决策,都是可能严重危及公众和环境的,也都有可能引发公众对企业的抵触、排斥和对抗,从而使企业陷入危机状态。

4. 企业法制观念淡薄

企业经营活动的正常开展,除了必须遵循企业经营的基本准则和社会伦理道德之外,还必须要守法,严格依法办事。因为现代社会是法制社会,市场经济是法制经济,企业的任何一员是否具有法律意识,是否知法、守法,是否将企业的经营活动置于法的监督、保护之下,这对于正常开展经营活动,规范企业管理行为,树立良好的组织形象有十分重要的意义。然而事实上,的确有的企业法律观念极为淡薄,置国家法律于脑后,霸气十足,随意践踏公众的基本权利,最终酿成企业公共关系危机。

5. 企业公共关系行为失策

现代社会的组织形象塑造工作实际上是一种社会信息交流工作。在信息交流的过程中,严格遵循以客观事实为基础的原则,是保证信息交流正常进行,求得企业与公众之间消除隔阂,达到动态平衡的基本要求。如违背这些原则,传播不真实,甚至有意弄虚作假、严重损害公众利益,那么再多的信息交流也无益于企业与公众间关系的协调,它只能被公众坚决反对和抵制,只会使企业与公众之间的关系走向恶化,形成危机。具体表现在以下方面。

(1) 策划不当,损害公众利益。以公众利益为出发点,是组织形象策划应遵循的基本原则。如南京某房屋开发公司曾向某女电影明星赠送价值20万元的别墅,结果并未引起轰动效应,反而伤害了公众感情,引起公众"向谁献爱心"的争论,这说明不从公众利益出发的策划是必然会失败的。

(2) 形象公共关系活动缺乏必要的准备。企业要取得以塑造形象为目的的公共关系活动的成功,就得做好公共关系的前期准备工作,准备工作做得越充分越扎实,公共关系的成功率就越高,如果企业缺乏必要的准备,或者准备不周,都有可能引发危机,使好事变成坏事。

(3) 企业忽视与公众的信息交流。传播沟通,通过企业和公众之间的信息交流和思想交流,可以优化组织结构,增进人际关系的和谐,取得公众对组织活动的谅解和支持,所以传播沟通对企业至关重要,但恰恰有些企业却犯了无视沟通或传播沟通意识淡薄的毛病,从而酿成企业公共关系危机。疏于传播沟通主要表现在:重视纵向的关系而忽视横向的关系,线条比较单一,缺乏双向传播的主动性,满足于上通下达和组织的自身评价,对外界发展变化缺乏迅速反应和反馈的机制;在工作方法上不愿意向公众宣传自身建设的情况,不愿意在平等的地位上与公众进行协商、交流,习惯于号召式的宣传,懒于做琐碎的沟通工作;企业发布信息不及时,缺乏针对性,使公众不能及时了解到所需要的信息等。可以说,在信息爆炸、误会频起的市场经济社会,"沉默"对企业来说不再是"金"。

(4) 忽视公共关系调研,损害企业声誉。调研是公共关系运作的四个程序中最重要的一步,是制订公共关系计划、开展形象公共关系活动的基础,这就犹如中医看病必须首先"望、闻、问、切"一样,没有"调研"必然贻误公共关系良机,出现偏差,使"病症"加剧,给企业带来不必要的麻烦,使之陷入公共关系危机之中。

二、企业外部环境成因

外因是变化的条件。任何组织所处的环境都是异常复杂的,某一方面发生变化,尤其是突如其来的变化,会给组织以重击,使组织陷入困境,处于公共关系危机之中。因此,组织必须保持清醒的头脑,预知"春江水暖",在危机面前争取主动。以企业为例,公共关系危机产生的外部环境原因包括如下几个方面。

1. 自然环境突变

这包括天然性自然灾害和破坏性建设两个方面。天然性自然灾害,是自然环境运动中完全遵循大自然规律(即不受人类行为影响)的环境要素所构成的,如山脉、河流、海洋、气温等。天然性自然所发生的变化,是不以人的意志为转移的,它往往给企业活动带来意想不到的突然打击,如地震、海啸、旱灾、涝灾、火山爆发、河流改道等。这些灾害具有很大的突然性、无法回避性和重大损失的特点,常常使遭受打击的企业面临灭顶之灾。破坏性建设灾害是一种人为的灾害,它指人类出于短视、无知、疏忽、决策失当等原因,没按客观规律办事所酿成的破坏机制。这种建设形同"破坏",且建设的规模越大,灾害损失就越惨重,所以,它是比自然灾害影响面更广泛的、迄今仍未被予以足够重视的潜在致灾源。"破坏性建设"灾害不仅包括人工诱发地震、滑坡、工业"三废"污染引起的全球性气候异常和臭氧层破坏、乱砍滥伐、盗伐加剧水土流失和沙漠化以及烟雾事件和城市噪音等新公害现象,还包括企业规划与设计欠妥造成的企业防灾能力脆弱等弊端。比如,企业动力、热力、供水、污水及垃圾的处理等无防灾和减灾能力,加剧着灾害的隐患。

2. 企业恶性竞争

恶性竞争即不正当竞争,指市场经济活动中,违反国家政策法令,采取弄虚作假、投机倒把、坑蒙拐骗手段牟取利益,损害国家、生产经营者和消费者的利益,扰乱社会经济秩序的不良竞争行为。恶性竞争作为引起企业公共关系危机的一个外部因素,是指本企业受到外部其他企业的不正当竞争,使本企业面临严重的经营危机和信用危机,从而引发企业公共关系危机。在现实生活中,一些不正当竞争者或采用散布谣言肆意损害竞争对手的形象,或盗用竞争对手的名义生产假冒伪劣产品,或进行比较性广告宣传有意贬低竞争对手的能力,或采取恶劣行径严重扰乱竞争对手的经营秩序等,这些恶意竞争行为,都可能导致企业严重的公共关系危机。

3. 政策体制不利

国家经济管理体制和经济政策是企业难以控制的外部因素,它对企业的经营和发展产生重大影响和制约作用。一般来讲,任何企业都希望国家经济管理体制和经济政策有利于本组织的生存和发展,但这些希望在某些特定情况下又总是不可能完全达到的。如果体制不顺,政策对企业发展不利,那么企业就可能在经营活动中遭遇很大风险,出现严重问题,甚至陷入一种欲进不能、欲退不忍、欲止不利的困境。在这种情况下,出现暂时的企业公共关系危机是完全有可能的。特别是传统经济体制的约束,传统经营观念的影响,行业封锁、产品垄断等种种弊端,甚至可以把一个企业逼向绝境。

4. 科技负影响

人类社会的科学技术进步,既可以给企业带来创新发展的机遇,也会导致企业原有技术的落后与贬值而出现危机。新材料新工艺的出现,会使企业如虎添翼;而新技术新标准的颁布也会使企业的产品在顷刻之间由合格变为不合格。因此,科技进步规律对企业公共关系危机的发生往往具有突发性的作用特点。因科技进步而导致企业公共关系危机的原因表现在以下两个方面。

(1) 技术本身的危险性导致危机。高技术本身内含的风险性,其导致的企业危机往往表现为重大技术设备的严重事故。如举世震惊的苏联切尔诺贝利核电站爆炸事故,使6000多人丧生即属此类。

(2) 技术进步带来技术标准变化导致危机。技术进步所带来的技术标准的变化,对企业的影响是广泛的。由于企业技术手段(设备)不可能总是处于先进发达状态,所以企业总是受到高新技术及其高标准规范的冲击。每项新质量标准的实施就意味着在原标准下的产品合格变为新标准下的不合格。

5. 社会公众误解

公众对企业了解并不都是全面的,有的公众会因获得信息的缺乏或专听一面之词对企业形成误解,尤其是当企业在产品质量、原料配方、生产工艺、营销方式、竞争策略等方面有了新的进步、新的发展、新的探索,但公众一时还不能适应,或一时认识跟不上,用老观念、老眼光,主观判断,草率下结论,更易造成危机事件。公众误解包括几个方面:一是服务对象公众对企业的误解;二是内部员工公众对企业的误解;三是传播媒体公众对企业的误解;四是权威性公众对企业的误解等。无论是哪一类公众对企业的误解,都有可能引发企业公共关系危机。特别是传播媒体公众和权威性公众对企业的误解,更可能使误解范围扩大,程度加深,形成极为不利的舆论环境,给企业带来严重的公共关系危机。如20世纪80年代的深圳大亚湾核电站风波,90年代河南驻马店地区制药厂的"阿普唑仑片"在辽宁受挫,都是因为公众误解造成的。

6. 社会公众自我保护

随着现代科技的发展和保护消费者权益的法律不断完善,消费者正在觉醒,并且学会了运用法律的手段保护自己的利益。企业原来认为合理的、正常的东西,现在在消费者的思想中已变成不正常的和非合理的,他们对企业的所作所为提出抗议,如反暴力行为、反污染行动等,使企业面临新的造成危机的可能。所以客观上公众自我保护意识的增强也是企业公共关系危机增多的一个原因。

7. 新媒体带来的挑战

随着时代的更迭以及科技的进步,媒介传播技术的变更都被公共关系所利用,同时也推动了公共关系的发展。从最早的报刊到后期的广播电视等媒体形式,都极大地影响了公共关系的发展。新时代,基于互联网的新媒体给现代公共关系创造了全新的传播方式以及传播环境,给公共关系的发展带来了更好的机遇同时,也带来了新的挑战。

传统的企业公关,本质上是"操纵舆论"和"制造同意"。对于大众而言,他们可以享受的权利是沉默和反对,但他们不能直接主张什么。[1] 而新媒体时代的到来让每一位大众都成为自己的发声筒,企业公关人员所面对的一个大众群体变成无数个个体,让公关活动的进行变得异常艰难。这表现在以下两点。[2]

(1) 公关对象不可控性。新媒体的飞速发展和持续创新,几乎彻底颠覆了传统媒体信息的传播秩序。公众不再是传统媒体环境中单一身份的信息接受者,每个人都是一个自媒体。新媒体传播逐渐成为社会大众乃至媒体记者获知危机事件的首要渠道,引起危机爆发。在数字时代前期,对于企业公关人员而言,不断打交道的其实是拥有控制信息传播的媒体人员,并非企业的客户,因此公关显得很轻松。而新媒体时代的到来,使每个人拥有了话语权,环境更为错综复杂,控制越来越难,这无疑增加了公共关系工作的难度。特别是信息全球化的发布与传播,更是加速了负面信息的传播。一方面,媒体的竞争在新媒体带来的"眼球经济"下更为激烈,为了获取注意力,媒体记者对爆炸性新闻孜孜以求,埋藏在社会组织

---

[1] 魏武挥.谷歌,我不想成为你"亲爱的网友朋友"[N].21世纪经济报道,2007-03-28.
[2] 吴程伟,刘雅惠,梁洁颖.新媒体、新挑战、新契机——浅析新媒体形势下公共关系应对之道[J].现代物业·现代经济,2013(9): 13-15.

内部中的危机隐患被触发的概率大幅度增加。另一方面,普通大众在新媒体上的信息发布不受控制,更容易产生负面信息,形成"蝴蝶效应"。

(2) 传播信息不可控性。传统媒体时代,公关信息的发布和传播可受控制。新媒体时代的到来让绝大部分大众拥有话语权之后,不遗余力地发声,口碑影响力不断加强。当其传播的信息对公关主体有利时,自然具备很好的宣传效果,但其中更不乏偏见、情绪化言论的出现并不断被放大,对公关主体十分不利,而这些对于公关主体而言的计划外信息及其传播具有很强的不可控性。

可见,新兴传媒的出现客观上增加了企业公共关系危机出现的概率,对此企业不可不察。以上是从企业组织所处的内外部环境分析,容易诱发企业公共关系危机的诸多方面原因,实际上任何危机的发生都并非一个原因促成,都是多个原因综合作用的结果。只有对造成企业公共关系危机的原因进行深入分析,才能拿出充分的依据,为正确处理形象危机奠定坚实的基础,同时,明确导致企业公共关系危机的因素也为企业预防形象危机的发生提供了可能。

8.3 公共关系危机的预防

除了一些自然灾害、机舰失事、火灾等非人为因素造成的危机外,企业危机大多是可以预防的。预防是企业危机管理的重要组成部分,涉及企业管理的各个环节、各个岗位、各个部门,以及每个员工,甚至涉及设备、环境、管理方式和管理职能,是一项复杂的系统工程。在当今社会里,由于企业组织自身的构成因素复杂多样,所处的社会环境变化加剧,因而各种企业组织出现危机的可能性都在增大。在这种情况下,任何企业都应重视危机预防的管理工作,且都必须运用科学规律、科学规范、科学方法、科学手段进行危机的预防管理。正如美国学者戴维斯·杨所说:"面对任何危机,你首要的目标是尽快结束危机,而比这更重要的是要做到防患未然。"危机预防管理水平如何,是评价一个企业的管理水平、衡量一个管理人员的管理能力高低的一项重要指标。

企业危机预防管理是企业危机管理的基本工作内容之一,是企业为预防和平息危机,对自身危机隐患及其发展趋势进行监测、诊断与预控的一种特殊的管理活动。其目的在于防止和消除企业危机隐患,保证企业经营管理系统处于良好的运行状态。"其手段是在企业中一种对危机能加以预警和预控的组织自免疫机制。"企业危机预防的意义对树立企业员工的危机意识,减少企业危机的发生概率,提高企业危机的处理水平都具有重要意义。

企业危机预防的具体对策体现在如下几个方面。

一、寻找薄弱之处

很多企业尽管可能是行业的翘楚,但是或多或少会存在薄弱的地方,善于发现自身的弱点是现代企业的必修功夫,连微软都声称离破产只有18个月,我们的企业呢?这时企业需要反思,哪些薄弱问题可能会导致企业陷入危机?企业可以从企业内外部,如企业董事会成员、离职或退休的员工、政府官员、社区居民、新闻媒体、行业分析人士等获得相关信息,这样,企业就可以准备两张表,第一张表包括那些最有可能发生的弱点/潜在危机;第二张表按照对企业损害的严重程度的顺序排到弱点/潜在危机,各项目按先后顺序排列,以红色、黄色和绿色三部分加以区别。

1. 编制"发生可能性"表

潜在危机/"发生可能性":_____。

最有可能发生(红色):
(1) _____。
(2) _____。
(3) _____。
(4) _____。
(5) _____。

可能发生,但在近期内不会发生(黄色):
(1) _____。
(2) _____。
(3) _____。
(4) _____。
(5) _____。

不可能发生(绿色):
(1) _____。
(2) _____。
(3) _____。
(4) _____。
(5) _____。

2. 按"对企业的严重损害"的顺序排列的弱点/潜在危机

潜在危机/"对企业的损害":_____。

会造成严重损害(红色):
(1) _____。
(2) _____。
(3) _____。
(4) _____。
(5) _____。

会造成损害,但是能够加以管理(黄色):
(1) _____。
(2) _____。
(3) _____。
(4) _____。

(5) _____

会造成很轻微的损害,并且可以很容易地加以管理(绿色):
(1) _____。
(2) _____。
(3) _____。
(4) _____。
(5) _____。

在分析这两个表的基础上编制第三张组合表,要特别注意那些被认为是既可能发生,又会对企业造成最大损害的弱点/潜在危机。首先从前两张表中同时被列为"红色"的弱点/潜在危机开始归纳,接着是在一张表中列为"红色"而在另一张表中被列为"黄色"的弱点/潜在危机。下一步,记下前两张表中同时列为"黄色"的弱点/潜在危机,然后是"黄色"和"绿色"的弱点/潜在危机,最后归纳在前两张表中同时被列为"绿色"的弱点/潜在危机。这样就把所有可能的薄弱方面按先后顺序排列出来,企业会直观地看到哪些薄弱环节应该进一步加以明确、防范。

3. 可能发生的严重损害

最有可能发生,会造成严重损害(红—红):
(1) _____。
(2) _____。
(3) _____。
(4) _____。
(5) _____。

最有可能发生,会造成损害,但可以管理(红—黄):
(1) _____。
(2) _____。
(3) _____。
(4) _____。
(5) _____。

会发生,但在近期不可能发生,会造成严重损害(黄—红):
(1) _____。
(2) _____。
(3) _____。
(4) _____。
(5) _____。

在短期内发生的可能性很小,会造成损害,但可以管理(黄—黄):
(1) _____。
(2) _____。
(3) _____。
(4) _____。

(5) _____。

弱点分析会帮助企业识别出应该关注的薄弱环节,以防止它们变成主要问题,同时也为企业将来的危机计划活动提供了需要注意的方面。这是其最大的作用,因此进行危机预防首先要重视弱点分析。

二、进行预警分析

企业危机预警分析,是对企业危机风险进行监测、识别、诊断与评价,并由此做出警示的管理活动。在企业组织内部,预警对象包括企业的领导者、管理人员和全体员工,预警的目的是引起他们对危机的了解和重视,以便他们做好必要的应对准备。在社会组织外部,预警的对象是可能出现的与危机密切相关的公众,预警的目的是通告他们危机信息,以便他们及时离开危机险境,有效避开危机危害。

1. 危机风险监测

危机风险监测是指对社会组织系统中已经或可能出现的危机风险进行监视和预测,收集各种反映危机风险的信息、信号,这是一项非常重要的工作。进行企业危机风险监测,要根据不同企业的具体情况,把最可能引发危机的影响因素或最可能出现危机的实践领域作为重点对象。要采取有效的监测手段,对监测对象的活动过程进行全过程的关系状态监视,对大量的监测信息进行整理、分类、存储,建立监测信息档案,形成系统有序的监测信息成果。

2. 危机风险识别

危机风险识别是指根据危机风险监测收集的危机风险的有关信息,在比较分析的基础上,判断危机风险实际存在的状态。危机风险识别必须在把握通用的状态识别指标和专用的危机状态识别指标的基础上,进行综合分析、反复研究、多方判断,对危机迹象识别进行方向和数量方面准确有效的描述,以达到对危机全面而深入的把握。

3. 危机风险诊断

危机风险诊断是指对已被识别的危机风险进行基本成因分析和发展趋势预测,为危机预控提供根据。这是危机预防十分重要的环节。由于危机风险发展趋势是建立在准确的危机风险成因分析的基础上,因此必须深入、具体、客观地分析危机产生的原因,运用科学的方法,以保证预测结论符合逻辑,准确有效。

4. 危机风险评估

危机风险评估就是对危机发生的可能性的大小和危机造成的潜在影响进行衡量,使危机管理者能更全面、更准确地预测和管理危机风险。其核心是进行危机的损失性评价,即可能的危机对企业的公共关系、经营管理、相关公众、社会环境将造成的危害。坚持定量评估方法与定性评估方法相结合是开展危机风险评估的关键。

三、实施预控对策

企业危机预控是指根据预警分析的活动结果,对企业组织可能出现的危机事态进行早期矫正与控制的管理活动。发出危机警示并不是危机预防管理的根本目的,对危机进行有效的预控才是危机预防管理的根本目的。预控对策的活动内容包括以下几个方面。

1. 思想准备

企业的每一个员工都要从思想上做好应对各种危机的准备。这就是我们通常所说的要具有"防火"意识。在日常工作中，企业员工尤其是管理者、领导者要在高度警觉的"防火意识"支配下，尽力协助、指导有关部门科学地设计生产工艺、科学配方，把好原料的质量关，搞好生产调度安排，加强企业的安全保卫工作和财务管理，完善售后服务制度等。要使组织的员工具有应对各种危机的思想准备，关键是要开展各种危机教育，让全体员工都了解危机的特征和危害，使全体员工都具有一种危机感，并由此增强他们的危机意识，帮助他们形成优化自身行为、预防各种危机的思想。

2. 组织准备

组织准备是指为预控对策行动开展的组织保障活动，具体体现在：第一，设置危机管理机构。危机预防管理与特定的危机处理不同，特定的危机处理是一次性的，而危机预防管理是日常性的，这是由于危机在现代社会组织中广泛存在的特性所致的。危机预防管理的日常性，决定了危机预防管理不能只是应急，而应该不断地长期进行。因此，在企业中，设置危机日常管理机构是非常必要的。危机日常管理机构的设置，不仅可以由其承担危机风险的日常监测、识别、诊断、评估和预警、预控工作，而且可以向组织内外公众表明企业组织认真负责的管理态度。危机管理机构一般由职位较高的组织者、公共关系部门负责人组成，他们必须具备市场推销、业务推广、售后服务，人事、管理、技术以及善于与人沟通等方面的特长，彼此之间应该配合默契，成员组成的原则是领导主持，专家依据需要参与，优势互补。第二，建立危机管理制度，约束组织成员的公共关系行为，保证组织危机管理方针、政策、措施的有效实施。建立危机管理制度很重要的一个方面是确定危机发生时共同遵守的准则，如危机发生时尽量不要混淆事实真相；不要做无谓的争论；不要小题大做；不要在事情未弄清之前随便归罪于别人；不要在实施沟通计划时偏离企业的政策等。第三，训练危机应急队伍。一般应抓好以下几件事：一是进行旨在提高应对危机事件能力的培训；二是进行危机事件的应对策略的培训；三是进行各种企业危机处理案例库的建设，让企业从中吸取经验教训；四是进行综合性的预防演习，这种演习不但可以检验危机管理预案的可行性程度，修正不足，还可以提高企业组织的反应速度，强化企业组织自身的行为。

3. 条件准备

危机的预防和危机事件的处理都离不开必要的物质条件。准备好各种物质条件，为危机的预防和处理提供必要的物质保证，是危机预防管理阶段的一项重要的基础工作。在危机管理中，一般需要准备的条件大致可以分为三类：第一，危机管理经费的准备。危机管理离不开充足的经费支持。第二，危机管理设施的准备。预防管理阶段，一般应有开展危机监测的各种工具和危机信息处理的各种工具。在危机事件处理中，所需的硬件设施也比较多，这些硬件设施同样平时就要有所准备，并要安排有关人员学会其使用操作，这些硬件设施主要包括：复印机、传真机、能收发电子邮件的计算机、连通内线和外线的多部电话机、移动电话、数码摄像机等。第三，危机管理信息资料的准备。每一个企业都需要有重要的内外公众的基本情况、企业基本状况等能随时取用的书面材料,这些资料要归类存档,以便于查询,使企业尽快地解决危机。

4. 基础工作

预防企业危机的基础工作十分重要。危机"病毒"是普遍存在的,它环绕在企业周围,对企业每时每刻都构成威胁,任何企业想战胜危机、超越危机,就必须努力增强自身的"免疫力",苦练内功,夯实基础。正所谓要打造转危为安的方舟,就必须有厚积薄发的底蕴。企业只有做好各项基础性工作,才能保证企业的效率高、质量优、服务好、效益大,才能增强企业对环境的适应能力和竞争能力,使企业管理系统有序地进行,减少和消除企业所存在的"危机"。为此企业要不断强化危机意识,全面提高员工素质,加强与各类公众沟通,建立"揭短露丑"的信息反馈系统,严格执行科学的管理制度,保证良好的产品质量和服务质量,及时理顺公众情绪,防止因一些枝节问题引发企业危机。

5. 危机处理

危机处理只是一种"例外"性质的"预防"对策,即只有在特殊情况下才采用的特别管理方式。它是在企业管理系统已无法控制企业状态的情况下,以特别的危机处理措施介入企业的危机管理过程中,一旦危机事件解决,企业形象得到恢复,危机处理的任务便告完成。实际上从某种意义上说,危机预防才是危机对策中的上策,"预防是解决危机的最好方法",危机处理是不得已而为之的下策,无论何时,防患未然都是具有重要意义的。

8.4 公共关系危机的处理

由非常性因素引发的企业公共关系危机,是企业的一种具有严重危害的不良公共关系状态。面对这种公共关系状态,企业绝不能置之不理、放任自流,而应采取一切有效措施做出妥善处理。

一、公共关系危机处理"三部曲"

企业危机的突发性、破坏性、急迫性表明,企业公共关系危机处理必须以及时的反应、最大的努力严格控制局势,迅速查清原因,积极采取措施,尽力挽回影响。因此必须首先制定出一个反应迅速、正确有效的企业公共关系危机处理程序,以避免急迫过程中的盲目性和随意性,使企业公共关系危机处理有序进行。企业公共关系危机处理的通用程序包括以下三个方面。

1. 采取紧急行动

企业公共关系危机一旦出现,企业就应对其做出反应。具体的工作内容有如下方面。

(1) 启动危机处理专门机构。企业公共关系危机爆发后,企业应立即启动危机处理专门机构。危机处理专门机构(the public relations emergency headquarters,PREH),是危机处理的领导部门和办事机构。一般由企业的主要领导负责,公共关系人员和有关部门负责人参加。这个机构对于保证危机事态能够顺利和有效地进行处理十分必要。危机处理的专门机构主要有三方面作用：一是内外联络；二是为媒体准备材料；三是加强对外界公众的传播与沟通。

（2）迅速隔离危机险境。当出现严重的恶性事件和重大事故时，为了确保企业及其公众的生命财产不受损失或少受损失，要采取各种果断措施，迅速隔离险境，尽量使各种恶性事件和重大事故所造成的损失降到最低程度，为恢复企业的良好公共关系状态提供保证。在公共关系工作中，危机险境的隔离应重点做好公众的隔离和财产的隔离，对于伤员更要进行无条件的隔离救治，这也是危机过后有可能迅速恢复组织形象的基础。

（3）控制危机蔓延态势。在严重的恶性事件爆发后的一段时间内，危机不会自行消失，相反，它还可能进一步恶化，迅速蔓延，甚至会引起其他危机的出现。因此必须采取措施，控制危机范围的扩大，使其不致造成其他影响。

2. 积极处理危机

经过第一阶段采取紧急行动，可控制危机造成的损失，尽量做到使危机损失最小化。之后，企业要从危机反应状态进入积极处理状态。在这一阶段关键是要遵循正确的工作程序，融积极性与规范性于一体，确保有效地处理危机。

（1）调查情况，收集信息。企业出现危机事件后，应及时组织人员，深入公众，了解危机事件的各个方面，收集关于危机事件的综合信息，并形成基本的调查报告，为处理危机提供基本依据。公共关系危机调查在方法上强调灵活性和快速性。一般主要运用公众座谈法、观察法、访谈法等方法进行调查。在内容上，公共关系危机调查强调针对性和相关性，一般侧重调查下列内容。

一是迅速收集现场信息，以便准确分析事故的原因。

二是详细收集危机事件的信息，包括危机发生的时间、地点、原因、人员伤亡情况、财产损失情况、事态发展情况、控制措施以及公众在事件中的反应情况。

三是根据危机事件提供的线索，了解危机事件出现的企业组织背景情况，公众背景情况，找出企业、公众与危机事件的关节点。

四是调查受害公众、政府公众、新闻媒体及其他相关公众在危机事件中的要求。要注意从事件本身、亲历者、目击者和有关方面人士那里广泛全面地搜集本次企业公共关系危机的信息，无论是现场观察还是事后调查，都应详细地做好记录，除一般文字记录外，最好利用录音、录像、拍照等进行更为客观的记录，为进行危机处理提供充分的信息基础。危机事件的专案人员在全面收集危机各方面资料的基础上，应认真分析、形成危机事件的调查报告，提交企业的有关部门。

（2）分析研究，确定对策。企业危机处理人员提交危机事件的专题调查报告之后，应及时会同有关职能部门，进行分析、决策，针对不同公众确立相应的对策，制定消除危机事件影响的公共关系方案。在这个环节中，最重要的工作就是对危机影响到的各方面公众采取相应的对策。对策如何，直接影响着公共关系方案的运作和效果。

（3）分工协作，实施方案。企业制定出危机处理的对策后，就要积极组织力量，实施初步既定的消除危机方案。这是工作的中心环节，在实施过程中应注意：调整心态，以友善的精神风貌赢得公众的好感；工作中力求果断、精练，以高效率的工作风格赢得公众的信任；认真领会公共关系活动方案的精神，做到既忠于方案，又能及时调整，使原则性与灵活性均得到充分的体现;在接触公众的过程中,注意观察、了解公众的反应和新的要求,并做好说服工作。

(4) 评估总结,改进工作。企业在平息危机事件后,一方面,要注意从社会效应、经济效应、心理效应和形象效应诸方面,评估消除危机的有关措施的合理性和有效性,并实事求是地撰写详尽的公共关系危机处理报告,为以后处理类似的危机提供参照性文献依据。另一方面,要认真分析危机事件发生的深刻原因,切实改进工作,从根本上杜绝公共关系危机事件的发生。

3. 重塑组织形象

即使企业采取积极有效的措施处理危机,企业的形象和销售额都不可能完全恢复到危机发生前的水平。公共关系危机对组织形象造成了损害,其不利影响会在今后企业的生产经营中日益显露出来。因此,企业公共关系危机得到处置,并不等于企业公共关系危机处理结束,企业公共关系危机处理还要进入重建企业良好形象的阶段,只有当组织形象重建,才谈得上转"危"为"安"。

(1) 树立重建企业良好形象的强烈意识。在危机处理中,企业除了平时要有强烈的公共关系意识外,还必须树立强烈的重建良好公共关系形象的意识,要有重整旗鼓的勇气,要有再造辉煌的决心,而不能"破罐子破摔"。须知,只有当企业的形象得到重建,才谈得上良好的公共关系状态,企业公共关系危机处理才谈得上真正完结。

(2) 确立重建企业良好形象的明确目标。在重建良好组织形象的过程中,确立重建良好形象的目标是必不可少的一个步骤。总的来说,重建良好形象的目标是消除危机带来的形象后果,恢复或重新建立企业的良好声誉,再度赢得社会公众的理解、支持与合作。具体来讲,大致可以分为四个方面:第一,使企业公共关系危机事件的受害者或其家属得到最大的安慰;第二,使利益受损者重新获得作为支持者的信心;第三,使观望怀疑者重新成为真诚的合作者;第四,更多地获得新的支持者。只有达到上述目标,公共关系危机的处理才算是全面的和完善的。

(3) 采取建立良好组织形象的有效措施。企业在确立了重建良好公共关系形象的明确目标之后,关键是采取有效措施实施,达到这些目标。这些措施包括对内和对外两个方面。对内,一是要以诚实和坦率的态度安排各种交流活动,以形成企业与其员工之间的上情下达、下情上传、横向连通的双向交流,保证信息畅通无阻,增强组织管理的透明度和员工对企业组织的信任感;二是要以积极和主动的态度,动员企业组织全体员工参与决策,作出组织在新的环境中的生存与发展计划,让全体员工形成"乌云已经散去,曙光就在前头"的新感受;三是要进一步完善企业组织管理的各项制度和措施,有效地规范组织行为。对外,一是要同平时与企业息息相关的公众保持联络,及时告诉他们危机后的新局面和新进展;二是要针对企业组织公共关系形象受损的内容与程度,重点开展某些有益于弥补形象缺损、恢复公共关系状态的公共关系活动;三是要设法提高企业组织的美誉度,争取拿出一定的过硬的服务项目和产品在社会中公开亮相,从本质上改变公众对企业组织的不良印象。

二、公共关系危机处理的总体策略

在企业公共关系危机处理的过程中,策略是针对公众心态、需求的不同而进行的决策定位,它要为维护、恢复和发展组织形象服务,同时要适应公众的心理特征、个性背景。企业公共关系危机的处理除必须按照一定的程序进行外,还必须重视有关的策略。企业公共关系危机处理的策略是指具体进行企业危机处理所需采取的对策与方式及其相应的原则规范。重视讲究企业公共关系危机处理的策略,对于尽快平息企业公共关系危机,有效重塑企业的形象,迅速恢复改善公共关系状态,具有十分重要的意义。企业公共关系危机处理的总体策略实际上就是企业公共关系危机处理的原则规范,主要包括如下内容。

1. 积极主动

在处理企业公共关系危机时,无论面对的是何种性质、何种类型、何种起因的危机事件,企业都应主动承担义务,积极进行处理,即使起因在受害者一方,也应首先消除危机事件所造成的直接危害,以积极的态度去赢得时间,以正确的措施去赢得公众,创造妥善处理危机的良好氛围,而不应一开始就采取消极、被动的态度,追究责任,埋怨对方,推诿搪塞,从而贻误处理危机的时机,造成危机处理的被动局面,引发更大的危机。

国外有一个"32次紧急电话"的公共关系案例。美国女记者基泰斯到东京探亲,她在东京的奥达克余百货公司买了一台"索尼牌"电唱机,准备送给东京的亲戚,回到住处后她发现该机未装内件,是一台空心唱机。当她第二天准备到公司进行交涉时,该公司打来紧急电话,在一连串的道歉之后,说该公司副经理将登门拜访。50分钟后,百货公司副经理和一名职员匆匆赶到,送上一台新唱机,并外加一盒蛋糕、一条毛巾和一张著名唱片,在谢罪的同时,他们讲述了公司自行发觉并尽快纠正这一错误的经过:当天下午4点30分,售货员发现售出一空机后,立即报告警卫人员迅速寻找这位美国顾客,但为时已晚,遂报告监理员,他又向监督和副经理汇报。经分析,决定从顾客留下的"美国快递公司"的名片这一线索出发,当晚连续打了32次紧急电话向东京周围的旅馆询问联系。另外还派专员用长途电话向"美国快递公司"总部打听,结果从快递公司回电中知悉这位顾客在纽约母亲家中的电话,随即再打电话了解到这位顾客在东京亲戚家的电话,结果终于在她离开之前,打通了电话,找到了"空心唱机"的买主,更换了唱机,取得了这位美国顾客的充分谅解和信任。此事曾被美国公共关系协会推举为世界性公共关系范例,可以看出日本公司是靠着积极主动避免一场危机的。

积极主动还表现在维护公众利益上,公众之所以反抗企业组织,"制造"出危机事件,最根本的原因就是公众感到在利益上受到了一定程度的损害,他们要运用新闻、法律武器,保护自己的合法利益。因此,企业要以公众利益代言人的身份出现,主动弥补公众的实际利益和精神损失。

2. 情谊联络

在危机事件中,公众除了利益抗争外,还存在强烈的心理怨怒,因此在处理中企业不仅要解决直接、表面的利益问题,而且要根据人的心理活动特点,采取恰当的心理情谊策略,解决深层次的心理、情感问题。

情谊联络策略,主要是为了强化企业组织与公众的情感关系。有的因生疏造成的危机事件,直接利用情谊联络的方式,就可以达到消除危机、增进友谊、发展感情的目的。公众都是有感情需要的人。公众情感是在对企业组织的评价和情感体验的基础上形成的,具有重要的行为驱动作用,是公众理解和支持企业组织的动力源泉之一。在大量的危机处理过程中,有意识地施加情感影响,可以大大强化其他措施的影响力,树立组织的良好形象。如沙松电冰箱厂在处理沙松爆炸事件中,渗透了浓烈的情感影响,取得了很好的效果。

3. 如实宣传

企业公共关系危机处理的一个重要原则就是如实宣传,实事求是。危机发生后要如实地与公众沟通,并主动与新闻媒体取得联系,公开事实真相。对于新闻媒体记者和广大公众,都不能因为他们不在现场,不知底细,或不懂某一专门行业对其弄虚作假,更不能对其采访和打探情况设置障碍。总之,对各方面公众都要如实宣传,这也是危机处理的基本要求。1993年8月5日,深圳发生大爆炸事件后,市政府立即做出决定:"要抢先境外传媒,做出报道。"市政府马上向国内传媒提供了第一手资料,避免小道消息流传,以讹传讹。新华社、中新社都在同一时间发布消息,包括死伤人数、地点及爆炸性质,由于沟通及时,避免了公众的过分恐慌,使公众和新闻界不去"估计"和做出缺乏现场感的"分析"。

4. 超前行动

企业公共关系危机尽管具有潜伏性的特征,但许多事情还是可以预测的,只是不知道什么时间、什么地点爆发罢了。这一策略就是指企业要通过经常的调查分析,及早发现引发危机的线索和原因,预测出将要遇到的问题以及事件发生后的基本发展方向和程度,从而制订多种可供选择的应变计划。对一切有显露的问题要积极采取措施,及早做出处理,将危机扼杀在萌芽状态。对没有显露的问题也要细心观察,做好防御,以便在问题显露时做出快速反应,努力减少危机造成的损失。

5. 富有创意

公共关系工作的最大特点是创造性,处理形象危机更要发挥创造性,渗透着创造性的危机处理,其结果往往是"旧貌换新颜",有时甚至还会出现一个出乎人们意料的美好结局。其实,所谓创造性策略就是在设计危机处理方案时,在充分考虑各方面的条件和因素的前提下,因人、因地、因事制宜,争取对公众、社会、企业都有益处。

6. 注重后效

企业公共关系危机处理要注重后效。这是指既要着眼于当前企业公共关系危机事件本身的处理,又要着眼于企业组织良好公共关系形象的塑造。不能采取"头痛医头、脚痛医脚"的权宜之计和视野狭窄、鼠目寸光的短期行为,而应从全面的、整体的、未来的、创新的高度进行企业公共关系危机事件的处理。因为危机与机遇并存,所以,形象危机的处理必须努力取得多重效果和长期效益。

三、公共关系危机处理中的传播沟通

传播沟通在管理的任何时候都十分重要,缺乏良好的沟通,任何管理行为都无法有效地实施。企业公共关系危机发生后更离不开传播沟通,它是迅速处理企业公共关系危机的关键。

1. 危机处理中的传播沟通策略

企业在危机事件出现后,为了求得公众的准确了解、深入理解、全面谅解,很有必要向广大公众传播有关信息。因此,在形象危机的处理中,为了增强信息传播的有效性,策划者必须提出一定的传播对策,以确保企业公共关系危机处理的顺利进行,取得良好的危机处理效果。

（1）迅速开放信息传播通道。企业公共关系危机事件的出现,往往会引起新闻媒体和广大公众的关注和瞩目,这时企业必须做到迅速开放信息渠道,把必要的信息公之于众,让公众及时了解危机事态和企业正在尽职尽责地加以处理的情况。面对新闻界的竞相报道和社会公众的着意打探,如果企业组织在这时隐瞒事实,封锁消息,不仅不会给企业带来什么好处,反而会引起新闻界公众的猜疑和反感,促使他们千方百计地从各种渠道收集材料,挖掘信息,这就很容易出现失实和不利的报道,从而更有可能给该企业的危机处理带来麻烦而产生新的形象危机。这时的社会公众也是最容易产生猜疑、误传或者轻信不良信息的,这更会给企业造成不利的社会影响。因此明智的做法是,开放信息传播渠道,公布事实真相,填补公众的信息空白,让新闻界传播客观真实的信息,让广大社会公众接受客观真实的信息。

当然,开放信息传播渠道并不是让公共关系危机事件及其处理情况的有关信息放任自流,而是要让其有秩序地传播。这样,就要求企业要做好信息传播的基础工作。

首先,准备好要传播的信息。主要包括信息的搜集、整理、分析、加工等内容。一是信息的搜集,信息的搜集一定要全面,要通过有关途径取得完整的企业公共关系危机事件及其处理情况的一切信息。二是信息的整理,其关键的问题是对已搜集的信息进行分类存档,以备查用,或为新闻界提供原始材料。三是信息的分析,即分析各种信息的真实性、可靠性,以及有这些信息反映的企业公共关系危机事件及其处理过程的发展情况。此外还要对这些信息中哪些应尽早传播,哪些应稍缓传播,哪些应大范围传播,哪些应控制范围传播等做出具体分析,拿出具体意见。四是信息的加工,即对需要的信息进行内容和形式的加工,其目的是确保信息传播的真实性和准确性,帮助新闻界做出正确的报道。

其次,确定信息的发布者。即确定企业公共关系危机事件及其处理情况的正式发言人。发言人最好由危机处理专门机构正式确定,也可以临时委任。发言人的人选应视危机事件的性质和严重程度而定。在发生重大危机事件的情况下,一般由总经理担任。发生一般危机事件的情况下,一般由公共关系部经理担任。确定发言人的目的是确保对外传播信息的准确性和权威性,因此,在企业公共关系危机处理的过程中,危机处理专门机构的信息要全部汇向指定的发言人,发言人要完全了解和明白企业将要发布的信息。

再次,设立一个信息中心（PIC）。在企业公共关系危机事件中,尤其是重大的危机事件发生后,前来采访的记者会很多,前来咨询的公众也会川流不息。这时必须考虑设立一个信息中心。信息中心的任务是负责接待前来采访的记者和前来咨询的公众;负责为新闻记者指引采访的路径,并为其提供通信休息乃至食宿的方便;负责向公众解答有关的咨询问题,并将公众的意见做好记录;在危机处理专门机构的统一部署、统一指挥下负责公布危机处理的进程。信息中心的负责人一般由危机处理专门机构委派的发言人担任,也可以由企业公共关系部经理担任。

最后,始终坚持两个原则。在企业公共关系危机处理的过程中,整个传播过程都要贯彻两个基本原则:一是统一口径原则(a one-voice principle);二是充分显露原则(a full-disclosure principle)。危机处理的传播工作很重要,因为一言既出,事关全局,影响甚大,传播出去,驷马难追,所以必须注意统一口径,避免企业人员的言辞差异。坚持统一口径原则还能给公众留下企业是团结战斗的整体,企业领导人有能力、有决心、有诚意处理好这一公共关系危机事件的美好印象;还要坚持充分显露原则,对有关危机事件及其处理的信息知道多少要传播多少,不要有所取舍,更不要隐瞒或歪曲。

(2) 有效控制新闻传播走向。开放的信息传播通道有利于避免新闻记者和广大公众的猜疑、误传,为人们提供了可靠的信息来源。但是,由于新闻记者和广大公众对于企业公共关系危机事件所持的态度不同,看问题的角度不一样,因而也有可能使信息传播朝着不利于企业公共关系危机顺利处理、组织形象恢复重建的方向发展。所以,在开放了信息传播通道后,还必须有效控制信息传播的走向。

首先,尽力进行事前控制。这是指在新闻媒体发布有关信息之前所进行的新闻传播走向控制,它是新闻传播走向控制最为主动的办法和最为有效的措施。具体办法有:请权威人士发布信息;以书面形式发布信息;制作完整的新闻稿件,聘请权威新闻机构的新闻记者担任新闻代理人;邀请政府官员出面发表见解等。企业若能做好事前控制,对尽快摆脱危机,恢复正常的公共关系状态是十分有利的。

其次,适当进行即时控制。这是指新闻媒体即将发布有关信息之时进行的新闻传播走向控制。这种控制一般难度较大,因为记者如何写的报道一般不容易知道。一般的,主要应掌握前来采访记者的情况,如有哪些记者曾前来采访过,他们是哪些新闻机构的记者。在此基础上,向新闻机构及时传达信息,并通过原来与新闻机构建立的各种联系,借助于内线人物及时纠偏。

最后,设法进行事后控制。这是指新闻界在发布了有关偏向信息之后所进行的新闻传播走向控制。这方面的办法主要有:当新闻记者发表了不符合事实真相的报道时,可尽快与新闻机构接洽,向其指明失实之处,提出更正要求;当新闻记者或新闻机构对更正要求有异议时,可派遣重要发言人,如当事人或受害者本人接受采访,反映真实情况,争取更正机会;当新闻记者或新闻机构固执己见,拒不更正时,可用积极的方式在有关权威媒体上发表证明正面申明,表明立场,要求公正处理,必要时可借助法律手段,但要慎重采用。

(3) 消除危机处理中的谣言。谣言是毁坏组织形象,涣散企业组织的恶魔,企业在形象危机处理过程中,应注意预见谣言产生的可能性,一旦谣言产生要沉着应战,遇事不慌。危机事件中产生谣言的主要因素有:公众缺乏可靠的来自正常信息渠道的信息,人们得不到正常渠道的消息,就会向非正常渠道获取,就难免谣传纷起;公众缺乏完整的信息,信息不完整就会给人留下想象或捏造的空隙,从而产生谣言;危机形势紧迫,公众担忧和恐惧,感到形势无法控制,对前景丧失信心,悲观失望,任由事态发展,也会产生各种谣言;传闻失实,小道消息流传,使公众对正常渠道的信息产生怀疑,这种怀疑使一些人信谣传谣;从企业传出的信息有出入,不是统一口径,公众从企业听到不同的声音,自然会产生思想疑虑,这种疑虑是导致谣言产生和流传的基础。

企业消除谣言首先要消除产生谣言的气候和土壤。在企业公共关系危机处理中,要认真研究以上因素,仔细分析和观察事态的发展,保证信息渠道的通畅,积极沟通,这样,就能在一定程度上防止谣言的产生,一旦谣言产生,企业要以积极郑重的态度对付谣言。辟谣的对策包括:首先,要分析谣言传播的范围、造谣者的意图和背景、谣言的起因,以及谣言造成的影响,在分析的基础上寻求阻止谣言流传的最佳方案。其次,要选择恰当的媒体,及时提供全面的、确凿的事件真相,让事实讲话,让行动证明,动员一切可以动员的力量(包括企业员工和本地区的行政首脑、知名人士、舆论界权威和一切有社会影响的人),通过多种渠道、多层次的宣传,防止谣言的流传。最后,在企业内部广泛地开展谈心活动,进行各种形式的信息发布,让企业全体人员体会到企业辟谣的决心,加强企业的凝聚力。辟谣方案实施前,应召开基层人员座谈会,听取意见,保证辟谣工作的实施。

2. 危机处理中的内部沟通

真正做好危机管理工作,需要企业高度重视内部人力资源的利用与潜力挖掘,在内求团结的基础上才会使员工为企业的转危为安贡献才智。企业内部沟通对于危机中的企业来说至关重要。

(1) 内部沟通的作用。首先,通过沟通,员工可以详细了解危机状况,容易激发出员工对企业处境的同情并增强责任感。如在 PPA 风波中,中美史克公司向员工传递了危机相关信息,通报了企业举措和进展,企业的推心置腹、坦诚相见和诚挚果断打动了员工,在企业内部赢得了积极公众,员工空前团结一致,员工与企业同患难共命运。但如果企业没有事先与员工做深入沟通,他们是不会表现出忠诚的,往往会在企业危机最需要员工支持时却找不到合适的、值得依赖的人。其次,避免谣言从内向外传播。有道是"家和万事兴"。企业进行了有效沟通之后,员工会减少对企业的胡乱猜测,避免去做任何他们认为可能伤害到企业的事情。最后,通过沟通,使员工安心于本职工作,保持工作的积极态度。危机中的企业很容易人心涣散,各种问题会接踵而来,增加危机的破坏程度。通过内部沟通,让员工充分了解危机情况与企业进展状况,这样员工很少会被危机分散注意力和压垮,更可能对于危机解决持积极乐观的态度,并自觉地充当企业危机管理的宣传者,有助于说服顾客、供应商和其他公众产生同感。

(2) 危机中如何与员工进行沟通。首先,尽快与员工沟通。对于危机中的内部沟通,很多危机管理专家都强调一个"快"字。在危机发生之后,员工们应该得到在通过其他途径了解危机情况之前获知危机真相的权利,让他们成为企业喜怒哀乐的分享者。企业应该就危机形势与所有员工开诚布公地进行沟通,让员工清楚地知道企业可以公开的信息,如果有可能,可以采纳员工对危机的建议。如果危机比较严重,发生员工伤亡损失事故,要尽快通知员工家属,做好慰问及善后处理工作,并争取把这些坏消息毫不隐瞒地告诉其他员工。其次,尽可能多地向员工传达有关信息。在危机中,员工希望知道尽可能多的危机情况,尤其是一些核心信息,谁也不希望被隐瞒。如果员工觉得自己能够以一种真实的不被操纵的方式了解整个情况,他们可能会更支持企业,但如果企业认为员工想要知道的是机密的事,要注意向员工解释为什么现在不能告诉他们。此时,企业可以根据需要细分员工,根据不同级别,采取不同的沟通方式。再次,设身处地地为员工着想,确保所有的员工基本上能同时得知所有重要的信息。站在员工的立场上,企业有义务说明什么,会希望通过什么途径知道这些信息,时间间隔会是多长?此时,同时将消息传达给所有员工可以使被传达的信息保持一致性,可以减少员工通过其他的途径得知这些信息而出现信息偏差的机会,有利于企业沟通工作的开展。再次,要为员工提供更多的机会来表达个人意见。在危机中,员工需要有机会来提问题,探究问题的根源以及发泄不满。企业要通过诸如领导个别接见、部门或员工大会等途径给员工提供充分的提问机会,收集和了解员工的建议和意见,做好说明解释工作,让员工知道在出现新的信息和事情有所改变时,企业会及时与他们进行沟通,确保员工对于危机变化的情况都能及时了解,让员工随着企业的行动而行动。最后,选择合适的发言人。企业要确定需要传达的信息以及企业中最适合的、能够最有效传达此类信息的人员,保持内部沟通的良好效果。谁是发布这一信息最可信的人?是应该由企业高级管理者宣布,还是由直接涉及此信息的决策人宣布更合适呢?这些问题要切实考虑好。

(3)企业内部沟通的途径。在危机中,企业要考虑选择效果最好的沟通工具来传递信息,向员工告知事故真相和企业采取的措施,使员工同心协力,共渡难关。下面是一些企业可能会采用的沟通途径。

① 员工大会与部门会议。召开员工大会与部门会议是企业说明重要问题的惯常做法,也是最权威、最正式的内部沟通方法之一。当企业员工人数比较少或者员工分散在许多地方但可以实现电视、电话会议时,所宣布的事会对企业产生很大冲击,需要一个人同时向所有的人传达同一个信息时,员工大会这种形式是很实用的,通常效果也最好。要注意的是,应该留有大量的时间用于回答员工的问题,倾听他们的评论和建议。如果所宣布的事并不是很紧急或者企业太庞大以至于无法召开员工大会时,所传达的信息对某些部门的影响要超过其他部门,部门层次的会议就是最合适和有效的了。在企业高层官员简要传达后,各部门经理可以根据自己的领域进行发言,以表达他们对企业所采取行动的支持和信任,也要注意留出足够的时间来回答问题或听取员工的意见和评论。

② 企业简报、公告牌或企业报纸。在危机中,企业简报、公告牌或企业报纸是强化关键信息和提醒员工有关企业的信息和行为的便利工具,可以承担起内部沟通的媒体作用,尽可能反映危机的真实情况以及危机管理的措施。只是由于企业报纸的出版周期会长一些,不利于危机的快速反应。一般来说,企业多采用企业简报、公告牌在企业内部随时发布信息及时向员工通报企业的行动趋向。

③ 单独会见。单独会见是企业领导经常采用的内部沟通措施,可以很直接、随意地交流看法。当所传达的信息只会影响少数员工,并且需要他们理解企业决策以及对他们产生的影响非常重要时,或者传达的信息特别敏感和重要时,单独会见是最有效的。

④ 电话与电话会议。电话作为便捷的沟通工具,在企业里应用最为广泛,危机管理中很多信息的传递都会涉及电话。当企业需要快速传达所要沟通的消息,并且不会因为这样做过于私人化而让员工反感时,可以考虑打电话。当只向很少的人传达信息,并且在传达的时候不需要同时联系多个员工时,电话是最有效的。而当处在不同位置的几组员工需要迅速知道信息而且能有机会提出问题并给予反馈时,电话会议也是一种有效的沟通方式。

⑤ 互联网络。互联网络是现代社会沟通的便捷手段,很多企业通过内部局域网的建设,构筑了企业的网上世界。企业可能采用电子邮件、网络寻呼与电子公告牌等方式随时

向员工发布最新的重要信息,提供最新的管理策略,以及寻求员工们的建议与支持。

⑥ 非正式传播渠道。员工在工作中形成的一些人际关系构成了企业内部非正式传播的交流网络,传播形式多表现为小道消息。这种小道消息往往传播速度快,不受时间、地点限制,容易使双方产生亲切感,能够立即得到信息反馈并可根据信息反馈及时调整谈话内容,能够获得正式传播达不到的效果。小道消息具有两面性,公共关系人员如能善加利用,通过员工在生活中形成的一定人际关系所构成的非正式传播交流网络进行传播,传递正式传播所无法传送或不愿传送的信息,可以达到理想的传播效果。

3. 危机处理中的新闻发布

在危机中,企业可以通过什么途径进行沟通,如何保证效果,是危机传播管理工作应该考虑的核心问题。一般来说,企业与新闻媒体接洽、沟通,争取其公正客观的报道,可以利用的形式主要有以下两种。

(1) 新闻稿。新闻稿是一个由企业自己拟定的,用来宣布有关企业信息和官方立场的新闻报道,妥善发布危机情况的是"明确"的新闻信息。新闻稿可以是企业声明,可以是企业新闻,也可以根据情况和需要决定其具体形式。通常,新闻稿篇幅短小精悍,当危机具有新闻价值时,企业可以及时分发给有关新闻媒体。实际上,许多企业都备有新闻稿,以便紧急情况下派发。大多数公共关系专家都认为,在危机中,新闻稿很难成为企业的唯一声明,但有助于说清事实真相,提供详细的背景信息,在企业希望把同样的信息同时传递给多家媒体的时候,采用新闻稿是最有效的。

(2) 新闻发布会。如果危机引起了较大的关注,企业应该考虑召开新闻发布会,本书任务 6 中对新闻发布会已经做了介绍,这里着重介绍企业危机发生时如何接受媒体采访。接受新闻媒体采访是危机中企业领导和新闻发言人的必修课,因为记者总是渴望知道得更多,而企业领导和新闻发言人无疑是最佳采访对象,这时企业就要考虑如何面对新闻媒体的专访问题。一般来说,当企业要给媒体提供特定的线索或消息时,最好是采用一对一的媒体专访,这也是与个别媒体联系的最好方法。不过,在采访过程中,很容易遇到记者提出的一些难题。记者为了获得更多的新闻素材,往往会采用职业技巧来让被采访者自动地落入记者的圈套中,甚至是采用欺骗的手段,特别是对那些不能够给予媒体很好配合的企业,记者会竭尽全力地挖掘企业的新闻价值。此时,企业领导和新闻发言人就迫切需要提高个人能力,掌握应对记者的基本技巧。下面结合中美史克公司新闻发言人杨伟强就《中国经济时报》记者的专访,描述记者算计的技巧以及应对建议。

① 错误前提。记者故意以一个声明作为问题的开端,测试企业是否会更正这个声明。真正的问题也许跟这个前提毫无关系,但记者会用它来判断企业的反应。要是没有反应,记者就会据此推断企业对于这个前提的某些看法。

对策:如果该前提不正确,在回答问题之前应立即给出实际情况,进行纠正,绝对不要接受一个错误的前提。

记者:有人认为,国家药监局的政策有点仓促,中美史克是否承担了不该承担的损失?

杨伟强:药监局作为国家药品安全管理部门,肯定要对全国老百姓的健康负责。回到我刚才说的,这就是大我与小我的关系。我是相信药监局既想保护企业,也想保护老百姓的健康,一旦两者发生冲突时,政府自然要把 12 亿人口的利益放在第一位,小我要服从大我。

② 假设情况。记者想要企业来谈论某些企业也许会回避的事情时,最常用的方式之一就是通过对某些可能发生或者根本不会发生的事提问,希望企业能够谈谈这件事,从而使企业透露某些具有新闻价值的信息。

对策:告诉记者企业不会就假设的情形发表看法,而且要管住自己不这么做。

记者:根据你个人以及企业所知道的专家意见,你认为康泰克到底有没有问题?

杨伟强:一个人或者几个人的看法不足为据,要想得出一个权威的结论,必须有一个专家群的统一意见。

③ 我听到一个谣言。有些记者为了对企业内部信息了解得更深入,也许会看一看企业对他们事先捏造的事情有何反应,从而在无意中从一个有趣的角度涉及关键主题。

对策:如果谣言不是真的,就应该立刻加以否定,还要注意给出企业合理的理由,最好随时准备好一些有利于企业申辩的材料,以便更有说服力地答复这些问题。

记者:PPA事情出来后,就有消费者给我们打电话说,他吃康泰克有副作用,康泰克早就应该被禁。对这一问题,你如何看待?

杨伟强:康泰克在中国销售了12年,之所以能在市场上发展这么多年,不是靠我们打广告能做到的,靠的是这种药在大多数人那里是安全的,有疗效的。从销售开始,如果平均每次服用4~6粒,那么全中国就有8亿多人次服用过这种药,如果没有疗效,恐怕早就被扔到臭水沟里了,怎么会生存12年呢?但药的副作用是客观存在的,有些人副作用可能会大些,有些人可能会小些。

④ 对竞争做出评论。很多时候,记者会要求企业对竞争对手进行评论,这些问题可能很自然地涉及竞争对手的新的广告活动、企业领导或转移到新目标市场的决策,但是企业要知道这有可能会引起企业与同行之间的争执与理论。

对策:把不谈论竞争对手作为企业的行为准则,尤其是在危机中,向记者说明企业的处境并争取其理解。需要注意的是,企业不可能完全了解竞争对手所做出的决策,而且任何企业也不会愿意让竞争对手来剖析自己,所以,企业最好不要对此抱有什么幻想。

记者:你们的竞争对手在PPA事件发生后利用了这一市场空隙,你怎么理解?

杨伟强:在事情发生以后,我们的一些竞争对手必然会利用这个机会多占些市场份额,也有和我们代理商接触的,这很容易理解。但在这个问题上,我们的代理商始终和我们站在一起,这令我非常感动。

⑤ 固执的记者。有时候,有些记者为了获取独家新闻,会试图要挟企业提供他们正在寻找的信息,要是企业不愿配合,他们就会以报道不利的新闻或从其他地方查找信息来威胁,给企业造成压力。

对策:企业冷静地向记者表明记者可以做任何他们想做的事,但企业不会背离自己的原则和判断,同时简要地解释一下企业为什么不愿深入的原因。

记者:康泰克在中国感冒药市场上占的市场份额有多少?

杨伟强:说不清楚。你们知道,现在各种对市场份额的统计很难说是准确的。

记者:你们的产量有多少,是否可以透露一下全年的销售额?

杨伟强:这不可以说。药品是有季节性的,冬天和春天季节一般是感冒高发季节,感冒药的市场需求就大,是感冒药销售的黄金季节,这段时间产量就会相对大一些,反过来,夏季的产量就小一些。

⑥ 对新闻媒体说"无可奉告"。很多经验表明,企业"无可奉告"只会显得企业本身不可信或者在试图逃避问题。

对策:在回答记者的提问时,尽可能不说"无可奉告",只要企业有准备,就应该多披露一些内情。为了避免提到不利于企业的事情或企业存在的问题,对记者的一些问题可以采取多种方法予以转移话题,而不要总是说"无可奉告"。

记者:康泰克的停产给企业造成了多大的经济损失?

杨伟强:暂停使用康泰克确实给企业带来了经济损失,但是这里边有一个大我和小我的关系。从大我的角度来看,我们认为,政府做出这样的决定,是对消费者负责,是有道理的。

8.5 网络危机管理

在21世纪的今天,网络作为一种大众媒体,其重要性日益得到重视,企业通过网络可以更好地宣传自身及产品,甚至利用网络完成企业经营中的一些重要职能,例如采购、支付及售后服务等,而公众通过网络可以更便捷地了解企业和产品,满足自己的消费需求。但是,正是网络传播的种种特点,为网络危机的产生提供了温床,使得网络成为企业经营的一把双刃剑,全球约有高达20%的企业曾因为网络攻击而产生企业危机。为此,如何防范和化解网络危机是每个企业都必须重视的新课题。

一、网络危机概述

1. 网络危机的定义

网络危机是指由网络产生、传播或扩散升级的具有严重威胁及不确定性的情境。网络危机及其后果可能会对企业及其员工、产品、服务、资产(股价)和声誉造成巨大的损害。例如巨能钙事件、雀巢奶粉事件、肯德基苏丹红事件、网易社区被黑事件、康师傅的"水源门"事件、王石"捐款门"事件等都是网络危机的典型。

2. 网络危机的表现形式

(1) 网络谣言。网络谣言是网络上十分常见的对企业具有很强杀伤力的网络危机。造谣者出于娱乐、发泄或者因商业竞争或政治斗争的需要散布网络谣言。例如,肯德基就曾经深受网络谣言之苦,该谣言声称肯德基是用转基因工程培育的快速成长的无头鸡来进行生产的,在世界各地传送,对肯德基的名誉打击不小。

(2) 病毒及黑客攻击。这是使企业网站及相关经营职能陷入停滞的常见原因。例如,黑客攻击索尼官方网站,导致首页出现许多辱骂言论,索尼只得更换域名指向才挽回局面。

(3) 一般性事件的升级。一般性事件是指企业生产和经营中发生的个别产品质量问题或者服务的纠纷。一般性事件经由网络扩大升级,是一种常常被企业忽视或反应缓慢的网络危机。例如,康师傅的"水源门"事件,在第一篇网络帖子出来后,康师傅明显对其随之引发的舆论批判狂潮预料不足,所以回应态度与控制策略明显做得不尽如人意。于是"水源门"议题在多种因素的作用下,被催变成为一场网络的话题狂欢宴,不仅针对水源问题,康师傅作为方便面企业,作为饮料企业,它过去被消费者所忽视的一个又一个问题再次被重新提出来,使得康师傅"水源门"事件大规模爆发。

3. 网络危机的特点

网络危机的特点可以结合网络时代传播的特点理解如下。

(1) 传播的即时性。也就是传播速度特别快,一则信息可以在很短时间内迅速被全球多个不同网络传播平台予以发布,一分钟前被新浪刊出,一分钟后就可以被搜狐、网易等转载,再过一分钟就有可能在诸如天涯、凯迪、猫扑等社区引发讨论,再过几分钟就有可能在网上被传得铺天盖地,可能几十分钟后,就传遍了世界。

(2) 传播内容的不可控性。也就是传播内容难以控制,互联网传播不同于传统传播模式,首先是少数传统媒体才有传播机会,一条信息要经过各个不同编辑层层审核才会发布,而互联网上面有大量论坛、博客、各种类型的网站,这些地方都可以发布信息,互联网上还有各种聊天室、即时通信工具等,也可以瞬时把信息传播出去,这些情况下出现什么样的信息,完全是无法控制的。

(3) 话语权相对平等性。互联网不同于传统传播模式的还有一个非常重要的地方就是,话语权平等,当然这个平等是相对而言,在传统媒体环境下,只有媒体才有信息发言权,而在互联网环境下,谁都可以说,各种信息同时被展现在网民面前,而不是传统模式下的只有筛选后的信息才能传播。这样,一个默默无闻之人可以在网上批评一个著名企业,而他的批评言论还有很大机会被广泛传播,这在传统传播模式下是不可想象的。

(4) 信息的长期残留性。在互联网上即使问题得到了解决,负面信息也会遗留在互联网上。而且很容易让网民找出来,这样就会一直影响企业的形象。而传统媒体,广播电视是过后就消失了,报纸杂志一般人也不会经常去找以前的资料。而网络不同,随着搜索引擎的出现和技术的提高,很久以前的信息都很容易被网民找到。

互联网由于是一个新生事物,它具有与传统传播模式很多不同的特点,同时由于出现时间比较短,这样很多企业在应对经验和策略上都出现了很大不足。因此,在互联网时代,保持企业形象和危机管理变得越来越重要。

二、网络危机产生的原因

网络危机是在网络环境下产生的,所以网络危机产生的原因是和网络传播的特点相对应的。一般来说,网络危机产生的原因有以下几种。

1. 网络作为媒体的自由度更高

传统媒体由于法律、法规的限制以及传播范围上的约束,发布的信息一般来源于官方,故可信度较高,可以有效限制谣言及一般性事件的升级和扩大。而网络媒体由于论坛(BBS)、博客(BLOG)和网络社区的存在以及网络发言的匿名性,信息的来源复杂,审查也较传统媒体宽松,因此网络诽谤和传递谣言比以前更加容易;而对网络谣言的受害企业而言,与传统谣言和诽谤相比,网络谣言的威力和影响力都更大。

2. 网络的传播速度更快

在网络资源中，大量的中小网站没有自己的采编队伍，因而大量采用转贴、复制或者直接引用的方式传播信息，使得同一信息在短时间内充斥各个网站和社区。这种信息传播方式的速度比传统媒体那种采访、撰写、审查、刊登或者获得授权转载、引用的典型方式要迅速得多，成本也低得多，从而导致企业面对网络危机的反应时间大大缩短。一些小事件可以演变为难以控制的危机，一些原本站不住脚的谣言经过"三人成虎"似的复述以及添油加醋般的改编会影响广大受众的判断。

3. 网络的互动性

有人曾经说过："网络让每一个人都有机会成为发言人。"这句话虽然有一些夸张，但是网络的广泛参与性如此可见一斑。互联网的出现极大地刺激了广大公众参与社会事务的积极性。这样，通过网络讨论，一些普通事件和纠纷会升级到对整个品牌和企业的攻击；一些孤立的经济事件容易上升到政治和民族感情的高度，产生超越产品和服务本身的危机。例如，美国耐克公司和日本立邦公司的广告风波经过各大论坛的讨论和渲染，都被上升到中美、中日关系的层面，大大超出了厂商的控制范围。

4. 网络的脆弱性

整个互联网是由一个个相对独立又紧密连接的节点和终端组成的。网络的开放性和无界性造成了"脆弱"这一网络的特点。任何一个终端通过一定的路径都可以访问到另一个终端，甚至可以更改、替换该终端的内容。据媒体报道，40岁的英国黑客格里·麦克金诺利用完全从网络上获取的技术，从家中的计算机上先后袭击了包括美国航天局（NASA）、五角大楼及美国海军基地在内的200多台计算机，造成了70多万美元的财产损失及其他无法估量的后果，被称为"历史上最具破坏性的军网黑客"。层层设防的美国军网尚且如此，普通企业的网站及网上经营的安全性就值得担忧了，很多网站几乎是毫无防备地暴露在危险之中。

三、网络危机的预防与处理

1. 网络危机的预防

面对网络环境下传播模式的巨大变革，企业应对危机的传统公共关系策略遇到了空前的挑战甚至颠覆。如何有效地建立并完善应对网络危机的公共关系策略成为摆在企业面前的重要课题。在企业日常运营中，应加入防范网络危机的工作，使得防范网络危机日常化、制度化，力求从机制上减少或者快速发现危机的发生。为此，企业应该从以下几个方面入手。

（1）设立网络安全专员。鉴于网络危机的破坏性以及预防和化解危机所需要的专门知识，企业有必要在公共关系部门或者网络部门下设网络安全专员。统筹企业日常的危机防范工作以及危机发生时的企业公共关系策略安排和资源配置。由于网络危机发生的根源可能存在于企业生产经营的各个过程而且可能牵扯到多个部门，危机发生时很有可能出现职责不清的情况，这个时候，训练有素的网络安全专员就可以统筹规划，以标准的程序处理危机，而不会出现部门间扯皮的现象。

（2）建立网络危机监测体系。化解网络危机最好的办法就是早期发现,这就需要企业建立完善的网络危机监测体系,把网络危机监测纳入正常的经营活动中,防微杜渐,最大可能在危机没有扩散的时候就消灭它。监测工作包括定期浏览三大门户网站(163、新浪、搜狐)、各大传统媒体的网络版(人民日报网络版、新华网等)和主流的有较大影响的网络论坛和社区(天涯和猫扑等)查找和企业相关的信息,识别和分辨出可能的网络危机苗头;定期利用主要搜索引擎(Google、百度和雅虎等)以企业名以及企业的主要产品和服务名为关键字进行搜索,查看相关的新闻和评论,发现问题及时上报解决,杜绝不良信息上升为网络危机的可能;定期检查企业网络设备和防火墙系统的安全性和稳定性,及时更新和升级杀毒软件和防黑客攻击软件,使得企业网络更加安全。

（3）建立网络危机应急预案。网络的特点注定了网络危机的不可预测性,企业不可能知道网络危机在何时、何地,以何种形式、何种规模发生,所以必须在专门人员的指导下,于危机来临前就建立网络危机处理应急预案,充分考虑网络危机发生时可能出现的状况,提前制定危机发生时企业将要采取的措施、步骤和人员安排。这样可以规范网络危机发生时的应急管理和应急响应程序,明确各部门的职责,可以有效提高企业抵御网络危机的能力。

（4）加强全员网络安全培训。网络危机涉及企业的方方面面,和企业的每一个人都息息相关,不光是网络安全专员、网络部门或者是公关部门的事情。企业定期进行全员的网络安全培训可以增强员工的网络危机防范意识,熟悉网络危机应急的步骤和任务,在危机发生时可以更好地配合网络安全专员的工作,形成解决危机的"合力"。

2. 网络危机的处理

当企业确定网络危机发生时,企业应该迅速反应。公关专家帕金森(Parkinson)认为,网络危机中因为传播失误所造成的真空,会很快被颠倒黑白、胡说八道的谣言所占据,"无可奉告"类的外交辞令尤其会产生此类问题。网络危机的来临犹如野火燎原,蔓延迅速,所以企业在面临网络危机的时候务必迅速反应,以积极务实的态度面对问题,主动地抢占媒体先机。为此,企业可以采取的措施如下。

（1）成立以企业高层领导为组长,网络安全专员牵头网络技术部门、生产部门、公关部门、客服部门和法律部门等各方组成的网络危机处理小组。由于网络危机形式的多样性和复杂性,危机处理小组必须由各个相关部门的同事组成,这样可以确保处理危机时需要的各项资源和专门知识;危机处理小组必须由企业高层挂帅,确保处理小组的工作畅通无阻。

（2）发表企业声明或者道歉。在网络危机袭来之时,企业必须发表官方的声明以正视听,这样可以起到拨乱反正,澄清事实的效果。在产品和服务出现缺陷的时候,应该公开道歉。企业发表官方声明和道歉的形式有：召开新闻发布会;在官方网站提供声明网页,并以首页链接或者自动弹出的方式出现;向主流报纸、电视台、专业杂志以及主流网络媒体发送声明新闻稿,并且利用与媒体的关系使声明在相关媒体显著位置出现;在主流讨论区和论坛发表官方声明帖,可能话使之置顶显示。官方声明和道歉必须显示出足够的诚意和耐心,必须正视问题而不能试图掩盖或者狡辩,那样做只能增加危机扩大的可能。例如亨氏公司在爆发苏丹红事件之后表示"工商部门检测表明,每瓶问题产品只含 0.6‰的'苏丹红',只相当于抽半支烟"。这一好似狡辩的官方声明丝毫无助于问题的解决,舆论一片哗然。而当亨氏随即把责任全部推给供货商之后,这一品牌在消费者心目中的地位已经不可挽回;肯德基在苏丹红事件后的诚恳道歉迅速赢得了消费者的尊重和理解,圆满地化解了危机。正反两个事例说明了企业网络危机处理中态度的重要性。

(3) 采取实际行动解决问题。只有实实在在地处理危机的行动才可能化解危机,赢得信任。对于网络病毒以及黑客攻击可以采取的行动有:迅速组织技术力量进行维修,力求尽快恢复网站和服务;承诺加强网络维护的人员、技术和设备,给消费者和网民以信心;配合公安机关追查攻击来源,必要时运用法律武器维护自己的权益。

对于网络谣言,企业可以:说明事实真相,必要时可以提供权威部门的质量检测报告等;指出谣言的不实之处及谬误,揭露谣言的险恶用心,这样可以赢得公众的信任和同情;表示欢迎消费者和舆论监督,可以邀请消费者和媒体代表参观企业及其供货商的生产过程,让公众眼见为实。

对于企业发生的一般性的质量问题和纠纷,企业应该:保证退换或者召回相关产品;封存并销毁有问题的产品,可以邀请公众监督;对受到伤害的消费者进行及时赔偿;更换出现问题的原料的供货商;让权威部门出具整改后的检测报告。企业面对网络危机的时候只有采取这样一系列的行动,才有可能从源头上解决危机。

(4) 强化危机后传播工作。在网络危机解决后,企业要通过各种网络媒体让这些信息分散在互联网上,这样可以在将来网民借助搜索引擎进行搜索相关信息时,不至于搜索到的都是负面信息。同时要记住,事后反思是必须要做的事情,只有有效的反思才能总结经验,不管这次应对处理效果如何,要争取下次不犯同样的错误。

案例分析

海底捞"老鼠门"事件

一、案例介绍

2017年8月25日,"看法新闻"发表题为《记者历时4个月暗访海底捞:老鼠爬进食品柜 火锅漏勺掏下水道》的文章。该文章一经发表,引起了公众的热烈讨论。文章揭露了记者在北京两家海底捞店潜伏所发现的后厨不良情况。在北京海底捞劲松店有老鼠钻进了后厨食品柜,更有工作人员将清扫用具与就餐所用的餐具一同清洗;在北京太阳宫店,则发现有员工用顾客吃火锅时使用的漏勺作为掏下水道的工具。

1. 企业相关回应

8月25日,即事件曝光的当天下午,海底捞通过官方微博账号先后发布两条相关微博。8月25日14:46,海底捞发布道歉信,对发生的食品卫生事件做出了以下几点阐述。

① 承认在北京劲松店、太阳宫店所发生的卫生安全事故属实。

② 告知媒体及大众可通过官方渠道了解海底捞对以往发生的类似事件的处理结果。

③ 对媒体及公众的监督表示感谢,对工作中出现的问题感到惭愧,表明海底捞诚恳的态度。

④ 表明愿意承担相应的经济及法律责任,并对所有门店进行整改,后续将发布整改方

案,供社会各界监督。

8月25日17:16,时隔两小时左右海底捞再次发布微博,对两家涉事门店的处理结果进行通报。全文共列出7条措施,包括对涉事门店进行停业整改和全面彻查;对所有海底捞门店立即进行排查;向媒体及大众公布管理人员联系方式以供监督;对员工进行安抚,董事会主动承担责任等。

在危机爆发的第3天,即2017年8月27日15:04,海底捞再次发布声明,主要针对落实整改问题及接受社会监督的问题做出详细说明,包括三方面的内容:强调公司会对员工加强培训,并以该事件为案例完善各方面工作;阐明事故发生后公司诚恳的态度,希望得到消费者和媒体信任,并监督整改情况;公司正在积极参与阳光餐饮工程,积极实现后厨操作可视化。

2. 企业危机公关的相关分析

此次危机事件发生在8月25日上午,海底捞用极短的时间就对事件进行了正面有效的回应。用罗伯特·希斯提出的4R理论分析该事件的危机公关策略,可以发现其主要体现在缩减力、反应力和恢复力三个方面。

缩减力,就是指企业通过风险评估和风险管理将危机爆发的可能性降到最低。海底捞作为国内较大的火锅品牌,深受消费者的青睐。作为食品相关企业,最大的风险就在于服务态度和菜品卫生及安全。海底捞会对顾客反映的不良情况做出及时的调查和核实,在问题刚刚出现苗头时就对其进行监督检查,并引导企业积极改正,有效避免了更大的危机产生,也降低了危机事件爆发的可能性。

预备力在此次事件中并未体现。

所谓反应力,即在危机事件爆发之后,能够及时找到应对计划,采取相应行为策略,以化解危机。在海底捞"老鼠门"事件爆发4个小时之内,海底捞迅速做出反应,做到了危机公关的及时性。海底捞抓住了舆论发酵的时间,主动引导舆论,为企业争取了主动性。

恢复力则是考量危机事件过后事件对企业产生的影响,采取一些必要措施对危机管理的效果做出评估。海底捞"老鼠门"事件发生在2017年8月,至2019年已过去两年有余。海底捞发布的2019年上半年财报显示,海底捞2019年上半年的销售额高达116.95亿元,同比增长59.3%,可见海底捞人气并没有受到危机事件过大的影响,还能够在危机结束后实现销售额的稳定上升。

3. 危机处理过程中企业的媒体政策

随着传播技术的迅速发展,企业如何更好地运用媒体来应对爆发的危机,在危机过后如何利用媒体重塑企业的品牌形象,是企业危机管理中要考虑的重要环节。

(1)及时、主动、公开。及时、主动、公开地进行危机公关,能在新媒体环境下帮助企业迅速掌握舆论导向,削弱或避免公众言论影响舆论走向,以免给危机管理带来一边倒的舆论压力。海底捞"老鼠门"事件的最快回应仅用时4个小时,及时的回应阻止了不良言论继续发酵。海底捞主动承认门店所发生的食品卫生安全情况属实,积极承担起品牌的责任,给消费者和媒体带来了敢于担责的正面形象,初步控制了负面舆论,掌握了处理危机的主动权。在海底捞接下来的声明中,其积极传递了希望消费者和媒体对海底捞的食品安全进行监督的意向,并对事故的处理结果主动公开,为化解危机起到了正面积极的作用,利用媒体渠道对企业形象进行了有效的挽回。

（2）合作、服务、对话。在危机发生后,企业应尽量避免和媒体发生直接或难以调和的冲突,防止矛盾激化,给企业带来更大的危机。海底捞"老鼠门"事件爆发后,在官方微博的评论区有许多消费者对自己在海底捞消费时所遇到的问题进行了评论,海底捞抓住社交媒体公开性和互动性特点,对消费者所反映的问题进行公开回复,表示希望当事人能够进一步说明问题,以便品牌进行调查和追责。微博评论区在海底捞回复评论之后,会被置顶到最上方,关注事件的大众和媒体会更容易看到。海底捞利用新媒体环境下信息传播的特点,积极与消费者沟通,利用微博这一媒体渠道的特点,展现品牌积极处理消费者问题的良好态度,扭转了公众的评价。

（3）底线、战线、界线。在危机管理中,企业应该守住两个信息传播的底线：一是在危机公关中应该满足媒体最起码的信息采集和报道的需求；二是企业应该对媒体和公众传达基本事实和意见。海底捞"老鼠门"事件发生于海底捞的后厨,是非可公开参观的环境,但在事件发生后,海底捞对后厨区域努力做到可视化,以供消费者监督。在2017年的10月和12月,曝光此事的"看法新闻"对涉事门店进行了两次回访,尽可能地做到了让媒体和公众都能了解到有效信息。

海底捞在危机事件发生的当下共发布了三条声明,对媒体和大众主要关心的问题都进行了公开解答,并对每一整改环节负责人进行公开,以供媒体及大众监督。

海底捞在此次危机事件中始终保持积极、主动、公开的态度与媒体和大众沟通,及时扭转了舆论局面,化解了危机。

（资料来源：刘楚婷,左媛媛.新媒体环境下企业食品安全的危机公关策略——以海底捞"老鼠门"事件为例[J].新闻研究导刊,2021(2)：24-25.）

二、思考·讨论·训练

（1）海底捞积极应对"老鼠门"事件体现了其怎样的公共关系意识？
（2）海底捞的做法给我们哪些启示？

实训项目

项目 8-1：公共关系危机处理研讨

【实训目的】 提高公共关系危机处理能力。

【实训课时】 2学时。

【实训地点】 教室或模拟实训室。

【实训背景】 某高校连续几天陆续有同学因拉肚子到校医室输液,当地媒体闻讯到该校采访,因沟通不畅,导致媒体报道夸大其词,造成不良影响。学生对学校意见较大；家长及学校上级相关管理部门纷纷致电询问。针对此情景,该校应如何进行危机公共关系,澄清事实,化解危机,重塑形象。

【实训步骤】
（1）指导教师将本班同学分为4~5组，每组指定一个组长。
（2）各组分别认真分析讨论学校面临的危机的原因是什么。
（3）在此基础上制定出各组认为能化解此次危机的处理方案。
（4）由各组选代表轮流展示自己的方案，组内其他同学补充。
（5）各组对本次实训进行总结，指导教师进行点评。

【实训成果】 选择有典型性的方案提交讨论，方案可以是较佳的方案，也可以是存在不足的方案。

【实训手记】 通过训练，我的收获是_____。

项目8-2：制定公共关系危机处理方案

【实训目的】 制定公共关系危机的处理方案，提高危机应对能力。

【实训时间】 2课时。

【实训地点】 教室。

【实训背景】 假设"兴海"牌电视机在全国范围内享有一定的声誉，该产品外观漂亮、画面和音质效果都很好，产品的销售正在逐月增加，企业知名度日益扩大。这天，某"兴海"牌电视机用户家中，突然发生因电视机起火而引发火灾，造成家中大部分财产损失，所幸未造成人员伤害。当地报纸和电视台都做了相关报道。

作为该生产企业的公共关系部主任，请你给出一份详细的公共关系危机处理方案。

实训要求：根据所学内容以及背景材料中的描述，对案例进行细致的分析，自己查阅相关资料，借鉴成功的危机公共关系案例，独立完成《公共关系危机处理方案》的设计。字数1500字左右。可以做一些情况假设，使事情更加具体，同时也使自己的设计方案匠心独具。

分组课上交流方案，最后教师总结、点评。

【实训手记】 通过训练，我的收获是_____。

课后练习

1. 什么是公共关系危机？它有哪些特征？
2. 从企业内外部环境分析公共关系危机的成因。
3. 公共关系危机处理的基本程序和总体策略是什么？
4. 处理公共关系危机时企业内部应采取哪些对策？
5. 如何消除危机处理中的谣言？
6. 公共关系危机处理中的新闻发布会有哪些特殊要求？
7. 公共关系危机处理过程中如何应对新闻记者的采访？
8. 你认为社会组织危机管理的关键是什么？为什么？
9. 一家大型生产企业突发重大生产性事故，该企业公共关系部的小王被公共关系部经理指派去接待蜂拥而至的记者们，面对记者们铺天盖地的提问，小林反复强调"在调查没有完成之前,我们不做任何评论"或"无可奉告",结果引起了记者们的强烈不满。你认为小林的回答合适吗?危机期间到底该如何回答来自媒体的询问?

10. 某商场近年来公共关系危机出现的概率明显增加,为了保证公共关系系统的良性运转,总经理专门外聘了公共关系专家对企业公共关系人员进行了培训,在培训课上,专家着重强调了危机管理过程中的沟通协调要点和技巧,你作为一名学员,听了之后认为应掌握哪些内容?

11. 一家经营食品的公司因为产品变质而出现中毒事件引发了危机。该公司采取了许多办法和措施来挽救公司面临的危机局面,取得初步成效。这时,公司领导宣布,危机已经基本结束,要求抓紧时间组织生产,夺回经济损失。请问,公司领导的行为是否正确?他还需要做哪些工作?

12. 著名化妆品集团生产的一种名牌摩丝多次在国内化妆品评比中获奖,得到了广大消费者的认可。可是,近期却意外地出现了数宗该品牌摩丝在居民家中自爆的事件,新闻媒体对此进行报道后,引起不少消费者的恐慌,商家纷纷要求退货,这个大型跨国企业正在被变成了"定时炸弹"的产品推向崩溃的边缘。请问企业应如何处理这一危机事件?

13. 国内一家很有名的企业生产出一种新型的玻璃钢燃气灶,投放市场后受到消费者的欢迎,销售业绩不错。可是,由于多种因素所致,出现了几起燃气灶表层玻璃钢爆炸的情况。有的家庭主妇还受了轻伤。为此,受害者到当地消费者协会投诉的同时,还直接找到了厂家,提出种种要求,如果得不到满意的答复和处理,他们还将向新闻界呼吁。请你根据该企业面临的危机,为解决这一事件找到合适的办法与对策。

14. 假定你所在的公司近日有一次重要的业务活动,但由于恶劣的天气,致使该项活动不能如期开展,请你拟订一个应急方案,减少或消除不利影响。(提示:练习前同学们先设计事件背景。公司的业务活动可以是记者招待会、展览开幕式、周年庆典、免费赠送或其他公共关系活动;地点可以是本市或外地;恶劣的天气,可以是大雪、暴雨等;活动的主体可以是营利性或非营利性组织;根据具体情况,这一练习可采用书面作业形式,也可采用咨询答辩形式。)

15. 举例说明,组织应该如何应对网络危机?

16. 网络上的危机事件常常起源于论坛,爆发于搜索引擎,这种负面信息在互联网上可能以几何倍数迅速增长,形成负面影响,并且会持续相当长的时间,如何清除这些负面信息是企业必须面对的问题。请你以某企业在互联网上的负面信息为例,进行具体分析。

17. 案例思考。

女网红进入机长驾驶舱

2019年11月3日晚,有博主在网上爆料,一女网红进入飞机驾驶舱并发朋友圈炫耀。女网红为何能进入飞机驾驶舱并堂而皇之地发朋友圈?为什么机组人员无一阻拦呢?该事件一经曝出立刻引发网友热议,除了女网红与机长之外,人们愤怒于女网红的扬扬得意、机组人员的无作为,并愤怒于桂林航空毫不知情。桂林航空深陷舆情危机。

11月4日,桂林航空在网络上发布官方通知,称针对网友举报"一名乘客进入飞机驾驶舱"一事,公司高度重视。公司对机长做出了终身停飞的处罚,涉事的其他机组成员无限期停飞并接受公司进一步调查,并表示会按照航空条例做内部自审。

对比官方通告前后的网络情感倾向,网友在通告后对桂林航空的正面评价明显上升,对桂林航空的零容忍态度纷纷点赞,认可桂林航空的举动,并坚决给予支持。

(资料来源:佚名.女网红进驾驶舱喝茶[EB/OL].[2019-11-04].https://baijiahao.baidu.com/s? id=1649264437211570907&wfr=spider&for=pc.)

思考讨论题

(1) 面对舆情危机,企业应如何处理?

(2) 本案例对你有何启示?

18. 案例思考。

善于沟通的总行副行长

一大型跨国公司因投资失败而破产,贷款给它的美国 S 银行某分行因此无法收回贷款,面临危机。一时间,该分行即将倒闭的传言在大街小巷飞速传开,几乎所有在该银行存款的储户都赶到银行来提现,生怕在银行倒闭前无法取出现金。前来提现的人群排起了延伸几个街区的队伍,场面很混乱。S 银行总行接到消息后,马上派出运钞车从各分行紧急调拨 1000 万美元运送至该分行,并派出了一位解决危机的高手——总行副行长阿里克斯。

阿里克斯火速赶往现场,到达时距银行下班时间还有不到一个小时。现场很混乱,上千人挤在银行门口,甚至有激动的储户开始要砸银行的玻璃,情况非常危急。阿里克斯站在一处高台上,手中拿着扩音器说:"我是总行副行长阿里克斯。我知道大家急于提现,担心快到下班时间了。现在我宣布,今天银行在办理完所有的业务后再下班。"人们议论了一小会儿后逐渐安静下来。阿里克斯接着说:"今天是周末,大家取出了大量的现金带在身上或放在家里,都是不安全的。现在我的助手就在为大家联系就近的其他银行,希望他们能延时下班,方便大家存款。"这一席话换来了人群中的掌声。接着阿里克斯的助手宣布了几家已经谈妥延时下班的银行名字。

一对老夫妻提着一个装了大量现金的袋子从银行中走出来。阿里克斯看到了,忙迎上去,询问两位老人是否有人陪同。老人红着脸对阿里克斯说:"我们夫妻俩在这存款有30多年了。这袋子里是我们所有的积蓄,要用来养老的。要不是这次出了这样的事,我是不会把钱都取出来的。"阿里克斯真诚地说:"老人家,看来我们是 30 多年的老朋友了,感谢您一直以来的信任。为了您的安全,我派人开车把你们送到就近的银行去存钱。"说完回身找来自己的司机。两位老人商量了一下,打断了阿里克斯的安排,问道:"小伙子,你能向我保证,这银行不会倒闭吗?"阿里克斯沉思两秒,郑重地点了点头:"我向您保证,它不会倒闭的。"两位老人手拉着手,转身又走进了银行。此时,挤在银行门口的人群也开始渐渐地离去。

结果,该分行办理完最后一笔业务,只比平时下班时间晚了 10 分钟。

该案例充分说明了危机公关处理中有效沟通的作用和价值。在调查研究并了解了危机发生的范围、原因及后果以后,组织必须分别针对内部公众、新闻媒介、受害者、政府主管部门、业务往来单位及其他公众开展卓有成效的沟通工作。

(资料来源:韩金.公共关系——理论·案例·实训[M].北京:清华大学出版社,2019.)

思考讨论题

(1) 面对危机,总行副行长阿里克斯是如何开展卓有成效的沟通的?

(2) 本案例对你有何启示？

19. 案例思考。

网易考拉的危机应对

2018年2月27日下午，中消协发布2017"双11"网络购物调查体验结果。本次调查实际购买了"海淘"商品93个样品，16个样品涉嫌仿冒。京东、聚美优品、网易考拉、蜜芽、拼多多等电商平台全部"中枪"。不仅全部发现涉嫌销售假货，更有部分售假还出自自营店铺。

在这些被点名的平台当中，网易考拉海购率先进行了强势回应，发布了一条声明，指出所谓的"问题商品"均为海外正品且采购来源链路清晰可靠，并且"郑重质疑中消协所使用的鉴定机构不具备该商品的鉴定资质"，整个回应相对强势。

我们整体来看网易考拉的这次危机公关。

在被中消协点名的网购平台中，网易考拉是仅有的做出正式声明的两个平台之一，另一个是聚美优品，其他几个平台截至发稿没有任何动作。在这一点上，网易考拉和聚美优品重视程度更高，这是对消费者负责的表现。更重要的是，网易考拉在昨晚18:55就通过官微发布了声明，其重视程度可见一斑。

从速度来看，网易考拉已经是做得最快的了。网易考拉第一时间做出声明回应，下架了被点名的商品，这一措施准确无误，毕竟被中消协点名，无异于"3·15"晚会上露了一把脸。为谨慎起见，先下架商品是最保险的做法。

28日凌晨，网易考拉再次通过官微发布一张长图，联合30多个品牌方，为考拉正品发声，强调自营正品、品牌直供，并贴出一系列和品牌合作的照片作证明。反应速度和应变能力展现出了网易该有的水平。

一天之后，网易考拉经过细致的自查取证，才发布最终声明，强调自己的商品属于正品。

回顾去年无印良品的危机公关，"3·15"晚会上，央视点名无印良品销售来自日本核污染区的食品，无印良品第二天冷静回应，通篇理性，几乎毫无感性的成分。无印良品还在声明最后附上了每批次食品报关报验单等一系列证明复印件。可以说有理有据，不卑不亢。这些证明摆上桌面，大众舆论风向瞬间反转。

(资料来源：骏小宝.网易考拉海购正面硬忍中消协，公关如此强势还缺点啥？[EB/OL].[2018-02-20].http://www.shichangbu.com.)

思考讨论题

(1) 对于海购平台的这次"危机"，你怎么看？

(2) 请对网易考拉的危机应对进行评价。

20. 案例思考。

强生强硬回应爽身粉致癌门

危机公关是现代企业的必修课，也是大公司经常遇到的难题，比如强生公司（以下简称强生）。其实，强生在20世纪80年代因"泰莱诺尔"药物中毒事件的反应，成为危机公关的经典案例，被写进教科书。然而在2016年2月的一场公关危机中，强生一反亲民诚恳的态度，高举科学依据大旗拒不认错。不禁让人好奇，是现代危机公关的处理方式变了，还是那个善于处理危机公关的强生一去不复返了呢?

2016年2月22日,强生在美国密苏里州被判赔偿7200万美元(约合4.7亿元人民币)。起因是一名62岁女子在去年死于卵巢癌,据称与她使用强生的婴儿爽身粉(Baby Powder)长达30多年有关。强生婴儿爽身粉含滑石粉,滑石粉中常含有石棉成分。石棉是一级致癌物,但滑石本身在欧美并没有被列入已知或可能致癌物里。

2016年2月24日,强生发布一篇文章申明滑石粉安全问题。该文援引CDC(疾病预防控制中心)以及另外两家研究机构Nurses' Health Study和Women's Health Initiative Observational Cohort的研究成果,证明滑石粉和卵巢癌并无直接关系,并称正在考虑上诉。

非但没有马上认错还要上诉,这与强生一贯的做法大相径庭。来自公关公司5W Public Relations的高级副总裁Juda Engelmayer认为,强生在这场危机公关中的回应,既不温暖,也不开放。他说:"消费者不是律师,是有孩子的父母。强生大费周章解释滑石粉的使用历史和安全性,完全忽视了千千万万个父母的强大力量。"

同样批评强生的还有危机公关公司Communications Counsel的创始人Mark Weaver,他说:"强生的反应就像是律师团害怕给未来同类案件留下把柄而起草的文件。聪明的公司应当记住,法庭上也许有一个法官,但在民意的舆论场上有数以百万的法官。"

有分析指出,对于强生这样的大公司,爽身粉的危机并不算什么,毕竟强生在全球共有250多家分公司,一个支线产品的污点并不足以抹黑整个品牌。2015年,强生非处方儿童口服液,包括儿童泰诺和美林曾因被发现颗粒而被罚款2500万美元(约合1.6亿元人民币),然而之后泰诺销量依旧保持强劲。

话虽如此,危机公关公司Group Gordon总裁Michael Gordon认为强生忽视了长期品牌效应。尽管爽身粉在强生集团众多产品中所占比重仅为沧海一粟,但爽身粉作为强生的标志性产品,一旦出错将对强生产生致命打击。

对于一家公司的发展来说,最关键的是民意。后来开始有消费者对强生产生质疑,甚至有人呼吁抵制使用强生产品。虽然也有个别消费者力挺强生,表示这种涉及7200万美元的致癌案件,就应当以科学严谨的态度对待,温情牌行不通,必须有科学依据,不过强生的那封科学解释信又有多少消费者能看懂呢?

不管强生的强势回应和上诉是否真的有真实的科学依据,一个对强生十分不利的事情是原告律师有证据证明,强生早在20世纪80年代就知晓这一风险,但一直选择"欺骗公众和监管机构"。据美联社报道,目前有1200多桩涉及强生婴儿爽身粉致癌的案件,至今悬而未决。

一场强生的"致癌门"似乎已经演变成关于危机公关的"罗生门"。事态究竟会如何发酵也只能拭目以待。如果强生能再次赢得民意,那又将改写危机公关的教科书,成为新型回应方式的典范。

(资料来源:佚名.强生强硬回应爽身粉致癌门:危机公关新模式?[EB/OL].[2016-03-02].http://www.pr.brandcn.com/gongguananli/160302_398847.html.)

思考讨论题

(1)你认为危机公关时应该选择科学理性地解释,还是温柔感性地安抚?

(2)假如你是强生公司的公共关系人员,你会怎么做?

21. 案例思考。

钉钉"一星差评"公共关系危机管理

谁能想到钉钉这么一个强大的App，有一天被小学生逼得启动了公共关系危机管理。

新冠肺炎疫情暴发后，钉钉被教育部选为给小学生上网课的平台。本以为自己业务能力过硬，得到官方认可，万万没想到虽拥有11亿次的下载量，钉钉的整体评分却只有一星。这是因为小学生不满网课侵占了他们本以为延长的假期，而置气于网课平台——钉钉，于是小学生疯狂给钉钉App打一星。

钉钉立即做出反应。2020年2月14日，钉钉官方微博发微博"求饶"，求小学生们高抬贵手。阿里系官微声援钉钉，采用接地气的刷屏互动方式"求情"。2月16日，钉钉上传"跪服"现场视频。钉钉向目标用户真诚道歉，让再难的五星好评似乎也有了可以商量的余地。最终，在钉钉的一系列努力下，2020年2月20日，钉钉的评分逐步回升到了2.5分。

钉钉在公共关系危机公关管理期间，一直吸引着舆论的注意力，获得了长期的品牌曝光，同时也获得了极高的下载量和用户数。"一星差评"对钉钉的损害微乎其微，反而给家长、老师和未来的职场人留下了好的印象。

(资料来源：张耀珍.公共关系学：理论、方法与案例[M].北京：人民邮电出版社，2021.)

思考讨论题

(1) 钉钉"一星差评"公共关系危机管理有哪些值得称道之处？

(2) 本案例对你有何启示？

 思政园地

请扫描以下二维码，了解思政要求。

思政园地8.pdf

任务 9　网络公共关系

> 我们发现我们曾经拥有了不起的技术，极好的商业想法，还有很多雄心壮志。但是我们也发现我们缺乏经验，缺乏对行业的认知。于是，我们决定利用网络这种最有效的途径来弥补这些差距。
>
> ——[美] 斯科特·罗日奇

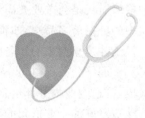

任务目标

- 了解网络公共关系的特点。
- 把握网络公共关系的运作原则。
- 能够开展网络公共关系,实现组织的公共关系目标。
- 了解博客的概念和类型。
- 掌握博客公关的概念和目的。
- 能够利用博客开展网络公共关系。

 案例导入

英国小葡萄酒厂的博客公关

英国有一家小的葡萄酒厂叫 Stormhoek,该厂家的葡萄酒在英国很多大小商场均有销售。企业发展初期,由于是一家小企业,资金不足,没有闲置资金在英国市场上投放广告,因此尝试利用博客进行网络营销。它的营销策略是:只要博客满足以下两个条件就可以收到一瓶免费的葡萄酒:其一是住在英国、爱尔兰或法国,此前至少3个月内一直写微博;其二是已到法定饮酒年龄。2005 年 Stormhoek 送出了 100 瓶葡萄酒,此次试验取得了非常好的成效。2005 年 6 月,用 Google 搜索这家公司只有 500 条记录,而 9 月 8 日就达到了 20000 条。这几个月中,估计有 30 万人通过博客获知了这家公司。在不到一年的时间里,Stormhoek 的葡萄酒销量翻倍,达到了"成千上万箱"的规模。

(资料来源:佚名.英国小葡萄酒厂的博客公关[EB/OL].[2018-12-15].https://www.docin.com/p-2158728013.html.)

据统计,在美国发展最快的五个行业中,公关业是其中之一,所有全球性公关公司都以每年 20%~25%的速度在发展。未来的时代是一个人和计算机共存的网络时代,这一时代的到来进一步提升了公关的作用和地位,给公关人员提供了一个长袖善舞的发展空间。网络时代是公关业充满希望和机会的时代。网络为公关业带来了又一个春天。网络世界中的一些著名品牌,如雅虎、亚马逊等在几年时间里建立起来,和可口可乐等传统品牌一个世纪才建立起来的知名度相比,不能不说其中有网络公关的功劳。

网络公关(public relations on net)或者称作 E 公关,是适应时代要求,以互联网为手段,沟通企业内外部信息,加强企业与社会公众的交流,从而提高企业的知名度和美誉度,塑造良好的企业形象的新型公关活动。网络公关是数字环境下的公共关系,是传统的公关活动在网络中的新发展。

9.1 网络公共关系概述

一、网络公共关系的内涵和特征

1. 网络公共关系的内涵

网络公共关系(简称网络公关)刚刚兴起,目前业界对其还没有一个统一的定义。大多数学者认为网络公关是指社会组织借助联机网络、计算机通信和数字交互式媒体来实现公关目标的行为。

(1) 网络公关的定义。以下是网络公关的几种有代表性的定义。

① 网络公关又叫线上公关或 e 公关,它利用互联网的高科技表达手段营造企业形象,为现代公共关系提供了新的思维方式、策划思路和传播媒介。

② 网络公关是指企业在网络空间的公众关系。网络的空间存在着形形色色的"大众群体",企业通过其网络上的各种存在形式,以及通过采取各种方式与网络公众增进了解,进而维持与公众的良好关系与互动,以此来加强品牌的影响力,促进品牌的推广。

③ 网络公关是由于计算机网络的迅猛发展而给传统公关带来的一种创新形式,它以互联网作为信息传播的手段来开展公关活动,促使企业改善自身形象,提升市场知名度,创造更多商机。

以上第一和第三个定义指出了网络公关的手段是互联网,公关的目的是营造企业形象,但没有涉及网络公关对象。第二个定义对公关的三个基本要素——主体、客体和手段都有所描述,尤其对客体阐述得比较详细。

综合以上三个定义,网络公共关系就是社会组织以互联网为手段针对网络公众进行的公关活动。其主体是社会组织,传播媒体主要是互联网;客体是网络公众。网络公关的目的是维护和改善企业形象,提升品牌知名度,以获得更多机会和效益。

(2) 网络公关的内涵和外延。下面从公共关系结构的三个基本要素来分析网络公关的内涵和外延。

① 网络公关的主体。社会组织主体是网络公关主体的组成部分,统称为网络化的社会组织。社会组织网络公关是网络公关发展的动力,是探索网络公关发展的"先锋"。

② 公关手段。从网络公关的字面意思上来理解,网络公关的媒介是网络;从技术角度来看,网络包括电信网络、有线电视网络和计算机网络,并且这三种网络中的每一种都是公共关系的重要传播手段。因此,网络公关的媒介不仅包括计算机网络,也包括电信网络和有线电视网络。

③ 网络公关的客体是网络公众。公关对象是有针对性的目标受众,网络公关也不例外。网络公关的客体就是经常浏览网页的、与网络组织有实际或潜在利害关系或相互影响的个人或群体的总和。

综上所述,网络公关的定义根据网络媒介的三种不同类型分为狭义和广义两种。广义上的网络公关是指网络化组织以电信网络、有线电视网络以及计算机网络为传播媒介,来实现营造和维护组织形象等公关目标的行为;狭义上的网络公关是指组织以计算机网络即互联网为传播媒介,来实现公关目标的行为。本书主要讨论狭义上的网络公关概念。

2. 网络公共关系的特征

(1) 网络公共关系传播的互动性。网络媒体的信息传播具有鲜明的互动特征,在网络论坛中,大家可以一起探讨共同关心的话题。社会组织要了解网民对某个问题的看法,可以到网上看看大家的反应。这种互动让受众直接参与进去,从而在快速对传播效果进行评估的同时,也加大了公关传播的深度。另外,网络媒体的互动性也为公共关系的拓展开辟了一条"言路",大家可以和影视明星、企业家或专家学者直接对话,了解自己关心的问题,同时也让他们能够更好地了解自己的情况,了解他们在公众心目中的真实形象。网络传播的互动性,使网络成为进行公关活动的理想媒介,可以使组织迅速、准确地了解消费者的各种需求,从而提供个性化的服务。

(2) 网络公共关系传播的便捷性。通过网络传播信息不仅方便而且迅速,很多组织以互联网作为公关活动的媒介。在网络上查找信息也十分方便,通过搜索引擎能够在短时间内迅速找到一系列相关的信息,可以帮助我们迅速了解情况,解决问题。

对于厂商来说,网络公共关系也是一种重要手段。企业可以通过网络发布新产品信息、发布上市公司的信息,让股东了解上市公司的发展情况和股票价格的变化情况等。然而网络公共关系传播的便捷性也给它带来了挑战:一些公司为了自己的短期利益,虚构一些信息,对公众造成了很坏的影响;一些组织没有及时处理好网络公关事件或措施不当,也造成了很大的负面影响。

(3) 网络公共关系传播手段的多样性。随着传播技术的发展和在互联网上的使用,网络媒体已经开始将文字、图像、音频、视频结合在一起,以多媒体的传播方式影响受众,网络公关越来越多地借助这些途径来对受众进行多角度的影响。如 2004 年美国进行总统竞选时,已可以对现场进行在线直播再存档回放,同时把有关新闻和报道的文字、图片都放在相关的页面上,当这些手段结合在一起时,可以让受众对整个事件有一个直观的、整体的了解。同时,可以对当时的直播情况反复观看,仔细品味,不仅可以了解竞选现场的情况,还可以了解一些背景性资料,从而帮助人们更全面地分析问题。所以对于网络公共关系来说,多手段、多途径的结合使得公关传播的效果更好。

二、网络公关的发展历程

1969 年 11 月 21 日,美国加利福尼亚大学洛杉矶分校的计算机实验室的一台计算机和远在千里之外的斯坦福研究所的另一台计算机连通,标志着人类进入了网络时代。近半个世纪以来,网络技术迅速发展,互联网的运用给世界带来了巨大的影响,使世界进入了"无国界"的新经济时代。

网络公共关系是计算机网络技术高度发展的产物,它把公共关系从现实社会引入了虚拟社会,显示出了独特的魅力。

公关业的发展与媒介技术的发展密切相关,它随着媒介技术的发展而不断发展。网络公关发端于电信网络的使用,具体到媒介有电报、电话、广播及电视等。

第一阶段是电报、电话以及传真用于公关业。电报是由莫尔斯于 1845 年发明的,后来用于商业领域通信,礼仪电报、鲜花电报等是电报用于公关用途发展的新形式。由于通信事业的进步和发展,现在对电报的使用总体来说已越来越少。从1876年贝尔发明电话到1946年商务流通电话问世,电话沟通、见面细谈已成为公关的必经程序,目前已出现要求普通话标准,沟通能力、语言表达能力强的电话公关职业。

第二阶段是广播、电视用于公关业。据美兰德媒体公司调研数据显示,广播受众具有年龄低、文化程度高的特征。而电视观众群规模大,其构成基本与全体人口的构成一致,白领比例明显小于广播。从调查数据可以看出广播受众具有质量优势。调查显示,我国广播听众比例在不断上升。电视是视听合一的媒介,具有现场感强、形象真实、可信度高等传播优势,给观众一种面对面交流的亲切感,而且能够直观展示产品、产品的使用过程和使用效果,具有很强的说服力和感染力。其与网络媒介相比具有覆盖范围广、到达率和重复率高的优势。因此广播,尤其是电视仍是组织实施公关的重要手段。

第三阶段是互联网用于公关传播。互联网在网络公关发展史上是一个重大的转折点,也是公关发展史上的一座里程碑,使网络公关"山重水复疑无路,柳暗花明又一村。"

目前国际互联网已连接了世界上240多个国家和地区,50多万个区域网把世界连接在一起。网络传播成为新的媒体,在国际传播中发挥着越来越大的作用。作为新兴的传播方式,网络传播在国际传播中的地位明显上升。只要世界上有重大的新闻发生,网络就成为媒体进行国际传播和受众查看新闻的重要渠道。

世界经济的全球化和网络化的发展,使世界逐渐进入"无国界"的新经济时代。为了在激烈的市场竞争中取胜,各个社会组织纷纷采取各种措施,想方设法地吸引受众的注意力。网络公关这种新兴的有效的传播方式逐渐得到了人们的重视,并迅速被广泛使用。

三、网络公共关系运作的原则

1. 诚信

"公关之父"艾维·李早已提出"对公众讲真话"的公共关系原则,网络公共关系低成本易行,故企业在使用后会有很多方便。而最大的方便即在于自主性。在这种情况下,要搞好企业组织与社会公众之间的关系,关键在于企业对待公众和社会的态度,以及如何对待利润和效益。因此,企业在一定的生产经营条件下,加强管理,提高产品质量和服务质量,真心实意为消费者和社会服务,就是价值最大、最成功的公关策略,而不能以网络是虚拟空间为借口、以网络匿名性为掩护,对公众进行欺骗。网络公共关系管理必须要把树立诚信美德放在重中之重的位置,如果稍有闪失或过错,在网络广阔的空间里将迅速传播,致使企业形象受到极大打击。如果说,欺骗在传统公共关系中还可能得逞,那么在网络公共关系中,组织的一言一行都会受到监视,欺骗成为最不明智的选择。公众在网上很容易核查组织言行的真实性。而且网上公共关系在内容上又十分透明化,即使细微出入也容易被人发现。

2. 快速

这体现在两个方面:一方面,组织要利用网络这一有力工具及时将有关信息发送给有关的媒体,因为信息时代昨天的"新闻"即旧闻;另一方面,则是指组织的有关信息必须及时更新。随时把自己的最新动态挂到主页上或有关网站上,是企业进行网络公共关系最起码的要求。但不少组织在制作好主页后即认为万事大吉,不再注意更新,这容易给人造成一种印象,即该企业重形式轻内容、做事拖泥带水、管理者没有责任心等。

3. 创新

建立自身的主页是企业利用网络开展公共关系的起点,而建立长期有效的网络公共关系则要采用多种多样的方式,要注意创新。譬如,组织可以在网上一个知名公共论坛上邀请该领域的著名专家与网友进行交流。其话题不一定专门围绕该企业产品,但在交流中有些言谈会为企业亲近受众搭造平台。

4. 安全

为了保证网络安全,要谨防受到攻击。这主要源于三个方面:一是来自竞争对手在网上暗中的恶意中伤;二是来自一些顾客的指责;三是来自黑客的攻击。如果说前两种情况的实施主体是有意识的,那么来自黑客的攻击往往是无意识的。黑客通常只是出于好玩或是露一手的目的,而在组织的主页上随意进行涂改。其中既有让人哭笑不得的恶作剧,如在主页上画一只小乌龟;也有让人措手不及的恶性攻击,如使企业的服务器瘫痪等。要解决网上受到攻击的风险问题,一方面,组织要加强管理、提高技术水平;另一方面,政府要加强立法执法,使网络公共关系保持在稳定发展的轨道之中。

9.2 网络公共关系的活动方式

一、建设公关型的企业网站

企业网站是帮助企业树立形象的最佳工具之一。网站上的企业背景资料、商标、广告语、经营理念、企业视觉形象识别系统等公关信息元素,可以源源不断地向公众进行传播。公众也可以通过网站提供的联络方式提出自己的疑问、咨询及投诉,并快速地得到企业的答复。公关活动的本质是组织与相关公众之间进行有效的双向信息传播和沟通,这就要求企业在设计网站时应充分考虑网站的公关功能,不仅把网站作为一个销售平台、服务平台、采购平台、广告平台,也要将其作为企业公关活动的平台,使网站融入企业的文化、精神和理念。在利用网站公关的过程中,企业公关人员必须明确两个问题。首先,网络公关的对象包括客户、供应商、经销商、投资者、企业内部员工、媒体、金融机构、政府机关、社会团体等,这些公众对企业的经营管理活动都会产生直接或间接的影响,需要受到企业的重视。其次,网站需要根据这些公众的特点为其提供各种信息服务。企业的背景资料、组织结构、管理技术水平、新闻是向上述全体公众提供的。此外,企业也应该注意提供针对特定公众的特定信息服务。

二、借助网络媒体发布新闻稿

以新闻传播为重要任务的网络媒体发展速度惊人。新浪、搜狐、网易等站点在新闻传播方面的影响力,已经丝毫不亚于一些传统的电视、报纸、杂志媒体。通过这些网络媒体来发布关于企业的新闻,无疑是行之有效的公关方法。不仅如此,如果企业网站有足够的访问量,网站本身就可以在一定程度上代替传统媒体的新闻发布功能。企业还可以通过公共论坛、与企业业务相关的新闻组来发布这些新闻,同样也可以达到较好的效果。网上新闻稿的制作应注意以下几点。

1. 注意稿件的链接问题

网上新闻稿的制作不同于现实生活中的新闻稿。在现实世界中,新闻稿通常不超过两页,因为有这个限制许多信息只好删去。在网络上则没有这种限制,而且可将新闻链接到其他相关信息上,使得公众在搜寻信息时可以从中寻找更有用的信息,既方便了公众,又大大增加了组织的信息发布量。因此,在进行网上新闻稿的制作时,要特别注意稿件的超链接问题,应创建新闻稿与各种相关信息的链接,如创建新闻稿与站点中过去的新闻稿及相关信息的链接,使公众能获知事件发展过程的概貌及更多的信息;创建新闻与其他站点中相关信息的链接;创建新闻稿与有关图片的链接,使公众有可能获得相关的图片资料。

2. 注意稿件的形式问题

为了提高公众对组织网上新闻稿的浏览率,新闻稿的形式应力求生动、活泼,富有新意,能抓住网上公众挑剔的眼睛。形式千篇一律且语言枯燥乏味的新闻稿在任何时候都是无人问津的,在强调"注意力经济"的网络时代尤其如此。因此,为吸引公众对组织新闻的注意,组织在设计网上新闻稿时,公共关系人员可运用Flash动画、音乐等多媒体技术,增强新闻发布形式的趣味性,从而加深公众对新闻的印象。

3. 加强新闻稿的互动性

网络区别于传统媒体的一大特征是它的互动性,在制作新闻稿时也应充分增强它的互动性,从而使组织及时得到公众的反馈信息,为组织的下一轮决策提供依据。首先,应该在新闻稿页面的顶部或底部添加联系信息,使公众一旦有疑问,能和公司的公关人员取得快速的联系,实现公众与组织公关部门的即时互动;其次,应在新闻稿后设立专门的评论区或设立常规性的电子论坛,使公众可以自由发表自己的读后感,参与讨论。

三、通过电子邮件发布个性化信息

面对不同的信息需求者,企业可以通过电子邮件为他们提供各种类型的信息服务,使他们及时了解企业的各种新闻、产品、销售政策,而相应公众也可以通过电子邮件将对企业的要求、建议传回企业,维护企业与传统大众媒体的关系。传统大众媒体和新兴网络媒体绝对不是简单的对立关系,而是相互渗透,相互融合的。企业公关人员可以进入相应的公共新闻组和论坛,或者进入媒体的论坛和聊天室与记者、编辑交流,也可以利用电子邮件向他们发送新闻稿,提供新闻线索,这都将帮助企业公关人员建立与媒体人员的良好沟通,促进企业公关活动目的的实现。

四、刊登网络公关广告

公关广告是企业推销自身形象的一种特殊手段,是一种特殊形态的广告,亦是一种特别的公关活动方式。而网络广告所具有的超时空、低成本、内容可扩展等优势,无疑使它成为一种理想的公关工具。在网络上做的形象广告、公益广告、观念广告,都能有效加强公众对企业的理解,融洽企业与公众的关系。

五、赞助公益事业

在网上赞助有益的公益事业，可以在推动公益事业发展的同时为企业赢得良好的声誉，是一种有效的网络公关手段。

六、开展网上社会服务活动

在网上举办各种专项社会服务活动，无偿地为相关的公众提供服务，以活动和实惠吸引公众的兴趣，获得公众对企业的好感，也是一种较好的网络公关活动方式。比如举办网上公众代表座谈会。企业在做出影响相关公众利益的政策决定之前，需要了解相关公众对此项政策的详细意见或是企业在相关政策实施一段时间以后，想收集公众对此项政策的态度和反应，都可以通过网上公众座谈会的方式来进行。在操作过程中可以通过各种途径，如电子邮件、企业网站、电话等发布邀请函，其中应注明座谈会的时间、网址、参会人员、讨论主题等重要信息。

七、召开网上新闻发布会

在传统公关活动中，新闻发布会是组织和公众沟通的例行方式。它是一种两级传播，先将消息告诉记者，再通过记者所在的媒体告知公众。企业将这种方式放到网站上，通过聊天系统或视频会议系统进行，将大大降低新闻发布会的成本，提高其效益。

八、利用博客与微博进行公关传播

1. 利用博客进行公关传播

博客属于新型的自媒体工具，其本质属于全新形式的网站应用，可以为所有使用博客的人提供有关信息发布以及思想交流的平台。博客的使用者不需要具备特殊的网络知识以及技能，只要具备基本的素质就可以较为方便地通过文字、图片、影音等方式建立具有自身鲜明特色的网络世界。除了普通的个人博客外，还有商业博客。这些博客主要以营销以及公关为主，如很多企业 CEO 的博客、产品的博客、企业的博客等。虽然这些博客不能明显地界定自身的性质，但是大体上可以体现出其所属的领域。博客是个性化的社交媒体，可利用 trackback（引用）以及 comments（评论）进行相关的交流以及讨论，这样就会从小群体的受众逐渐扩展到大群体的受众，从而影响到媒体以及社会公众。博客公关传播是最具潜力的现代公共关系传播方式之一。

企业的博客要想真正被公众认可并发挥其作用，首先它应该是与公众进行交流和分享信息的地方，而不只是进行简单的广告宣传。就汽车行业来说，由汽车业传奇人物、通用汽车当时任副总裁的鲍勃·鲁兹主笔的美国通用汽车 Fast-Lane 博客，话题集中在汽车设计、新产品、企业战略等方面。博客的日浏览量近 5000 人，对每个话题的评论都有 60~100 条。鲁兹的文章诚恳，能够深入、直接地面对社会大众对通用的各类正负面评论，让公众公开反馈意见。公众一旦提出问题，通过博客可以在 24 小时内得到解答，这是 Fast-Lane 受到欢迎的重要原因。[①]

2. 利用微博进行公关传播

在极短的时间内,微博就已经成为搜集公众建议和意见的重要渠道,也为政府宣讲政策、改进公共治理提供了新平台。同时,微博平台也成为各个企业竞争的重要战场,大批企业启用官方微博,以高频率的微博信息不断吸引公众的关注。因此,如何利用微博多元化的传播方式使企业不断发展壮大,是企业建立良好公共关系的关键因素。首先,微博可以更好地帮助企业提高知名度,因为微博推广过程与整个社会舆论的大环境有着紧密的联系。企业适当地利用微博进行宣传推广必能取得非常好的效果。因此,企业务必要将前期工作做好,合理利用微博效应,只有这样才能更好地将企业的美好形象展现给公众。其次,一个企业在不断发展、成熟的过程中,难免会出现各种危机事件,可以利用微博来处理企业的各种危机,消除企业的负面言论。因为微博拥有大量的用户群和非常高的使用率,使得企业的负面消息能在网络上迅速扩散,让公众对企业产生抵触情绪,甚至使企业的局面变得难以控制,所以利用微博开展公共关系的重要工作内容,就是对企业的公关危机进行预警和及时处理。[②]

微博运营的关键在于人气,但不能以粉丝数量为指标,因为目前微博上充斥着大量的无效"僵尸粉"。提高微博人气主要有两点:一是自身内容要有特色,能吸引人。要做到以原创为主,适度转发,勤于更新(但不要刷屏),内容精练,用词谨慎,紧跟社会热点与主流价值观。二是宣传微博要卖力、恰当、巧妙,商业伙伴或竞争对手都可关注,亦敌亦友,微妙互动,平衡关系,广结善缘。企业领导者若能单独开博更好,以拉近与公众的距离,降低神秘感,更加亲民,更有魅力,因为企业领导者的形象也是企业整体形象中至关重要的一环。企业微博也是官方网站的最有效延伸,它与公众更为接近,互动更多,已成为公众最关注的信息发布窗口。企业微博如今已经成为其CIS中一个举足轻重的代表和缩影,也是企业重要的展示橱窗和组成部分,更是企业在互联网社会中从事业务交流的角色扮演者。[③]

九、开展搜索引擎公关

1. 新闻搜索引擎优化

随着网络科技不断发展,社会信息量越来越多,网络为人们带来丰富的信息资源的同时,也让有效信息的获取成为难点。为了有效满足网络应用者的信息搜索需求,搜索引擎的作用越来越重要,已成为人们网络应用中的重要手段,并呈现出快速发展的趋势。据艾瑞网统计,中国搜索引擎用户规模不断增加,截至2020年12月,中国搜索引擎用户规模为7.7亿人,使用率为77.8%。

我们在网络平台进行的新闻稿发布、社区营销、社会化媒体营销、博客营销等的结果如果不能在搜索引擎上反映,那么很有可能只对少部分人群有价值。所以无论是哪种网络营

---

① 李慧珍.新媒体环境下企业公共关系策略研究[J].现代商贸工业,2013(6):75-76.
② 杨宇.新媒体时代的企业公共关系[J].东方企业文化,2015(4):100-101.
③ 任昕.新媒体时代现代公共关系的应对策略[J].中国市场,2015(21):142-145.

销方式,都要结合搜索引擎。在搜索引擎主导的信息过滤时代,公关人员需要把以传统媒体为平台的公关思维调整为新媒体环境下的公关传播思维。网络公关新闻的发布是网络公关非常重要的一部分,而发布网络公关新闻,很重要的一点就是被搜索引擎收录,增加搜索引擎的收录量,并且在搜索结果中排名靠前,从而进一步提高用户的点击率。

作为互联网的新门户,绝大多数网民首选的信息平台是百度或谷歌这样的搜索引擎。假设你是一个想购买联想笔记本的网民,相信你会首先在谷歌或百度这样的搜索引擎上搜索关键词,如"联想,产品名称"。搜索引擎会提供给你若干条结果,而首页通常只显示10条。如果组织的信息能够显示在这前10条的结果里,其带来的营销价值是不言而喻的。

2. 利用百科网站创建词条

维基(wiki)平台是一个可在网络上开放多人协同创作的超文本系统,是 Web 2.0 时代的典型应用之一。其中,最有名也是最成功的维基平台是在线百科全书——维基百科系统。在维基百科的影响下,诞生了众多活跃的在线百科全书平台,如百度百科和互动百科等,特别是百度百科发展迅速。

(1)维基百科。这是一个自由、免费、内容开放的百科全书协作计划,任何人都可以编辑维基百科中的任何文章及条目,是一个动态的、可自由访问和编辑的全球知识体,也被称作"人民的百科全书"。

(2)互动百科。原称互动维客,是由潘海东博士在2005年创建的商业中文百科网站,隶属于互动在线(北京)科技有限公司。互动百科号称全球最大的中文百科,愿景是致力于建设全球最好、最全的全人工中文百科,与亿万网民共享百万在线百科知识库;成为最中立的知识载体是互动百科的始终追求。

(3)百度百科。正如前文所介绍,百度百科是百度公司推出的一部内容开放、自由的网络百科全书,和维基百科类似。

3. 利用"百度知道"提问

"百度知道"是基于搜索的互动式知识问答分享平台,已逐渐成为用户获取信息的重要渠道。它可以通过提问、回答的方式,为用户提供所需信息。在"百度知道"提问时,要注意信息对用户的实用性,而不要过多地罗列广告信息,以免引起用户的反感。

案例分析

王老吉高考"蹭"热点

一、案例介绍

1. 市场背景与商业挑战

2016年以来,饮料行业逐渐步入低谷,进入增速放缓期。按照行业规律,每个品类只会保持3年左右的高峰期,继而被其他品类所代替,凉茶亦如此。由于饮料消费品整体疲软,加之品类增多、竞争加剧,凉茶品类的增速预计不及2015年。凉茶品牌为了获得更大的发展空间,赢得新市场,必须率先培养新兴消费者饮用凉茶的习惯,因此需在公关形象和品牌推广上加大力度。在国内凉茶市场中,加多宝与王老吉几乎占据了全行业8成以上的市场份额。在这样的背景下,王老吉面临以下严峻挑战。

(1) 凉茶进入增速放缓期,随之而来的正是凉茶品牌之间竞争的加剧,消费者对凉茶品牌和凉茶产品都有了一定的了解,王老吉该如何通过公关营销与品牌推广,使其保持原来的增长和市场份额呢?

(2) 凉茶品牌为了获得更大的发展空间和市场份额,势必会抢夺新的市场,培育更年轻的消费者饮用凉茶的习惯,王老吉该如何更充分地了解新兴的目标消费人群,并与他们展开深度沟通,提升他们对凉茶的认知和好感度呢?

(3) 利用社会话题来借势营销是品牌近年来常用的方法,尤其是遇上全国性的热点事件,众多品牌都会试图与其产生联系,进行传播。因此,消费者的注意力就无法集中在某一品牌上。王老吉利用社会话题时,该如何独占话题,让用户聚焦在王老吉单一品牌上,达到借势效果的最大化呢?

伴随着这三个核心问题,且看王老吉如何"扭转乾坤"。

2. 王老吉的公关举措

在中国的教育体制和体系下,大多数考生对高考都有着难以名状的特殊情感,多年寒窗苦读、同学情谊、对未来的期许等。这个话题最能开启学生的青春记忆,触动他们的内心。与此同时,高考也是全民关注的社会事件。每逢高考,社交媒体上都有高考之于人生未来发展的意义的激烈讨论,与高考贴近的热点也会备受关注,如高考当天考生去考场时遭遇堵车的小插曲、高考后全民对高考作文题的热议等。此外,很多加入高考大军的童星们,他们的高考成绩也受到大众的注目。

考生们无论准备得多么充分,经过这么长时间的努力,面对如此重大的考试,还是难免紧张,希望运气能够眷顾自己。为此,王老吉与高考热点链接,传播的主题是"从容面对不上火,祝福高考考生吉上吉"。该主题取王老吉的"吉"字,作为高考期间的正能量以及美好祝愿。而6月高考期间,天气渐热,考场又大多没有空调,考生劳累且压力大,容易上火,凉茶饮料清热降火的特点就能很好地与消费者联系起来。高考考生既是产品推广的目标人群,又是对高考最有独特情感的一群人,因此,王老吉在内容的传播上让这群与高考有直接联系的学生及对高考有特殊情感的年轻人,成为事件的核心传播者。

(1) 前期预热

① 王老吉官方微博发起活动和话题讨论。2016年6月3日,王老吉官方微博就"2016高考"发布活动主题,利用粉丝头条精准触达粉丝群体,借势高考全民焦点事件,进行事件营销,其发起的话题背景图全程水印植入王老吉元素。

② 创意考前海报,缓解紧张情绪。2016年6月4日,王老吉开始在官方微博发布创意考前海报:倒计时系列海报——海报上除了数字计时外,还提醒考生带三角尺、2B铅笔,保持良好的考试心态;学霸系列海报——将5门重要学科的相关记忆知识巧妙地编写成记忆口诀,并和古诗结合在一起,读起来朗朗上口;关爱考生系列海报——通过简单的漫画形式,将每一位考生的日常学习、生活情节描绘出来,激励考生复习的同时,更为即将毕业的考生们留下宝贵的回忆;网红送祝福系列海报——王老吉请来了网络剧《万万没想到》中的主演和剧组人员,为高考考生手写祝福语并在高考前夕发布,送上最后的祝福。

(2) 引爆话题

① 微博"开机报头"广告①,以近1.6亿微博月活跃用户和近7000万微博日活跃用户为基础,在高考时期的第一时间抢占用户关注,在微博发起"2016高考"互动话题;Tips弹窗消息全面助力双端活动热度,活动期间持续邀请用户参与。霍金大神送祝福,引爆热点。项目上线后,宇宙级学霸霍金博士发布微博信息,祝福中国考生,霍金博士在博文中带上了"2016高考"的微博话题,微博末尾则自带王老吉Logo的话题头像和简介,博文发出后获得了广泛传播,引爆"2016高考"的话题讨论。

② 各界KOL加入转发膜拜,广泛传播。霍金发文后,人民网、《新闻晨报》等媒体第一时间转发;姚晨、霍建华、王祖蓝、Ella等知名艺人也参与转发;商界大佬杨元庆、谷大白话、纯良大叔等微博大V接力参与;各政府大号、媒体都同步参与到整个推广事件中来。同时,微博自营大号高考快讯、微博节日、高考直通车等加入推广阵营,使霍金发博祝福高考同步成为当天各大媒体重点报道的事件,王老吉在整个事件中得到了惊人的品牌曝光量。

③ 媒体策略如下。

- 微博传播路径。利用微博上的重磅武器"霍金微博"引发的全网效应,吸引微博上的各路明星、KOL、媒体转发跟进,从而实现广泛的传播。
- 品牌独占植入。利用微博话题植入产品,用户点击"2016高考"微博话题,话题封面以及背景图均有王老吉的产品展示和品牌Logo,广告位头图链接是王老吉官方微博,置顶微博则为王老吉官方微博发布的为高考学子加油帖,知名艺人及政府官方微博、KOL、媒体等转发祝福时,王老吉全程伴随曝光。

3. 活动取得的效果

(1) 与年轻消费人群沟通"怕上火喝王老吉"。此次参与"2016高考"话题互动的人群属性显示:活动将年轻群体"一网打尽"。其中,互动人群以"90后"女性偏多,互动人群集中在高考大省(广东、山东、江苏、河南)。除了应届考生外,不少大学生也参与了话题讨论,互动人群对名人、明星、美食、旅游、校园生活等内容颇感兴趣。调查还显示,微博用户在推广阶段对王老吉的正面评价大涨,好感度提高18%。

(2) 品牌推广声量最大化,活化了品牌形象。王老吉"2016高考"话题成为超高热点,6月7日和6月8日热门话题自然上榜,排名第二。"2016高考"话题阅读量7.7亿、讨论量37万;霍金微博的转发评论超过23万,点赞44.5万。王老吉官微发布活动,使用粉丝头条推广,阅读数是日常博文的9.29倍,平均达5万阅读数。通过微博印象,王老吉的品牌认知度得到明显提升:推广前,用户提到王老吉时也常提及竞品加多宝;推广中,用户更多地提及王老吉的推广内容,如魔兽、挑战者联盟和高考等;推广后,官方微博粉丝数量净增长了2669人。

(资料来源:佚名.今年高考,最大的赢家居然是——王老吉[EB/OL].[2016-06-09].http://www.linkshop.com.cn/web/archives/2016/350659.shtml. 有删减。)

---

① "开机报头"广告是微博在2014年推出的广告产品,帮助广告主在用户打开微博客户端的第一时间实现品牌强曝光。"开机报头"实现了对微博移动端用户的全覆盖,在iOS客户端和Android客户端上均可投放。单次广告时长达到3秒,每天针对单个UV(独立访客)展示一次,在保护用户体验的同时,充分触达用户。

二、思考·讨论·训练
（1）王老吉高考"蹭"热点运用了哪些网络媒体开展公关？
（2）本案例对你有什么启示？

实训项目

项目：撰写网络公共关系考察报告

【实训目的】 掌握网络公共关系的特点、原则和活动基本方式等。

【实训时间】 1课时。

【实训地点】 实训室或教室。

【实训步骤】

（1）把全班同学分成若干小组，每组6～8人；

（2）每组通过上网搜集和归纳网络公共关系的表现形式，并指出各自的利弊；

（3）每组针对一家企业开展网络公共关系的情况考察，撰写一份网络公共关系考察报告；

（4）在全班交流各组的考察报告；

（5）教师点评、总结。

课后练习

1. 一家公司挑选出一些适于传播的内容，然后去游说相关网站，他们试图将这些挑选好的内容放在这些网站的新闻版和BBS上，引发消费者参与讨论的兴趣。这种做法符合科学的公共关系做法吗？为什么？

2. 为什么说"网络公关，让大象踮起脚尖跳舞的智者游戏"？

3. 专家认为，网络公关秘诀只有一句话——"网络公关，即时互动创奇迹"。请应用公共关系的双向沟通理论评论这句话。

4. 网络作为一种新型媒体有哪些特点？上网观察一下企业是如何利用网络开展公共关系的。

5. 通过上网收集和归纳网络公共关系的表现形式，指出各自的利弊。

6. 把全班同学分为若干个小组，每组设计一个虚拟的组织网站，策划网上公共关系活动。

7. 怎样加强博客的诚信建设？

8. 登录中国博客网、博客网、赛我网、全球企业博客网、中国企业博客网，了解一下企业借助这些第三方博客网络平台开展了哪些富有特色的公共关系活动。

9. 请为自己建立一个博客，并与同学分享一下作为博客一族的体会。

10. 案例思考。

毛里求斯旅游局"让爱开始的地方"博客征文公关活动

大文豪马克·吐温曾说："上帝先创造了毛里求斯，再仿造毛里求斯创造了伊甸园。"

毛里求斯是非洲东部的一个火山岛国，四周被形态万千的珊瑚礁环绕，沿海岸线拥有风光旖旎的阳光海滩，中部矗立着景色壮观的高原山地。近年来，毛里求斯作为新兴旅游目的地异军突起。同许多非洲国家一样，毛里求斯开始把目光投向中国，谋求将中国发展为传统欧美客源市场之外的第二个重要旅游客源地。继免签证政策后，上海前往毛里求斯直达不经停航班在2013年1月25日正式开通。直航受到国内游客爆仓热捧，也使毛里求斯这个旅游胜地迅速进入国民视野。

在2013年情人节到来之际，毛里求斯旅游局联合新浪博客面向中国这个重要客源地，开展了"让爱开始的地方"博客征文大赛。活动宣传标语是："如果只凭想象，你永远无法触摸到有'印度洋的珍珠'之称的美丽岛国毛里求斯的真容，现在有一个绝佳的机会，让你带上爱人一起共度浪漫时光！"

博客征文活动的主题是参与者分享和伴侣爱情开始的"地方"，这个"地方"可以是某个地点、某一首歌、某一件事、某一个心动时刻等。活动规则是撰写一篇博文分享爱开始的地方，配上情侣照，形式可以包含文字、图片、视频等。活动同时在微博平台开设微话题，参与者需要发布带有"毛里求斯爱开始的地方"标签的微博，亦可分享参与海选的博文链接。活动于2月8日至3月15日进行博文投稿、投票海选，3月16日至3月20日进行大奖评选。特别大奖是毛里求斯蜜月自由行，一等奖是当地特色大礼包，二等奖是当地特产，三等奖是渡渡鸟玩具，幸运奖是毛里求斯T恤衫及毛里求斯旅游资料套装。博客征文活动开始没几天，就陆陆续续有《毛里求斯"风水"酒店》《毛里求斯海滩狂欢节》《实拍：毛里求斯罕见的七色土》《沙滩海水都没闲着》《毛里求斯植物园》等多篇草根博文发布。

博客征文是博客公关的新鲜形式。毛里求斯旅游局"让爱开始的地方"博客征文大赛推出丰厚奖项来吸引网民踊跃参加。"让爱开始的地方"主题，一方面契合了情人节这一特别节日，另一方面也突出了毛里求斯主打"浪漫海岛游""蜜月新选择"的旅游主题线路。而从参赛博文来看，不少博主把毛里求斯视为"爱开始的地方"，深情执笔，生动记述了在毛里求斯独特的旅游体验，热情描绘了毛里求斯的自然美景与人文发现。通过草根博主的"言传身教"，毛里求斯的千种面貌、万般风情便跃然纸上，更多网友开始去了解并关注毛里求斯，还有更多的人把赴毛里求斯旅游付诸实践。毛里求斯旅游局策划"让爱开始的地方"博客征文大赛这样一个公关活动，既吸引了旅游客源，也打造了"天堂海岛"的美好形象。

不同于很多组织赞助一项旅游活动后在博客平台上连载行程记录的惯常做法，激励草根博主参与公关活动，然后借用他们真情流露的笔墨来传播推广，既调动了网民们的积极性和参与度，又提高了公关活动的真实感与可信度，其公关收效颇大。

（资料来源：韩金.公共关系——理论·案例·实训[M].北京：清华大学出版社，2019.）

思考讨论题

（1）如何发挥微博在企业公共关系传播中的作用？

（2）开展微博公关你有何高见？

11. 案例思考。

Equifax针对数据泄露的所谓"歉意"回应

2017年9月初，美国三大信用报告机构之一Equifax披露，黑客窃取了其1.43亿个客户的社保号码和其他重要个人信息。就在公告发布几个小时后，Equifax董事长兼首席执行官理查德·史密斯在YouTube上向大家解释Equifax为保护消费者免受身份盗窃将采取的"前所未有的措施",并向所有人表示"对不起"。

史密斯的及时反应,似乎称得上是教科书式的危机管理。但随后,数据泄露的细节陆续被揭露出来,通过对 Equifax 及其采取的措施的更为严格的审查,发现了许多不尽如人意的地方。

首先,事实证明 Equifax 在向公众发表声明的 5 个月前就遭到了黑客攻击,却直到 7 月底才发现存在泄密问题。Equifax 虽然聘请了网络安全专家来调查这个问题,但却在 5 周后才提醒公众,而将近一半的美国人都面临信息泄露的风险。

其次,作为一家拥有敏感消费者数据的公司,Equifax 几乎没有采取什么预防措施来保护这些信息。Equifax 没有对这些敏感数据进行加密,而是将这些信息保存为易于读取的明文格式。

再次,管理层对其持有的重要数据的审查力度不够。史密斯承认 Equifax 每季度检查一次安全系统。在许多人看来,一年召开 4 次会议来保护 1.43 亿美国人的个人信息显得有些轻慢。

最后,Equifax 对用户的反应显然不那么热烈,几乎要激怒用户了。Equifax 没有直接通知用户他们的数据是否被泄露,而是建立了一个不稳定的网站供用户访问。一开始,网站就被访客挤爆了。访问该网站时,每个人都会被问到他们的名字和社保号码,而这个号码正是黑客已经掌握的!即使是在网站上注册后,用户仍然无法得知自己的数据是否被泄露了。Equifax 确实提出提供"一年的免费信用",但就连这项承诺也遭到了用户的批评,质问其为什么只提供一年。

史密斯虽然尽其所能,却似乎无法摆脱注定的命运。事实上,就在史密斯 9 月宣布"我是罪魁祸首"的 6 天前,他刚刚荣登"亚特兰大最受尊敬的首席执行官"榜单。史密斯在出席国会会议时受到奚落后,做了他一开始应该做的事——辞去了职务。

但首席执行官的离职也未能安抚众多不满的用户。虽然 Equifax 很快宣布,史密斯离职后丧失了获得 2017 年奖金的权利,但他仍然带着 7200 万美元的工资和股票离开了。不仅如此,如果该公司的股票在未来反弹,史密斯将再获得 1700 万美元。

(资料来源:弗雷泽·西泰尔.公共关系实务[M].14 版.北京:清华大学出版社,2020.)

思考讨论题

(1)你如何评价 Equifax 及其首席执行官在危机应对方面的表现?

(2)对于受到影响的用户,你会建议公司怎么做?

 思政园地

请扫描以下二维码,了解思政要求。

思政园地 9.pdf

参考文献

[1] 张耀珍.公共关系学:理论、方法与案例[M].北京:人民邮电出版社,2021.
[2] 弗雷泽·西泰尔.公共关系实务[M].14版.张晓云,译.北京:清华大学出版社,2020.
[3] 姚凤云,戴国宝,赵仁壁.公共关系学[M].2版.北京:清华大学出版社,2020.
[4] 谢红霞.公共关系原理与实务[M].4版.大连:东北财经大学出版社,2020.
[5] 赵英,罗元浩.公共关系与现代礼仪[M].5版.北京:清华大学出版社,2020.
[6] 金旗奖编委会.2019最具公众影响力公共关系案例集[M].北京:中国财富出版社,2020.
[7] 韩金.公共关系——理论·案例·实训[M].北京:清华大学出版社,2019.
[8] 殷智红.公共关系实务[M].大连:东北财经大学出版社,2017.
[9] 刘丹,王军,卢显旺.公共关系实务[M].北京:清华大学出版社,2016.
[10] 杨加陆.公共关系学[M].上海:复旦大学出版社,2016.
[11] 吴少华.公共关系理论与实务[M].北京:人民邮电出版社,2015.
[12] 邢伟,徐盈群.公共关系[M].北京:高等教育出版社,2015.
[13] 万国邦.公共关系教程[M].北京:机械工业出版社,2015.
[14] 李道平.公共关系学[M].北京:经济科学出版社,2002.
[15] 倪东辉.公共关系策划[M].北京:中国科学技术大学出版社,2014.
[16] 范黎明.公共关系实务教程[M].北京:电子工业出版社,2014.
[17] 张亚.公共关系——原理与实务[M].2版.北京:北京理工大学出版社,2014.
[18] 张芹.公共关系学[M].武汉:华中科技大学出版社,2014.
[19] 杨俊.新型实用公共关系教程[M].北京:高等教育出版社,2014.
[20] 朱晓杰,蒋洁.公共关系项目式教程[M].北京:清华大学出版社,2014.
[21] 齐杏发.网络公关实务[M].上海:华东师范大学出版社,2014.
[22] 阿不都拉.公关专题活动与经典案例[M].杭州:浙江大学出版社,2014.
[23] 方莉玫,熊畅.公共关系实务[M].北京:机械工业出版社,2013.
[24] 吕蕾莉,廖飒.公共关系理论与实务[M].北京:教育科学出版社,2013.
[25] 孙延敏.公共关系入门——理论与案例[M].上海:上海交通大学出版社,2013.
[26] 杨再春,林瑜彬.公共关系理论与实务[M].北京:机械工业出版社,2012.
[27] 李鸿欣,冀鸿,冯春华.公共关系原理与实务[M].北京:北京大学出版社,2011.
[28] 余禾.公共关系学[M].成都:西南交通大学出版社,2010.
[29] 杨俊.新型实用公共关系教程[M].北京:高等教育出版社,2008.
[30] 杜创国.公共关系实用教程[M].北京:清华大学出版社,2007.
[31] 夏宝君,王莉.《公共关系》金课建设中的课程思政融入路径研究[J].公关世界,2021(5):36-38.
[32] 朱海华.网络公关异化:形成机理、内容表征与治理体系[J].湖北行政学院学报,2015(6):46-50.
[33] 黎志勇,杨玉娟.立德树人的公共危机管理课程思政应用探索[J].教育观察,2021(25):49-51.
[34] 钱正荣.公共行政学科《公共关系学》课程思政:培养优秀的社会"舆论工程师"[J].公关世界,2021(19):47-50.